KB079592

스물한 통의 역사 진정서

스물한 통의 역사 진정서

【'삐라 공방전'부터 '막걸리 보안법'까지】

고길섶 씀

우리 현대사를 만들어낸 말·말·말

앨피 book

살지 않았으되, 살았던 것만 같은……

내가 나의 눈으로 이 세상을 바라보기 시작한 것은 1970년대부터입니다. 초등학교 시절이었는데, 상당히 선명하게 기억납니다. 내가 태어난 1960년대는 아무런 기억이 없습니다. 1950년대도, 1940년대도 마찬가지입니다. 태어나기도 전이니, 너무 당연합니다.

그러나 이 세상은 살아보지도 않은 시대를 마치 살았던 것처럼 기억하도록 강제합니다. 우리들 모두 그 시대를 지나온 것처럼……, 역사는 그렇게 속삭입니다. 역사적 착각이랄까요, 현대사 특유의 화법입니다.

이 책이 다루고 있는 1945년에서 1970년대 사이도 마치 우리가 살아온 시대인 것만 같습니다. 그 시대를 살지 않은 많은 사람들의 살갗과 유전자에 현대사의 수많은 파편들이 남아 있기 때문일까요? 그러나 그것은 또한 너무 멀어진 흔적이거나 잃어버린 편지들이기도

합니다.

한국 현대사와 관련하여 숱한 책들이 나왔습니다. 그럼에도 여전히 묻혀져 있는 것들이 더 많습니다. 1945년에서 1970년대 사이는 일본 제국주의에서 해방되어 대한민국을 건국하고 근대민족국가를 형성한 시기로서, 현대사의 매우 중요한 공간입니다. 자발적인 근대민족국가의 형성 시도가 결국 일본 제국주의에 짓밟히고, 그 쓰라린 아픔의 흔적들 위에서 근대민족국가가 출발합니다.

그러나 '근대민족국가'는 또 다른 식민화의 시작이었으며, 해방공간에서 추진된 인민적 해방권력 창설이 좌절되고 이승만 정권이라는 미국적 이데올로기 권력이 국가권력을 장악하면서, 역사는 다시 박정희 군부독재권력의 터널 속으로 빠져들어갑니다.

우리 현대사는 정치적 삶의 바로 이웃에, 또 다른 삶으로 존재해왔습니다. 분명 우리에게서 나온 흔적임에도, 망각해버린 혹은 망각당한 기억과 말들이 너무도 많습니다. 해방 이후 우리 역사는 오랫동안 '실어증' 상태에 빠져 있었다고나 할까요. 실제로 1945년에서 1970년대 사이의 공간은, 언어 혹은 '국어'라는 이데올로기 문제가 역사와 나선처럼 얽혀 있는 양상을 보입니다.

이러한 문제의식이 갖는 유효성은 여전하다고 믿습니다. 10년 전에 나온 『우리 시대의 언어게임』을 감히 다시 개편할 마음을 낸 것도 이 때문입니다. 망각 속에 묻힌 책을 오늘날 다시 불러낸 까닭이 분명 있겠지요.

2005년 9월

부안에서

고길섶

■ ■ 차 례 ■ ■

2부 근대의 탄생 설화

막걸리 국가보안법

전태일이 발견한 말과 세상

반공하는 삶

'오적'이 만들어낸 '겨울 공화국'

삐라가 뿌려준 새로운 상상력

실어증에 걸린 사람들

뒤바뀐 말, 뒤바뀐 역사

1부
해방공간에서 겨울공화국까지

1945년 8월 15일, 드디어 조선 땅에 해방이 찾아왔다. 1910년 8월 29일, 대한제국이 일제에게 "모든 통치권을 완전히 또 영구히" 양여한 지 꼭 34년 11개월 14일 만이었다.

맨 처음 해방 소식을 전해준 삐라는, 새로운 세상을 꿈꿀 상상력도 뿌려주었다. 해방공간에서 좌우익이 치열하게 벌인 '삐라 공방전'은, 한편으로 모든 것을 스스로 정해나가는 신명나는 자유의 증거였다. 그러나 곧이어 미군정이 입성하고, 일장기가 있던 자리에 성조기가 내걸리며 해방의 의미는 변질되기 시작했다. 이제 우리가 정할 수 있는 일은 아무것도 없었다. 더 나아가 "미군 철수"와 "진정한 해방"을 외치는 조선 사람들은 철저한 탄압을 받았다. 1948년 수만 명의 제주도민들을 "공산 폭도"로 몰아 학살한 '4 · 3항쟁' 때 미군정이 내린 명령은, 인도적으로 결코 허용될 수 없는 '초토화작전'이었다. 철저히 미국과 지배집단에 봉사하는 '반공이데올로기'는 이승만 정권을 거쳐 박정희 정권에 이르러 대한민국의 '제1국시'가 되었다. 막걸리를 마시다가 불평 한 마디 했다고 끌려가는 시절이 찾아왔다. 그 사이에 일반대중의 삶은 물리적 시간의 흐름만큼이나 해방에서 멀어져 갔다. 평화시장 재단사였던 전태일이란 청년이 제 몸을 불사르며 외쳤던 것도 '진정한 말의 해방, 삶의 해방'이었다. 김지하가 낄낄거리며 써낸 '다섯 도둑놈들' 이야기는, 전태일이 죽어가는 동안에도 소위 지도자란 사람들이 어떻게 제 배 불리는 데에만 골몰했는지 보여주는 한국 현대사의 슬픈 자화상이다.

| 일러두기 |

본문에 인용한 삐라, 선언문, 기사글 등 역사적 문헌은 현대 맞춤법이나 띄어쓰기 원칙에 상관없이 원문 그대로 인용하는 것을 원칙으로 삼았다.

1945년 해방공간에서 벌어진 '삐라 공방전'

01

삐라가 뿌려준 새로운 상상력

'삐라' 하면 떠오르는 추억 한 가지. 삐라 주워서 신고하기.
그러나 우리 현대사, 특히 해방 정국에서 삐라가 한 역할은 실로 컸다. 당시 삐라는 대한민국 건국을 둘러싸고 좌우익이 벌인 첨예한 이데올로기 투쟁의 산물이자, 정세 정보를 공유하게 해준 유용한 소통 수단이었다. 사람들은 삐라를 통해 세상이 어떻게 돌아가는지 알았다. 민주주의, 진보, 노동계급, 공산주의, 선거, 정부, 대통령…… 등등이 모두 이때 삐라를 통해 일상어로 데뷔한 말들이다.

삐라와 함께 온 해방 소식

1945년 8월 15일, 직장인·상인·농민 할 것 없이 조선 사람들은 일손을 잡지 못하고 있었다. 전날, '중대 발표'가 있을 거라는 예고를 들었기 때문이다. 서울 시내 곳곳에는 "금일 정오 중대 방송 1억 국민 필청必聽"이라고 씌어진 벽보가 나붙었다. 긴장감이 감돌았다. 혹 미국이 소련에 선전포고를 하여 한반도 전체가 전쟁터로 변하는 건 아닐까. 일본이 최후 발악을 하거나, 혹시 항복을?

이날 정오, 사람들은 라디오 앞으로 모여들어 귀를 기울였다. 그러나 잡음이 심해서 방송 내용을 잘 알아들을 수가 없었다. 차마 '항복'이라는 말을 분명하게 내보낼 수 없어 일부러 그랬는지, 아니면 단순한 기술적 문제였는지는 알 수 없다. 그래서 그랬을까? 사람들은 방송을 듣고도 일본의 항복을 확신하지 못했던 것 같다. 다만 강한 어조로 일본의 전승을 독려하던 평소와 달리, 잡음과 함께 들려오는 떨리는 음성에서 무언가 중대한 일이 벌어졌음을 알아챘다. 기세등등하던 일본 사람들도 풀이 잔뜩 죽어 있었다. 조선 사람들은 조심스럽게 기대를 품었다.

일본의 항복 사실이 서울에 확실히 알려지기 시작한 것은 그로부터 한 시간 뒤인 오후 1시 무렵부터였다. 항복을 알리는 벽보가 경성일보사 앞에 나붙었고, 경성부 근처에서 10여 명의 조선인들이 태극기를 들고 나와 "만세"를 부르며 삐라■를 뿌렸다. 가로 18~18.5센티미터, 세로 17.3~17.8센티미터 크기의 빨간 종이에는, 철필로 급히 휘갈겨 쓴 글씨로 '조선 노동자 동맹 선언'이라는 제목 아래, "1. 조선 독립 만세 2. 노동자계급 해방 만세 3. 신정부 지지 만세"라고 적혀 있었다. 제목을 빼고는 모두 한자로 되어 있었는데, 여기서 '신정부'란 그로부터 이틀 뒤인 8월 17일 여운형 등이 주축이 되어 결성하는 '건국준비위원회'(이하 '건준')를 가리키는 것 같다(여운형 등은 해방 전에 이미 일제의 패망을 감지하고, 총독부와 협상을 벌이며 건준 결성에 착수한 상태였다.).

해방은 이렇게 삐라와 함께 왔다.

■ '삐라'를 국어사전에서 찾아보면, '전단傳單'의 잘못된 표기라고 되어 있다. 영어사전에도 나와 있다. bill과 leaflet을 이르는 말이라고. 영어 발음 나쁘기로 유명한 일본인들이 빌bill을 삐루로 발음하여 삐라びら가 됐다나. 그런데 우리의 삐라는, 전단과 벽보 등을 가리키는 bill과는 그 쓰임새가 좀 다르다. 북한에서 풍선 등에 넣어 날려 보내는 '대남 선전용 유인물'을 우리는 삐라라고 부른다. 간혹 반정부 활동가들이 몰래 돌려 보는 문서도 삐라의 범주에 넣는데, 이렇듯 우리에게 삐라는 '불온하고, 수상쩍은' 인쇄물이다.

■■■
1945년 8월 15일 라디오 주변에 모여서 일왕의 항복 소식을 듣고 있는 일본인들(위)과 남대문로로 모여든 조선 사람들. 일본인들의 표정에서 침통한 분위기가 느껴진다. 대다수 조선 인민들에게 해방은 섬광처럼 찾아왔다. 그러나 기쁨에 겨워 만세를 부르던 이들은, 이후 대한민국 건국을 둘러싸고 벌어지는 치열한 이데올로기 투쟁의 소용돌이에 휘말리게 된다.

거리마다 전신주와 벽보판에는 각종 삐라들이 나붙었고, 미군 비행기가 나타나 삐라를 뿌리고 사라지기도 했다. 사람들은 삐라 줍기에 바빴다. 해방 직후, 삐라는 숨가쁘게 돌아가는 정세를 대중들에게 전달하는 강력한 수단이었다. 각 정치 세력들은 자신들의 주장을 내세우고 상대방을 공격하는 데 삐라를 효과적으로 이용했다.

건국준비위원회의 '통치 수단'으로 떠오른 삐라

광복의 흥분이 채 가라앉기도 전인 1945년 8월 16일, "조선 동포여!"로 시작하는 조선 건준 명의의 삐라가 뿌려졌다. 질 나쁜 갱지에 활자로 인쇄된, 가로 25.3센티미터, 세로 21.5센티미터의 꽤 큰 삐라였다.

朝鮮同胞여!

重大한 現段階에 잇서 絶對의 自重과 安靜을 要請한다
우리들의 將來에 光明이 잇스니
輕擧妄動은 絶對의 禁物이다
諸位의 一語一動이 民族의 休戚에 至大한 影響잇는것을 猛省하라!
絶對의 自重으로 指導層의 佈告에 싸르기를 留意하라
八月十六日
朝鮮建國準備委員會

중대한 현 단계에 잇서 절대의 자중과 안정을 요청한다.
우리들의 장래에 광명이 잇스니
경거망동은 절대의 금물이다.
제위의 일언일동이 민족의 휴척休戚(기쁨과 슬픔)에 지대한 영향 잇는 것을 맹성猛省하라!
절대의 자중으로 지도층의 포고에 ㅆ다르기를 유의하라.

건준이 치안 확보와 건국 사업에 민족의 역량을 총결집하고, 교통 · 통신 · 금융 · 식량 대책 강구와 민심 안정을 도모하기 위해 뿌린 것이었다. 이날 이후부터 살포되는 삐라의 수가 급격히 늘었는데, 주로 좌익 쪽의 것이 많았고, 건준에서 조직한 치안대■도 삐라를 자주 살포했다.

해방 직후 미군정과 임시정부가 입국하기 전 여운형이 이끄는 건준은 대중들의 지지를 확고히 받고 있었다. 1945년 8월 18일자 《매일신보》 기사를 보자.

> 학도치안대의 어마어마한 경비 속에 착착 제반사항이 준비되고 있다. 이 본부에 새벽부터 문화 · 사상 · 교육 각계의 저명인사가 연달아 드나든다. 신문기자반, 사진반, 영화촬영반 등의 자동차 오토바이가 그칠 새 없이 들이닫는다. 이웃 할머니는 밥을 해 이고 와 눈물을 흘린다. 어느 청년은 가벼운 주머니를 기울여 기금으로 바치고 간다. 어디에 이만한 우리들의 단결력과 애정이 숨어 있었던고! 밤이 깊어도 환하게 켜진 불빛은 꺼질 줄 모르고 그대로 진통을 계속한다. 우리 3천만 형제는 마음으로부터 이 위원회의 원만한 건투를 염원하여 마지않는다.

8월 17일과 18일에는, 특이하게 사람 찾는 벽보가 나붙었다. 종로

■ '건준 치안대'는 YWCA 체육부 간사이자 유도 사범인 장권을 대장으로 하여, 약 2천 명의 청년과 학생들로 조직되어 있었다. 그러나 치안대는 애초 총독부 경찰 세력 중 한국인이 차지했던 자리만을 대치했을 뿐, 일본인 경찰 간부의 90퍼센트는 미군이 입경하기 전날인 1945년 9월 8일까지 남아 지위를 유지하고 있었다. 더구나 해방 이후에도 일본 군인들이 상당 기간 건재했으므로, 치안대의 활동에는 여러 가지 제약이 많았다. 물론 그럼에도 한때 치안대의 위세가 대단했는데, 치안대는 이데올로기적인 색깔을 띠지 않아 여러 단체가 통합적으로 활동하였다.

■■■
1945년 8월 16일 휘문중학교 교정에서 열린 집회에서, 환호하는 군중에 둘러싸인 여운형. 해방 직후 여운형과 그가 이끄는 건준은 대중들의 확고한 지지를 받고 있었다.

거리의 전신주와 담벼락을 뒤덮은 벽보의 내용은 다음과 같았다.

> 박헌영 동무를 찾는다.
> 근로 대중의 위대한 지도자 박헌영 선생은
> 어서 나와 우리를 지도하여 달라.
> 박헌영 동지여 어서 나오라!
> 3천만은 박 동지를 기다린다.

당시 서울 사람들은 박헌영이 누구인지 거의 모르고 있었다. 공산주의 활동가였던 박헌영은 일제의 탄압을 피해 광주 벽돌공장에서 피신 생활을 하다가, 해방이 되자 트럭을 타고 서울로 들어와, 대지주의

아들이자 한때 보성전문 강사였던 김해균의 집에 기거하고 있었다.

건준은 정치적인 내용뿐만 아니라, 매점매석 금지 등의 내용을 담은 삐라도 살포하였다. 해방 직후, 일부 지역에서는 전쟁으로 인해 5년 이상 자취를 감추었던 술 · 비누 · 광목 · 운동화 등이 쏟아져나오는 진풍경이 벌어졌다. 일본 사람들이 내놓은 물품이었는데, 사람들이 너도나도 달려들어 사려고 드니 값이 뛰고 밀거래 같은 불미스러운 일이 많았다. 그래서 당시 이러한 거래로 이익을 챙기는 '모리배'는 민족반역자, 친일파와 함께 '독립 저해 세력'으로 꼽혔다. 건준에서는 벽보와 삐라를 통해 이런 물건들을 필요 이상으로 사지 말고, 매점매석하지 말라고 여러 차례 설득했다. 그럼에도 불구하고, 심지어 건준 치안대원 중에도 일본인의 재산을 빼앗거나 일본 사람과 밀거래를 하는 사람들이 생겨났다. 건준은 '동포에게 고한다'는 제목의 경고문을 만들어 뿌렸다.

1. 각 통제 급 배급물자 물품을 종래 취급하던 수속이 업시 처분 전 환치 말 것이며, 혹은 조건朝建(조선 건준) 본부 치안대 보안대 학도대 기타 여하한 명칭을 막론하고 부정행위를 감행하는 자를 발견할 때에는 각 소속 자위대 책임자를 통하여 본 치안부에 즉시 통고할 일.
1. 본부에서 소용되는 물자물품은 일정한 증명소지인이 합리적 수속을 취한 후 청구하기로 결정되엿스니 만일 이런 증명 수속이 업시 본부원 우又는 치안대원이라 사칭하고 물자물품을 청구 또는 구입하는 자가 잇슬 때에는 이에 응치 말고 상대자의 주소 성명 일시 장소 사실개요를 본 치안부에 고지할 일, 이런 사실을 탐지할 때도 역시 고지할 일.

해방 이후에도 일본군에게 얻어맞은 조선인들

이에 질새라, 우익 진영에 속한 '고려청년당'에서도 질 나쁜 종이에 등사판으로 민 삐라를 뿌렸다.

> 일인을 조선에서 빨리 추방하는 최상의 방법은 그들과 사적의 교제를 단절하는 것이다. 토지, 가구, 가옥 등을 절대로 매수하지 말자. 조석으로 사람의 눈을 피해가며 일인의 문을 두들기는 사람은 없는가.

고려청년단의 삐라와 건준의 경고문에서 알 수 있듯, 해방이 되었다고 일본인이 모두 물러간 것은 아니었다. 주요 관공서에는 일본인들이 계속 근무했고, 일본군도 여전히 건재하여 그들의 무장해제를 요구하는 삐라가 많이 나돌았다. 일본인들은 자구책으로 '경성내지인세화회京城內地人世話會'라는 자위조직을 만들기도 했다. 조선에 남은 일본인과 조선인들의 충돌은 불가피했다.

해방의 흥분에 휩싸여 일본인에게 싸움을 걸었다가 일본군한테 맞아 피투성이가 되는 사람도 있었고, 해방 며칠 뒤에는 보성전문교와 연희전문교 학생들이 일본인을 무장해제시키기 위해 학도대를 조직하여 경찰서를 습격했다가 일본인 경찰의 발포로 한 학생이 죽기도 했다. 해방이 되었어도, 무장한 일본인들을 함부로 건드리기 어려웠다.

그러나 친일파는 사정이 달랐다. 사람들은 면장이나 군수의 집 등을 습격하며 '친일파'를 응징했는데, 일본인 경찰은 이를 모른 척 내버려두었다. 1945년 9월 30일 '조선인민공화국'■이 뿌린 삐라는, 그때까지도 일본 군인들이 여전히 준동하고 있었음을 보여준다.

■■■
1945년 10월 12일 본국으로 출국하기 위해 부산항에서 검색을 받고 있는 일본군. 8월 15일 일왕의 항복선언 직후 모든 일본군이 본국으로 돌아간 것은 아니었다. 해방 공간의 혼란한 상황에서, 국내에 남아 있던 이들 일본인?일본군과 조선 사람들의 마찰이 심심치 않게 일어났다.

미군이 진주한 지 이미 오랫건만 아즉도 무기를 제휴한 일본 군인이 항간을 허매며 야암野暗을 타서 방화, 발포, 자살刺殺, 폭탄투척 등 야만적인 행동을 하는 일본 제국주의 단말마들이 서울거리에 준동하고 있다. 아-엇지 가증한 일이 않이냐.

동포 여러분! 우리는 이제끗 참어왔다.

미군이 책임을 지고 노력할 줄을 밋고 또한 바라나 우리는 우리들 손으로 이

■ 건국준비위원회 조직을 중심으로 출범한 최초의 정부. 1945년 9월 6일, 미군의 남한 진주를 이틀 앞두고 1천여 명의 민중 대표들이 서울에 모여 전국인민대표자 대회를 개최했다. 미군 당국에게 한국민이 스스로 문제를 해결할 역량이 있음을 보여줌과 동시에, 남한 정부에 상응하는 대표성을 인정받으려는 것이 그 목적이었다. 민중 대표들은 전국적 대표성을 인정받아 미군 당국과 절충하려는 의도에서 좌·우익 지도자를 망라하여 내각을 구성하고, 조선인민공화국의 수립을 공식 선포하였다. 건준은 모든 사업을 인공으로 넘기고 9월 7일 발전적으로 해체하였다.

가증한 왜놈들을 축출하자!

ㄱ. 일체 일본인과의 상행위를 말자!

ㄴ. 일체 일본인의게 노역을 제공치 말자!

ㄷ. 일본인과 결탁하야 매국적인 행위를 하는 자를 적발하야 인민재판이 열일 때 이를 통고하자.

"한국인이여, 자비심 깊은 미국을 따르라"

한편 해방이 되자 고향을 떠났던 노동자들이 귀향하거나, 일본과 만주의 해외동포들이 속속 귀국하는 등 인구 이동이 극심해졌다. 그러나 이들 귀환 난민을 기다리는 것은 가난과 굶주림, 한데 잠이었다. 특히 서울로 들어온 난민들은 훗날 '해방촌'이라고 부르게 되는 남산 부근이나 서울역 대합실을 배회하였다. 이처럼 귀환 난민들의 식량과 주택 문제가 심각해지자, 이들을 돕자는 삐라도 뿌려졌다.

건준에서는 "우리들은 우리들의 힘으로 귀환동포! 전재戰災동포!를 원호하자."는 내용의 삐라를, 우익 진영에 속한 '대한독립협회' 원호부에서는 "한 술의 밥, 한 푼의 돈"이라는 구호 아래 동포애를 발휘하여 1백만 전재 동포를 돕자고 촉구하는 삐라를 돌렸다.

미군도 이 삐라 공세에 한몫을 했다. 미군이 남한에 진주하기 전인 9월 1일, 일본 오키나와에서 발진한 B-29기 한 대가 날아와 서울 상공에 7만 장, 인천과 부산에 각 3만5천 장씩의 삐라를 뿌렸다. 미군이 곧 상륙한다는 내용이었다. 삐라의 크기는 가로 18.7, 세로 41센티미터, 제목은 'To the People of Korea'였다. 제목 바로 아래에는 곧

한국을 점령하게 될 미 제24군단 사령관 하지의 사인이 든 영어 내용이 인쇄돼 있고, 그 아래에는 **'朝鮮半島人こ告ゲ'** 이라는 제목의 일본어 글이 적혀 있었다. **'韓國民에게 告함'** 이라는 한글은 맨 밑에 배치되었다. 국문과 일문은 모두 철필로 직접 등사판에 쓴 글씨였다.

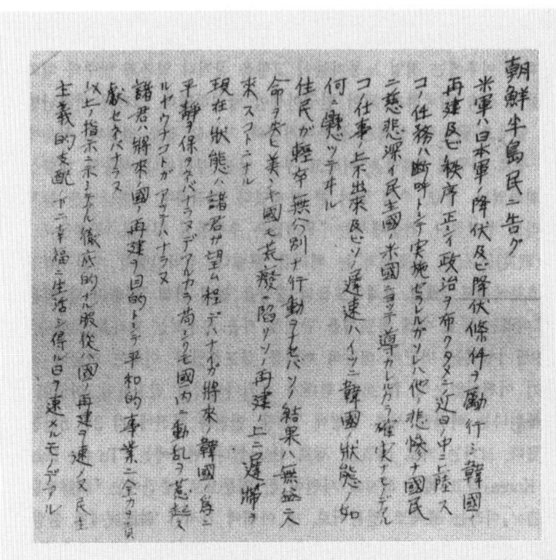
朝鮮半島民ニ告グ
米軍ハ日本軍ノ降伏及ビ降伏條件ヲ勵行シ韓國ノ再建及ビ秩序正シイ政治ヲ布クタメニ近日中ニ上陸ス
コノ任務ハ断呼トシテ実施セラレルガソレハ他ノ悲惨ナ國民ニ慈悲深イ民主國ノ米國ニヨツテ導カレルカラ確実ナモノデアル
コノ仕事ノ上不出来及ビソノ遅速ハイツニ韓國ノ状態ノ如何ニ懸ツテオル
住民ガ軽率無分別ナ行動ヲナセバソノ結果ハ無益ニ人命ヲ失ヒ美シキ國モ荒廃ニ陥リソノ再建ノ上ニ遅滞ヲ来スコトニナル
現在ノ状態ハ諸君ガ望ム程デハナイガ将来ノ韓國ノ為ニ平静ヲ保タネバナラヌデアルカラ尚シクモ國内ニ動乱ヲ惹起スルヤウナコトガアツテハナラヌ
諸君ハ将来ノ國ノ再建ヲ目的トシテ平和的事業ニ全力ヲ貢献セネバナラヌ
以上ノ指示ニ示シテル徹底的ナル服従ハ國ノ再建ヲ速ノ又民主主義的支配ノ下ニ幸福ニ生活シ得ル日ヲ速メルモノデアル

1945년 9월 1일, 남한에 진주하기 전 미군이 뿌린 일본어 삐라. 아래는 우리말 번역

한국민에 고함

미군은 일본군의 항복조건을 여행勵行하며 한국의 재건 급 질서 있는 정치를 실시코저 근일중 귀국에 상륙하게 되었음니다. 이 사명은 엄격히 실시하고저 하오나 불행한 국민에게 자비심 깊은 민주국인 미국에서 실시하는 것이니 확실한 것임니다. 이 거사의 성成 불성不成은 또는 지속은 오로지 한국민 자체 여하게 있는 것임니다. 주민의 경솔, 무분별한 행동은 의미업시 인명을 일코 아름다운 국토도 황폐되여 재건이 지체될 것임니다. 현재의 환경은 제씨의 생각하고는 맛지 안트라도 장래의 한국을 위하여서는 평정을 직히지 안으며 안되겠으니 국내에 동란을 발생할 행동이 있어서는 절대 안되겠읍니다. 제씨는 장래의 귀국의 재건을 위하여 평화적 사업에 전력을 다하여야 되겠음니다. 이상 지시함을 충실히 직히며는 귀국은 급속히 재건되고 동시에 민주주의 하에서 행복히 생활할 시기가 속히 도달될 것임니다.

(북)조선 인민을 상대로 소련군 총사령관이 뿌린 삐라도 서울에서 발견되었다. 이 삐라는 "이때로부터 전 권력은 조선 민중의 손 안에 있습니다."라고 되어 있다. 해방 다음 날인 8월 16일에는 "경성역에 소련 해방군이 도착한다."는 루머가 돌아, 여운형이 연설하는 군중대회에 참석했던 군중들이 경성역으로 몰려가는 일도 벌어졌다.

'인공파'와 '임정파'가 벌인 삐라 공방전

해방 직후 약 한 달간은 건준과 그 후신인 조선인민공화국('인공')의 독무대였다. 이들은 '진보적 민족주의'를 표방했지만, 그 목표는 좌우익 구별 없이 구성된 건준의 성격상 특정한 이데올로기보다는 일제 식민지배의 반동성 척결을 골자로 한 포괄적 인민 권력의 표상에 있었다. 인민공화국 설립을 주도한 건준에는 중도좌파에 속하는 여운형의 '건국동맹', '장안파'와 '재건파' 공산주의자들,■ 안재홍의 국민당 세력■■ 등 다양한 정치 세력이 집결해 있었다.

물론 인민공화국의 주도권은 좌파 세력이 쥐고 있었다. 이에 대항해 등장한 것이 9월 16일 창당대회를 연 한국민주당(한민당)이었다. 한민당은 진보 세력에 반대하는 우익보수 정당으로, 친일 정치인과 지주 · 기업인들이 가세했기 때문에 민족주의 세력이라고 부르기에

■ 1945년 8월 16일 서울 종로 장안빌딩에서 조직된 '장안파'는 이영, 정백 등을 중심으로 프롤레타리아 혁명론을 내세웠고, 8월 20일 박헌영 · 이강국 · 최용달을 중심으로 결성된 '재건파'는 부르주아민주주의 혁명론을 주장했다. 9월 11일 장안파가 당을 해체하고 재건파에 합류했다.

■■ 1942년 조선어학회 사건으로 옥고를 치른 안재홍은 건준 부위원장이 되었으나, 건준의 좌경화에 반발해 1945년 9월 조선국민당을 창당했다.

는 좀 민망한 면이 있다. 이들은 건준-인공 세력에 대항하여 대중적 이미지를 높이고, 정당성을 확보하기 위해 충칭重慶에 있는 대한민국 임시정부('임정')■■■를 지지하고 나섰다. 마침 임정도 인공을 부정하는 태세였다. 이제 삐라전은 본격적인 세력전으로 바뀌었다.

9월 3일, 임정 특파사무소가 삐라전에 가세하며 정국은 새로운 국면을 맞았다. 임정 국무위원회 주석 김구 명의로 **'국내외 동포에게 고함'** 이란 삐라가 살포되었다. 비교적 좋은 갱지에 깨끗하게 인쇄된 이

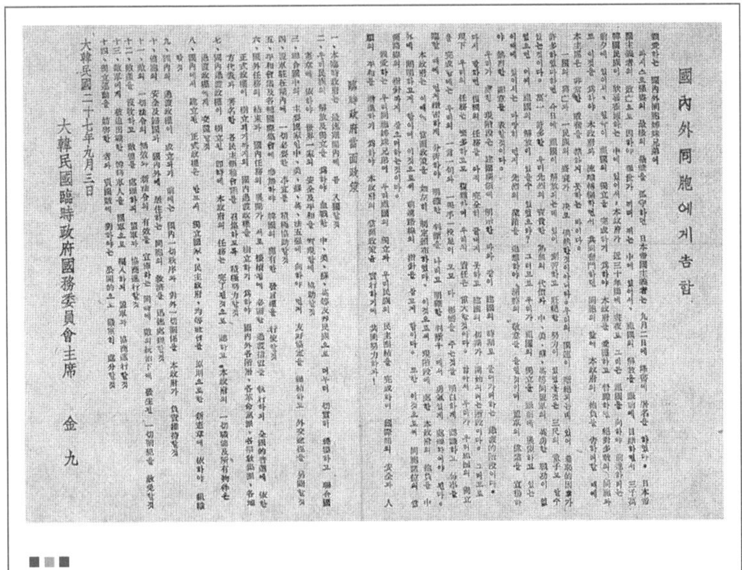
國內外同胞에게 告함

臨時政府當面政策

大韓民國二十七年九月三日

大韓民國臨時政府國務委員會主席 金九

■■■

1945년 9월 3일 뿌려진 김구 명의의 삐라. 해방 직후 인공이 주도권을 쥐고 있는 가운데 뿌려진 이 삐라로 인해, 정국은 새로운 국면을 맞았다. 이 삐라는 임정이 곧 입국할 것과, 과도정권 수립 때까지 임정이 정부 기능을 수행할 것임을 천명하였다. 이날 이후 인공파와 임정파의 삐라 공방정은 더욱 치열해진다.

■■■ 1919년 중국 상하이에 처음 둥지를 튼 임시정부는 이후 항저우, 전장, 창사, 광둥, 류저우, 치장, 충칭 등지로 청사를 옮기며 독립운동을 벌였다.

삐라는 임정이 곧 입국할 것임을 알리면서, "국내에 과도정권이 성립되기 전에는 국내 일체 질서와 대외 일체 관계를 본 정부가 부책負責 유지할 것"이라고 천명했다. 과도정권 수립 때까지 임정이 정부 기능을 수행할 것이라는 얘기로, 이는 곧 건준을 인정할 수 없다는 뜻이었다.

이 삐라가 살포된 다음 날 '임시정부급 연합군 환영준비위원회 취지' 삐라가 나돌고, 이어 9월 7일 임정 측의 '국민대회 준비회 취지서'가 뿌려지면서 삐라를 이용한 정치 공방은 더 치열해졌다. 같은 날 건준이 '조선인민대중에게 격함'이라는 삐라로 맞붙은 것이다. 건준은 이 삐라를 통해 하루 전인 9월 6일에 조선인민공화국이 건설되었음을 알리며, "인민대중의 총의에 의한 인민정부를 갖게 되었다."고 못박았다.

다음 날인 9월 8일에는 지금까지 나온 것과는 '스케일'이 다른 가로 76센티미터, 세로 32.5센티미터짜리 대형 삐라가 출현했다. 한민당 발기인 명의로 된 이 삐라는, 대한민국 임시정부 외에 소위 정권을 참칭하는 일체의 단체나 그 행동을 비난하는 내용을 담고 있었다.

이처럼 당시 건준을 모태로 결성된 인민공화국의 독주를 견제하기 위해 많은 정당과 단체들이 인민공화국을 비난하며 임정을 정식 정부로 맞이할 것을 주장하면서, 연일 임정과 인민공화국을 각각 지지하는 삐라가 경쟁적으로 뿌려졌다. 이 공방전에는 '망국적 해충' '분쇄' '타도' '참칭' '회색주의자' '사대주의자' '악질 떼마' '민족반역자' '친일파' '소탕' '좌경광자左傾狂者', 혹은 '만세' '절대지지' 등 원색적 · 선정적 말들이 총동원됐다.

양측의 공방전이 치열해질수록 삐라의 내용 역시 단순한 비난 수준이 아닌 협박과 과장 선전, 허위 사실 유포, 중상모략 등으로 점차 그 도를 넘어섰다. 그러다 보니 각종 유언비어나 루머가 난무할 수밖에 없었다. 당시 한민당과의 긴밀한 관계 아래 우익의 전위대 노릇을 한 고려청년당은, 심지어 임정이 연합국의 승인을 얻었다는 허위 사실을 유포하기까지 했다.

> 우리 재외 임시정부를 환영하자. 우리 정부는 하나뿐이다. 우리 대한 임시정부는 조선독립을 위하여 30년 해외 풍상을 겪고 미 · 중 · 소 · 영을 위시하여 전 세계의 승인을 얻었다. 이것이야말로 우리의 유일한 정통 정부다. 이 이상의 모든 건국운동은 반역적 책동이다. 우리는 진정한 민주주의 조선의 건설을 위하야 우리 임시정부를 절대 지지하자.

인공과 임정 계열이 피 터지게 싸우면서, 서로 '적군'의 인사들을 도용하는 웃지 못할 사태까지 벌어졌다. 삐라에 상대편 지도자들의 이름을 마구 올린 것이다. 권동진, 오세창, 허헌, 홍명희, 이극로 등이 본인들의 의사와는 무관하게 자주 언급됐다. 그러다 보니 자연 말썽이 빚어져, 자신들의 명의를 도용하지 말라는 성명 삐라까지 나오는 지경이 되었다.

> 건국준비위원회가 소위 인민공화국이란 명칭하에 하명下命 등을 위원 혹은 고문으로 발표하엿스나 전연 승낙한 사실이 없을 뿐만 아니라 하등 관계없음을 표명함. – 권동진, 오세창, 김성수, 김병로

> 소위 '한국민주당' 발기인이라는 정체불명의 일당이 우리들의 명의를 도용하야 발기인의 일원으로 발표하엿으나 사실무근이며 따라서 그런 비양심적

인 성명과 결의에 가담한 사실이 전무함을 성명함. – 유진오, 백남운, 이종수, 김영훈

폭력이 되어버린 말 · 말 · 말

이후 잠시 수그러들었던 삐라전은, 1945년 12월 말 모스크바 3상회의(모스크바 협정. 미 · 영 · 소 3국의 외상이 모여 제2차 대전의 전후 처리 문제를 협상함) 소식이 전해지며 다시 가열되었다. 숱한 군중집회와 함께 삐라들이 난무했다. "8 · 15 이후 서울 거리에 범람하던 정치 삐라와 포스터는 최근 잠잠하였는데, 28일 밤부터 다시 대문마다 판자마다 진열장마다 포스터 삐라의 범람이다."라는 신문 보도가 나올 정도였다.

이후로도 삐라는 어떤 일이 벌어질 때마다 거리를 뒤덮으며, 해방정국 내내 긴장감을 자아냈다. 좌우합작, 남조선 과도 입법의원 구성, 과도정부 수립, 남한 단독선거 실시, 대구 10월 항쟁, 국립대학설치안 반대운동, 노동운동, 언론 문제, '조선정판사 위조지폐 사건', 5 · 10 선거, 각종 기념행사 등등 삐라가 담아내지 않는 일이란 없었다.

지적했다시피, 해방공간에서 삐라는 정세 정보 공유와 소통의 중요한 기능을 수행했다. 기존 언론매체가 긴박하게 돌아가는 정국을 일반대중에게 알리고, 흑백을 가려내기에는 역부족이었다. 이런 상황에서 삐라는 포스터, 벽보, 유인물 등과 함께 강력한 언론의 기능을 담당하였다. 특히 기동성 면에서는 삐라를 따를 매체가 없었다. 그러나 삐라는 선동적인 성격이 강하여, '주장'과 폭로로 일관하는 한계도 드러냈다. "민족해방, 계급해방, 동시단행!" "대중아 속지 마라.

신탁통치 반대 벽보. 1945년 12월 27일 모스크바 3상회의에서 한국의 신탁통치안이 논의되었다는 소식이 전해지면서, 잠시 수그러들었던 삐라 공방전이 다시 뜨겁게 달아올랐다. 그야말로 "대문마다 판자마다 진열장마다 포스터 삐라의 범람"이었다.

이승만 박사의 명의 도용은 이제는 알엇다." 등등.

이러한 한계 때문에 직접적이며 거친 표현을 동원한 '언어폭력'이 난무했다. 오늘날까지도 언어폭력으로 일관하고 있는 우리 현대 정치사의 뿌리가, 해방공간의 격렬한 삐라전에서 비롯되었다고 보아도 무방할 것이다. 언어폭력은 역사와 사회, 개인에게 모두 큰 상처를 남긴다. 차라리 한 대 맞은 것은 쉽게 잊어도, "개 돼지보다 못한 모리배" 같은 말 한 마디는 두고두고 아픔으로 되살아난다.

삐라가 동반한 언어폭력은 '인간적으로' 지나친 수준이었다. 이는 좌우를 막론하고 마찬가지였다.

- 타도하라 한민의 무리를. 야심분자의 집단 한민의 무리를 박멸하여.
- 이 인민위원회가 남북 각지에서 비저내는 가진 포학과 잔인무도한 행사는 후일 민족반역자 처단의 법정에서 폭로될 일이며……
- 우리는 악질떼마가 반동분자의 모략인 것을 알엇다!
- 여운형이가 반역집단 '인민공화국'을 만들어 대통령이 되랴고 가진 음모와 후안무치한 전술을 감행한 것은……
- 이것이 조선의 노예화를 음모하는 공산당의 정체다. 동포여! 분쇄하자! 이 천인공노의 극악한 음모를!
- 팟쇼분자의 최후적 발악을 분쇄하는……
- 미군정은 속히 철퇴하라! 이놈들의 압제비를 전부 처단하자!
- 선거등록 안는 자는 적구赤狗요 매국노며 민족반역자로 볼 수밖에 없읍니다.
- 외제주구外帝走狗의 총두목 이승만은 이 목적을 감행키 위하야 26일 파괴적 반동적 테로단 대한노총의 위원장으로 재빨리 '취임'하여……
- 우리들은 맹휴 선동자들의 극악한 모략과 비행을 전학도들의 일흠으로 분쇄합시다!
- 반민족신문 인쇄 직공들아 너의 죄를 몰으너냐?
- 그네들이 부르는 민주주의도 공산팟쇼요 위조다.

이쯤되면 어이가 없어 뭐라 말로 하기 어려운 '언어도단'이라고 할 만하다. 그렇다면 해방 직후 이처럼 심각한 언어폭력이 난무한 까닭은 무엇일까?

말 속에 감춰진 현실 혹은 비수

언어가 갖는 무기 효과, 곧 말이 창과 방패 같은 '무기'가 될 수 있기 때문이다. 이 무기는 인민대중을 죽일 수도, 반대로 그들을 살릴 수도 있다. 혼란스럽고 긴박했던 해방 정국에서 사용된 언어폭력 중에도, 권력을 잡으려는 욕망에 사로잡혀 앞뒤 안 가리고 퍼부어댄 것이 있는가 하면, 인민의 삶을 위협하는 세력들을 폭로하기 위해 어쩔 수 없이 행사한 '정당방위'도 있었다.

그러니 언어폭력들 사이에 존재하는 현실 진리를 파악하는 것이 중요할 수밖에 없다. 누가, 왜 이 예리한 무기를 휘두르는지 인민대중은 알아야 한다. 그런데 문제는 꼭 거친 말을 써야만 언어폭력이 되는 것은 아니라는 점이다. 부드럽고 인간적인 말 속에도 폭력이 내장되어 있는 경우가 많다. 그래서 언어폭력을 중단하자는 식의 당위적 원칙만 내세우는 것은 현실적으로 '싱거운' 얘기일 수밖에 없다. 언어폭력의 문제는 거칠고 비열한 표현 그 자체보다는, 그것이 사용되는 언어 외적인 과정에 있는 것이다. 해방기 삐라를 통해 나타난 언어폭력도 이런 맥락에서 보아야 한다.

예를 들어 이승만이 쓴 '삼천만 동포에게 고함'이라는 글을 보자.

> 나는 30년간 주야로 태평양을 건너다보며 그리운 금수 3천리 강산과 3천만의 사랑하는 동포를 생각하며 눈물로 사라왔다. 반세기의 긴 노예생활에서 얼마나 앞으고 괴로웠으며 배고프고 스라렷는냐?? 적의 채축질과 그 노략질이 그 얼마나 심하였음을 생각할 때 나의 가슴은 터질 듯하였다.

이 발언에 무슨 문제가 있느냐고 의아하게 여기는 사람도 있을 것이다. 이승만의 그 섬세한 애족심에 존경심을 표해도 모자랄 판에 말이다. 실제로 당시 이승만에게 '국부' 니 '위대한 민족영도자' 니 하는 호칭들을 거리낌없이 갖다 붙이는 사람들도 있었다. 그러나 다른 편 사람들에게 이승만의 발언은 언어폭력과 다름없었다.

'조선애국본부' 명의의 한 유인물은 '국부 이 박사' 라는 말은 '희롱적 명사' 라며, "과거에 하와이에도 고급주택과 저급주택을 수 며 놓코 평시에는 고급주택에 거주하면서 호사를 하다가 조선서 차저가는 노동자와 학생을 맛나면 저급주택을 안내하여 빈곤한 생활을 보여주었다."고 폭로하고 있다. 이들에게 이승만의 발언은 교활한 언어폭력이었을 것이다.

물론 이승만이 자신의 인생 역정과 조선 인민의 삶을 되돌아보며 진심으로 이렇게 말했을 수도 있다. 그러나 같은 글의 다음 대목을 보면, 순수한 애족심의 발로라고 보기에는 석연치 않은 구석이 있다. "이 정부 이 명령에 사리사설로 주저 위반하는 자는 민족적 대역이다." 이는 분명 특정한 정적을 염두에 둔 협박이다. 그렇다면 그가 목청 높여 부르짖은 저 "3천만의 사랑하는 동포"의 의미도 달라질 수밖에 없지 않겠는가.

새로운 말, 새로운 상상, 새로운 정치

언어폭력의 장면들은 짜증스럽기도 하고, 때로는 흥분을 일으키기도 하며, 동시에 묘한 재미도 제공한다. 그래서 삐라 속에 담긴 언어폭력은 그 작성자의 의도만큼 대중들에게 '심각한' 호소력을 갖지는 못했을 것 같다. 당시 사람들은 작성자의 절박함과는 거리를 둔 채 삐라를 읽었을 것이다. 내용에 동조하는 사람도 있는 반면, 되레 욕을 퍼부으며 "누가 나라 망치는지 모르겠네."라고 냉소하는 사람도 있었을 것이다. "전 민족의 일흠으로"라고 비장하게 선언하는 삐라를 보며, 그 '전 민족'에서 자기 이름은 빼주었으면 하는 바람도 갖지 않았을까?

어쨌거나 변변한 언론매체가 별로 없던 시절, 각종 언어폭력으로 도배질한 삐라들이 일반대중을 정치적 담론 안으로 끌어들이는 데 큰 역할을 한 것만은 분명하다. 사람들은 삐라를 보고 그대로 믿거나, 욕설을 퍼붓거나, 호기심을 느끼며 자연스럽게 세상이 어떻게 돌아가는지 알았다. 이 과정에서 전에는 듣도 보지도 못한 단어들을 일상적으로 접하게 되었다. **'민주주의' '진보' '반동' '노동계급' '공산주의' '선거' '선거권' '정부' '자유' '정당' '대통령'**……. 그리고 왕의 통치를 받지 않는 새로운 정치체제, 즉 개인들이 투표를 하여 정부를 세우고, 대통령을 뽑는 사회를 상상하기 시작했다. 가히 혁명적이라 할 변화가 삐라와 함께 찾아온 것이다.

이처럼 삐라는 새로운 삶의 양식으로서 정치 담론을 대중들에게 각인시키고, 표상하고, 말하도록 했다. 삐라 읽기 자체가 현대적 삶을 체험하는 중요한 문화 과정이었다. 삐라는 단순한 정치 도구를 넘어, 대중들의 일상적인 삶에 개입했다. 삐라와 함께 남한의 현대사는 요동치며 열리고 있었다. 그러나 '삐라와 함께 온 해방 소식'이라는 말에도 분명 어폐는 있다. 당시 78퍼센트에 달했던 문맹 대중들은 그 삐라들을 읽을 수 없었을 테니까!■

■ 광복 직후 12세 이상의 한글 문맹자는 남한 전체 인구의 약 78퍼센트에 달했다.(1945년 총 인구 수 10,253,138명 가운데 국문 해득자는 2,272,236명, 문맹자는 7,980,922명)

02 1945~1948년 미군정이 실시한 '문화정치'

뒤바뀐 말, 뒤바뀐 역사

광복 후 조선 땅에 들어온 미군은 '해방군'이었을까, '점령군'이었을까.
'은혜로운 나라' 미국은 한반도에 점령군으로 찾아왔다. 그들은 뜻밖에 한글 보급에 힘썼는데, 그 의도는 미국적 이데올로기를 전파하는 데 있었다. 미군정 시기에 행해진 '탈문맹적 문화정치'란 이렇듯 교묘했다.

'점령군' 미군의 인천 상륙

"독립 됐다구 했을 때 만세 안 부르기 잘했지. 일본놈한테 내내 끌려 살아온 것도 징헌디, 막 가고 난께 왜 미국놈 느그들이 뜬금없이, 느닷없이 와서 또 못살게구냐, 우리는 우리끼장 살게 내비두라."

1946년 8월 15일, 해방 1주년을 기념하기 위해 모인 전라남도 화순탄광 노동자들은 미군의 총칼에 무참히 살육당했다.■ 무장한 미군들 앞에서 노동자들은 이렇게 절규했다.

"우리에게 진정한 해방을 달라!"

해방 직후 조선 인민들은 미국이 일본 제국주의를 물리치고 조선에 해방을 가져다준 '은혜로운 나라'라고 믿었다. 1945년 9월 8일, 미 제24군이 인천에 상륙할 때 조선 사람들은 '해방군'을 환영하러 거리에 나섰다. 그것은 신바람 나고 신명 나는 일이었을 것이다. 마음속에서 우러나는 진정한 기쁨에 겨워, 35년간의 억압에서 벗어나 자유를 되찾은 흥분에 들떠 해방군을 맞으러 달려나갔을 것이다.

그러나 환영 나온 조선인들을 맞이한 것은 미군의 총부리였다. 주한 미군사령관 하지는 조선인을 해방민족으로 인정하지 않았다. 그들은 해방군이 아닌 점령군이었다. 이는 그 전에 미군이 보인 행태에서 이미 드러나고 있었다.

미군은 1945년 9월 2일 서울 상공에 뿌린 삐라에서, 조선 민족의 해방을 축하하기는커녕 "일본군과 미 상륙군에 대한 반란행위, 재산과 각종 시설의 파괴행위는 처벌될 것"이라고 위협했고, 인천 상륙 다음 날인 9월 9일자 포고문에서는 한 발 더 나아가 "미 상륙군에 항의하면 인민을 잃고 아름다운 국토가 황폐화될 것"이라는 무서운 경고도 서슴지 않았다.

화순탄광 노동자 학살사건은 결코 우연이 아니었다. 당시 미군은 비행기와 탱크를 동원하여 조선 인민을 상대로 '전쟁'을 수행하고 있었다. 하지의 노동고문관으로서 남한 노동자들의 파업을 관리한 미켐은 한 보고서에서 화순 사태를 이렇게 기록했다.

■ '화순 너릿재 사건'. 미군정 때 일어난 최초의 민간인 학살로 알려져 있다. 1946년 8월 15일 전라남도 화순 너릿재 부근에서, 광주에서 열린 해방 1주년 기념 집회에 참석하고 돌아가던 화순 탄광 노동자 2천여 명을 미군이 총칼로 강제 해산하여 김판석 씨 등 7~8명이 숨지고 다수의 부상자가 발생했다.

■■■
1945년 9월 9일 서울로 입성하는 미군. 당시 조선 인민들에게 미국은 일본 제국주의를 물리치고 조선에 해방을 가져다준 은혜로운 나라였다. 그랬기에 많은 사람들이 '해방군'을 환영하러 거리로 몰려 나왔다. 그러나 막상 미국은 조선인을 해방된 민족으로 인정하지 않았다. 그들은 해방군이 아닌 점령군이었다.

우리는 전장에 나가듯이 사태에 임했다. 우리는 파업을 파괴하러 나갔다. 약간의 무고한 사람들이 다칠지도 모른다는 점에 대해 오랫동안 걱정할 시간이 없었다. 우리는 시 외곽에 수용소를 설치하여 감옥이 만원이 되면 파업자들을 그곳에 수용했다. 그것은 전쟁이었다. 우리는 그것을 전쟁으로 인식하고 있었다. 그것이 우리가 전쟁으로 대처한 방식이었다.

1945년 8월 15일의 '해방'은 누군가 시로 형상했듯이, "곱절의 힘을 풀끼없는 주먹에 다져쥐고 평화스러운 하늘을 바라보는" 그런 해방이었다. 너무나 감격적이었던 이 순간은 그러나, 미군의 등장으로

힘없이 무너지고 만다. 옷만 바꿔 입은 또 다른 제국주의자 미국을 맞아, 조선에는 또 다른 잔인한 시절이 다가오고 있었다.

미군이 빼앗아간 해방, 그리고 인민위원회

해방이 되자, 사람들은 모든 억압에서 풀려날 줄 알았다. 당연한 일이었다. 진정한 해방이라면 마땅히 그래야 했다. 그래서 일제 식민지 잔재를 청산하고, 친일 행적자들을 처벌하여 민족의 갈 길을 바로잡을 거라 믿었다. 더 나아가 농민들은 무상몰수-무상분배의 토지개혁으로, 노동자들은 공장 자주 관리로 민족 해방이 실제 삶과 노동의 해방으로 이어지길 바랐다. 당시 표현대로 '완전한 해방' 이라면 의당 그래야 했다.

사람들은 이 해방의 의미를 현실 속에서 실현하고자 했다. 그 구체적인 실천 움직임이 당시 전국적으로 조직된 '인민위원회' 였다. 인민위원회는 해방 이후 각 지방 사람들이 자발적으로 결성한 조직이었다. 일제의 억압기구들을 해체하고, 조선 사람들의 삶을 개선할 조직을 만드는 일은 정당한 행위였다. 인민위원회는 대부분 조직부 · 선전부 · 치안부 · 식량부 · 재정부 등을 갖추고 있었으며, 지역 특성에 따라 보건후생 · 귀환동포 · 소비 · 노동관계 · 소작료 등의 문제를 다루는 부서를 설치했다. 경남 통영군의 인민위원회 강령은 다음과 같았다.

> 1. 모든 일본인 재산은 한국인에게 돌려주어야 한다.
> 2. 모든 토지와 공장은 농민, 노동자에게 속한다.
> 3. 모든 남녀는 평등한 권리를 갖는다.

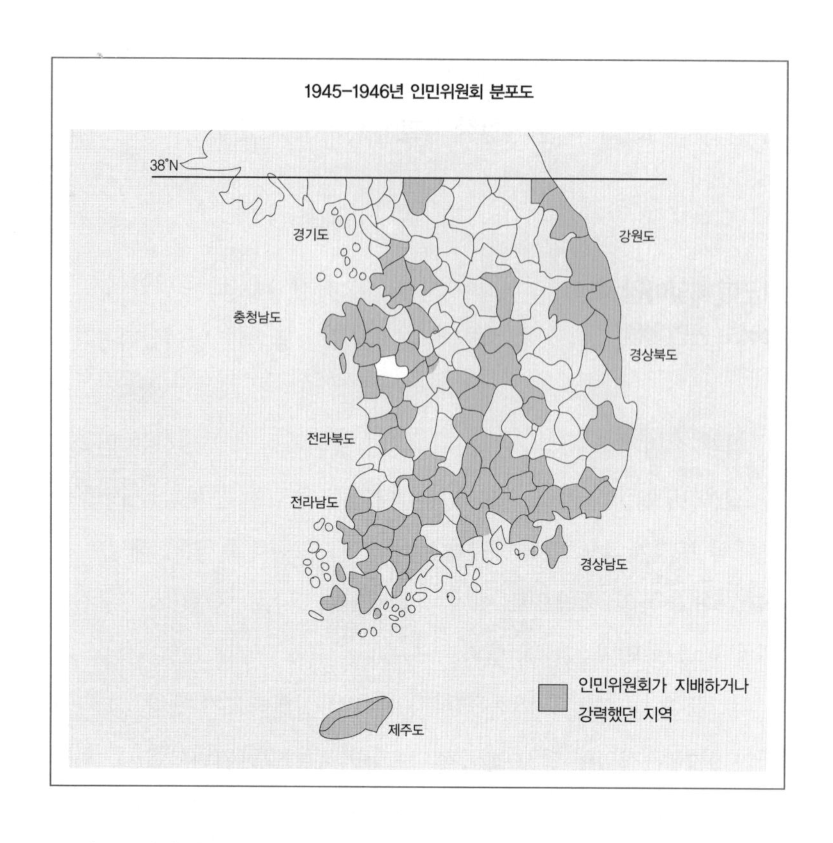

다른 인민위원회 강령도 대개 이와 유사했다. 당시 인민위원회는 일반대중의 지지를 얻으며, 남한의 거의 모든 지역에 고르게 분포했다. 조선 사람들은 해방의 감격에만 머무르지 않고, 이렇게 자신들의 삶을 책임질 자치조직을 자생적으로 구성하며, 자신들의 권력을 조금씩 만들어가고 있었다. 이러한 노력 끝에 '중앙인민위원회'가 만들어지고, 이는 1945년 9월 6일 수립된 조선인민공화국과 결합되었다.

그러나 미군은 인민위원회와 인민공화국을 내버려두지 않았다. 남한을 식민지로 관리하고자 했던 미군은, 인공을 적대시하고 완전히 무시했다. 1945년 10월 10일 미군정장관 아널드는 미군정만이 38도선 이남의 조선에서 유일한 정부라고 천명하였고, 12월 12일에는 미군사령관 하지가 "인민공화국은 그 자체가 선택한 명칭 여하를 불문하고 어떤 의미에서든 정부도 아니고, 그러한 직능을 집행할 하등의 권리도 없으며, 따라서 어떠한 정당이든 정부로 행세해보려는 행동이 있으면, 이것을 비법적 행동으로 취급하도록 주둔군과 군정부에 명령을 내렸다."는 성명을 발표했다.

결국 인민공화국과 인민위원회는 붕괴되었고, 그 과정에서 조선인들의 엄청난 희생이 뒤따랐다. 제주 4 · 3항쟁은 말할 것도 없거니와, 화순탄광 노동자 학살사건도 이러한 맥락에서 일어난 것이다. 인민위원회가 미군에 의해 해체되는 과정은, 조선 사람들이 자신들의 정치 · 경제 · 사회적 권력에서 배제되는 과정인 동시에, 조선인 각자의 삶마저도 본인의 의지대로 설계해나갈 수 없도록 철저히 침탈당하는 과정이었다. 이렇게 해서 해방은 다시 사람들의 삶에서 멀어지기 시작했다.

> "일 없네. 난 오늘버틈 도루 나라 없는 백성이네. 제-길 삼십육 년두 나라 없이 살아왔을러드나. 아-니 글쎄 나라가 있으면 백성한테 무얼 좀 고마운 노릇을 해주어야 백성두 나라를 믿고 나라에다 마음을 붙이고 살지. 독립이 됐다면서 고작 그래 백성이 차지할 땅 뺏어서 팔아먹는 게 나라 명색야?"
> 그러고는 털고 일어서면서 혼자말로,
> "독립 됐다구 했을 때 만세 안 부르기 잘했지."

1946년에 씌어진 채만식의 단편소설 「논 이야기」에 나오는 대목이

■■■
1945년 9월 9일 4시 조선총독부 건물에서 하강되는 일장기, 그리고 30분 후 그 자리에 게양되는 성조기. 일장기가 게양되어 있던 자리에는 태극기가 아니라 성조기가 게양되었고, 미군정장관 아널드는 오로지 미군정만이 38도 이남에서 유일한 정부임을 천명하였다.

다. 소설의 주인공은 해방이 되자 일제에 빼앗긴 땅을 되찾는 줄 알고 기뻐하다가, 그 땅이 다시 미군정에 귀속되자 어처구니없어 한다.

해방 직후 남한의 대농장 농지는 소작인들이 대표를 뽑아 관리하고, 일본인 소지주들이 황급히 도망치며 내버리고 간 토지는 소작인들이 자기 땅으로 삼았는데, 그 분배를 인민위원회가 맡는 것이 보통이었다. 그런데 이 땅들을 미군정이 몰수해버린 것이다. 미군정은 이런 방식으로 남한 총 재산의 80퍼센트에 해당하는 재산을 미군정에 귀속시켰다. 귀속재산의 관리 역시 매우 부패하여, 미군정과 결탁한 모리정상배들이 그 재산을 조선인 착취에 이용했다. 오죽했으면 "귀속공장은 망해도 관리인은 살찐다."는 말까지 생겨났을까.

그리고 1948년 8월 15일, 남한에 대한민국 정부가 수립되었지만 사정은 달라지지 않았다. 이승만 정권은 미군정의 다른 얼굴에 불과했다.

미국의 책략에 넘어간 조선어학회

이처럼 해방이 조선 사람들의 삶에서 사실상 멀어지는 상황에서, 우리말은 어떤 변화를 겪었을까?

일제에서의 해방은 우리말글의 해방이기도 했다. 이 해방은 관념적인 의미의 해방이 아니라, 현실적인 사용에서의 해방을 뜻했다. '현실적인 사용'이란 첫째, 일반대중이 우리말과 글을 아무런 구속 없이 일상 속에서 자유롭게 사용하는 것을 말하고 둘째, 조선어라는 개별 언어의 관념에 집착하지 않고 말의 표현과 의미화를 삶의 과정에서 자유롭게 소통하는 것을 말한다.

우리말글을 일상 속에서 자유롭게 사용한다는 것의 의미는 명백하다. 길거리에서 여전히 일본어로 속삭이는 사무원들이 있다 해도, 그들의 모국어는 해방된 조선의 말이다. 조선어로 말해도 이젠 그 누구의 눈치도 볼 필요가 없다. 그러나 해방 뒤에도 계속 일본말을 쓴다면, 그건 진정한 우리말의 해방이 아닌 것이다. 말과 글 속에서 꾸준히 일어 찌꺼기를 없애나가며 실생활에서 우리말을 사용하는 것, 바로 그것이 해방을 맞이한 조선 사람들이 해야 할 일이었다.

비록 점령군으로 왔지만, 미군정도 우리말의 해방을 도왔다. 미군은 서울에 진주하며 영어를 공용어로 공표했다. 그러나 강제력은 없었고, 조선 사람들이 조선말을 사용한다고 해서 일제처럼 귀찮게 굴

지도 않았다. 오히려 곧바로 공용어를 조선어로 바꾸고, 문맹 퇴치와 한글 보급에 노력했으며, 일본말을 없애고 우리말을 도로 찾는 데에도 적극적이었다. 여기에 한글날을 공휴일로 제정해주는 '친절'까지 베풀었다.(1945년부터 매년 10월 9일에 한글날 기념식을 치르게 됐다. 한글날이 공휴일에서 제외된 것은 1991년이다.) 한글 전용에도 앞장서 1945년 10월과 12월에 나란히 창간된 《주간 다이제스트》와 《농민주보》를 순한글로 만들도록 하여, 한글 전용론자들의 아낌없는 찬사를 받기도 했다.

그러니 '조선어학회'가 미군정 문교부에서 조선어 관계 일을 도맡다시피한 것은 아주 자연스러운 일이었다. 최현배를 비롯한 조선어학회 사람들은 조금의 의심도 없이 미군정에 힘을 보탰다. 자신들이 불철주야 헌신적으로 제작한 국어 교과서까지 고스란히 갖다 바칠 정도로 말이다.

해방 이후 조선의 아이들에게 국어 교과서를 '반포'한 사람은 미군정장관 아널드였다. 아널드는 이때 "길이 자유롭고, 뜻깊은, 너희들의 말을 잘 배워서 훌륭한 국가 건설에 이바지하라."고 격려했다.

해방된 한글 빛내자!
자랑할 교본이 나왔다
감사, 감격으로 주고받은
壯重活潑하게

■■■
국어 교과서 반포를 알리는 《자유신문》 기사(1945년 11월 21일자). 미군정장관 아널드가 한국 학생에게 「한글첫걸음」과 「초등 국어독본」(상)을 전달하는 장면. 조선어학회가 만들어 미군정에 '헌납'한 책을, 미군정이 다시 우리 아이들에게 '반포'하는 이 상황을 어떻게 표현해야 좋을까?

그러나 국어 교과서 반포 40일 전인 1945년 10월 10일 아널드가 보인 태도는 이와 사뭇 달랐다. 아널드는 성명을 통해 진보적 민족주의 노선을 지지하는 대다수 신문들에 일격을 가하며, 언론을 철저히 멸시하고, 조선인민공화국에게도 엄청난 모독과 비난을 퍼부었다.

> 38 이남의 조선에는 오직 미군정부가 있을 뿐이다. 이 정부는 맥아더 장군의 포고와 하지 중장의 발령과 군정장관의 행정력에 의해 정당히 수립된 것이다. 이것은 군정장관과 군정관들이 엄선하고 감독하는 조선인으로 조직된 정부로서 행정 각 방면에서 절대적 지배력과 권위를 가지고 있다. 자천자임한 '관리' 라든가 '경찰' 또는 '국민 전체' 를 대표하였노라는 대소집합이나 또는 자칭 '조선인민공화국' 이라든지 자칭 '조선인민공화국 내각' 은 권위와 세력과 실제가 전혀 없는 것이다. 만일 이러한 고관대작을 참칭하는 자들이 흥행의 가치조차 의심할 만한 괴뢰극을 하는 연극배우라면 그들은 즉시 그 극을 폐막하여야 할 것이다. …… 만약 이러한 괴뢰극의 막후에 그 연극을 조종하는 사기꾼이 있어 어리석게도 조선 정부의 정당한 행정사무의 일부분일지라도 잠행할 수 있다고 생각한다면 그들은 마땅히 크게 각성하여 현실을 파악하여야 할 것이다.

이 발언은 정계와 언론계에 커다란 충격을 주었고, 각 신문에서는 시비 논의가 분분했다. 이 성명을 접하고 조선어학회 사람들은 무슨 생각을 했을까? 우리 민족을 모독하는 아널드의 발언을 듣고도, 이 문제와 우리말글 문제는 별개라고 생각했을까? 이 사건이 아니더라도, 미군정이 조선 사람들에게 보인 무례한 태도나 그들이 저지른 광범위한 학살을 조선어학회 사람들은 정녕 보지 못했을까? 애초에 말이란 것이 그 사용자들의 삶과 분리될 수 있는 것이란 말인가?

우리말과 글에 지독한 정성을 쏟은 그들이라면, 한번쯤 미군정의 정체에 의문을 품었어야 했다. 민족이란 어떤 절대적인 힘의 지배로 구성되는 것이 아니라, 현실에서 민족 구성원들의 권력으로 구성될 때에만 진정한 의미를 지니기 때문이다. 이러한 관점에서 볼 때, 민족 언어에 진정한 의미를 부여해주는 것 역시 민족 구성원들의 삶 그 자체이다. 그렇다면 당연하게도 조선어학회는 그 구성원들의 삶을 짓밟는 미군정에 문제를 제기하고, 자신들의 실천을 민족 구성원들의 삶에 직접 연결시켰어야 했다. 그랬을 때 우리말 도로 찾기나 문맹 퇴치가 민족 해방의 연장선상에서 논의될 수 있다.

그러나 조선어학회 사람들은 오로지 말에만 정신을 쏟았다. 그들의 생각은 조선어라는 언어적 범주에서 한 치도 벗어나지 못했고, 급기야 '정치적 중립'을 결의하기에 이른다. 중국의 한자말이 지닌 봉건귀족적 성격을 비판하며, 누구나 쓸 수 있는 인민대중적인 우리말의 정립과 보급에 힘쓴 그들이 선택한 행로치고는 아쉬움과 안타까움을 많이 남기는 대목이다.

언어는 현실에서 쓰이는 사용 맥락이 중요하다. 당시 조선 사람의 78퍼센트가 문맹이라는 사실은 단지 그들에게 글자를 가르쳐야 한다는 것뿐 아니라, 그들로 하여금 글자를 깨쳐서 현실에서 어떻게 사용하게 할 것인가라는 과제를 던지고 있었다. 해방공간에서 문맹 퇴치가 갖는 효과는 문화와 정치 양쪽으로 나눠서 생각해볼 수 있다. 여기서 우리는 '현실적 사용'이라는, 우리말글의 해방이 갖는 둘째 의미와 마주하게 된다.

조선어라는 개별 언어 관념에 집착하지 않고, 말의 표현과 의미화를 삶의 과정에서 자유롭게 소통한다는 것은 무엇인가. 그러려면 우선 '조선어'에 대한 집착을 벗어던져야 한다. 그러나 조선어학회는 순수하다 못해 순진하였다. 《농민주보》가 순 한글로 발행된다는 사실에만 기꺼워했지, 그 배후에 작동하는 이데올로기가 무엇인지는 생각하지 못했다.

미군정이 보기에, 한글도 모르는 조선 농민들을 영어로 교화시킨다는 것은 상상도 할 수 없는 일이었다. 안 그래도 토지 분배와 농민 공출량 할당, 물가 폭등 등의 문제로 나라 전체가 난리인데, 여기에다 꼬부랑 글씨까지 써댄다면 내용 전달은 고사하고 농민들의 감정만 더 건드릴 뿐이었다. 대다수 사람들이 읽지 못하는 한자도 대안은 못 되었다. 가장 안전하고 빠른 길은 애초에 조선의 글이고, 배우기도 쉬운 한글을 보급하는 것이었다. 그래서 미군정은 한글 보급과 문맹 퇴치에 힘쓰면서, 다른 한편으로 한글 속에 미국적 이데올로기를 열심히 퍼 날랐다. 조선 사람들의 한글 사용 욕구에 편승하여, 미국적 이데올로기의 전파 도구로 한글을 이용했던 것이다.

조선어의 집착에서 벗어난다는 것은, 또한 조선어 그 자체보다는 그 사용자, 즉 조선 사람들의 실제 사용에 무게를 둔다는 말이다. 조선 사람들이 조선말을 자유롭게 하는 것이 언어 해방의 첫째 의미라면, 둘째 의미는 조선 인민대중들이 그 말을 통해 자신들의 삶과 이데올로기를 자유롭게 말하고 실천하는 데 있다. 바로 이 점 때문에 미군정은 한글 보급에 앞장서면서도, 조선 사람들이 스스로 생각하고 그 생각을 말로써 드러내는 것을 철저히 탄압했다.

앞에서 인용한 아널드의 발언만 보아도 이 점은 분명히 드러난다. 이 땅에서 중요한 것은 맥아더 장군의 '포고'와 하지 중장의 '발령'

이지, '자천자임' 하거나 '참칭' 하는 조선인들의 말은 전혀 고려할 바가 아니었다. 여기서 다시 화순탄광 이야기로 돌아가보자.

당시 사건 현장에 있었던 한 할머니는 훗날 사건 발생 50년 만에 입을 열면서 맨 먼저 이렇게 되물었다. "근디 시방 요런 얘기해도 괜찮헐께라우?" 이 할머니는 미군정기에는 물론이고, 이후 50년 가까이 자신이 목격한 사실을 자식한테도 숨기며 입 밖에 내지 못했다고 한다. 이 할머니에게 미군정 시기는 일제시대와 다를 바 없었다. 말은 아직 해방되지 않았다. 진정한 해방은 이미 물 건너가고 있었다.

'말 바꿔치기' 와 '말 만들기' 의 절정, 신탁통치 파동

해방공간에서 벌어진 말싸움은 해방을 위해 투쟁하는 조선 인민과, 미군정 및 우익 세력 간의 불꽃 튀는 한판 승부로 이어졌다. 그 절정은 '신탁통치 파동' 이었다.

우리 민족의 의사와는 무관하게 모스크바에 3국의 외상이 모여 한반도 문제를 논의하던 1945년 12월 27일, 《동아일보》는 워싱턴에서 지급至急으로 전송된 뉴스를 보도했다.

> 모스크바에서 개최된 3국 외상회담을 계기로 조선 독립 문제가 표면화하지 않는가 하는 관측이 농후해가고 있다. 즉, 번스 미 국무장관은 출발 당시에 소련의 신탁통치안에 반대하여 즉시 독립을 주장하도록 훈령을 받았다고 하는데, 3국 간에 어떠한 협정이 있었는지는 불분명하다. 그러나 미국의 태도는 카이로선언에 의해 조선은 국민투표로써 그 정부 형태를 결정할 것을 약속한 점에 있는데, 소련은 남북 양 지역을 일괄한 신탁통

치를 주장하여 38선에 의한 분할이 계속되는 한 국민투표는 불가능하다고 하고 있다.

그러나 그 다음 날, 모스크바에서 결정 · 발표한 내용은 이와 정반대였다.

1. 조선을 독립국가로 재건설하며 조선을 민주주의 원칙 하에 발전시키는 조건을 조성하고 가급적 속히 장구한 일본의 조선 통치의 참담한 결과를 청산하기 위하여 조선의 공업, 교통, 농업과 조선 인민의 민족문화 발전에 필요한 모든 시책을 취할 임시 조선 민주주의 정부를 수립할 것이다.
2. 조선임시정부 구성을 원조할 목적으로 먼저 그 적절한 방안을 연구 조정하기 위하여 남조선 미합중국 점령군과 북조선 소연방의 점령군의 대표자들로 공동위원회가 설치될 것이다. 그 제안 작성에서 공동위원회는 조선의 민주주의 정당 및 사회단체와 협의하여야 한다. 공동위원회가 작성한 제안은 공동위원회를 대표하는 두 정부의 최종 결정에 앞서 참고할 수 있도록 미 · 영 · 소 · 중의 4개 국 정부에게 제출되어야 한다.
3. 조선인민의 정치적 · 경제적 · 사회적 진보와 민주주의적 자치 발전과 독립국가의 수립을 원조 협력할 방안을 작성함에는 또한 조선 임시정부와 민주주의 단체의 참여 하에서 공동위원회가 수행하되, 공동위원회의 제안은 최고 5년 기한으로 4개 국 신탁통치의 협약을 작성하기 위해 미 · 영 · 소 · 중 4개 국 정부가 공동 참작할 수 있도록 조선임시정부와 협의한 후 제출되어야 한다.
4. 남 · 북조선에 관련된 긴급한 제 문제를 고려하기 위하여 또한 남조선 미합중국 관구와 소련 관구의 행정 경제면의 항구적 균형을 수립하기 위하여 2주일 이내에 조선에 주둔하는 미 · 소 양군 사령부 대표회의를 소집할 것이다.

이는 곧, 조선에 '단일한 임시정부'를 수립한다는 것이었다. 이를 《동아일보》는, 소련은 신탁통치를 주장한 것으로, 미국은 국민투표로 정부 형태를 결정할 것을 약속한 것으로 왜곡 보도했다. 당시 언론을 검열한 미군정은 이를 고의로 방조했다.

사실 신탁통치안은 1943년 미국의 루스벨트 대통령이 처음 내놓았다. 루스벨트는 '끔찍하게도' 40년간의 신탁통치를 주장했는데, 이를 이어받아 미국은 모스크바 3상회의에서도 신탁통치를 주장했다. 1945년 루스벨트에 이어 미 대통령이 된 트루먼 행정부에서 국무

모스크바 3상회의 직후 미군정장관 하지와 면담하고 있는 김구와 이승만(왼쪽부터). 모스크바 3상회의의 결정사항이 곧 신탁통치를 의미하지는 않았다. 임시 조선민주주의 정부를 구성하되, 최고 5년을 기한으로 신탁통치를 실시하겠다는 것이며, 이 과정에서 '조선임시정부와 민주주의 단체가 참여하고' '조선임시정부와 협의한 후' 신탁통치 방안을 제출한다는 조항이 포함되어 있었다. 이 결정은 소련이 제출한 안과 거의 비슷했다. 신탁통치의 필요성을 강조한 것은 오히려 미국이었다. 하지만 이 내용은 정반대로 알려졌다.

장관을 맡은 번스는 조선의 단일정부 수립안에 대해서는 한 마디도 하지 않고, 미·소·영·중 4개 국이 최고 권한자가 되어 한반도를 짧게는 5년에서 길게는 10년까지 신탁통치하자고 제안했다. 반면, 스탈린 하 소련 외상 몰로토프는 한반도에 민주주의적 임시정부를 수립하고, 4개 국은 후견국의 위치를 지키며, 신탁통치 기간도 5년 이내로 제한하는 안을 제시했다.

사실이 어쨌건 간에, 《동아일보》의 왜곡 또는 조작 보도를 시작으로 미국 통신사 AP 등의 '부실한' 제보(신탁통치만 부각되었고, 임시 민주주의 정부 수립 부분은 거의 누락되었다.)로 이루어진 국내 보도로 인해 모스크바 결정은 엉뚱하게 알려졌다. 왜곡된 보도는 사람들로 하여금 '3상 결정=식민지적 신탁통치'로 믿게끔 만들었고, 오히려 소련이 신탁통치를 하자고 주장한 것으로 오해되어, 우익을 중심으로 한 대대적인 반탁 궐기대회로 이어졌다. 상황이 이렇게 되자, 좌익도 혼란에 빠질 수밖에 없었을 것이다.

한번 시작된 조작 보도는 좌익 몰살을 목표로 한 더 큰 조작을 낳았다. 그 연출자는 미국의 《뉴욕타임스》였다. 1946년 1월 5일, 당시 남한의 대표적 공산주의자 박헌영은 외신 기자들과 면담을 했다. 이 자리에서 《뉴욕타임스》 서울 특파원 존스턴이 박헌영에게 신탁통치를 어떻게 생각하느냐고 물었고, 박헌영은 "조선인이 조선인을 위해 다스리는 조선"을 원한다고 답했다. 그런데 존스턴이 이 말을 "박헌영이 조선에 대한 소련의 일개국 신탁통치를 절대지지하며, 5년 후 조선은 소련의 일 연방으로 참가하기를 희망한다."고 말을 바꾸어 기사화한 것이다. 이 일로 박헌영은 졸지에 '매국노'로 몰리게 되었다. 말이 얼마나 무서운 무기가 될 수 있는지를 존스턴은 여실히 보여주었다.

東亞日報

外相會議에 論議된 朝鮮獨立問題

蘇聯은 信託統治主張

蘇聯의 口實은 三八線分割占領

米國은 即時獨立主張

朝鮮의 分占은 不當

朝鮮을 蘇聯屬國으로

桑港放送이 傳하는 朝共朴憲永氏希望

朴憲永의 賣國言動

韓民黨에서 排擊을 決議

決議

"소련은 신탁통치 주장, 미국은 즉시독립 주장"이라고 밝힌 기사(1945년 12월 27일자. 왼쪽)와 박헌영의 외신 발언을 집요하게 물고늘어진 기사(《동아일보》 1946년 1월 16일자. 오른쪽). 모스크바 3상회의의 결정이 엉뚱하게 알려지면서 조선 사람들은 '3상결정=식민지적 신탁통치'로 믿게 되었다. 이어 박헌영이 외신 기자들과의 면담에서 소련의 일개국 신탁통치를 원한다고 발언했다는 보도가 나갔는데, 이 보도는 뒤늦게 오보로 밝혀졌지만, 이미 대중들에게 소련이 신탁통치를 주도한다는 인식이 깊게 각인된 다음이었다. 반탁투쟁은 반공 · 반소 이데올로기로 연결되었다.

말의 물신성을 이용하여 조선 사람들을 장악해나간 미군정의 언어 조작 놀이는 가히 경탄하지 않을 수 없는 수준이었다. 미군정의 내부 보고서에 따르면, 미군정은 존스턴의 기사가 잘못됐다는 사실을 알았지만, 이를 '굳이' 바로잡으려 하지 않았다. 여기에 《동아일보》와 미국 언론, 이승만 세력이 가세했다. 이들은 단순한 조작 보도에 그치지 않고, 이를 이용하여 대중들을 반탁 대열로 끌어들였다. 당시 국내 상황은 좌익이 압도적인 우세를 보이는 가운데 표면적으로 좌우가 대립하는 형국이었는데, 우익은 이 기회를 이용하여 주도권을 장악하기 위해 폭력 수준의 막말을 서슴지 않았다.

《동아일보》 보도는 뒤늦게 오보로 밝혀졌지만, 그때는 이미 소련이 신탁통치를 주도한다는 인식이 대중들에게 각인된 다음이었다. 지긋지긋했던 일제 식민지배에서 벗어난 지 1년도 안 되었는데, 또다시 식민지 상태로 되돌아가야 한다니 그 누가 반대하지 않겠는가? 대중은 정확한 사실보다는 정서를 자극하는 열쇠말의 흐름에 따라 행동하는 경우가 많다. 나중에 진상이 밝혀져도 그때는 상황을 되돌리기 어렵다. 미군정과 우익은 이러한 대중심리를 이용하여, '말 바꿔치기'와 '말 만들기' 수법으로 대중을 장악하려 한 것이다.

반탁운동은 즉각 반공·반소 이데올로기로 연결되었다. 이승만은 반탁투쟁이 반미투쟁으로 변질되어서는 안 된다고 거들고 나섰다. 좌익 진영은 1946년 1월 1일 신탁통치에 대한 기존 입장을 바꾸고, 다음 날 조선인민공화국 중앙인민위원회가 3상회의 결정이 조선 민족의 해방을 확보하는 진보적 결정임을 인정하며, 이를 전면적으로 지지한다고 밝혔다. 좌익은 3상회의의 정확한 내용을 대중들에게 선전하며 대중운동을 전개했다. 정세는 급격히 좌익과 우익의 대립으로 돌출하였다.

그러나 그 결과는 알다시피, 미군정과 우익의 지배 아래 남한만의 단독정부 수립으로 마감되었다.

조선말에 스며든 영어, 혹은 미국적 이데올로기

이렇게 해서 미군정과 우익 세력은 좌익으로 기울어져 있던 조선 사람들의 자생적 이데올로기와 언어 흐름에 구멍을 뚫었다. 그리고 그 구멍 속으로 미국적 이데올로기를 포함한 새로운 이데올로기를 밀어넣었다.

식민지 말기 일제가 주입하려 한 황국신민화 이데올로기는 해방을 맞아 자연 소멸하고, 조선 대중들은 새로운 자생적 이데올로기를 상상했다. 이데올로기란 무엇인가. 그것은 단지 거대한 권력 관계만 뜻하는 것이 아니다. 사람들의 일상적인 삶에서 표상되고 의미화되는 하나의 체계인 것이다. 문제는 어떠한 이데올로기가 지배적인 이데올로기로 작용하느냐이다.

지배적인 이데올로기는 자생적으로 형성될 수도 있고, 지배권력의 강요로 만들어질 수도 있다. 지배 이데올로기와 지배적인 이데올로기는 다르다. 전자가 지배권력의 이데올로기라면, 후자는 반드시 그렇지는 않다. 지배이데올로기를 지배적인 이데올로기로 무의식화하는 것이 지배권력의 주요 전략이다. 일제가 일본말을 강요한 것도 내선일체 이데올로기를 조선 사람들에게 무의식적으로 체화시키기 위한 전략이었다.

해방 후 조선 인민들 사이에서 형성된 자생적인 이데올로기는 하늘에서 뚝 떨어진 것이 아니라, 기존의 사회적 관계를 참조한 결과였다. 여기서 '자생적' 이라는 것은 특정인이나 특정 세력의 강요가 없었다는 말이다. 친일파 척결, 일제 잔재 청산, 봉건적 위계질서 타파, 남녀평등, 토지 무상 분배, 공장 자주 관리 등은 철저히 삶의 경험에서 나온 구호였다. 사람들이 원했던 것은 진정 자유롭고 해방된 삶, 바로 그것이었고, 그것이 가장 강력한 이데올로기였다. 인민위원회는 이 이데올로기의 자생적 결과물이었다.

그런데 전승국 미국은 조선 인민들의 의지는 아랑곳하지 않고, 남한에 '미군정' 이라는 국가기구를 설치했다. 이 국가기구는 억압적 · 이데올로기적 국가장치 역할을 수행했다. 특히 미군정청의 문교부(학

■■■
지방 도청 간부들과 함께 기념 촬영을 하는 미군 민정 장교들. 미국은 조선인들의 의지와는 상관없이, 남한에 '미군정'이라는 국가기구를 설치했다.

무국)와 공보부, 점령군 사령부의 민정처 등은 미국적 이데올로기를 전파하는 첨병 노릇을 했다. 문교부를 중심으로 성인 교육 · 공민학교 · 이동교육단이 꾸려졌고, 공보부는 신문 · 방송 · 소책자 · 강연 · 영화 · 삐라 · 라디오 등을 이용해 선전활동을 벌였다. 이들 부서보다 나중에 생긴 민정처는 이 업무를 이어받아 미국 문화를 전파하고, 반소 · 반공이라는 미국적 이데올로기를 보급하는 데 앞장섰다.

미군정으로서는 조선 대중들 사이에 퍼져 있는 좌익적 성향을 제거하는 일이 급선무였다. 당시 조선 사람들의 정치의식은 대체로 좌익에 기울어져 있었으며, 새로운 사회체제로서 자본주의보다 사회주의를 더 선호했기 때문이다.

1947년 7월 미군정청에서 실시한 여론조사에 따르면, 정치적 성향을 묻는 질문에 29퍼센트가 우익, 17퍼센트가 좌익, 54퍼센트가 중도라 답했다. 그런데 바람직한 경제체제를 묻는 질문에 대해서는 무려 70퍼센트의 사람들이 사회주의라고 답했다. 그나마 나머지 10퍼센트는 공산주의였고, 자본주의를 택한 사람은 13퍼센트에 불과했다. 이 여론조사는 우익의 요새로 알려진 서울 지역을 중심으로 실시되었기 때문에, 미군정으로서는 더욱 당혹스러운 결과가 아닐 수 없었다. 더구나 8,476명의 응답자 가운데 공무원이 4,686명, 사업가가 897명이나 되었는데 말이다.

이는 미군정의 정치적 · 이데올로기적 지향에 정면으로 배치되는 결과였다. 이 조사를 하기 1년 전 대통령 특사로 남 · 북한을 방문했던 파울리는 트루먼 대통령에게 "미국식 자유민주주의를 전파하기 위한 선전활동과 교육 캠페인을 더 강력하게 전개해야 한다."고 말했고, 트루먼은 이에 전적으로 동의한 바 있다.

미군정이 벌인 이데올로기화 작업은 남한 사람들의 일상생활 속에 서서히 파고들었다. 문교부 소속 이동교육단에서는 〈태평양의 분노〉 같은 미국 기록영화를 보여주었다. 사람들은 영화의 내용보다도 '영화' 라는 새로운 매체가 지닌 매력에 현혹되지 않을 수 없었다. 어디 이뿐인가. 군정청 공보국의 라디오과가 직접 관리한 KBC 라디오 방송에서는 매일같이 미국 대중음악을 내보냈다. KBC는 1947년 1월 〈민주주의의 교훈〉이라는 주간 연속물을 내보내며, "민주주의가 좋다."고 아예 드러내놓고 선전했다. 당시 이 방송을 듣고 '부르주아의 형식적 민주주의' 문제를 비판할 수 있는 사람이 몇 명이나 되었을까. 사람들은 정말로 미국식 '자유' 와 '평등' 이 남한 땅에 이식되는 것 같았다.

이러한 미세한 통로들을 통해 자유민주주의 이데올로기는 조선 사람들의 육체에 스며들었다. 미국은 총으로 병을 주고, 문화로 약을 주었다. 미군은 나빠도 미국 영화는 재미있었다. 이렇게 흩뿌려진 미국의 이데올로기는 새롭게 자라고 있던 조선어의 숲에도 파고들기 시작했다.

당시 미국에서 들어온 '다이야진'이란 약이 만병통치약으로 인기를 끌었는데, 사람들은 그 이름이 영어인지 우리말인지 모른 채 이 약을 좋아했고, 남대문 시장에서는 어린 소년들이 "다이야진 삽쇼." 하고 외치고 다녔다. 심지어 4·3제주항쟁 때, 제주 사람들은 미군정에 반대하여 싸우면서도 영어에서 온 말인 '빗개picket'(보초)를 우리말인 양 사용했다. 이처럼 영어는 사람들의 삶 속에 서서히 자리를 잡아갔다. 영어라는 이데올로기는 참으로 교묘하게도, 정치적으로는 반미의식을 가진 사람일지라도 때로는 영어를 일상어로 쓰고 욕망하게 만들었다. 여기서 말의 해방보다는 삶의 해방이 더 중요하고 우선이라는 사실을 다시금 확인할 수 있다.

해방공간에서 사람들은 말로는 "왜 아직도 일본말을 쓰느냐." "꼬부랑 말을 왜 쓰느냐." "일제에 그렇게 당하고도 아직도 정신을 못 차렸느냐." "새로운 사대주의다."라고 비판했다. 그러나 실제로 쓰이는 말들은 여전히 바뀌지 않고 있었다.

신탁통치 문제로 좌우 대립이 극심할 때, 대중들이 들고 나온 현수막은 온통 한자 천지였다. 왼쪽에서는 '三相決定絕對支持(삼상결정절대지지)'라고 썼고, 오른쪽에서는 '信託統治絕對反對(신탁통치절대반대)'라고 썼다. 한글로 써도 제대로 읽지 못할 판국에 하물며 한자로 썼으니 누가 읽었겠는가. 보통 사람들은 단지 소리로만 말하고 소리

신탁통치 반대집회(왼쪽)와 찬성집회(오른쪽) 모습. 신탁통치를 둘러싸고 좌익과 우익의 대립이 격화되었면서 거리로 쏟아져 나온 사람들이 들고 있는 현수막은 온통 한자 천지였다.

로만 들었다. 한자 폐지론자들이 시위대를 가로막고, 조선 사람이 한글로 써야지 왜 한자로 썼느냐며 '민족정신' 운운해도 소용없었다. 그렇다고 한자 현수막을 만든 시위자들의 민족정신이 한자 폐지론자들의 그것보다 약했을까? 해방공간은 이렇게 복잡했다.

1948년 제주 4 · 3항쟁과 그 후유증

03

실어증에 걸린 사람들

우리 현대사의 시작이자 끝으로 얘기되는 제주항쟁.
1980년 광주항쟁보다 최소 10배가 넘는 희생자를 낸 해방 이후 최대의 비극이다. 이때 제주 도민들이 요구한 것은 '진정한 해방'이었으나, 그 대가는 참혹했다. 이 비극은 살아남은 이들의 '말'까지 앗아갔다. 제주 사람들은 '빨갱이'로 낙인 찍힌 채 연좌제의 사슬에 매여 입도 뻥긋하지 못한 채 엎드려 살았다. 4 · 3세대의 말문이 트이고, 진정한 '말의 해방'이 올 날은 언제일까.

제주 4 · 3항쟁이 남긴 '역사적인 실어증'

우리가 해방 직후를 '해방공간'이라고 말할 때, 이 시기의 큰 특징 중 하나는 '말하기의 자유'에 있다. 그러나 역설적으로 해방공간은 또한 말하기의 자유가 체계적으로 소멸된 시기이기도 하다. 이는 두 가지 측면에서 볼 수 있다. 첫째 말하기가 제도화 · 규범화되었다는 점, 둘째 말할 것만 상상해도 모자랄 판에 '말해서는 안 될 것들'을 더 많이 생각하게 되었다는 점에서 그러하다.

말하기의 제도화 · 규범화는 정부가 표준어와 맞춤법을 공식화하면서 시작됐다.■ 이와 동시에 남한 정부는 말해서는 안 될 것들에 대한 상상력, 즉 '실어증' 또한 사람들에게 전염시켰으니, 여기서 '실어증' 이란 개인의 언어 능력 상실이 아닌 집단적이고 역사적인 실어증을 뜻한다. 지배권력이 강요한 현대사를 '망각의 역사' 라고 규정한다면, 이 역사가 사람들의 집단적인 고통과 원한을 동반하여 만들어낸 실어증을 '역사적인 실어증' 이라 할 수 있다.

우리 현대사 속에서 민중들의 고통과 원한에 뿌리내린 '실어증' 이 대규모로 무의식화되는 배경에는 제주 4 · 3항쟁이 자리잡고 있다. 4 · 3항쟁은 비단 제주도에만 국한된 사건이 아닌, 어떤 형태로든 한반도 전체에 걸쳐 분포하는, 한국 현대사의 시작과 끝이라고 할 수 있다. 제주항쟁은 역사적인 실어증의 생생한 사례를 제공한다. 따라서 제주항쟁과 그 이후를 역사적인 실어증이라는 관점에서 보면, 역사와 언어의 관계를 이해하는 두 가지 실마리를 얻을 수 있다.

첫째, 제주 4 · 3항쟁이 남긴 후유증, 즉 역사적인 실어증은 이후 한국 현대사를 구성하는 중요한 요인으로 자리잡는다. 항쟁은 해방을 향한 투쟁으로 시작됐지만, 그 결과 민중들의 삶은 해방은커녕 더 큰 고통과 원한에 짓눌리게 된다. 여기서 우리는 역사와 민중, 그리고 말이 어떤 식으로 결합하고 변주되는지 볼 수 있다.

둘째, 언어가 역사에서 차지하는 방식의 문제이다. 언어를 통해 한국 현대사를 보려면 언어의 주검까지 응시해야 한다. 역사를 말로 풀면, '말함' 과 '말하지 못함' 혹은 '말하지 못하게 함' 이 벌이는 일종의 '언어 게임' 이다. 바로 이런 점에서, 우리는 역사적인 실어증이 역사를 만들어내는 언어의 또 다른 조건임을 알 수 있다.

■ 조선어학회가 1933년 제정한 「맞춤법 통일안」이, 1948년 대한민국 정부가 수립되면서 공식화되었다.

미군정 · 경찰 · 극우단체의 합작품, '빨갱이'

1947년 3월 1일, 제주 읍내에서 3 · 1절 시위 군중을 향해 경찰이 무차별 발포하여 14명의 사상자가 발생했다. 사망자 6명은 국민학생과 젖먹이를 안은 아낙네, 50대 농부 등 대부분 관람 군중이었다. 격분한 제주도민들은 사과와 책임자 처벌을 요구했지만, 군정 당국은 정당방위였다며 아무런 조치도 취하지 않았다. 엎친 데 덮친 격으로, 학생들이 고문으로 죽는 일까지 벌어졌다. 이것이 바로 제주 4 · 3항쟁의 도화선이 된, 이른바 '3 · 1 발포사건' 이다.

발포사건이 터지자 전 도에서 총파업이 일어났고, 이로써 제주도 전역에서 주도권을 장악하고 있던 인민위원회와 미군정의 대립이 본격화되었다. 제주도민들은 경찰의 무차별 발포에 항의하여 3월 10일부터 세계사에서도 보기 드문 민 · 관 연대 대규모 총파업을 단행하였다. 총파업에는 도군정청을 비롯한 도내 165개 관공서와 국영기업, 단체들도 참여했다. 제주도 내 전체 초 · 중등학교가 항의 휴교에 들어갔으며, 상점들도 동참 휴업을 했다. 제주 출신 경찰관 66명이 파업에 동참했다가 파면당하기도 했다. 이 총파업을 통해 도민들이 요구한 것은 발포 경관 처벌, 경찰 수뇌부 인책 · 사임, 희생자 유족 보상 등이었다. 사태가 이렇게 되자 미군정은 도내 행정기관의 주요 자리에서 제주 출신을 쫓아내고, 외부 세력을 끌어들여 무력 진압을 하기 시작했다.

급히 제주도로 내려온 미군정 경무부장(오늘날의 경찰청장) 조병옥■ 경무부장이 "파업을 중지하지 않으면 싹 쓸어버릴 수도 있다."고 위협한 뒤, 응원경찰과 반공사상으로 무장한 극우단체 서북청년단■■ 단원들이 섬에 들어왔다. 이들은 "빨갱이를 소탕한다."는 명분 아래

'싹쓸이작전'을 개시했다. 이들은 조금이라도 불평하는 사람이 보이면, 무자비하게 연행 · 투옥 · 고문하는 등 백색테러(반정부 운동이나 혁명을 누르기 위하여 지배계급이 탄압하는 행위)를 일삼았다. 상황이 극도로 험악해지자, 많은 주민들은 생명의 위협을 피해 한라산으로 들어가 무장항쟁을 준비했다. '제주 4 · 3항쟁'이라는 비극적인 역사는 이렇게 시작되었다.

1948년 4월 3일 새벽 2시, 어둠을 가르는 한 발의 총성이 울리자 한라산 주위의 여러 봉우리에서 일제히 봉화가 솟아 올랐다. 이 봉화를 신호로 산중에 집결해 있던 3천여 명의 도민들이 11개 지서와 우익단체 요인의 집을 습격했다. 그중 무장대는 500명 정도였고, 나머지는 거의 비무장 상태였다. 그나마 농민과 부녀자, 노인, 어린아이들로 거의 구성된 무장대가 처음 소지한 무기라곤 일본군이 버리고 간 99식 소총이나 농기구가 고작이었다.

도민들은 "미군 철수" "단독선거 절대반대" "이승만 매국도당 타도" "경찰과 테러집단 철수" "유엔 한국위원단 철수"를 구호로 내걸었다. 무장대는 경비대와 일반 행정기관은 공격 대상에서 제외하고, 경찰과 서북청년단 등 자신들을 탄압하던 단체들만을 골라 공격했다. 미군정과 군정경찰의 탄압에 저항한 것이다. 무장대의 활동은 다

■ 우리가 '독립운동가, 정치가'로 알고 있는 바로 그 '조병옥 박사'이다. 미국에서 유학하고 돌아온 조병옥은 1929년 광주학생운동과 수양동지회 사건으로 두 차례 복역하기도 했는데, 해방 이후 한민당을 창당하고 미군정청의 경무부장에 취임, "치안 유지와 공산당 색출에 진력하였다."

■■ '서북청년단'은 1946년 11월 30일 서울에서 결성한 극우반공단체이다. 북한에서 경제적 · 정치적 기득권을 상실하여 남하한 세력들로, 미군정의 하수인이 되어 민중들을 '빨갱이'로 몰아가며 온갖 갈취 · 약탈 · 폭행 · 테러 등을 일삼았다.

■■■
4 · 3 항쟁 당시 게릴라. 이들이 산으로 간 것은 진압을 피하기 위해서이기도 했지만, 자신들이 이길 거라는 확신이 있었기 때문이다. 살려고 올라갔지 죽으려고 올라간 것은 아니었다. 이들은 자신들이 옳다고 믿었다. 진압군은 이들을 '폭도' '빨갱이'라 불렀지만, 제주 사람들은 '산꾼' '산사람' '인민군' '해방군' 등으로 불렀다.

른 지방에서 벌인 남한 단독선거 반대 투쟁 수준을 넘지 않았다.

그러나 미군정은 이 사건을 '치안 상황'으로 간주, '제주비상경비사령부'를 설치하고 육지의 경찰을 급파하는가 하면, 부산에 주둔하고 있던 군대와 서북청년단도 증파하는 등 대대적인 토벌작전에 들어갔다. 본래 일회적인 봉기만을 생각했던 무장대도 장기적인 유격투쟁으로 전략을 바꿔야 했다. 기존 자위대는 인민유격대로 개편됐다. 미군정의 토벌작전은 오히려 민심을 자극하여, 그때까지 마을에 남아 있던 주민들까지 산속으로 내모는 결과를 초래했다. 당시 제주 사람들은 무장대를 '산꾼' '산사람' '산활동가' '인민군' '해방군'이라 부르고, 군인을 '노랑개', 경찰을 '검은개'라 불렀다. 이에 질새라, 군인과 경찰은 무장대를 '폭도' '빨갱이'라고 불렀다.

무장대와 경찰의 충돌은 유혈사태로 격화되었다. 미군정은 모슬포

주둔 경비대 제9연대에게 진압작전 참여를 명령하고, 부산 주둔 제5연대의 1개 대대를 제주에 파병했다. 그러나 제9연대장 김익렬은 봉기의 원인을 "제주도에 이주하여 온 서북청년단원들이 도민들에게 자행한 빈번한 불법행위가 도민의 감정을 격분시켰고, 그 후 경찰이 서북청년단에 합세함으로써 감정 대립이 점점 격화되어 급기야 극한의 도민폭동으로 전개된 것"으로 인식했기 때문에, 먼저 어루만진 뒤 나중에 토벌한다는 '선선무 후토벌先宣撫 後討伐' 원칙을 내세워 사태의 평화적 해결을 모색했다.

4월 28일, 인민유격대 사령관 김달삼과 9연대장 김익렬이 회동하여 1) 72시간 안에 전투행위 중지, 2) 무장해제, 3) 하산 후 주모자들의 신변 보장 등 세 가지 조건에 합의했다. 봉기가 발발한 지 25일 만에 제주도에 평화가 찾아오는 듯했다.

그러나 5월 1일 우익청년단의 '오라리 방화사건'과 '5 · 3 기습사건' 등이 잇달아 일어나면서, 사태는 다시 악화되어 살인과 방화로 이어졌다. 5 · 3 기습사건은 제주읍 남서쪽 야외에서 미군과 경비대의 인솔 아래 산에서 내려오던 귀순자 대열을 향해 경찰이 중기관총을 난사한 사건을 말한다.

이 일련의 사건은 경찰이 평화적 해결을 의도적으로 훼방하기 위해 벌인 일이었다. 심지어 경찰은 이 사건을 '공산 폭도들'이 자행한 일로 은폐하려 했다. 일이 평화적으로 해결되면, 자신들의 과오가 드러나기 때문이었다. 이 일은 경무부장 조병옥과도 연관이 있다.

5월 5일, 제주도 군정청에서 긴급 고위 비밀대책회의가 열렸다. 여기에는 딘 군정장관, 안재홍 민정장관, 송호성 국방경비대 사령관, 조병옥 경무부장, 맨스필드 제주도 군정장관, 유해진 제주도지사, 김

■■■
제주비행장에 도착한 미군정 수뇌부. 왼쪽 두 번째부터 군정장관 딘 소장, 통역관, 유해진 제주도지사, 맨스필드 제주군정장관, 안재홍 민정장관, 송호성 총사령관, 조병옥 경무부장, 김익렬 9연대장, 최천 제주경찰감찰청장이다. 이날(1948년 5월 5일) 제주에서 개최된 회의에서 조병옥 경무부장과 김익렬 연대장 사이에 육탄전이 벌어졌다.

익렬 9연대장, 최천 제주도 경찰 감찰청장 등이 참석했다. 이 자리에서 최천은 경찰을 대표하여, 이 사건은 국제 공산주의자들이 사전에 조직 훈련한 폭동이라며 철저하게 토벌할 것을 주장했다. 반면에 김익렬은 사태의 원인과 악화는 경찰의 과잉 진압과 기강 문란에 있으므로, 경찰을 경비대의 지휘 아래 넘겨 무력 위압과 귀순 선무공작을 병행하자고 주장했다. 그러자 조병옥이 김익렬을 "공산주의자"라고 몰아붙여 회의는 난투극으로 끝났다.

비밀대책회의가 결렬되자 미군정에서는 강경 진압 방침을 세웠다. 군정장관 딘은 미국 정부에서 제주도 폭동을 조속히 진압하라는 독촉을 받고 있었다. 딘은 9연대장을 김익렬에서 박진경으로 교체하고, '초토화작전'을 극비리에 명령하였다. 초토화작전은 인도적으로 결코 허용될 수 없는 작전이었다. 전쟁 중에도 이를 명령하거나 묵인한 사령관은 전범으로 처형을 면하기 어렵다. 그러나 박진경은 부대원들에게 제주도민 30만을 희생시키는 일이 있더라도 폭동을 진압해야 한다며, 명령에 불복종하면 사살하라고 훈시하고, 실제 도민들을 무자비하게 살상하는 강경 토벌작전을 수행했다. 그러다 결국 자기 부하들에게 사살당하고 말지만.

하지만 박진경이 사살당했다고 해서 의지가 꺾일 미군정이 아니었다. 그런데 같은 해 10월 19일 여순 반란사건이 터졌다. 제주 진압 출

제주로 입성한 진압군. 3·1절 시위 군중에게 경찰이 총격을 가하면서 촉발된 제주 주민들의 항쟁을 진압하기 위해, 본토의 경찰과 군대, 서북청년단 등이 대거 파견되었다.

동을 기다리던 14연대 장병들이 "동족상잔을 위해 출병할 수 없다."며 반란군으로 돌아서서, 오히려 여수와 순천 일대를 장악한 것이다. 여순 반란사건은 제주를 더욱 참혹한 유혈극으로 몰고 갔다.

제주 경비대사령부는 그 전인 10월 17일에 이미, 해안선에서 5킬로미터 이상 떨어진 중산간지대('적성지역')를 통행하는 자는 폭도배로 인정, 총살하겠다고 포고한 바 있었다. 4월 말, 미 CIC(미군방첩대) 장교가 제안했으나 김익렬이 받아들이지 않은 적성지역 초토화작전을 실행에 옮기기 시작한 것이다. 중산간 부락 주민들에게는 해안 마을로 이주하라는 소개령이 발동됐다. 그러나 소개령이 모든 마을에 채 전달되기도 전에 토벌작전이 시작됐다. 토벌군은 '게릴라'들의 거점지와 물자 공급원을 없앤다는 근거로, 중산간 부락을 모두 불태우고 주민들을 사살했다.

태워 없애고, 굶겨 없애고, 죽여 없애라!

이렇게 해서 도민 대학살이 시작되었다. 광란이었다. 태워 없애고, 굶겨 없애고, 죽여 없애는 이른바 '삼광삼진三光三盡 작전'은 한라산 기슭을 불바다, 피바다로 만들었다. 기록에 의하면 소개령 등으로 160개 부락, 1만 5,200여 가호, 3만 5,900여 동이 참화를 입었다. 제주도민의 삶의 근거지는 철저히 파괴됐다. 아니, 도민 자체가 없어졌다.

1948년 12월 14일, 해안 마을로 소개된 표선면 토산리 주민 157명은 9연대 토벌대원들에게 포박당한 채 백사장으로 끌려가 한꺼번에 사살당했다. 이런 일이 제주 곳곳에서 일어났다.

■■■
다랑쉬굴에서 발견된 유골. 광란이라고 해야 할까? 발견된 11구의 시신 중에는 아홉 살 난 어린애와 여자 3명이 포함되어 있었다.

1992년 3월 22일, 북제주군 중산간지대의 다랑쉬굴에서 발견된 구좌읍 하도리와 종달리 주민의 시신 11구 중에는 여자 3명과 아홉 살 난 어린아이도 포함되어 있었다. 51세의 여자, 34세 남자, 나머지는 20대였다. 이들은 1948년 12월 18일, 조천면 함덕리 주둔 국방경비대 제9연대 제2대대가 벌인 입산자 토벌작전 때 사망한 사람들이었다. 군경민 합동 토벌대가 주민들이 숨어 있는 다랑쉬굴을 발견하고 굴 안에 수류탄을 던졌는데도 사람들이 나오지 않자, 입구에서 검불로 불을 지펴 굴을 막고 질식사시킨 것이다. 다음 날까지도 굴 안에는 연기가 가득하였다. 다랑쉬굴에 함께 있다가 다른 굴로 피신한 덕에 참변을 모면하고, 사건 다음 날 현장에 가 흩어진 시신들을 나란히 눕혔다는 한 증언자는 "희생자들은 고통을 참지 못한 듯 돌 틈이나 바닥에 머리를 박은 채 죽어 있었고, 코나 귀에 피가 나 있는 등 참혹한 모습이었다."고 회고했다. 희생자들은 총기류도 갖고 있지 않았고, 무장대도 아니었다.

주민들은 시시각각 다가오는 죽음을 피해 산으로 올라갔다. 9연대는 대전의 2연대와 부대 교체를 앞두고 더욱 광적으로 토벌작전을 수행했다. 미군 정보 보고서는 9연대의 초토화작전을 '성공적'이라고 평하고, 이들의 행위를 "좋은 전과와 업적을 올리려는 욕망"의 발로로 분석했다.

1949년 4월 9일, 이승만은 제주도를 방문하여 '폭동'이 종식되었음을 몸소 보여주며, "4월까지 약 500명으로 추산되는 잔존 폭도들을 완전히 소탕하라."고 명령했다. 제주 사태를 종식시킬 목적으로 같은 해 3월 2일 창설된 전투사령부는 군경과 민보단(군경이 게릴라들을 토벌하기 위해 마을 사람들을 동원한 관제조직) 5만 명을 동원하여, 섬을 횡단

제주도로 출동하는 토벌군을 격려하는 이승만. 이승만은 4·3 항쟁 진압을 위해 육지에서 경찰과 서북청년단원 등의 병력을 파견하였다. 이들과의 충돌로 제주도민들의 저항은 더욱 거세졌고, 미군정은 초토화작전으로 광적인 학살을 자행하였다.

하는 선을 형성한 뒤 빗질하듯 산을 쓸어 내려갔다. 게릴라 세력은 현저히 약화되었고, 1949년 5월 15일 마침내 전투사령부가 해체되었다. 제주항쟁의 종식이었다.

이 소용돌이 속에서 죽어간 제주도민은 최소한 3만 명에서 최대 8만 명으로 추산된다. 1980년 수천 명의 사망자를 낸 광주항쟁보다 최소 10배가 넘는 희생자를 낸 것이다. 사망자의 대다수는 전투로 인해 죽은 것이 아니었다. 군경의 학살 결과였다. 토벌의 성공 요인을 '민간인 대량 살육 계획'에서 찾은 미군의 한 보고서는 이 사실을 잘 입증해준다.

굿하는 무당 입까지 틀어막은 '벙어리 시대'

제주 4·3항쟁은 해방 이후 최대 비극으로 기록되고 있다. 세계사적으로도 찾아보기 힘든 엄청난 비극이었다. 한라의 모든 기슭은 피바다로 물들었다. 돌 많고, 바람 많고, 여자 많던 삼다도 제주는 이제 '주검' 많고, '피' 많고, '눈물' 많은 삼다도로 바뀌었다. 제주는 같은 민족이 같은 민족을 죽이고, 외세가 주인을 죽이고, 지배권력이 인민을 죽이며, 인민이 국가권력에게 철저히 배반당하는 한국 현대사의 출발 지점이 되었다.

이 역사는 살아남은 제주 사람들의 '말'을 앗아갔다. 제주 사투리로 '말하기'를 '앗아부렸다.' 육체를 '앗아부림' 당한 것으로도 모자라 말마저 빼앗겼다. 이승만 정권은 제주 이야기를 절대 금기시하였다. 역대 군사정권들도 마찬가지였다. 아버지가, 엄마가, 오빠가, 삼촌이 토벌대 총에 사살되었다는 그 이유 하나만으로, 살아남은 가족

■■■
4 · 3항쟁 당시 군과 경찰에 끌려간 주민들. 이들 대부분은 학살당했다. 제주도에서 이렇게 죽어간 사람은 최소 3만 명에서 8만 명으로 추산된다.

들은 '빨갱이'로 낙인 찍힌 채, 연좌제의 사슬에 매여 입도 뻥긋하지 못한 채 엎드려 있었다. 제주도 전체가 그 죽음의 이야기를 꺼리는 '집단 실어증'에 걸려버렸다. 제주도민들에게 한국 현대사는 '실어증의 시대'였다. 제주도민들의 실어증은 단순히 말하기를 박탈당하는 정도가 아니었다. 그것은 육체적 고통과 정신적 분열, 의식儀式의 억압으로까지 이어졌다.

제주도의 굿 중에는 시왕맞이굿이라는 것이 있다. 이 굿에서는 사자의 길을 닦아 영개(죽은 조상의 영혼)를 저승으로 천도하는 '질치기'(길닦기)를 한다. 집안에 안 좋은 일이 있거나, 집안사람이 아프면 질치기를 한다. 질치기에는 '영개울림'이란 과정이 있는데, 영개가 심방(무당)의 입을 빌어 이승에서의 원한이나 미련, 억울함을 울면서 이야기하는 제차第次를 말한다. 그런데 제주도에는 어느 집에나 4 · 3

때 죽은 원혼이 있었고, 그 내력을 들어보면 억울하고 애매하게 죽은 이들이 많았다. 산 쪽도 아니고 아래쪽도 아닌 사람들, 중간에서 도망 다니다 죽은 사람들, 살기 위해 산에 올라갔다 죽은 사람들, 산에서 활약하다 죽은 사람들, 빗개(보초병)하다 죽은 아이들, 연락하러 다니다 고꾸라진 아이들, 이웃끼리 원한 사서 죽은 사람들…….

그러다 보니 이 일 이후 무당들이 시왕맞이굿을 하러 다니다 보면, 4·3 때 죽은 원혼 이야기가 안 나올 수가 없었다. 국가 권력기관은 이것마저 감시하려고, 무당들의 단체인 '경신연합회'를 매수했다. 굿을 하면 집안 내력이 훤히 드러나므로, 그 가운데 사상적인 부분이 눈꼽만치라도 있으면 즉각 관에 보고하라고 한 것이다.

경찰과 형사들이 정보를 캐내기 위해 들락거리니 무당들은 갈등하지 않을 수 없었다. 경찰에 정보를 제공하고 안 하고의 문제보다도, 영개울림을 제대로 못 해주게 될까봐서였다. 굿을 청한 집안에서는 원혼의 내력을 털어놓아야 할 것이고, 그 내력을 알게 된 심방이 영개울림으로 질치기를 해야 하는데, 영개울림에서 내력을 그대로 말해버리면 그 집안은 연좌제로 또다시 고초를 당할 것이 뻔했기 때문이다. 한 무당은 당시 심정을 이렇게 표현했다.

> 나 심정도 그때는 괴로웠다고……, 말을 졸바로(똑바로) 못했주. 당당히 본주(굿의 제주) 앞에 말해주고 사실대로 말해야 할 건데, 말할 수가 없어. 그러니까 영혼이나 잘 안정시켜가지고 좋은 곳으로 보내주는 거지. 잘못해서 동티나면 큰일이니까. 사태에 대한 말은 1980년 전까지 해보질 못했어.

이 증언은 나라에서 제주 주민들을 어디까지 감시했는지를 적나라

하게 보여준다. 무당들의 굿말을 틀어막아 원혼들의 저승길마저 가로막았으니 더 이상 말해 무엇하랴. 이 무당은 1949년 말쯤 제주도 빨치산의 상징적 인물인 이덕구■의 당사촌 누이가 아파서 굿하러 갔다가 지서에 붙들려 조사를 받기도 했다.

경찰의 굿 감시는 두 가지 맥락에서 이해할 수 있다. 하나는 굿을 하는 집안의 내력을 캐내어 정보를 얻으려 한 것이고, 다른 하나는 굿을 통해 억울하게 죽어간 원혼들의 울림이 전파되는 것을 막기 위함이었다. 이러한 굿 감시는 1970년대까지 계속되다가 1980년대 들어서야 비로소 풀렸다. 1980년대 이후 제주도에서는 '4·3 내력굿'이 쏟아져 나왔다고 한다.

이렇듯 제주 사람들은 그야말로 찍소리도 못하고 살았다. 그저 '공산 폭도'들의 무자비한 '만행'이 있었다는 전설만이 어렴풋하게 남아 있을 뿐, 누가 어디서 어떻게 죽었다고 말하는 것은 금기가 되었다. 이와 함께 제주도 '사투리' 역시 서울 '표준말'에 덮여버렸다. 너희 사투리는 아무 쓸모 없다, 잊어버려라, 하듯…….

통곡 한번 했다고 잡아간 '아이고 사건'

그러나 4·19혁명으로 이승만 독재정권이 무너지자 틈새가 벌어졌다. 1960년 5월 23일 국회에서 한국전쟁 당시 거창·함양 등지에서 벌어진 양민학살 사건에 관한 조사단 구성을 결의하

■ 이덕구는 조천면 신촌리 출신으로 김달삼에 이어 2대 유격대장을 맡아 뛰어난 지도력을 발휘했으나, 1949년 6월 토벌대와 격전을 벌인 끝에 죽었다. 그로 인해 그의 부모와 아들, 딸, 부인 등 일가 50명이 몰살당했다.

자, 제주도민들은 4·3항쟁의 진상도 규명해야 한다고 요구했다. 제주대학생 7명이 '4·3사건 진상규명 동지회'를 결성했고, 모슬포에서는 고발 궐기대회가 열렸다. 유족들도 진상 규명을 호소하고 나섰다. 마침내 국회는 제주를 조사 대상에 포함시켰다. 그러나 진상 조사 기간이 하루에 불과했다.

《제주신보》에서 부랴부랴 유족 신고를 접수받아 1,917명의 신고서를 확보했지만, 부실한 조사일 수밖에 없었다. 더구나 조사반장 최천은 4·3항쟁 당시 제주 경찰 감찰청장을 역임했던 사람으로, 조사 과정에서 강압적인 태도를 보여 물의를 빚었다.

그러나 이처럼 빈약한 조사마저도 1961년 5·16 군사쿠데타로 된서리를 맞았다. 《제주신보》 신두방 전무와 제주대학생 동지회원들이 검거되어 고초를 당했고, 같은 해 제주 출신 의원 김성숙은 국회에서 '제주도 양민학살 보고서'를 내고 위령탑 건립 등을 제안했으나 별 성과를 거두지 못했다. 4·19혁명으로 겨우 터져나오기 시작한 목소리들은 다시 봉합됐다. 다시 벙어리 시대가 시작됐다.

유족들은 통곡 소리 한번 제대로 낼 수 없었다. 이 통곡 소리 때문에 조천면 북촌리 사람들은 이른바 '아이고 사건'에 휘말리기도 했다.

해안 마을인 북촌리는 4·3항쟁 때 가장 비극적인 학살사건이 일어난 곳이다. 1949년 1월 17일 아침, 구좌읍 세화리 주둔 제2연대 3대대 중대 병력 일부가 함덕으로 가던 도중 북촌마을 어귀 고갯길에서 게릴라의 기습을 받아 군인 2명이 숨졌다. 그런데 군인들은 전사자의 시신을 내버려두고 본부로 돌아가버렸다. 그러자 마을 연장자 8명이 시신을 수습하여 함덕리 대대 본부로 찾아갔다. 마침 대대장이 부재 중이었는데, 하급 장교들은 시신을 들고 온 노인들을 모두 사살했다. 그리고 중위가 2개 소대 정도의 병력을 인솔하여 마을을 포위했다. 이들은 "공비들과 내통했다."며, 300여 동의 마을 가옥을 모두 불태우고, 주민 1천여 명을 국민학교 운동장에 집결시킨 후 차례대로 끌고 가 총살하기 시작했다.

뒤늦게 도착한 상급 지휘관의 명령으로 총살은 중지되었지만, 다음 날 함덕으로 소개된 주민 중 일부가 다시 사살됐다. 이때 북촌 주민 400명 가량이 무고하게 죽었다. 4 · 3항쟁 막바지에 일어난 이 '북촌 양민 학살사건'으로 인해, 마을 사람들은 10년 뒤 다시 한 번 고초를 겪는다.

박정희 정권 시절, 중앙정보부가 생기고 나서 얼마 안 되었을 때의 일이다. 북촌 사람 한 명이 군대에서 죽어, 마을 사람들이 꽃놀림을 해주었다. '꽃놀림'이란 객지에서 사람이 죽었을 때 '인생을 다 못 살았으니 마지막으로 한번 놀다 가라.'는 뜻에서, 젊은 사람들이 빈 꽃상여를 매고 마을을 한 바퀴 도는 의식이다.

그때도 마을을 한 바퀴 돌고 예를 끝내기 위해 학교 운동장으로 갔는데, 사람들이 운동장에 한데 모이니까 옛날 생각이 절로 나지 않을 수 없었다. 젊은 사람의 주검 앞에서 예전에 죽은 사람들에게도 술이나 한 잔 올리자고 시작한 것이, 한 잔 두 잔 올리다 보니 억눌린 감정이 북받쳐 대성통곡으로 이어졌다. 이 "아이고, 아이고" 하는 곡소리는 함덕해수욕장으로까지 흘러나가, 경찰 상부에 보고되었다. 이 일로 이장 등 10여 명이 붙잡혀 가서 고초를 당했다. 이것이 '아이고 사건'이다. "아이고"는 사람의 감정이 원초적으로 표출될 때 나오는 감탄사이다. 그 소리마저 내지 못하도록 탄압했으니, 제주도 사람들이 실어증에 걸리지 않을 수 있었겠는가.

금기를 뚫어보려는 시도가 전혀 없었던 것은 아니다. 1978년 현기영이 고향 제주의 4 · 3에 얽힌 비극을 담은 「순이 삼촌」이란 소설을 발표했다. 사건 발생 30년 후, 활자로나마 4 · 3의 물꼬가 트이는 순간이었다. 그러나 "아이고" 소리 한번 냈다고 고초를 당하는 시절에, 이 일을 소설화한 사람을 당국이 그냥 놔둘 리 없었다. 현기영은 정보기관에 끌려가고, 소설집은 판매금지 처분을 당했다.

풀리기 시작한 금기, 계속되는 '필화'

실어증은 1980년대 말에 와서야 서서히 풀리기 시작했다. 1980년 들어 비로소 4 · 3 내력굿이 가능해진 이후, 4 · 3항쟁 40주년을 맞는 1988년에는 4 · 3 문제가 1년 내내 공개 논의됐다. 1987년 6월 항쟁의 민주화 열기 속에서 억눌린 감정과 언어가 분출된 것이다. 제주대학생들은 '4 · 3 위령제 및 진상규명 촉구대회'를 열었고, 서울에서는 제주사회문제협의회 주관으로 세미나가 개최됐다.

4 · 3 관련 서적들도 봇물 터지듯 쏟아졌다. 새로운 시각의 학위논문들이 제출되고, 자료집이나 일본에서 간행된 책들이 소개되었다. 작가들의 소설화 작업도 줄을 이었다. 1989년에는 《제주신문》이 〈4 · 3의 증언〉을 연재하기 시작했고, '제주 4 · 3연구소'가 발족돼 증언 채록집과 자료집을 내어 4 · 3항쟁 연구에 박차를 가했다. 해직 기자들이 중심이 되어 창간한 《제민일보》는 1990년 6월부터 기획물 〈4 · 3은 말한다〉를 장기 연재하여 진상규명 운동의 촉매 역할을 했다. 1992년에는 MBC TV 대하드라마 〈여명의 눈동자〉가 '공산 폭동'이라는 기존 관변의 시각을 극복하고, '민중 항쟁'이라는 새로운 관

점으로 4 · 3을 재조명했다. 이런 와중에 실시된 광주항쟁 관련 청문회는 제주 사람들에게 또 다른 바람을 갖게 했다.

> 참, 나도 티비를 보면서 우리도 4 · 3 청문회 한번 했으면 하는 바램이 들지. 우리 제주도 저런 바람을 일으켜시민(일으켰으면) 해져. 광주사건이 크다 하면서 왜 제주 4 · 3사건은 해결을 안 시켜주는 거냐 하는 거거든. 보상 문제만 해도 제주사건에는 경 되가면(그렇게 되어가면) 보상받아야 할 사람은 천태만태 있을 거니까. 겨우 그걸 사건이라고 떠들엄지만(떠들고 있지만) 발딱할 때쯤은 국회의원 앞에 가서 따지고 싶은 생각이 불쑥불쑥 들거든.
>
> 요즘엔 광주사태만 나오는디 아, 우리 제주 사름덜은 어디 강(가서) 하소연을 허고, 어떵(어떻게) 보상을 받아? 제주도에도 또라진(똑똑한) 사람 하나만 났으믄……, 그 억울하게 죽은 사람덜은…….

4 · 3 문제가 서서히 수면 위로 떠오르기는 했지만, 그렇다고 말할 자유가 완전히 허락된 것은 아니었다. 1986년 발표된 이산하의 4 · 3 서사시 「한라산」이 필화사건을 겪었고, 1988년 6월에는 문공부가 『제주민중항쟁』 등의 책을 국가보안법 위반으로 경찰에 고발하여 4 · 3 논의가 위축됐다. 1990년 7월에는 급기야 『제주민중항쟁』을 쓴 김명식이 구속되기까지 했다.

그러나 세월이 흐르면서, 입과 귀와 눈을 철저히 틀어막았던 손길도 점차 느슨해졌다. 1989년 이후 추모제와 위령제가 해마다 이어졌고, 신문과 방송의 기획보도와 문학 · 미술 · 다큐멘터리 · 독립영화 · 마당극 등 '기억투쟁'이 끝없이 쏟아졌다. 하지만 살아남은 이들은 아직도 말할 듯 말문을 닫거나, 고통스러운 실어증의 후유증을 겪고 있었다. 문제는 4·3을 어떤 방식으로 재현하고 말하며, 어떤 단어로 말할 것인가였다. 아예 말 못하는 시대에서, 이제는 말하기의 방식, 즉 4·3의 기억을 역사적으로 의미화하는 작업을 놓고 싸우게 되었다.

생존자들이 말하는 세 가지 4·3

4·3 문제에서 이 사건을 공식적·공개적으로 발언하는 것도 중요하지만, 무엇보다 필요한 것은 당사자들이 실어증의 공포에서 풀려나는 일이다. 4·3항쟁 당시 열다섯 살이었던 한 할머니는 "이제 정말 40년이 지나사 소도리(고자질) 조금 해지는 것 닮수다."라며, 돌아가신 어머니가 남긴 유언을 들려주었다.

> "나도 언제 죽을지 모르고 너희도 모르니, 밭이라도 팔 수 있으면 몇 푼 만들엉 먹고 싶은 것 다 사먹으라. 느네들만이라도 살아지민 억울하게 부모가 죽은 일을 소도리라도 헐 텐디, 제발 너네랑 살앙 소도리라도 허라."

이 할머니가 이 말을 꺼내는 데에는 40년의 세월이 필요했다. 실어증을 일으킨 공포는 제주 사람들에게 너무나 깊숙이 스며들어 있었다. 4·3의 원한은 오랜 세월 뼈와 살로 분해되다가, 온몸이 굳는 증세로 나타났다. 몸속의 피가 자연스럽게 흐르지 못했듯, 삶의 흐름도 부드럽게 이어지지 않았다. 1990년대 민주화 시대에 접어들어서도 생존자들은 반응은 다양하게 나타났다.

우선, 계속 말하기를 꺼리는 경우이다. 40여 년의 혹독한 세월 속

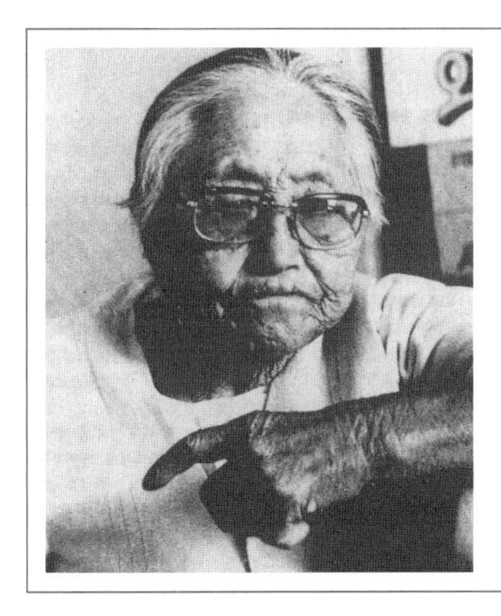

■■■
입을 꼭 다문 할머니(1990년대). 40년 동안 눈과 귀와 입을 틀어막고 살았던 생존자들은 말할 수 있는 세상이 왔어도 굳게 다문 입을 쉽게 열지 못했다. 바닷바람에 날려 보내도 좋으니 한 마디 말이라도 속 시원히 할 수 있기를 그렇게 바랐지만, 막상 그들의 입은 열리지 않는다.

에서 말문을 닫고 살았던 그들, 말하기에 한이 맺혀 바닷바람에 날려 보내도 좋으니 한 마디라도 속 시원히 말할 수 있다면 더 이상 바랄 게 없겠다던 사람들이 막상 말할 수 있게 되자 입을 다무는 것이다. 그들은 "내가 그때 그렇게 올곧은 삶을 위해 싸웠다."고 당당히 말하지 못한다. 50년 가까이 강요된 반공이데올로기가 어느 새 '본능'이 되어버려서, 말해버리면 본인보다 가족들에게 화가 미칠까 두려워서, 산에 남아 최후까지 항쟁한 사람들조차 증언 채록을 거부한 채 입을 닫아버렸다.

한편 말을 하긴 하되, 당시의 이데올로기는 묻어두고 현재의 지배 이데올로기 아래에서 말을 하는 생존자들도 있다. 여기서 당시의 이데올로기란 사상적인 이데올로기만을 뜻하지 않는다. 당시 제주 사람들이 '옳다고 믿은' 삶의 이데올로기, 즉 미 점령군과 이승만 반민족 세력에 반대하고 스스로 권력을 창출하려고 한 해방된 삶의 이데올로기를 말한다. 앞에서도 말했다시피, 해방 직후 각 마을에는 자체적으로 구성된 인민위원회가 있었고, 그중에는 '민주부락' 이라고 부른 마을들도 있었다.

4 · 3항쟁 때 게릴라 활동을 도와준 사람들은 "8 · 15는 해방이 아니다. 이제 해방을 준비해야 한다."는 생각을 갖고 있었다. 비록 산으로 피난을 했지만, 그들은 산(무장대)이 이길 거라고 확신했다. 살아서 이기려고 산에 올라간 그들은 싸우는 것이 옳다고 믿었다. 싸우다 잡혀 죽는 사람들은 "인민공화국 만세"를 외치거나, "민중의 기, 붉은 기는 …… 그 그늘에서 전사하리라. 높이 들어라."라고 노래 부르며 죽어갔다. 유격대장 이덕수의 부인은 아홉 살 난 아들이 완전히 쓰러져 죽을 때까지 "태양은 떠서 캄캄한 이 세상……" 하는 노래를 부르다 죽었다고 증언했다. 그러나 지금 살아남은 이들 가운데 일부는 "꼬임에 넘어갔다."며, 지금 생각해보니 "속았다."고 말하고 있는 것이다.

지배권력이 40여 년간 제주 사람들의 입을 틀어막은 이유도 바로 이러한 '이데올로기적 변신 효과' 에 있다. 지배권력은 그때부터 지금까지 줄곧 '반공' 이데올로기를 강요해왔다. 그 와중에 입산자들이 옳다고 믿었던 '인민공화국' 은 현실 정치에서 패배했고, 입산자들은 '공산 폭도' 로 몰렸다. 이승만은 4 · 3 주동자들을 가리켜 "빨갱이" "폭도" "공산주의자" "불만분자" "소련놈 앞잡이" "공비"라고 불렀다. 북한 공산주의자들의 사주를 받은 주동자들이 무자비하게 살상 · 방화 · 파괴 · 약탈을 일삼으며 제주도민들을 죽음으로 몰고 갔고, 군경의 진압작전과 주민들의 협조로 평온과 질서를 되찾았다고 선전했다. 1949년에 세워진 한 순직 경찰의 순직비에는 이렇게 새겨져 있다. "영령이시여, 그대의 힘으로 제주의 평화는 다시 왔도다."

이렇게 지배권력은 제주도민들을 끊임없이 교란시켜, 도민들의 무의식 속에 지배이데올로기가 옳다는 생각을 주입했다. 한편으로는 도민들을 실어증 환자로 만들고, 다른 한편으로는 그들의 언어체계를 바꿔버린 것이다. "꼬임에 넘어갔다."는 증언은 이런 공작의 산물이었다.

마지막으로, 어느 쪽이 옳았는지 잘 몰랐다고 말하는 생존자들이 있다.

"원인은 그것주게(그것이지). 밑에서는 법을 주장허영 법 지키면서 살라 하고, …… 그게 무슨 법이여마는 그 법을 지켜야 한다는 것이고, 산사람들은 우리는 남로당을 믿어야 남로당에서 잘 멕여주고 살려줄 건디 그 법이 무슨 소용 있느냐 해서 싸운 거 아니라? 미국놈들을 몰아내야 한다고 허곡 순경은 검은개, 미군은 노랑개라 하고, …… 남로당 선전이 그런 거라. 자기네가 산에 있다 마을에 내려왕 허는 소리가 그거주. 우리사 알게 뭐라?"

4 · 3세대의 소멸, 제주 말의 소멸

제주 사람들의 실어증과 경화증은 4 · 3 항쟁 당시 체험한 잔인한 살상에서 비롯된 것이다. 너무나도 끔찍한 체험은, 설령 외부의 억압이 없다 하더라도 그 일을 쉽게 말하지 못하게 만든다. 가족과 동네 사람들이 무자비하게 죽어간 모습은 기억 속에서만 생생할 뿐이다. 이는 지배권력이 조장한 공포의 실어증과 달리, 사람들이 스스로 삼켜온 원한의 실어증이다.

당시 한 할아버지는 "이 청년덜을 살려주면 우리가 책임지고 대한민국의 착한 백성 맨들겠읍니다."라고 애원한 죄로 총살당하고, 그것도 모자라 지근지근 밟혔다고 한다. '정뜨르 비행장'(제주 비행장) 우물 속에는 숱한 젊은이들의 시체가 던져 넣어졌다. 어떤 처녀는 허벅에 물을 길어 오다가 군인들이 길을 가르쳐달라는 말에 무서워 아무 말도 못하고 떨다가 얼굴에 총을 맞아 죽었다. 수만 명의 주민들이 이런 식으로 죽임을 당했다.

'흰 개가 들어가면 검은 개가 되어 나온다.'는 와흘굴에 숨어 살다가 자수하면 살려준다는 민보단장의 말을 믿고 밑으로 내려온 조천면 와흘 주민 52명은, 며칠 후 토벌 나간다는 트럭 3대에 앞다투어 올라탔다. 그러나 한 차는 서울 마포형무소로 가고, 다른 두 차에 탄 사람들은 총에 맞아 죽었다. 처음 쏜 총에 맞지 않은 사람들이 일어서자, 재차 발포하고 휘발유로 불을 붙였다 한다. 재발포 때 총에 맞았지만 피를 흘리며 겨우 빠져 나와 구사일생 목숨을 부지한 한 생존자는, 몇 십 년이 지난 오늘에도 아무 말도 하지 않는다.

이런 일도 있었다. 군경이 젊은 여자 민보단원에게 어머니 나이뻘 되는 친척을 죽이라며 죽창을 주고 뒤에서 총을 들이대고 윽박질렀다. 이웃에 살며 동고동락해온 친척 아주머니였다. 찌르지 않으면 자신이 죽어야 하는 상황에서, 결국 "게므로사, 느가 날 모르커냐?"고 애원하는 아주머니를 살상할 수밖에 없는 패륜이 연출되었다.

공포와 원한의 실어증에서 벗어나지 못한 4·3세대는 그들의 멍든 육신에 파묻혀 있는 제주 말의 소멸과 함께 죽어갈지도 모른다. 노동으로 거칠어진 손과 얼굴, 투박한 언어로 진정 자유롭게 하고 싶은 말을 하지 못한 채로 말이다. '국민'이니 '시민'이니 하는 말이 아니

■■■
4·3 항쟁 때 강제로 소개된 노인들. 진압군의 무차별한 살상으로 제주도민의 1/30이 목숨을 잃었다. 가족과 동네 사람들의 죽음을 목도한 사람들은, 자신들도 그러한 위협에서 용케 살아왔으면서, 그 원한을 평생 품고 있으면서도, 그 장면들을 차마 입으로 옮기지 못하였다. 이들의 집단 실어증은 50여 년이 지난 오늘에도 온전히 치유되지 못하고 있다.

라, 그때 그들이 사용했던 '인민' 이라는 말로, 그들이 뭉쳐서 시위할 때 외치던 "왓샤왓샤" 하던 말로, 제주 사람들의 애환이 가득 담긴 제주 말로 말이다. 그들의 실어증은 그때 그들이 불렀던 '빨갱이 노래', "붉은 깃발을 높이 들어라 / 그 그늘에서 전사하리라 / 비겁한 놈은 갈라믄 가라 / 우리들은 붉은 기를 지킨다."를 마음대로 부른다고 해서 풀어질 것이 아니다.

"애국하려는 마음으로 이래저래 휩쓸렸던 사람덜의 죽음을 옳게 파헤쳐서 저승에도 못 가고 헤매는 혼백덜이 가슴이라도 풀어헤쳐 달래주고, 위령탑이라도 세와줬으믄 하는 심정입니다."

그러나 그러기는커녕 40여 년 만에 발굴된 다랑쉬굴 시신들은 다시 불태워져 바다에 수장되었다. 1992년 4월 15일, 발굴 45일 만에 치러진 이들의 장례식은 구슬프게 내리는 빗속에서, 마치 '보이지 않는 눈길' 에 쫓기기라도 하듯 신속히 진행되었다. 행정당국은 "매장을 권유했음에도 유족들이 한사코 화장을 주장했다."고 발표했다. 그러나 한줌의 재로 남은 뼛가루를 바다에 뿌리며 오열한 유족들의 말은 전혀 달랐다. "언제 어디서 돌아가신 줄도 모르다가 44년 만에 기적적으로 찾게 된 조상의 유골인데 이처럼 흔적도 없이 사라진다니 기가 막힐 뿐입니다. 외부의 압력이 없었다면 어찌 이런 일이 있을 수 있겠습니까?"

그들은 결국 두 번 죽임당했다. '훌륭한 토벌 업적을 세우려는 욕망'으로 한 번, 44년 뒤 '훌륭한 역사 인멸 업적을 세우려는 욕망'으로 또 한 번. 제주에는 여전히 말을 막는 '금禁줄'이 쳐져 있다. 이 금줄은 44년 동안 컴컴한 굴 속에 파묻혀 있던 유해들이 뭔가 말하려는 순간, 다시 침묵을 강요했다.

1999년 12월 16일, 국회에서 '제주4·3사건 진상규명 및 명예회복에 관한 특별법'이 제정되었으나, 진상 규명은 여전히 기억투쟁 중이다.

1948년 '국가보안법' 제정과 반공이데올로기 형성

04

반공하는 삶

우리 현대사에서 가장 무서운 말은 무엇일까?

'빨갱이', 이 말은 모든 명분과 저항을 무기력하게 만들었다. 이는 전쟁 체험을 통해 반공이데올로기를 내면화한 자발적 반공세대인 '6·25세대'의 문제만은 아니었다. 이승복 소년을 따라 "나는 공산당이 싫어요!"라고 외칠 때, 우리는 모두 진심이었다. 이처럼 반공이데올로기는, 일제시대 때부터 지배집단이 악용한 억압체계일 뿐만 아니라, 어느덧 우리가 스스로 욕망하고 재생산하는 삶의 체계가 되었다.

반공하는 삶을 욕망하다

해방 이후 한국 현대사는 '언어'를 지배 이데올로기의 '갑옷'으로 사용해왔다. 그것은 '반공이데올로기'로 대표된다. 지배자들이나 이데올로기를 만들어내는 이데올로그들은 자신들의 이데올로기를 '이데올로기'라고 하지 않는다. 단지 '반공'이라고만 할 뿐. 대신 '이데올로기'라는 말은 공산주의자들에게 선사하였다. '공산주의이데올로기'라고 말이다. 그들은 공산주의는 이데올로기 그 자체이지만, 반공은 이데올로기가 아니라 '자유'와 '민주주의'의 다른 말이라고 선전했다. 사실 그렇게 말하는 것 자체가 이미 이데올로기인데 말이다.

반공이데올로기는 대개 국가권력이 주입한 것으로 이해되어왔다. 그러나 그게 전부는 아니다. 폭력적 · 법적 · 교육적 · 공론적 · 심미적 등등의 다양한 경로로 반공을 주입받은 대한민국 국민들은, 어느새 스스로 '반공하는 삶'을 욕망하기에 이르렀다.

반공이데올로기는 특정한 언어들을 분류하고, 배제하고, 돌출시키고, 강조하고, 사망시키고, 감금했을 뿐만 아니라, 언어를 특정 사물이나 사실에 연결시키거나 단절시키는 방식으로 민중 · 대중들의 담화 구조를 황폐화시켰다. 이것이야말로 언어와 이데올로기가 비극적으로 해후해온 한국 현대사의 역사적 모순이다.

1948년 '국가보안법'의 탄생

언어와 이데올로기의 정치적 해후는 일본 제국주의 때부터 극심한 양상으로 드러났다. 일본 제국주의는 단지 민족 침략을 넘어, 군국주의로 나타나는 독점자본의 계급적 · 파시즘적 성격을 띠고 있었다. 이것이 식민지 조선에 이르러 '황국신민화' 이데올로기로 나타났다. 그들이 사용한 언어는 이 이데올로기를 전파하는 역할을 했다. 「사슴」의 시인으로 알려진 노천명이 1942년 일본의 싱가포르 점령을 찬미하며 쓴 시를 보자.

> 일본의 태양이 한 번 밝게 비치니
> 죄악의 몸뚱이를 어둠의 그늘 속으로
> 끌고 들어가며 신음하는 저 영미英美를 우서줘라.

문학언어 안에 이데올로기의 정치 전략이 선명히 담겨 있다. 황국신민화 이데올로기에는 반공이데올로기도 포함되어 있었다. 일제 군국파시스트들은 "금일의 세계는 방공防共국가군과 용공국가군으로 양분되어 있는데, 방공국가군은 동경-베를린-로마를 주축으로 공산주의 격멸의 거화巨火를 들고 인류 구제의 대도를 맥진하고 있다."고 천명했다.

이는 당시 교육자로 개화운동을 펼친 윤치호가 발언한 내용에서 더 직접적으로 드러난다. 1939년 그는 "어떠한 입장에서 보더라도 내선일체의 길 이외에 조선인이 나아갈 길이 발견될 수 있습니까? 내선일체의 길을 거부한다고 하면 조선인의 나아갈 방향은 명백히 공산주의 이외에는 아무것도 아닐 것입니다. 하지만…… 공산주의는 결코 우리가 나아갈 길이 아닐 뿐 아니라 결정적으로 그것을 배제하고 또한 박멸하는 것이 우리의 행복의 길이라고 믿습니다."라고 말했다.

1917년 10월혁명으로 러시아에서 사회주의 혁명이 성공하자, 제국주의 세력의 위기의식도 높아갔다. 여기에 1920년대 이후 조선의 '민족해방운동'도 공산주의 색채를 띠기 시작하자, 조선총독부는 긴장할 수밖에 없었다. 이에 1925년 일제는 '국체의 변혁 또는 사유재산 제도의 부인 행위'를 처벌하기 위한 '치안유지법'을 제정하고, 1940년을 전후해서는 조선 인민을 공산주의와 격리시키기 위해 '조선방공협회'를 조직하는가 하면, 지금의 민방위 훈련 같은 '방공연습'을 매일같이 실시했다.

이처럼 반공이데올로기는 이미 일제시대 때 법적 장치를 통해 조선 인민에게 강요되었기 때문에, 해방 이후의 반공이데올로기는 그리 낯선 것이 아니었다. 물론 일제시대 때와는 그 조작 주체가 달랐고, 작용 강도도 비교가 되지 않을 만큼 세졌다.

반공궐기대회. 해방 이후 조선 인민들은 사회주의에 대해 우호적이었다. 이에 위기의식을 느낀 미군정과 이승만을 중심으로 하는 우익세력은, 반소/반공 이데올로기를 공세적으로 유포하였다. 이때 '소요' '방화' '매국노' '꼭두각시' '내란' 등의 단어들을 동원한 극단적 언어 사용 방식은, 이는 이후 반공 이데올로기의 원형으로 자리잡았다.

사실 일제시대에는 반공이데올로기가 유포되긴 했어도, 실제로는 그리 큰 영향을 발휘하지는 못한 것 같다. 이에 대한 정확한 자료는 없지만, 앞서 미군정 여론조사 결과에서 보았듯이(58쪽 참조) 해방 직후 조선 사람들의 정치의식은 반공이 아니라 오히려 좌익 쪽에 가까웠고, 해방공간 초기에 정국을 주도한 이들도 '진보적 민족주의' 깃발 아래 결집해 있었다. 이에 반기를 든 세력이 미군정과 이승만계였으며, 이들이 바로 해방공간에서 반공이데올로기를 생산한 주체였다.

반공이데올로기는 미군정과 극우세력의 생존 거점이자, 이들이 정치적 위기를 돌파하는 데 활용한 정치 거점이었다. 대다수의 조선 사람들이 좌경화된 정치의식을 바탕으로 미군정에 저항하자, 미군정은 새로운 이데올로기 전파의 필요성을 절감했다.

미군정은 이 '자유민주주의'를 전파하기 위해 온갖 수단을 다 동원했다. 그러나 자유민주주의 이데올로기만으로는 조선 인민들이 갖고 있는 '민족독립국가=사회주의'라는 인식과 소련에 대한 긍정적인 기대를 떨쳐내기 어렵다고 판단하고, '반소/반공이데올로기'를 적극 공세화했다. 이와 함께 당시 정치적 돌파구가 필요했던 이승만–한민당 계열이 물리적·합법적 수단을 장악한 미군정과 내연의 관계를 맺고, 좌익세력에 대대적인 테러와 폭력을 행사했다.

이러한 정치 공세 속에서 난무한 언어 역시 자연히 극단적인 반소/반공이데올로기들에 물들어갔다. 한민당으로 결집한 우익세력들은 "인공의 선포는 인심을 현혹하고 질서를 교란하는 죄"라며, "하루빨리 공산독재로부터 북한 주민들을 해방시켜야 한다."고 반소/반공 선전에 열을 올렸다. 여기에 동원되는 언어들은 폭력성을 넘어 테러 수준이었다.

이승만은 '공산분자'들이 "국경을 없이 하여 나라와 동족을 팔아먹고", "로국(러시아)을 저의 조국이라 부르는" 파괴분자라고 매도했다. 일반대중들에게는 "삼천만 동포의 형제자매들이여!"라며 자신의 지극한 애족성을 드러내는 한편, 좌익세력을 말할 때에는 '소요' '방화' '파괴' '내란' '매국노' '꼭두각시' '강탈' '살인' 등의 극단적 단어를 사용했다. 이는 1946년 10월 1일 대구에서 일어난 '10월 인민

■ 남조선로동당의 지도로 성사된 9월 총파업의 연장선에서 일어난 이 항쟁의 시발 지역은 대구였지만, 그해 말 진압이 완료될 때까지 항쟁은 남한 전역으로 확산되었다. 전국적으로 수백만의 농민·노동자들이 참가한 이 석 달간의 '대중운동'을 일컫는 말은 아직도 정리되지 않았다. 흔히 '10월 대구 폭동'이라고 하는데, 여기에는 이 사건이 소련의 지시를 받은 공산주의자들의 선동으로 일어났다는 시각이 깔려 있다. 10월 항쟁으로 얼마나 많은 사람이 죽었는지

항쟁'(대구폭동)■ 때 두드러졌다.

노동자를 비롯한 시민과 경찰의 충돌로 빚어진 이 대규모 유혈사태를 두고, 이승만은 "매국노들이 선동으로 살인, 방화, 강탈을 유도하여 …… 농민이나 노동자에게 무슨 이익을 준다 해도 곧이 듣지 말자. 이것이 다 순진한 농민을 속여 우리 것을 뺏자는 모략"이라고 했다.

이와 같은 극단적 언어 사용 방식은 한국 현대사를 관통하는 반공이데올로기의 원형이 되었다. 이 같은 표현은 대한민국 정부가 성립한 이후로 내내 사용되었다.

이승만은 국가권력을 장악했지만, 민중적 지지 기반이 매우 취약했다. 그의 정치는 이미 반민중적 · 반민족적 억압으로 요약되고 있었기 때문에, 오히려 민중들의 끊임없는 저항에 직면했다. 이승만 정권은 친일 관료와 경찰 및 테러집단을 기반으로 삼아, 귀속재산 불하를 매개로 육성한 친미 자본가들을 보호하며, 권력 유지와 재생산을 위해 지속적으로 좌익세력과 민중을 폭압하였다.

1948년 12월에 제정된 '국가보안법'은 이와 같은 이승만 정권을 보호해주는 이데올로기적 국가장치로 이용되며, 민중들의 육체와 언어를 포위하는 반공이데올로기를 극대화시켜나갔다. 이승만의 반공이데올로기 극대화 전술은 테러적 언어 사용과 함께 '무력 북진통일론'으로 표출되었다.

에 대해서는 여러 가지 이견이 있지만, 대구 · 경북에서만도 수백 명에 이르렀으리라는 것이 일반적 추산이다. 1960년대 이후 한국 정치사에 익숙한 사람들에게는 대구가 '좌익운동의 중심'이었으며, 이때 박정희의 형 박상희가 경찰에게 사살당했다는 사실은 낯선 풍경일 터이다.

한국전쟁이 만들어낸 자발적 '반공세대'

이런 상황에서 일어난 한국전쟁은 반공이데올로기를 양성하는 '온실' 구실을 했다. 전쟁은 정치의 특수한 형태이다. 전쟁 중이었던 1952년, 임시수도 부산에서 일어난 정치파동■은 이를 잘 보여준다. 이 시기에 반공이데올로기는 그야말로 실전적 효과로 증폭되었는데, 그 일면을 전시교육체제에서 볼 수 있다.

국가보안법이 제정된 뒤 교육계에서는 좌익 교사와 학생들에 대한 탄압이 가속화되었다. 이를 추진한 초대 문교부장관 안호상은 "공산주의자이거나 좌경 또는 자유민주주의에 대해 명확한 신념이 없는 교사는 교육 분야의 모든 직위에서 몰아내야 한다."고 일갈했다. 이승만 저리 가라 하는 발언이 아닐 수 없다. 안호상이 입안한 '학도호국단' 도 "학원 내 좌익세력의 책동을 분쇄"하고, 진보적 학생운동의

■ '부산 정치파동' 은 1952년 5월 25일 계엄령선포에서, 7월 7일 제1차 헌법 개정,이른바 '발췌개헌' 공포에 이르기까지 부산에서 벌어진 일련의 정치 사건들을 말한다. 그 발단은 1951년 11월 이승만 정부가 발의한 대통령직선제 개헌안이었다. 이승만은 자유당을 창당,이를 발판으로 국회에서 개헌안을 통과시키려고 했지만, 1952년 1월 18일 국회 표결에 부쳐진 개헌안은 압도적 표차로 부결됐다.
이승만은 경찰력을 이용, 민의를 동원하는 쪽으로 전략을 바꾸고, 직선제 개헌안을 밀어붙였다. 그런데 이때 내각책임제 개헌에 앞장서던 서민호 의원이 육군대위 서창선을 시비 끝에 살해하는 사건이 일어났다. 국회는 서 의원의 살인이 정당방위인데도 그를 구속한 것은 내각책임제 개헌을 방해하기 위한 것이라고 판단, 서 의원 석방결의안을 의결했다. 서 의원이 석방되자, 이에 항의하는 정체 모를 집단들이 부산 거리를 누비며 야당 의원들에게 테러를 자행했다. 부산 시내에는 공포 분위기가 조성되고, 5월 25일 0시를 기해 부산 · 경남북과 전남북 일부 지역에 비상계엄이 선포됐다. 계엄 당국의 언론 검열과 함께, 서민호 의원 등 내각제 지지의원들이 체포됐다. 이어 6월 25일에는 '대통령 암살 미수사건' 이 발생했다. 이 사건의 배후세력으로 야당 의원 5명이 체포됐다. 이때 장택상 국무총리가 정부 안과 국회 안을 절충한 이른바 '발췌개헌안' 을 제안했고, 1952년 7월 4일 밤 발췌개헌안은 기립표결로 통과됐다. 정부가 7월 7일 개정헌법을 공포하는 것으로 부산 정치파동은 막을 내렸다. 이 개헌에 따라 정 · 부통령 직접선거가 8월 5일 실시돼 이승만은 다시 대통령 권좌에 올랐다.

고리를 끊기 위한 장치였다.

한국전쟁 직전 임명된 2대 문교부장관 백낙준은, 안호상이 '일민주의'■라는 이름 아래 우회적으로 내세웠던 반공이데올로기 교육을 공식 교육 과정으로 채택했다. 이른바 '전시교육 체제' 아래에서의 국민 통제는 1) 적색교원 일소의 구체화, 2) 국민사상 지도원의 설치, 3) 교육공무원법 제정을 통한 법률적 통제, 4) 학생들의 정치활동 제지, 5) 라디오 · 필름 · 포스터 · 팸플릿 · 강연 등을 통한 사상전 등으로 요약된다. 공보처는 경찰의 지원을 받아 도시뿐만 아니라, 농촌 곳곳에서도 사상전을 전개했다. 사상전을 골자로 교육 재개 지시를 받은 일선 교사들이 교과서 부족을 이유로 난색을 표하자, 백낙준은 이렇게 말했다.

> 교과서가 부족하면 실제 생활에서 가르쳐라. 즉, 지금 52개 국이 우리를 돕고 있다. 그리고 16개 국이 우리에게 군대를 보내고 있다. 소위 사회생활이란 것이 과정표에 있다. 그런데 그 사회생활과를 위한 신교재가 있다. 아동들은 우리나라에 군대를 보낸 나라의 국민에 대해서, 그 제도와 생산물과 성격과 기타 모든 것을 배울 수가 있지 않은가. 과학 과목으로 말하면 머리 위로 최신형 비행기가 날고 있으며, 항구에는 수송선이 있고, 통신대가 사용하는 정밀한 기구가 있고, 가로를 부단히 달리는 수송차가 있고, 우리가 보지 못하던 기타 여러 가지 도구와 기계를 볼 수 있

■ 1949년 이승만이 제시한 '하나의 국민[一民]으로 대동단결하여 민주주의의 토대를 마련하고 공산주의에 대항한다는 통치이념. 경제적 복리 증진과 정치적 지위 상승, 지역 차별 타파, 남녀동등주의 실현 등 4가지 강령 아래, 이범석을 명예회장으로 '일민주의보급회'를 결성하는 등 국민운동을 전개했으나 실효를 거두지 못했다. 안호상은 일민주의를 이론화하는 역할을 했다.

다. 이러한 것들을 가르치는 것이 과학 과목이다. 또 각지에는 피난민이 있다. 지방마다 생활양식이 다른데, 이런 기회에 연구해야 한다. 그러므로 아동들은 피차에 배워야 한다. 이것이 지리 과목이다. 이런 것이 실생활에서 배운다는 것이다.

참으로 '현실적인' 교육 지침이 아닐 수 없다. 이는 반공이데올로기 교육과도 연계되어, 국민학생용 전시교과서인 『전시생활』은 「싸우는 우리나라」 「우리는 반드시 이긴다」 「국군과 유엔군은 어떻게 싸우나」 「우리도 싸운다」 등의 내용으로 구성됐다. 중학생용 『전시

한국전쟁 당시 피난지 부산의 초등학생들(1951년 9월 1일). 전쟁 중에도 교육은 이루어졌다. 전시교육체제에서는 전장 그 자체가 교과서였다. 피난 생활에서 겪은 경험들은 비극, 분노, 슬픔, 원한, 피비린내의 이미지로 각인되었고, 이때 형성된 반공이데올로기는 말을 통해 강요되는 관념이 아니라, 실제 체험과 직접 연결되면서 전쟁 이후 지금까지 긴 시간을 지배해오고 있다.

독본』도 「침략자는 누구냐」 「자유와 투쟁」 「겨레를 구원하는 정신」 등이 주 내용이었다. 전시교과서 교육과 병행된 것이 훈체훈육訓體訓育이었다.

> 매일 아침 학생들이 광장 또는 운동장에 군대식으로 집합하여 국가에 경례하고 교장의 간단한 훈시를 듣는다. 이것은 매일 있는 의식이며, 이것이 끝난 다음 학생들은 반장 지휘하에 각 교실로 들어간다. 남녀 학생들은 모두 흑색 일본식 교복을 착용한다.

요컨대 전시교육체제는 반공이데올로기를 공식 이념으로 내세웠다. 전장 그 자체를 교과서로 삼았던 것이다. 그리하여 전투기와 총소리에 긴장감을 느끼고, 사망자와 부상 군인들의 고통과 자유를 염원하는 '우방' 군인들의 희생을 지켜보고, '공산괴뢰군'의 살상을 직접 체험하며, 지루한 피난 생활에서 겪은 그 모든 생생한 장면들은 학생들의 머릿속에 비극, 분노, 슬픔, 원한, 고통, 죽음, 피비린내의 이미지로 각인되었다.

이처럼 한국전쟁 때 형성된 반공이데올로기가 이전과 다른 점은 전처럼 '파괴' '학살' 등 말을 통해 주입된 관념이 아닌, 실제 전쟁 체험과 연관된 '실전적實戰的'인 것이었다는 데 있다. 물론 당시 인민군들이 양민들의 물건을 사용할 때 '빨간 돈'을 주더라는 허황된 소문도 있었지만, 전쟁 중에 국방군이 양민을 학살한 사건 같은 정권에 불리한 내용들은 모두 은닉되거나 '괴뢰군'의 만행으로 덮어씌어졌다. 이런 과정을 통해 사람들의 삶의 현장에, 육체적 경험에 직접 각인·표시·등재·기록·중첩된 반공이데올로기는 오래도록 강도 높게 재생산됐다. 국민 전체를 관통한 피비린내 나는 전쟁의 경험은, 진실이 어떻든 간에 국민들을 자발적인 반공이데올로기의 볼모로 만들었고, '6 · 25세대' 라는 이름으로 긴 시간 동안 남한 사회를 지배했다.

지식인들이 도달한 이념적 방랑의 '종착역'

한국전쟁을 거치며 반공이데올로기는 분단국가의 명실상부한 지배이데올로기, 아니 '지배적' 이데올로기가 되었다. 부역자附逆者(국가에 반역하는 일에 가담한다는 뜻의 '부역자' 란 말도 한국전쟁을 거치며 '공산당에 협력한 사람' 을 일컫는 말로 정착되었다.)에 대한 가혹한 처벌에서 살아남기 위해서 국민들은 스스로 '빨갱이' 와 '공비' (공산당 유격대)를 멀리하는 '반공' 의 땅으로 들어가야 했고, 제 손으로 자신의 신분을 증명해야 했다. 무엇이 허구이고 무엇이 진실인지, '동족 상잔의 비극' 인지 '민족해방전쟁' 인지 따위와는 무관하게, 남한 사람들은 반공이데올로기를 무의식화하고, 제 자신과 이웃을 스스로 그 굴레 안에 가두고 감시하고 통제하였다. 정녕 무서운 것은 이것이었다.

1950년대에 발효된 반공이데올기의 무의식적 효과는 일반대중뿐 아니라, 비판적 지식인들에게도 깊숙이 새겨졌다. 4 · 19 직전, 당시 진보적인 잡지로 알려진 《사상계》에 실린 자유당 정권 비판 글을 보자.

> 2 · 4사태■와 같은 전체주의적 비극을 자아낸 데 일천한 한국 민주주의의 말할 수 있는 비애가 있는 것이요, 또 보수우당保守友黨 간의 적대화 현상이 남침과 한국 전체의 적색화의 기회를 노리고 있는 공산도당의 목전에

서 벌어졌다는 데 대단히 위험스러운 요소가 내재하고 있는 것이다.

> 남한에 있어서의 미군정 당국의 확고한 점령정책의 결여였고, 따라서 이러한 점령정책의 결여는 공산주의자들의 무제한한 선동의 자유와 그 자료만을 제공할 뿐이었다. 대한민국이 수립될 때까지의 남한에 있어서의 공산주의자들의 가지가지의 폭동과 파괴와 그리고 사회 전체의 무질서는…….

두 글 모두 기본 전제가 되는 것은, 공산주의와 북한에 대한 경계심이다. 특히 〈한국의 지식계급〉이란 제목으로 씌어진 나중 글은, "6 · 25사변 이전까지에는 한국의 일부 지식계급은 적어도 공산주의에 대한 이해와 동정과 그리고 협력하는 자만이 진정한 의미의 인텔리겐차라고까지 자부하기도 했다. …… 그러나 6 · 25사변은 8 · 15 이후부터 지속된 우리 사회의 지식계급에 있어서의 회의와 방랑의 시대에 대한 종착역을 가져오게 했다."고 진단하고 있다. 여기서 종착역이란 '대한민국'과 '인민공화국'이라는 두 개의 조국에서 방랑하다가 6 · 25라는 현실적인 체험 끝에 당도한 '자유민주주의'와 '대한민국'을 말한다.

지식인들조차 반공이데올로기에 무장해제당한 것이다. 아니, 정확히 말해 '승복'이었다.

어쨌거나 한국전쟁의 체험적 · 육체적 효과는 반공이데올로기를

■ 4 · 19 직전인 1958년 12월 24일, 자유당이 다수파였음에도 불구하고 무술경관 300명을 동원하여 '신국가보안법'과 다음 해 예산안 등 10여 개 법안과 27개 안건을 2시간 만에 날치기 통과시킨 사건.

1958년 반공 전시회에서 6 · 25 당시 파괴된 한강 인도교를 건너는 피난민 행렬이 찍힌 사진을 보고 있는 관람객들(2월 12일). 1950년대에는 각종 반공 기구와 반공 궐기대회가 속출했다.

홀로 설 수 있게 만들었다. 체제 모순이나 정치적 위기가 돌출할 때마다 이를 극복할 일관된 정치 전략이 필요했던 당시 미군정과 이승만 등 우익세력의 처지에서 보면, '손 안 대고 코 푸는 격' 이랄까. 정치 전략으로서 반공이데올로기가 갖는 지위는 점차 강화되었고, 이에 따라 각종 반공 기구와 반공 궐기대회가 속출했다.

예컨대 1956년 열린 '북한동포 궐기대회' 에는 연 88만여 명이 동원됐고, 1959년에는 이듬해 선거(1960년 3월 15일 치러진 '제4대 대통령 및 5대 부통령 선거' 를 말한다. 이것이 4 · 19혁명의 발단이 된 이른바 '3 · 15부정선거' 이다.)에 대비하여 '반공투쟁위원회' 와 '반공청년단' 이 조직되었다. 이승만은 '반공' 빼면 시체였다. 이승만 정권이 이념으로 내세운 자유민주주의는 현실에서는 찾아보기 힘들었다. 자유민주주의가 파괴된 자리에 '반공'이 들어섰다.

모든 저항을 무력화시키는 한 마디, 빨갱이!

해방공간에서 시작되어 1950년대 완성된 반공이데올로기의 대중 지배 및 정치적 전략화는 다음 두 과정으로 요약할 수 있다.

첫째, 반공이데올로기는 처음부터 지배이데올로기로서 존재한 것이 아니라, 미군정-이승만 세력이 정치적 위기를 돌파하기 위해 도입한 좌익과의 '투쟁이데올로기'였다.

해방공간에서 다수의 사람들이 인민공화국을 국가권력으로 상상했을 때, 그 지배적인 이데올로기는 좌익이데올로기를 닮은 그 무엇이었다. 누구의 지배도 받지 않는 인민의, 자생적인 지배적 이데올로기였다. 이를 미군정에 이어 국가권력을 장악한 이승만 정권이 숱한 정치적 대립과 대중적 억압을 통해 속속 긁어내고, 그 자리에 반공이데올로기를 배치했다.

둘째, 그러나 반공이데올로기는 (지배권력의) 지배이데올로기에서 (자생적으로 형성될 수도 있고, 지배권력의 강요로 만들어질 수도 있는) 지배적인 이데올로기로 그 성격이 바뀌면서 완성되었다.

앞서 말했듯 이 둘의 차이는 크다. 지배이데올로기가 지배적인 이데올로기로 발전하면, 그 정서 효과가 완전히 달라지기 때문이다. 지배이데올로기에 대한 저항은 상대적으로 수월하지만, 대중들이 그것을 자기 삶의 체계로 믿는 단계, 즉 지배적인 이데올로기로 발전하면 그것을 걷어내기가 어렵게 된다. 삶의 욕망으로 자리잡기 때문이다. 반공이데올로기가 지배적인 이데올로기로 대중들의 육체에 내면화되는 계기는, 앞에서 본 대로 한국전쟁과 관련이 깊다.

반공이데올로기는 억압체계를 뛰어넘어, 민중-대중들이 스스로 욕망하는 것이 되었다. 지배권력이 훈육을 통해 민중들의 육체에 새겨넣은 반공이 어느덧 민중들 자신의 것으로 내면화되어간 것이다. 이 훈육에는 지배이데올로기의 교육과 처벌, 체험 등이 복잡하게 얽혀 있다. 이런 과정을 통해 자발적으로 반공을 말하고 욕망하게 된 대중들은 스스로 자신의 육체와 언어를 자기검열하며, 타자들을 감시하고 통제하게 되었다.

이는 비단 6 · 25세대에만 국한된 이야기가 아니다. 이후 세대들도 이 이데올로기에서 자유롭지 못하다. '북괴' 가 판문점에서 '도끼 만행' 을 저질렀을 때나, 영부인 육영수가 피격되었을 때, 사람들은 "잔인무도한 빨갱이들의 만행"에 얼마나 큰 분노를 느꼈는가. 6 · 25만 되면 모두 한목소리로 이승복 소년이 되어 "나는 공산당이 싫어요!"를 외치며, "아아 잊으랴 어찌 우리 그날을 / 조국의 원수들이……" 라고 노래하지 않았던가.

그때 우리는 모두 진심이었다. 반공이데올로기는 진리이자, 삶의 체계가 되었고 대중들은 스스로 반공이올로기를 생산하게 되었다. 물론 그렇다고 반공이데올로기가 지닌 억압성이 거세된 것은 아니었다. 오히려 그것은 국가보안법이나 1961년에 제정된 반공법 또는 일련의 상징 조작, 감시와 처벌을 통해 더욱 강화되었다. 그러나 대중들이 자발적으로 선택하기 시작했다는 점, 이것이 바로 반공이데올로기와 그것을 존재 기반으로 하는 지배집단의 재생산이 가능해진

■■■
1975년 6월 25일 "김일성을 때려잡자"는 구호를 가슴에 달고 행군하는 청년들. 이들은 오직 강요와 동원에 의해 행군에 나섰을까? 1970년대 반공이데올로기는 사람들의 삶의 체계 안에 깊숙이 뿌리를 내리기 시작했다.

중요한 이유이다.

대중들은 스스로 반공이데올로기를 생산하고, 스스로 반공하는 삶의 주체가 되었다. 이것이 민주화운동이나 통일운동 등 현실 변혁을 무력화시키고 지연시키는 커다란 장애물이 되었음은 물론이다. 정부에 대해 조금이라도 삐딱한 발언이나 행위를 하면, 어떻게 해서든지 '좌경' '용공' '이적단체' '북괴 동조' 운운하며 '빨갱이'로 몰아부쳤다. 일단 '빨갱이' 소리가 나오면 더 이상의 저항은 무기력해진다. 빨갱이의 덫에 걸리지 않기 위해, 우리는 언제나 반공하는 삶을 살아야 했다. 해방공간에서 일상적으로 사용되던 '인민'이나 '동무'라는 말이 남한 사회에서 소멸된 까닭도 여기에 있다.

1970년대 국가보안법의 엄격한 적용

05

막걸리 국가보안법

"술이 웬수"라는 말은 만고의 진리다.
특히 술 마시다가 내뱉은 말 때문에 '북괴 찬양고무와 동조'라는 무시무시한 죄명을 뒤집어쓴 이들한테는. '막걸리 국보법'의 성립 단계는 이러하다. "김일성보다 더한 놈"은 "그곳에서 살아보겠다."는 속마음의 표현이고, 더 나아가 "북한을 선전한 것"으로 둔갑한다. 요컨대, 국가보안법은 박정희 정권이 지배체제 유지 및 재생산을 위해 촘촘히 짜놓은 '일상 감시망'이었다. 개인의 자율성과 존엄성, 표현의 자유 등은 모두 '반공'이라는 이름 아래 폐기처분됐다.

"김일성보다 더한 놈"은 국보법 위반

막걸리 한 잔 마시다가, 말 한 마디 잘못해서 잡혀가는 시절이 있었다. 이름하여 '막걸리 국가보안법'(또는 '막걸리 반공법')이 판을 치던 시대의 이야기다.

술김에 흥분하여 또는 농담으로 나라꼴을 한탄하거나 통치자를 욕하다, 재수 없이 걸리면 쥐도 새도 모르게 사라지거나 경찰이나 기관원들에게 잡혀갔다. 그때 덮어씌운 죄목이 국가보안법이었고, 그래서 '막걸리 국가보안법'이란 말이 나왔다. 그러나 막걸리에 취한 것은 사람들이 아니라 국가보안법이었다.

막걸리 국가보안법의 횡포는 1970년을 전후해서 두드러졌다. 공안당국은 국가보안법 위반자들을 북한의 '대중 동원 공작'과 연결지었다. 이때 나온 대법원 판결문과 공소장 문안을 보자.

사례 1 (1967)

피고인의 본거 범행의 장소가 교도소 내의 감방이라 하여서 반공법상의 찬양 · 동조죄에 해당하지 아니한다고 할 수 없다.

사례 2 (1968)

피고인이 김용섭 외 2인과 음주하다가 "원수와 더불어 싸워서 죽은 우리의 죽음을 슬퍼 말아라."라는 북괴 군가를 동석자의 제지에도 불구하고 제창하였던 것은 북괴 집단의 구성원인 빨치산의 활동을 찬양할 범의가 있었다고 단정할 수 있다.

사례 3 (1970)

피고인은 당시 집을 뜯기게 되어 다소 흥분된 상태 하에서 본건과 같이 발설한 것은 사실이다. 그러나 대한민국은 모든 행정이 법에 의하여 이루어지고, 그렇다면 피고인의 경우에도 법에 의한 보호를 받는 절차를 취할 것이지, 많은 사람들이 운집한 면전에서 철거반원을 향해 "김일성보다 더한 놈들" 운운한 것은 북괴의 학정을 겪지 못한 자들에 대하여 북괴에서는 대한민국보다 나은 행정을 하고 있다는 것을 암시하게 될 것이고, 그곳에서 살아보겠다는 의사도 내포된 것이라 할 것이어서 반국가단체를 이롭게 하는 행위에 해당된다.

사례 4 (1970)

6 · 25 도발은 소련놈과 미국놈의 책동에 의한 것이라는 내용의 발언은 북괴의 반미활동에 동조한 행위로서 반공법에 해당된다.

사례 5 (1973)

피고인은 예비군 훈련통지서를 받으면서 "예비군 훈련이 지긋지긋하다. 안 받았으면 좋겠다. 내일 판문점 관광 가는데 그곳에 가서 북한으로 넘어가버리겠다."고 말하여서 북괴의 대한민국의 예비군에 대한 비난과 북한은 잘살 수 있는 지상낙원이고 하는 허위선전 등 반국가단체인 북괴활동에 동조, 찬양하여 북괴를 이롭게 한 것이다.

사례 6 (1974)

피고인이 음식점에서 동석한 노동자 4명에게 "남한은 세금이 많아서 못 산다. 남한은 북한 정권을 따라가려면 10년이 걸려도 못 따라간다. 고향의 처자식을 만날 때도 머지 않은데 술이나 마시자."고 언동, 북괴를 대한민국보다 우월한 것으로 찬양한 것이다.

국보법 성립의 3단계, 뻥튀기-낱말 맞추기-선긋기

판결문과 공소장에 언급된 '피고인' 들은 조직적인 혁명가나 활동가가 아니라, 대한민국의 보통 사람들이다. 굳이 이름 붙이자면, '불평분자' 라고는 할 수 있어도 '용공분자' 는 아니었다. 그런데 이 사람들은 술김에 혹은 홧김에 정부 정책이나 행정에 불만을 토로했다가 붙들려 갔다. "술이 웬수"라고나 할까.

판결문이나 공소장에서는 피고인들의 발언을 모두 '북한'과 어떠한 방식으로든 연결시키고 있는데, 실제로 그랬을 가능성은 매우 낮아 보인다. 특히 1970년 당국의 강제 철거에 항의하다가 용공분자로 몰린 〈사례 3〉은, 막걸리 국가보안법 적용의 대표적인 사례이다. 철거반원에게 "김일성보다 더한 놈들"이라고 했다고 해서 국보법으로 잡아 가두는 것은, 누가 보아도 어처구니없는 부당한 처사이다. 이처럼 국가보안법은 서민들의 저항을 막는 방패로 사용되고 있었다.

그런데 앞에 열거한 사례들을 찬찬히 살펴보면, 국가보안법 적용 때 남용되는 언어의 사용 법칙을 볼 수 있다. 일단 피고인들의 발언은 그 본래 의도와는 상관없이, 엄청난 크기로 '뻥튀기'를 당한다. "김일성보다 더한 놈"이라는 단순한 욕지거리는 "그곳에서 살아보겠다."는 의사 표현으로 둔갑하고, 이는 다시 "당신은 북한에서 살아보고 싶다고 했으니 북한을 이롭게 한 것"라고 비약된다. 더구나 이 발언을 철거반원에게만 살짝 한 게 아니라, "많은 사람들이 운집한 면전에서" 하였으니 북한을 '선전'한 것이다.

〈사례 5〉의 예비군 훈련 건도 이와 다르지 않다. "훈련이 지긋지긋하니 북한으로나 넘어가버릴까 보다."라는 뜻의 말이 대한민국 예비군을 비난한 것이 되고 "북한은 지상낙원"이라는 '무시무시한' 말로 둔갑해버린다.

막걸리 국가보안법의 특징은 발언자들의 물리적 행위가 아닌, '담화 행위' 자체를 문제삼는 데 있다. 그 담화 행위란 것도 일상생활에서 언제든지 벌어질 수 있는 극히 평범한 것이다. 지배권력자나 사회체제에 냉소를 퍼붓는 담화 행위를 공안당국은 그냥 두고 보지 못하고, 간단히 '처리' 혹은 '처치'해버린 것이다.

처리를 하자면 "법질서를 준수하는" 민주공화국으로서 마땅히 법적 근거가 있어야 했는데, 국가보안법은 일반인들의 반정부 발언을 일일이 분석 · 대조하는 '낱말 맞추기'와 '선긋기' 놀이의 좋은 근거가 되어주었다. 낱말 맞추기와 선긋기의 결론은 단 하나였다. "북괴 찬양고무와 동조!"

공안당국자들은 모름지기 사람들의 발언을 하나의 점으로 좁혀 자의적으로 해석하는 특수한 능력의 소유자여야 했다. 그들은 언어분석 능력은 전혀 없는 반면, 정신분석 능력은 매우 뛰어나 사람들의 속마음을 훤히 꿰뚫어 본다. 그리하여 "피고인의 발언은 찬양고무가 담겨 있음. 마음은 이미 북괴에 가 있음."이라고 판결한다. 그러나 그들이 진정 하고 싶은 말은, "당신은 우리를 위협했으니까 혼좀 나야 해!"였을 것이다. 요컨대, 막걸리 국가보안법은 박정희 정권이 자신의 지배체제 유지와 재생산을 위해, 촘촘히 짜놓은 '일상 감시망'이었다.

국가보안법의 역사적 사명

그러나 막걸리 국가보안법은 극소수의 '범법자' 처벌보다는, 전체 국민을 감시하는 효과적인 감시 도구로서 더 큰 존재가치가 있었다. 그 처벌 내용이나 경중과는 무관하게 국민들의 입에서 튀어나오는 단어 하나하나를 일일이 점검하고 감시했다는 점에서, 국가보안법은 그 존재 자체만으로도 국민들이 일상적인 이야기를 나눌 자유를 유린했다. 국민들은 '입을 잘못 놀리지 않기 위해' 항상 조심하고 두려워해야 했다. 한데, 그것으로도 부족했을까? 충정에 불타는 한 검사는 오히려 '관대한 처벌'을 한탄하며, '엄중한 처벌'을 공개적으로 요구했다.

> 전술한 바와 같이 북괴의 선전공작은 그것이 북괴 공작원에 의한 행위이거나 또는 현실 불만에 찬 불평분자와 용공분자의 행위를 불문하고, 그들의 행위로 인하여 형성되는 북괴의 정치상의 이익은 막대하므로 이러한 사건에 있어서의 검사의 공소권 행사와 공소유지 및 법원의 형벌권 행사는 신중을 기해야 하는 것이다. 그럼에도 불구하고 북괴의 활동에 동조하거나 고무 · 찬양하는 범법행위를 처단함에 있어서 단순히 일정한 침해적 결과가 발생되지 않았다던가 우발적인 범행 또는 경미한 범죄라는 식의 지극히 간략한 정상론을 이유로 일반 사건의 예와 같이 즉시 집행유예 또는 선고유예를 선고한다는 것은 안보의 앞날을 위하여 재고의 대상이 되지 않을 수 없는 것이며, 동시에 사건 중 극단적으로는 반국가단체나 그 괴수의 영원한 번영을 기원, 고무하는 "김일성 만세"나 "인민공화국 만세"를 고창한 행위까지도 집행유예를 선고한 예가 많다는 것은 우리에게 보다 더 실무적 및 이론적인 노력과 의욕을 평가해주는 중대한 현상이라고 할 수 있는 것이다. (《검찰》, 1971년 12월)

국가보안법은 일제시대인 1925년 조선총독부가 제정한 '치안유지법'에 그 뿌리를 두고 있다. 해방 이후 미군정이 이를 변조 · 활용했고, 대한민국 정부가 들어선 해인 1948년 12월 1일 이승만 정권은 "국가를 참칭하거나 변란을 야기할 목적"으로 결사 또는 집단으로 구성하거나 그에 가입한 자를 처벌하기 위해 '국가보안법'을 제정했다.

이 법령은 좌익계를 비롯하여 반정부 · 반체제 인사들이나 민중들을 '처치' 하는 데 활용됐다. 특히 한국전쟁 중에는 1950년 6월 25일 공포된 '비상사태하의 범죄처벌에 관한 특별조치령' 과 함께 수많은 '부역자' 들을 처벌하는 데 큰 역할을 했다. 이 과정에서 수많은 정적이나 보통 사람들이 '공산당' 으로 내몰려 처형당했다.

그러다 1958년 12월 24일, 이승만은 종신집권을 도모하기 위해 국가보안법 3차 개정안을 날치기로 통과시켰다. 이 개정 국가보안법은 국가기밀의 개념을 확대하고 '인심혹란죄' 를 두었으며, 대통령을 포함한 헌법기관에 대한 명예훼손도 처벌 대상으로 삼았다. 자유당과 이승만에게 쏟아질 비난의 목소리에 재갈을 물리기 위한 조치였다. 1960년 2월 18일자 《동아일보》 기사는 이때 개정된 국가보안법이 어떻게 적용되었는지 잘 보여준다.

> 이 대통령의 사진을 보고 폭언을 하여 경찰의 수배 대상이 되고 있는 사람이 있다. 알려진 바에 의하면 지난 2월 14일 자유당 전남도당부에 있는 임모씨가 동당 앞 게시판에 이 대통령의 사진을 게시하자 이때 돌연 한 청년이 나타나 '너도 오래 살려면 그런 일은 하지 말라' 고 협박 후 사진을 가리켜 또한 비슷한 폭언을 하고 도주하였다고 한다.

대통령의 사진을 보고 폭언을 했다고 수배자가 된 것이다.

1960년 4 · 19혁명 이후 '반민주악법' 으로 지목된 국가보안법은, 같은 해 6월 1일 '정보수집죄' 와 '인심혹란죄' 따위의 독소 조항이 삭제되지만, 대신 악명 높은 '불고지죄' 가 추가된다. 당시 사회의 비상한 관심을 끈 연세대 오화섭 교수 사건은 이 법의 반인륜성을 잘 보여준다.

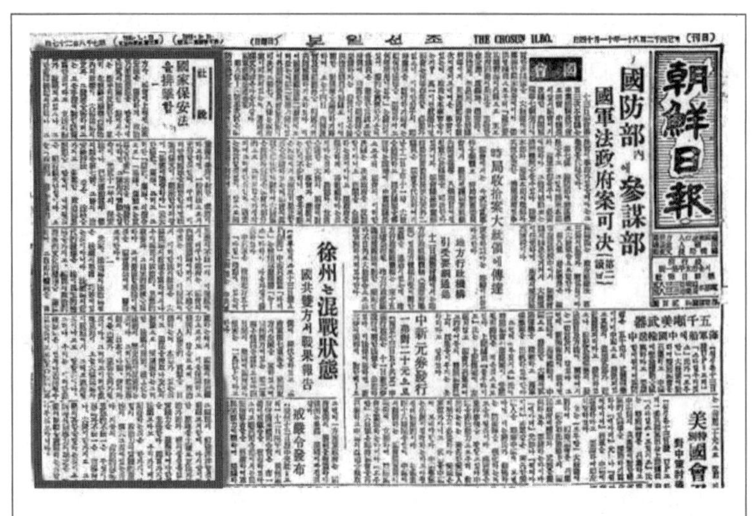
朝鮮日報
國防部內에 參謀部
國軍法政府案可決
徐州는 混戰狀態
社說
國家保安法을 排擊함

■■■

1958년 11월 14일 《조선일보》 사설 〈국가보안법을 배격함〉. 이 사설에서는 "국회에 상정된 국가보안법은 광범하게 정치범 내지 사상범을 만들어낼 성질의 법안인 점에서 우리는 단호히 반대한다."고 밝히며, 일반 형법으로 충분히 처벌할 수 있는 일들에 대하여 특별법을 제정할 경우 그 운용의 실제는 "일즉이 광무 11년의 보안법이나 기미운동 당시 왜倭의 제령制令 제7호, 그 후의 치안유지법 같은 성격을 가지고 다수한 정치범 사상범을 만들어내게 될 것은 명약관화한 일이다."라고 우려하였다.

1960년 10월 27일, 오화섭 교수는 친척인 남파간첩을 수사기관에 신고하지 않았다는 혐의로 구속기소됐다. 오 교수는 간첩으로 남에 내려온 매부가 자신을 포섭하려 하자 "나는 독재 밑에서는 살아도 공산당 밑에서는 살 수 없다."며, "내 집을 당장 나가지 않으면 경찰에 고발하겠다."고 하여 매부를 쫓아보냈다. 그런데 이 사실을 신고하지 않았다는 이유로 구속된 것이다. 당시 오 교수에게 적용된 '불고지죄'를 두고 위헌성 논란이 일었다. 심지어 검찰 관계자들조차 불고지죄의 악법성과 반인륜성을 공박했다.

그러나 박정희 정권은 이것으로도 모자라 1961년 7월 3일 '반공법' 을 제정했다. 반공법은 반국가단체에 대한 가입 권유, 반국가단체나 그 구성원의 활동에 대한 찬양 · 고무 · 동조 및 이적단체 구성 가입, 불온표현물의 제작 · 소지 · 취득, 반국가단체나 국외 공산계열 구성원과의 회합 · 통신, 불고지죄 등을 규정하고, 여기에 신고 · 체포를 권장하는 상금 지급 조항을 추가했다. 이제 바야흐로 악명 높은 '반공법 시대' 가 열린 것이다.

1961년부터 1980년까지 국가보안법 구속자는 1,968명이었던 데 비해, 반공법 구속자는 그 배가 넘는 4,167명에 이르렀다. 이 밖에도 1963년 이후에는 '집회 및 시위에 관한 법률' 이, 1975년 이후에는 유신정권의 긴급조치 9호 등이 발동되었다.

1980년 광주를 짓밟고 들어선 제5공화국은 반공법을 국가보안법에 흡수시켜 새로 단장했다. 반공법의 인권 침해 논란과 세계 유일의 악법이라는 이미지를 개선해보려는 의도였지만, 1980년 개정된 국가보안법은 반공법의 독소 조항을 그대로 둔 채 오히려 '허위사실 유포 · 날조죄' 따위들을 추가함으로써, 민중 탄압의 통로를 오히려 더 미세화했다. 이른바 '국가보안법의 시대' 가 열렸다.

국가보안법의 시대를 끝내려는 노력은, 이 법을 정치에 이용하려는 욕망만큼 강하게 이어졌으나 성공을 거두지 못했다. 국가보안법을 정치적 탄압 도구로 이용한 전두환과 노태우 군사정권에 이어, 1993년 들어선 김영삼 정부도 잠시 국가보안법 개폐 문제로 논란을 벌였으나 더 이상 나아가지 못했다. 이어 2000년 6월 15일, 김대중 대통령과 북한 김정일 국방위원장의 역사적인 남북정상회담으로 국가보안법 무력화 분위기가 무르익었으나, 보수세력의 반발로 폐지에는 이르지 못했다. 2004년에도 노무현 대통령이 '국가보안법 폐지 필요성' 을 언급했느나, 집권당인 열린우리당은 폐지 추진에서 '형법보완론' '대체입법론' 으로 후퇴했다. 이는 단지 수구 · 보수집단만의 문제가 아니라, '민주화된' 정부라도 현존하는 지배체제에 위협이 될 수 있는 무장해제는 하지 않겠다는 뜻으로 읽을 수 있다.

지난 50여 년간 그 형태와 내용이 어떻게 바뀌었던 간에, 국가보안법이 수많은 사람들을 감금해왔다는 사실에는 변함이 없다. 이 과정에서 숱한 이들의 육체와 언어, 인권이 짓밟혔다. 그러나 한국현대사에서 국가보안법이 양산한 더 무서운 질곡은 이 법의 '국민적 효과' 에서 찾을 수 있다.

미군정기-이승만 정권기 때부터 광범위하게 작동한 반공이데올로기는 민중-국민들로 하여금 어떠한 다른 세계도 상상하지 못하도록 감시하고 통제하는 기능을 해왔다. 이 테두리 안에서 이탈하지 못하도록 막은 것이 바로 국가보안법이라는 무소불위의 법령이었다. 헌법에 보장된 '사상의 자유' 는 그저 해본 소리에 불과했다. 국가보안법은 대중들의 뇌리와 육체에 철저히 각인되어 '사상 공포증' '빨갱이 공포증' 을 만들어냈다. 지배권력의 무의식화 전략은 국가보안법으로 성공을 거둔 것이다.

국가보안법은 '국가' 라는 이데올로기를 통해, 지배자의 정권 유지와 그 재생산을 보증하는 일종의 '언어 권력' 으로 작동해왔다. 지배자들의 말 속에서 '정권의 위기' 는 늘 '국가의 위기' 로 표상되었다. 국가보안법은 독재정권과 파시즘에 저항하는 진보적 정치이데올로기가 민중들에게 전파되지 못하도록 봉쇄했으며, 정치와 일상 영역에서 민중-대중들의 말하기를 통제함으로써 한국 사회 전체를 감시체제로 만들어왔다. 이 법은 또한 자본주의 사회의 모순을 폭로하지 못하도록 억압하는 역할도 수행했다. 요컨대 국가보안법은 한편으로는 정권 보호를 위해서, 다른 한편으로는 자본주의 사회체제의 재생산을 보증하기 위해서 50여 년이라는 긴 세월 동안 존재해온 것이다.

반공을 '승공 · 멸공'으로 계승한 박정희

지적했다시피, 국가보안법의 정당성은 반공이데올로기에서 나왔다. 모든 것의 근원은 반공이었다. 1961년 5 · 16쿠데타 직후 주도세력들이 내건 '혁명 공약'의 첫째 항 역시 "반공을 국시의 제1의義로 삼고, 지금까지 형식적이고 구호에만 그친 반공 태세를 재정비 강화한다."였다.

이승만 정권 때부터 반공은 이미 '국민 전체의 의사로 결정된 국정의 근본 방침', 즉 국시國是였으며, 4 · 19혁명 후 제2공화국의 장면 정권도 '반공 임시특례법'을 입안하는 등 반공정책의 강도는 여전했다. 그러나 이것들은 박정희에 비하면 아무것도 아니었다.

박정희의 혁명 공약은 한 마디로 장난이 아니었다. 4 · 19혁명기를 '혼란'으로 규정한 쿠데타 세력은 4 · 19혁명의 주도세력들을 일망타진하기 위해, '용공분자' 색출과 체포에 주력했다. 그들은 쿠데타 당일 "즉각 용공분자를 색출하라. 방법은 군 수사기관을 동원하여 경찰의 협조를 얻어 경찰이 입수하고 있는 리스트에 의해 색출하라."고 명령했다. 그 결과 4천여 명이 구금되고, 608명이 혁명검찰부에 넘겨졌다. 그중 기소자는 216명, 유죄판결을 받은 사람은 190명이었으며, 5명이 사형선고를 받았다. 쿠데타 세력에게도 반공은 가장 중요한 무기였던 것이다.

쿠데타 세력은 이에 머무르지 않고, 반공을 '승공'으로 이어갔다. 혁명 공약의 다섯째 항은 "민족적 숙원인 국토 통일을 위하여 공산주의와 대결할 수 있는 실력 배양에 전력을 집중한다."이다. 공산주의에 반대하는 것에서 멈추지 않고, 공산주의와 대결하여 이겨야 한다는 새로운 과제가 추가되었다.

1964년 대통령에 취임한 박정희가 연두교서에서 "공산주의와 대결하여 민주주의의 승리로서 통일을 성취한다."고 선언한 이후, '승공통일'이니 '멸공통일'이니 하는 말들이 득세하기 시작했다. 그리고 '승공'이란 말이 상징하듯, 박정희 정권의 반공이데올로기는 이전보다 더 공세적이 되었다. 이러한 이데올로기 전략은 국력 배양, 경제 성장, 근대화, 민주주의, 문화, 통일, 교육, 충효 등 박정희 정권이 내세운 모든 국가적 가치와 함께 일상생활에 침투했다. 그리하여 "아무리 선한 것이라도 그것이 공산주의를 이기는 데 기여하지 않으면 그것은 선이라 할 수 없다."는 명제가 진리 행세를 하게 됐다.

자유민주주의 위에 군림한 반공이데올로기가 국가안보 이데올로기의 강화와 저항세력 탄압에 사용되었음은 잘 알려진 일이다. 박정희는 1975년 신년사에서, "대통령의 여러 가지 책임 중 최우선하는 것은 국가안보에 대한 책임이다. 민족의 생존권을 위협받지 않는 튼튼한 총력안보 태세를 다져야 하겠다. 따라서 북으로부터 위협이 없다느니, 정부가 말하는 위협은 국민을 억압하기 위한 수단이라느니 하면서 국민을 선동하고 안보의식을 흐리게 하는 일은 매우 유감스럽다고 하겠다."고 노골적으로 말했다.

이제 반공이데올로기는 형식적 민주주의를 어느 정도 보장해주던 자유민주주의 이데올로기마저 억압하기 시작했다. 개인의 자율성이

■■■
1969년 6월 14일 승공반공 시가행진대회. 반공은 형식적 구호에만 머무르지 않았다. 반공이데올로기가 견고하게 자리를 잡은 것은 박정희 시대였다. 박정희는 '공산주의와의 대결에서 승리해야 한다'는 승공을 내걸면서 더욱 공세적인 이데올로기전을 펼쳤다.

나 인간의 존엄성, 표현의 자유, 정치적 자유, 예술문화의 자유 등은 '반공'이라는 이름 아래 폐기처분되었다. 1970년대에 헌법적 효력을 지닌 긴급조치가 수차례 선포되었으며, 1975년에는 금지가요 목록이 대거 발표됐다. 당시 '한국예술문화윤리위원회' 위원장이었던 조연현이 《신동아》와 가진 방담(1975년 3월호) 자리에서 밝힌 내용을 보자.

> 얼마 전에 《뉴욕타임스》 기자가 대단히 흥분한 얼굴로 찾아와서, 지금 세계 어느 곳에서도 대중들이 즐기는 노래를 함부로 금지시키는 나라가 없는데, 이렇게 무더기로 금지시킨 이유가 무어냐고 물어왔습니다. 그래서 나는 어느 나라의 문화활동은 그 나라가 처해 있는 어떤 상황 속에서 전

개될 수밖에 없다. 우리에게는 공산당의 위협 아래서 우리 국민들이 총단결하여 국가방위를 해야 될 당면한 문제들이 있다. 이런 입장에서 우리나라 가요를 볼 때 우리 국민들이 지향해나가야 될 윤리를 무너뜨리는 가요가 있다고 설명하였지요.

가령 공산주의를 선동하는 가요, 또 기존 도덕적 질서를 근본적으로 무너뜨리는 가요, 성행위를 극단적으로 묘사하는 가요, 이런 등속의 가요들이 우리나라 가요 중에도 많고 외국에서 들어온 가요 속에도 많아 이러한 가요를 방임해둘 수 없는 당면한 우리의 현실적인 입장 때문에 가요를 당분간 제지시킬 수밖에 없다고 대답했습니다. …… 이를 발표하는 것을 쭉

不健全대중가요 最後의 審判

대중가요 정화의 거센바람이 계속 연예가에 휘몰아치고있어 관계자들은 이바람이 어떤 방향으로 번저갈지 큰 관심을 보이고있다. 藝倫은 지난21일 이미 발표된 곡중에서 제1차 금지곡으로 43곡을발표했고 앞으로 이 금지곡은 더 늘어날것으로 보여 연예가에서 받은 충격은 큰것으로 알려졌다.

藝倫서 1次 심의로 43曲금지…계속 늘어날듯

唱法저속·퇴폐성을 이유로

"새로운 風土형성에 기대걸어…"

1975년 6월 29일 금지곡 발표 기사. "공산당의 위협에 맞서 국가방위에 매진해야 할 때이므로, 국민들의 윤리를 무너뜨릴 수 있는 가요를 방임해둘 수 없다."고 했다. 국가보안법은 반독재운동에 나서는 사람들뿐만 아니라 일반 대중의 일상생활 속에도 깊숙이 침투하였다.

미루어왔는데 외부의 항의도 많고 거기에다가 작년에 국가의 비상사태가 발표되고 긴급조치도 내려져 건전하지 못한 가요는 이 땅에서 보급을 중지시키기로 하였지요.

보국안민의 길, '빨갱이 콤플렉스'

박정희 정권의 반공 논리 앞에서 1970년대 내내 거의 모든 사람들이 꼼짝 못하고 있었다. 무시무시한 국가보안법과 반공법이 반독재운동뿐 아니라, 대중의 일상생활 속에 깊숙이 침투하여 사람들이 서로 이야기하는 것 하나하나를 감시 · 통제 · 처벌했기 때문이다. 그리고 마침내 '빨갱이 콤플렉스'로 육체화된 반공-승공은, 사람들이 스스로 자신의 말을 감시하고 통제하는 이데올로기로 작동했다. 저항세력조차 자신들의 말에 '반공'이라는 말을 명기하는 경우가 많았다. 이는 저항과 생존을 동시에 노린 전략이기도 했지만, 당시 반공하는 사회 분위기는 이미 그 도를 넘어서고 있었다.

사례 1

신문광고는 민주주의를 위해, 곧 반공을 위해 존재하며, 우리 모두가 필요한 생활정보.(1974년 12월 박정희 정권이 광고 탄압을 시작하자, 《동아일보》가 광고주를 찾기 위해 12월 27일자에 낸 자체 광고 문안)

사례 2

공산주의에 대항하여 싸워나갈 수 있는 길은 올바른 민주주의 토대 위에서 이룩된 국토통일이라 저는 생각합니다. 진정한 민주주의의 풍토—이것이 곧 공산주의에 대항하는 강력한 세력이라고 믿는 것입니다.(1975년 4월 11일, 서울대학생 김상진이 박정희 정권에 저항하여 할복자살하기 전에 유서로 남긴 〈대통령께 드리는 공개장〉)

사례 3

나는 어렸을 때부터 부친으로부터 보국안민이라는 가르침을 받았다. 보국안민을 위해서는 민주주의를 하는 길밖에 없다. 현 체제는 독재 중의 완전 독재다. 공산주의와 대결하기 위해서는 그보다 더 나은 사상을 갖는 것이 필요하다. 독재로서는 공산주의를 이길 수 없다.(1976년 6월 5일, '민주구국선언' 사건 제4회 공판에서 변호인의 반대심문에 답변하는 피고 윤보선의 진술)■

당시 비판적 지식인들은 어쩌면 반독재투쟁을 위한 연막술이거나 보호책으로 반공산주의를 내세웠을지도 모르지만, 어쨌거나 그들은 공공연하게 '반공'과 '승공'을 입에 담았다. 이 굴레에서 벗어난 것은 1980년대 들어서이다. 독재정권을 상대로 오랜 싸움을 벌이며 세계를 보는 눈이 달라졌기 때문이다. 이 시기에 이르러서, 막걸리 국가보안법을 적용하는 사례도 사라지기 시작했다.

1945년 9월 7일에 주한 미군사령관 하지가 선포한 '군정포고 1호'로 시작된 야간통행금지 조치가 1982년 1월 5일 폐지된 것처럼, 시대의 어둠도 점차 걷히고 있다. 그러나 21세기에 들어선 오늘날까지도 국가보안법은 여전히 그 생명을 연장하고 있다. 또 설령 국가보안법

■ 1976년 3월 1일, 명동성당에서 긴급조치 9호 선포 이래 최대의 반체제운동으로 평가되는 '민주구국선언' 선언문이 발표되었다. 여기에는 재야인사들과 신자들이 참여했는데, 전 대통령 윤보선도 함께했다. 이 사건 관련 재판은 국내외에서 높은 관심을 끌었다.

이 폐지된다 하더라도, 반공이데올로기에 푹 젖어 있던 사람들의 몸과 정신은 쉽사리 그 굴레에서 벗어나지 못할 것이다. '빨갱이' 라는 말이 파시즘적인 태도를 일컫는 말로 남아 있는 한, 이 땅에서 완전히 사라지지 않는 한…….

반공의 풍경

연도	국가보안법	주요 사건
1945		해방
1948	국가보안법 제정	남한 단독선거 정부수립
1949	1차 개정	
1950	2차 개정	한국전쟁 발발
1952	이승만 2대 대통령 당선	부산정치파동
1956	이승만 3대 대통령 당선	
1958	인심혹란죄 추가 3차개정	
1959		
1960	불고지죄 신설 4차개정	3·15 부정 선거 4·19혁명

이승만 정권 (1948–1960)

국회 프락치 사건

제주 4·3 항쟁, 여순 반란 사건

진보당 사건

경향신문 폐간

이승만 정권 시절 국가보안법은 남로당 등의 좌익계열과 정적을 탄압하는 데 주로 사용되었다. 한국전쟁을 거치면서 보도연맹원 학살, 부역자 처단 등의 아픈 역사 뒤에 국가보안법이 자리하고 있다. 한국전쟁 이후 친미반공이데올로기가 확고하게 정착되면서, 모든 '진보적인 것'은 '공산주의'와 동일시되어 국가보안법의 적용대상이 되었고, 이에 대하여 어떠한 의구심도 제기되지 않았다.

한국전쟁 이후 이승만 정권 시절 내내 각종 반공 궐기 대회가 난무하였다.

해방 이후 우리 사회의 가장 강력하게 작동한 이데올로기는 반공이었다. 반공이 독재권력을 유지하는 버팀목이었다면, 그 뒤에는 국가보안법이 자리잡고 있었다. 대한민국정부가 수립된 지 4개월도 안 된 1948년 12월 1일 공포·시행된 국가보안법은 일제의 치안유지법을 모체로 구성되었다. 이후 이승만 정권 초창기, 좌익세력 척결의 유용한 무기로 사용되었고, 한국전쟁, 박정희 군사독재 시절을 거치면서는 자유민주주의적 기본권을 억압하는 데에도 효과적으로 사용되어왔다.

5 · 16 군사쿠데타로 정권을 잡은 박정희는 반공을 넘어 '공산주의와의 대결에서 승리해야 한다'는 승공을 내걸면서 더욱 공세적인 이데올로기전을 펼쳤다. 연달아 일어난 대규모 간첩단 사건이 이에 정당성을 제공하였고, 한편으로는 야간 통행금지, 금지곡 발표 등에서 알 수 있듯 자유민주주의적 기본권을 억압하는 데에도 효과적으로 사용되었다.

책을 불태우고, 통행을 금지하고, 노래도 마음대로 부르지 못하게 하고... 반공의 이름 아래 사람들은 너무나 많은 자유와 권리를 박탈당했다.

06 1970년 평화시장 재단사 전태일의 분신

전태일이 발견한 말과 세상

'한 권의 책이 인생을 바꾼다'는 말은 거짓말이 아니다.
1960년대 말, 전태일이 만난 『축조 근로기준법 해설』이란 책은 이 청년의 "운명을 좌우한 중대 사건"이었다. 문제는 그가 발견한 새로운 언어, 새로운 대륙이 모순과 거짓으로 가득 찬 것이었다는 데 있다. 전태일이 제 몸을 불사를 때, 그 불길 속에 이 책이 던져진 것은 이런 이유에서였다. 결국 전태일은 '기만의 언어덩어리'인 근로기준법과 화해하지 못했다.

불평등한 말, 불평등한 게임 말은 불평등하다. 동시대 한 나라 안에서도 언어의 소외지대에서 살아가는 사람들이 있다. 어떤 특정한 언어를 아는 사람과 그렇지 못한 사람의 삶과 행위는 상당한 차이를 드러낸다. 하나의 단순한 단어가 무한한 문장과 연결되며 삶을 새로운 방식으로 상상하고 실천할 수 있게 해주며, 연결되는 방식에 따라 지식과 권력과 담론을 생산하는 요소가 되기도 한다. 따라서 언어를 발견하는 일은 곧 삶을 발견하는 일이기도 하다.

언어는 배배 꼬여 있다. 언어 자체가 실천을 보증하지는 못한다. 실천은 오로지 실천만이 보증한다. 물론 언어도 하나의 실천이지만,

그것이 진리로 가는지 허위로 가는지는 아무도 모른다. 그래서 언어를 발견하는 것만큼, 그것을 둘러싸고 벌어지는 '언어 게임'의 실체를 발견하는 것이 중요하다.

하지만 본래 불평등한 말에서 비롯된 언어 게임 역시 불평등한 조건에서 진행된다. 서울 평화시장의 노동자 전태일은 이를 극명하게 보여준다.

전태일 알면 '빨갱이', 모르면 '간첩'

1970년 11월 13일 낮 1시 50분, 서울 중심가에 자리잡은 평화시장 국민은행 앞길. 온몸이 불길에 휩싸인 한 청년이 뭐라고 외치며 쓰러졌다.

"근로기준법을 준수하라!"
"우리는 기계가 아니다! 일요일은 쉬게 하라!"
"노동자들을 혹사하지……."
"……."

입속으로 화염이 들어찼던지 절규하는 뒷말은 똑똑히 알아들을 수 없었다. 외마디 비명소리만 불타올랐다. 때마침 그 자리에 있던 청년의 동료가 한 권의 책을 불길 속에 집어던졌다. 『축조逐條 근로기준법 해설』이라는 책이었다. 청년과 함께 '근로기준법'도 불태워졌다.

청년이 쓰러진 후 약 3분간 불길이 타올랐는데, 그 자리에 모여들

■■■
영화 〈아름다운 청년 전태일〉에서 전태일의 분신 장면. 온몸이 불길에 휩싸인 전태일은 "근로기준법을 준수하라!"고 외쳤다. 평화시장 재단사 전태일에게 '근로기준법'의 발견은 희망인 동시에 엄청난 좌절이었다. 법령과 현실의 괴리는 너무나 컸고, 전태일은 그 엄청난 간극을 메우기 위해 자신의 몸을 불살랐다.

었던 다른 노동자들은 당황하여 아무도 불을 끌 엄두를 내지 못했다. 나중에 한 동료가 뛰어와 무어라고 소리 지르며 점퍼를 벗어 불길을 덮었다. 불은 곧 꺼졌다.

시위를 하러 모였던 500여 명의 노동자들은 경찰들의 폭력적인 제지에 흩어지다가, 이 예기치 않은 상황에 다시 모여들었다. 행인들도 불길을 보고 웅성거렸고, 뒤늦게 평화시장에 나타난 기자들은 다급하게 취재를 시작했다. 그들에게 말하기라도 하듯, 청년은 다시 꺼져가는 목소리로 입을 열었다.

"내 죽음을 헛되이 하지 말라!……"

참혹한 광경이었다. 엉덩이 부분을 제외한 전신이 숯처럼 시커멓게 타들었고, 화상으로 피부가 짓이겨졌으며, 눈꺼풀은 뒤집히고, 입술은 퉁퉁 부르텄다. 그를 낳고 기른 어머니조차 알아보기 힘들 정도였다. 살아 있는 육체로 말하지 못해서 죽음으로써 말하려 했던 청년은, 타오르는 생명의 힘으로 "내 죽음을 헛되이 하지 말라!"고 했다.

기자들이 청년 곁으로 다가가 뭔가를 물었다. 참혹한 인터뷰였다. 왜 그들은 살아 있는 청년에게는 말을 걸지 않다가, 죽어갈 때에야 비로소 관심을 갖고 귀를 기울였을까. 청년은 기자들의 물음에 입술과 혀를 움직이려고 했지만, 말이 되어 나오진 못했다. 까맣게 탄 얼굴 근육을 실룩거릴 뿐이었다. 그 모습만 보고는 우는 것인지 웃는 것인지 분간하지 못할 정도로, 청년의 고통은 깊었으리라.

그 청년의 이름은 우리가 너무나 잘 아는 전태일이다. 당시 나이 22세, 평화시장 재단사였던 전태일은 그렇게 죽어 노동운동에 불을 지피고, 1980년대 노동해방의 한 줄기 빛이 되었다.

근로기준법의 발견

전태일은 1948년 8월 26일 대구에서 태어났다. 아버지 전상수는 봉제 노동자 출신으로, 집에 미싱 한두 대 들여놓고 피복 제품을 만들어 팔거나 삯일을 했다. 생활은 매우 불안하였다. 학교 교육도 제대로 받지 못한 전태일은 가족이 모두 상경했을 때에는 부산으로 가출하고, 다시 대구로 옮겨 갔을 때에는 동생과 함께 서울로 올라왔다. 구두닦이 등을 전전하던 그는 1964년 열여섯 살 때 평화시장에 첫발을 내딛고 시다(보조 공원) 생활을 시작했다.

전태일이 시다를 하게 된 것은, 구두닦이로 떠돌던 무렵 평화시장 근처에서 '시다 구함' 이는 광고 전단지를 보고 나서였다. 다음 날 그는 찬물에 목욕재계하고, 헌 누더기옷을 깨끗이 빨아 다려 입은 후 그곳에 찾아갔다. 시쳇말로 '마음잡은' 것이다.

'마음잡다' 라는 말은 당시 구두닦이, 껌팔이, 신문팔이, '창녀', 양아치 등이 떠돌이 생활을 청산하고 임금노동자로 취직할 때 사용하던 표현이다. 이는 인생의 중대한 변화를 의미했다. 고되더라도 비교적 안정된 직장에서 기술을 배워서 먹고살 수 있는 미래 생활을 설계하겠다는 의지의 표현이기 때문이다. 그래서 어느 '창녀' 가 오랜만에 만난 옛 동료에게 "응, 나 요새 마음잡고 빠에 나가."라고 했다는 우스갯소리도 있었다.

지긋지긋하고 불안한 떠돌이 생활을 청산하고 시다 생활을 시작하며, 전태일은 하루빨리 기술을 익혀 서울에 올라와 고생하고 있는 어머니, 동생과 함께 살 셋방 한 칸이라도 얻으려고 했다. 그러나 하루 14시간 노동에, 커피 한 잔 값밖에 안 되는 일당 50원(당시 신문값 20원)으로는 어려운 일이었다. 그는 밤에는 껌을 팔고 새벽에는 구두를 닦아 보충하여, 마침내 어머니와 함께 살 방 한 칸을 마련했다.

그러나 이제 조금은 편히 기술을 익힐 수 있게 된 전태일의 눈에, 너무나도 열악한 평화시장의 노동 환경이 들어오기 시작했다. 특히 10대 초반부터 20대까지 분포되어 있던 '여공' 들의 사정은 딱하기 그지없었다. 여공 생활 7~8년에 남는 것이라곤 온갖 질병과 노처녀 딱지뿐이었다. 누렇게 뜬 핏기 없는 얼굴, 퀭한 눈동자에 기관지염, 결핵, 안질, 빈혈, 신경통, 위장병에 시달리는 병든 육신. 그러나 봉제공장 주인들은 나 몰라라 하고 이들을 쥐어짜는 데에만 혈안이 되

■■■
바보 전태일. 모든 것을 빼앗긴 핫바리 인생이라 생각했는데, 그런 자신들에게도 인간답게 살 수 있는 권리가 있다니…… 이를 모르고 살아온 자신을 전태일은 '바보'라고 불렀다. 혹사당하며 속아 살아온 평화시장의 모든 노동자들도 다 바보였다. 당하면서도 당하는 줄 모르는……. 그는 몇몇 재단사들을 모아 '바보회'를 만들었다.

어 있었다. 병이 악화되면 즉각 해고해버렸다. 전태일은 여공들에게 조금이나마 잘해주려고 했다.

1967년 재단사가 된 다음에도 전태일은 자신을 둘러싼 환경에 대해 끊임없이 질문했다. 재단사들은 시다들을 부려먹으며 주인들과 타협하여 충분한 보상을 받는 것이 관행이었지만, 전태일은 해고를 당하면서도 시다들 편에 섰다. 그는 인간적인 노동 환경과, 시다들이 상식적인 임금을 받는 그런 세계를 갈망했다.

그러나 노동 문제에 대한 지식이 없었던 그로서는 어떻게 문제를 풀어야 할지 막막하기만 했다. 그러던 차에 '근로기준법'의 존재를 발견했다. 아버지와 얘기를 나누던 중 우연찮게 "근로기준법"이라는 말을 들은 것이다. 젊은 시절 대구의 한 방직공장을 다닐 때, 대구 노동자들이 벌인 총파업에 가담한 경력이 있는 아버지는 아들을 극구

말렸다. 노동운동을 주도했던 사람들이 인생을 그르치는 일을 무수히 목격했던 아버지 세대로선 당연한 만류였다. 그들은 '노동운동'의 '노' 자도 입 밖에 내지 못하게 했다.

하지만 근로기준법은 전태일에게 새로운 희망과 확신으로 다가왔다. 그것은 실로 "그의 운명을 좌우한 중대 사건 중의 하나"■였다. 근로기준법에 씌어진 말들 하나하나가 그에게는 신대륙의 발견처럼 가슴 벅찬 감동을 주었다. 이제껏 모든 환경에 순종당하며 살아온 전태일은 "근로조건의 기준을 정함으로써 근로자의 기본적인 생활을 보장 · 향상시킴……을 목적으로" 한다는 문구를 발견하고 흥분하지 않을 수 없었다.

아무것도 가진 것 없는, 지지리도 못난 인생들에게도 인간답게 살 수 있는 권리가 있다니! 전태일은 이를 모르고 살아온 자신을 "바보"라고 불렀다. 혹사당하며 속아 살아온 평화시장의 모든 노동자들도 다 바보였다. 당연히 그러려니 생각하는 바보. 그는 몇몇 재단사들을 모아 '바보회'를 만들었다. 어떠한 언어를 발견하느냐에 따라 삶의 방식과 태도가 달라진다는 점에서, '근로기준법'의 발견은 전태일에게는 '언어적 혁명'이었다.

터무니없는 거짓말 사전, 근로기준법

그러나 이는 안타까운 발견이었다. 주경야독하여 공민학교 정도의 학력을 갖춘 그에게 근로기준법 조항들은 너무 어려

■ 조영래, 『전태일 평전』, 돌베개, 2001.

웠다. 전태일은 공허함을 느꼈다. 어머니 빚으로 2,700원이나 하는 고가의 근로기준법 해설서를 사다가 닳아지도록 읽으며, 그는 내내 "대학생 친구 하나 있었으면 원이 없겠다."는 말을 입버릇처럼 했다. 문자 해독력이 곧 삶의 무기임을 뼈저리게 실감한 것이다.

그럼에도 전태일은 근로기준법에 따라 착실히 구체적인 실천을 해 나갔다. 여러 위협 속에서도 바보회를 중심으로 고용주들 몰래 평화시장 노동자들의 실태를 파악하는 설문조사를 실시했다. 우여곡절 끝에 30부 정도를 회수한 그는 이 자료를 들고 시청 근로감독관실과 노동청을 찾아가 진정하였다. 그러나 기관들의 반응은 냉랭했고, 어떠한 관심도 보이지 않았다. 평화시장의 노동 실태를 폭로하면, 정부에서 노동자 편에 서서 고용주들을 혼내주고 시정 조치를 내릴 거라는 희망과 기대를 품고 있었던 그로서는 모든 것이 혼란스러웠다.

근로기준법에 명시되어 있는 말들은 그저 허수아비 말에 불과했다. 뭐? 근로자의 생활을 보장하고, 향상해? 터무니없는 거짓말 사전이 바로 근로기준법이었다. 노동청이 고용주들과 결탁하고 있는 것 같다는 데에까지 생각이 미치자, 전태일은 가위에 눌린 듯 좌절에 빠져들 수밖에 없었다. 정부 당국의 지원을 받으면 일이 쉽게 해결될 줄 알았는데, 믿는 도끼에 발등 찍힌다더니, 정부가 바로 고용주 편에 서 있을 줄이야. 그는 정부의 배반을 피부로 느꼈다. 근로기준법은 정말이지 '착각'이었다.

'근로기준법'이라는 언어적 발견은 오히려 전태일을 좌절시켰다. 그의 발견은 그렇게 쉽게 무너졌다. 하지만 이 또한 그에게는 소중한 경험이었다. 제도화된 법령의 언어와 그것을 실행하는 사람들의 의식 사이에 엄청난 모순과 괴리가 있다는 사실을 발견한 것, 그것이야

내 사랑하는 친우여 받아 읽어주게

친우여 나를 아는 모든 나여
나를 모르는 모든 나여

부탁이 있네. 나를 지금 이 순간의 나를 영원히 잊지 말아주게.

그리고 바라네 그대들 소중한 추억의 서재에 간직하여 주게

뇌성 번개가 이 작은 육신을 태우고 꺾어 버린다 해도.

하늘이 나에게만 꺼져 내려온다 해도 그대 소중한 추억에 간직된

나는 조금도 두려움 없을 걸세. 그리고 만약 또 두려움이 남는다면.

나는 나를 아주 영원히 버릴 걸세 그대들이 아는 그대 영역의

일부인 나. 그대들의 앉은 좌석에 보이지 않게 참석

했네 미안하네 용서하게 테이블 중간에 나의 좌석을

마련하여 주게. 원섭이와 재철이 중간이면 더욱 좋겠네

좌석을 마련했으면 내 말을 들어주게

그대들이 아는 그대들의 전체의 일부인 나.

힘에 겨워 힘에 겨워 굴리다. 다 못 굴린 그리고 또 굴려야 할

덩이를 나의 나인 그대들에게 맡긴 채

잠시 다니러 간다네 잠시 쉬러 간다네

어쩌면. 반지의 무게와. 총칼의 질타에 구애되지 않을지도.

모르는 않기를 바라는 이 순간 이후의 세계에서 내 생애

못다 굴린 덩이를 덩이를 목적지까지 굴리려 하네

이 순간 이후의 세계에서 또다시 추방당한다 하더라도.

굴리는 데 굴리는 데 도울 수만 있다면 이룰 수만 있다면.

1970년 여름에 전태일이 쓴 소설 초안 속의 유서. "친구여, 나를 아는 모든 나여, 나를 모르는 모든 나여, 부탁이 있네. 나를, 지금 이 순간의 나를 영원히 잊지 말아주게."란 말처럼 전태일은 영원히 노동자의 이름으로 기억될 것이다.

말로 진정한 의미의 발견이었다. 그가 발견한 새로운 대륙은 그러한 모순들로 가득 차 있었다.

기만의 언어를 불태우다

전태일은 절망의 늪으로 빠져들며, 죽음으로 투쟁할 것을 심각하게 고려하기 시작했다. 노동자들은 대학생들처럼 '신나게' 데모할 수조차 없으니, 죽음으로라도 평화시장의 노동 현실을 세상에 알리겠다는 생각이었다. 그러면서도 그는 "절망은 없다."고 마음을 다잡았다.

얼마간의 번민을 거치고 1970년 9월 다시 평화시장에 모습을 나타낸 전태일은, 곧바로 재단사로 취직했다. 본격적인 노동운동을 벌이기 위해서였다.

전태일은 우선 바보회를 '삼동친목회'로 재조직했다. 이제 '진정'이나 '호소'가 아니라, '폭로'하고 '투쟁'하는 전술로 바꾸었다. 삼동친목회는 다시 평화시장 노동자 실태를 조사했다. 작업 시간, 휴무 희망, 건강 상태, 보건소 진단 경험, 독서 경험, 취미, 임금 수준 등은 물론이고, 작업장 위치, 건평, 직공 숫자, 조명시설, 다락 높이, 환기 장치, 상수도 시설, 화장실 시설 등도 광범위하게 조사했다. 전태일은 노동 공간과 환경 문제를 중시했다. 그리고 10월 6일, 노동자 90여 명의 서명을 받은 '평화시장 피복제품상 종업원 근로개선 진정서'를 노동청장 앞으로 제출했다.

이 일은 다음 날 《경향신문》 사회면에 〈골방서 하루 16시간 노동〉이라는 제목의 머릿기사로 실렸다. 이는 그 자체만으로도 하나의 사

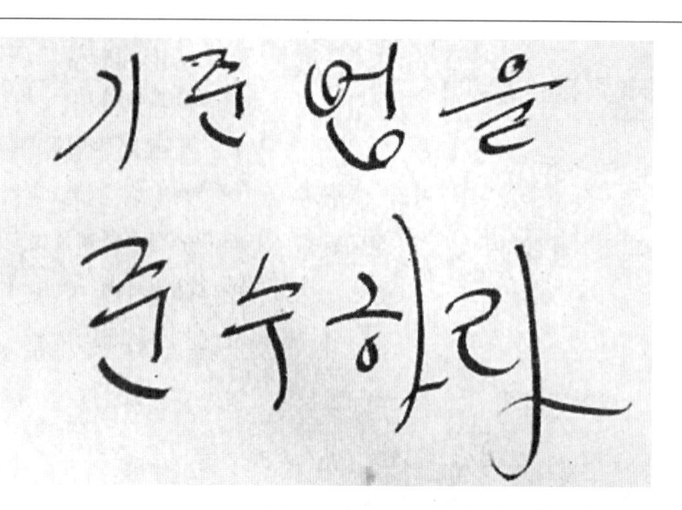

[illegible] 진단을 받는 당사자의 입장에서는
[illegible] 진단이라고 인정할 수 없으며.
진단을 하던 의사를 믿을 수 없습니다.
서류상의 형식에 지나지 않으며. X촬영
시 필름을 사용하는지 심히 의심스럽습니다.

종업원의 직종

① 재단사. ② 미싱사. ③ 시다.

① 재단사는 대부분 남자로써 연령은
23 — 50세 층이며. 1천2백명
이며 1개월 월급은 평균. 3만원.
② 미싱사는. 전체가 여성으로써. 연령은
18 — 23세 정도이며. 1만2천명.
1개월 월급은 평균. 1만5천원

③ 시다.는. 전체가 어린 소녀이며. 연령은
13 — 15 — 17세의 다층이며. 1만2천명.
1개월 월급은. 3.천원 입니다.
※ 4.5년 전의 책정된 월급임.

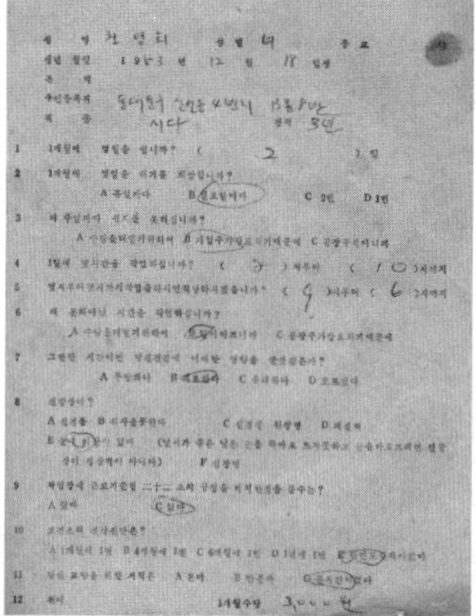

전태일이 작성한 '평화시장 피복제품상 종업원 근로개선 진정서'와 평화시장 노동자 실태조사 설문지. 전태일은 작업 시간, 작업장 위치, 임금 수준을 비롯하여 조명시설, 화장실, 보건소 진단 경험까지 상세하고 광범위하게 조사하여, 이를 바탕으로 진정서를 작성하였다. 그리고 진정서 뒤에 '기준법을 준수하라'고 큰 글씨로 써넣었다. 하지만 이들의 요구는 공허한 메아리로 되돌아왔다.

건이었다. 수많은 노동자들이 전국의 작업장에서 열악한 환경과 저임금에 매일같이 죽어나가도 모른 체하던 신문들이 드디어 관심을 보인 것이다. 삼동회 회원들은 환호성을 터뜨리며 얼싸안았다. "우리도 인간인가 보다. 우리도 신문에 날 때가 있나 보다.……" 오랫동안 쌓였던 통곡과 탄식과 울분이 한꺼번에 폭발하는 순간이었다. 그들은 척박한 1970년대 노동운동사에서 기적을 만들어냈다.

일이 커지자 회사 측과 노동청은 삼동회 회원들을 달래며 회유하기 시작했다. 특히 노동청은 이 사건이 다음 해 봄에 있을 대통령 선거에서 정부 여당에게 악재로 작용할까봐 전전긍긍이었다. 노동청에서는 10월 6일 진정서를 받자마자 업체들을 '고발' 하겠다느니, 실태를 '조사' 하겠다느니 하며 기자들의 보도 방향을 조절하더니만, 결국 "진정 내용을 실현시키려고 노력해봤으나 현실적으로 도저히 불가능하다."는 답변을 삼동회에 전했다.

삼동회에서는 노동청 국정감사 날인 10월 20일 노동청 정문 앞에서 '데모' 를 하기로 결정했다. 그러자 정보를 입수한 노동청 근로감독관이 전태일을 찾아와 다시 회유하며 데모를 취소해달라고 애원하며 매달렸다. 결국 삼동회는 데모 계획을 보류했다. 그러나 국정감사가 끝나자 근로감독관의 태도는 돌변했다. "어디 너희 할 대로 해봐라."는 식으로 노골적으로 오리발을 내밀었다. 정부 당국자들은 그때까지 해오던 식으로 전태일과 노동자들을 말장난으로 기만한 것이다.

전태일 일행은 다시 거사를 계획할 수밖에 없었다. 아무도 편을 들어주지 않으니 제 힘으로 권리를 되찾을 수밖에 없었다. 전태일은 '근로기준법 화형식' 을 제안했다. 자신의 손때로 까맣게 절어 있는 소중한 책 『축조 근로기준법 해설』을 불태움으로써, '빛 좋은 개살

■■■
전태일의 영정을 안고 오열하는 어머니 이소선 여사. 1970년 전태일은 육체의 불길로 지워지지 않을 해방의 기록을 남겼다.

구' 에 불과한 근로기준법의 실체를 알리기 위함이었다. 휴지조각에 지나지 않는 법조문은 존재할 필요가 없다. 근로기준법이 있어서 노동자들이 권리를 보호받는 것이 아니라, 근로기준법이 있어 노동자들의 참상이 더 숨겨지고 있었다. 그 거사 날이 바로 11월 13일이었다. 전태일은 그렇게 근로기준법과 함께 산화했다.

살아 있는 전태일은 결국 '언어덩어리' 인 근로기준법과 서로 화해하지 못했다. 그에게 환희를 안겨주었던 언어는, 그의 육체를 짓이기고 파편화시키고 병들게 하며 기만했다. 전태일은 그 극과 극을 체험했다. 이는 비단 전태일만의 문제가 아니었다. 1970년을 전후한 한국 현대사 전체가 그 양극 사이에서 치열한 싸움을 벌이고 있었다. 한 줌도 안 되는 무리가 다수 민중들의 살아 있는 육체를 언어의 감옥 속에 가두었다.

살아 있는 육체에 살아 있는 언어를 새기는 것은 민중들의 몫이었다. 전태일은 1970년 어둠의 그늘에서 민중들의 육체에 타오르는 불길로 해방의 문자를 새겨놓았다. 맞춤법 따위는 없어도 좋았다. 너희들만의 맞춤법으로 씌어진 근로기준법일랑 너희나 읽어라. 우리의 문자는 맞춤법 없는 자유로움이다! 이것이 노동해방을 위해 전태일이 벌인 '언어 게임' 아니었을까?

07 1970년대를 울리고 웃긴 저항시들

'오적'이 만들어낸 '겨울 공화국'

감지하가 「오적」에서 말한 '다섯 적'은 누구 누구일까?
재벌, 국회의원, 고급공무원, 장성, 장 · 차관이다. 1970년대는 저항시의 시대라고 할 만큼 수많은 저항시들이 쏟아져 나왔다. 그만큼 현실이 각박했다는 얘기다. 당연히 글이 말썽이 되어 해를 입는 '필화사건'도 많았다. 양성우가 쓴 시 「겨울 공화국」 역시 폭력과 거짓으로 뒤엉킨 권력에 맞선 양심의 외침이었다. 유신헌법을 만들어낸 당시는 시적 은유가 아닌, 실재 '겨울 공화국'이었다.

별별 이상한 도둑 이야기, '오적'

시를 쓰되 좀스럽게 쓰지 말고 똑 이렇게 쓰럇다.
내 어쩌다 붓끝이 험한 죄로 칠전에 끌려가
볼기를 맞은 지 하도 오래라 삭신이 근질근질
방정맞은 조동아리 손목댕이 오물오물 수물수물
뭐든 자꾸 쓰고 싶어 견딜 수가 없으니, 에라 모르겄다.
볼기가 확확 불이 나게 맞을 때에는 맞더라도
내 별별 이상한 도둑 이야길 하나 쓰겄다.

그 유명한 김지하의 시 「오적五賊」이다. 김지하는 이 시로 인해 국

■■■
「오적」이 실린 《사상계》 1970년 5월호 그림. '70. 4. 지하' 라는 서명이 있으나, 이 컷은 판화가 오윤이 그린 것으로 알려졌다. 원래 김지하의 「오적」이 《사상계》에 발표되었을 때만 하더라도 시판하지 않는다는 조건으로 원만하게 마무리가 되었는데, 이 시가 신민당 기관지 《민주전선》 6월 1일자에 실리면서 문제가 불거졌다. 1970년 6월 2일 중앙정보부와 종로경찰서 요원들에 의해 『민주전선』 10만 부가 압수되고, 김지하를 비롯하여 『사상계』 대표, 편집장, 『민주전선』 출판국장이 '북괴의 선전활동에 동조' 했다는 이유로 구속된다.

가보안법 위반으로 100일 동안 감옥 생활을 했다. 물론 시 속에도 나타나 있듯, 감옥 생활이 이때가 처음도 아니고 끝도 아니었다. 「오적」은 1970년 《사상계》 5월호에 실렸다가, 신민당 기관지 《민주전선》에 다시 실리며 고난을 겪었다. 때는 1969년 3선개헌 파동■의 어두운 그림자가 길게 드리워진 가운데, 이듬해 양대 선거(대선과 총선)를 앞둔 시점이었다.

「오적」이 겨냥한 것은 3선개헌의 정치부패만이 아니었다. 우리 사회를 좀먹고 나라를 망치는 재벌, 국회의원, 고급공무원, 장성, 장·차관 등 총체적인 '오적' 을 문제삼고 있었다. 그들은 나라의 지도자

■ 1967년 재선된 박정희는 장기집권의 장애물인 헌법의 3선 금지 조항을 삭제하려는 이른바 '3선개헌' 을 추진했다. 이에 야당과 학생, 재야세력이 합세하여 3선개헌 반대투쟁을 벌였다. 한일협정 반대 시위 이래 최대의 시위였다. 대학교수 등 지식인들도 이 대열에 참여했다. 그러나 여당의 날치기로 통과된 3선 개헌안은 1969년 10월 17일 국민투표로 가결되었다.

들이 아니라, 민중들의 피를 짜내는 위선적인 도적들이었다.

1969년 GNP(국민총생산) 성장률은 15.9퍼센트로 역대 최고를 기록했는데, 경제적 성과는 재벌에게만 집중되고 있었다. 1969년 대학가에서 쏟아져나온 유인물들을 보면, "정보정치로 민중이 질식해가고 에로문화로 민중이 눈멀고 있는 이 시점에서, 그리고 의회가 정부의 시녀로 전락해버리고 언론이 거세되어가고 있는 시점", "근대화에 대한 막연한 열망이 내외적인 위기 상황과 부정적으로 결합되고, 이에 편승하려는 독재적인 집단이 존재하며, 이에 기생하는 소수 매판자본이 소득의 대부분을 독점하고, 관료는 정치화 · 부패화하여 민족이나 국가보다는 당파나 일신의 영화를 중요시…… 피폐된 농촌과 병든 도시, 부패한 사회와 천박한 코카콜라 소비문화, 자학 속에서 삶을 체념하려는 망각된 오분지삼五分之三의 국민"이라고 개탄하고 있다.

70년대를 울린 풍자와 직설 김지하의 고백에 따르면, 「오적」은 어떤 비장한 의도에서 나온 것이 아니라 순간순간 떠오르는 생각을 써내려간 것이다. 대학 다닐 때 판소리, 탈춤, 민요 같은 것에 관심이 있었던 그가, 1970년 초 도둑놈촌(고위관료들이 사는 동네)이 어쩌고 저쩌고 하는 소리를 듣고 사흘 만에 쓴 것이 「오적」이었다. 그는 "이런 싸가지 없는 놈들" 하고, 낄낄거리며 이 시를 썼다고 한다. 비장과 서정과 우회가 아닌, 풍자와 해학과 직설을 판소리투의 '담시譚詩' 형식에 담아냈다.

담시는 김지하가 창안한 것이 아니다. 김지하는 〈흥보가〉의 '박타령' 이나 〈수궁가〉, 경상도 지방에서 많이 내려오는 서사민요를 담시로 보아야 한다고 주장한다. 전통적 형식을 이어받은 담시가 김지하의 시적 무기로 발전한 것이다. 그는 1972년 다시 담시 「비어蜚語」를 써서 재구속된다. 그는 담시 형식에 대해 이렇게 말했다.

> 그 전에는 서정시를 썼는데 한계가 있는 것 같아서 그랬습니다. 우선 개인적 주체를 포함한 집단적 주체를 위한 자기표현 방식이 필요하다는 생각에서였습니다. 다음으로는 그런 이야기 구조가 민중의식의 성장이나 역사의식의 확대에 대응하는 방향이라고 여겼기 때문이었습니다. 민중의식의 확대는 역사의식이나 사회의식의 확대를 말하고, 자기가 누구냐는 질문이기 때문이죠. 세 번째로는 민중이 자기 발전을 하는 과정은 자기를 차단하고 있는 차단물에 대한 의식이 날카로워짐을 뜻합니다. 그런 의식과 자기를 가로막고 있는 것이 올바르지 못하다는 의식이 생길 때 저항이 생깁니다. 이 저항이 문학적으로는 풍자로 나타나는 거죠. 자기 동료들과의 연대나 생활적인 의식이 확대될 때는 해학으로 나타나고요.

김지하가 낄낄 웃으며 순간적으로 써내려갔다 해서, 「오적」에 민중의식이나 저항적 지향이 생략된 것은 결코 아니다. 오히려 특유의 감성과 언어로 이 의식과 지향을 극대화하여 드러냈다.

역사는 가진 자와 못 가진 자의 끝없는 싸움이다. 그러나 이것만 갖고 사물을 보면 악순환만 되풀이된다. 김지하는 언제쯤 노동자가 세계 혁명의 주체가 될 수 있는가 질문한다. 세계 여기저기에 떨어지는 폭탄을 실제로 만드는 사람은 노동자가 아닌가. 모순은 바로 여기에서부터 발생한다. 농민 역시 수확을 위해 독극물을 사용한다는 점에서 피해자이며, 동시에 가해자이다. 따라서 민중을 얘기할 때에는

■■■
'오적 필화사건'으로 구속되었다가 1975년 2월 풀려나는 김지하. "이런 싸가지 없는 놈들"로 시작하여 낄낄거리며 써내려간 시 「오적」은 1970년대 내내 저항하는 민중들에게 통쾌한 울림을 주었다.

역사적 변화 속에서 보아야 한다는 것이 김지하의 생각이었다. 민중이 어떻게 움직이는가, 무엇이 변하는가. 즉, '민중은 이거다.' 하기 전에, 살아 움직이는 현실 안에서 민중의 실체에 접근해야 한다. 저항은 거기에서 나온다.

「오적」을 발표한 지 14년 뒤인 1984년, 김지하는 민중의 저항사란 "자기를 차단하고 있는 것에 대한 저항일 따름"이라고 정의했다. 이러한 발언들로 김지하는 한물갔다는 평을 받기도 하고, 1991년 5월 분신투쟁이 연달아 일어났을 때 《조선일보》에 〈죽음의 굿판을 걷어치우라〉는 글을 실어 진보 진영의 거센 비난을 샀다.

그러나 1970년대 박정희 정권과 대결을 벌일 때, 「오적」을 비롯한 그의 시들은 1970년대 내내 민중들에게 통쾌한 울림을 안겨주었다. 특히 「타는 목마름으로」는 1980년대 광범위한 독재투쟁이 벌어질 때에도 시위 현장을 지켰다. "타는 가슴속 목마름의 기억이 / 네 이름을 남몰래 쓴다 민주주의여".

김지하의 시와 행적은 세계적으로도 널리 알려져 한국 인권 상황의 상징이 되었고, 1975년에는 제3세계의 노벨문학상이라 할 수 있는 '로터스 상'을 수상하기도 했다. 일본, 독일, 미국 등지에서 그의 석방운동이 벌어졌고, 일본과 유럽에서 그의 시집이 번역·소개됐다. 1980년대 이후 김지하가 어떻게 변했든지 간에, 적어도 1970년대에 그가 일으킨 역사적 울림은 오래갈 것이다. 1984년 소설가 최일남은 김지하와 대담하고 쓴 글에서 이렇게 평했다.

> 김지하金芝河, 참으로 큰 이름이다. 그 이름 속에는 한 시대를 지극히 고통스럽게 산 지식인의 수난이 농축되어 있고, 그 이름은 본인이 싫어하든 좋아하든 이 땅의 민중사적 삶의 한 궤적을 굵게 그어주는 이름이기도 하다. 그리고 무엇보다도 그가 사랑해 마지 않는 시인의 이름으로도 아주 크다.

또 다른 저항의 기도 「겨울공화국」

절대권력의 시대인 1970년대에 분출한 저항의 말들은 아침을 깨우는 찌르레기 소리 같았다. 바람 부는 대로 눕는 민초들이 지배이데올로기의 풍향대로 기울어질 때, 그 풀숲 속에서 들려오는 찌르레기 소리는 새벽 햇살을 불러내는 주문이었다. 말 한 마디 마음대로 할 자유도 짓밟히던 시절에, 시는 여러 예술 장르 중에서도 가장 울림이 큰 소리였을 것이다. 「오적」 이후에도 조해일의 「국토」, 김지하의 「타는 목마름으로」, 고은의 「화살」, 양성우의 「지금은 꽃이 아니라도 좋아라」 등 많은 저항시들이 쏟아져 나왔다. 그 소리의 진원지는 1974년 11월 18일 '101선언'으로 출범한 '자유실천문인협의회'■였다.

1975년 2월 12일, 광주 YWCA에서 열린 '민청학련 관련자 석방 환영대회 겸 구국 금식기도회'에서 한 편의 시가 낭송됐다.

> 여보게.
> 우리들의 논과 밭이 눈을 뜨면서 뜨겁게 뜨겁게 숨쉬는 것을 보았는가.
> 논과 밭이 가라 앉으며 한꺼번에 한꺼번에 죽어가는 것을 보았는가.
> 논과 밭에 자라나는 우리들의 뜻을 총과 칼로 사납게 윽박지르고, 군화발로 지근지근 짓밟아 대고, 밟아대며 조상들을 비웃어대는 지금은 겨울인가 한밤중인가.
> …
> 이런 때면 모두들 눈물을 닦고, 한강도 무등산도 말하게 하고, 산새도 한번쯤 말하게 하고, 우리들이 만약 게으르기 때문에 우리들의 낙인을 지우지 못한다면, 차라리 과녁으로 나란히 서서 사나운 자의 총끝에 쓰러지거나, 쓰러지며 쓰러지며 부르짖어야 할걸세. 사랑하는 모국어로 부르짖으며.

바로 앞에 있는 사람과 대화하듯 잔잔하게 그러나 날카롭게 울리는 이 시는 사람들의 입에서 입으로 전해지며 커다란 반향을 불러일으켰다. 양성우의 「겨울 공화국」이다. 이 시로 인해 당시 광주 중앙여

■ '자유실천문인협의회'는 동호회적 성격에서 크게 벗어나지 못했던 기존 문학단체들과 달리, 처음부터 '유신체제 반대'라는 분명한 목적을 내세우고 있었다. 1987년 '민족문학작가회의'로 발전했다.

기도회서「겨울共和國」詩낭독한

詩人教師 辭表강요

光州중앙女高校長 "壓力으로 在職못시켜"

■■■
양성우가 민청학련 관련자들을 위한 구국금식 기도회에서 유신정권의 폭압을 은유한 「겨울 공화국」을 낭송하여 사표를 강요받고 있다고 전하는 《동아일보》 기사(1975년 2월 23일자). 광주 중앙여고 교사였던 양성우는 이 일로 결국 파면당하였고, 옥고까지 치렀다.

고 교사였던 양성우는 파면당했다. 양성우는 파면을 거부하고, 학생들도 교정에서 파면 반대시위를 벌였다. 그는 해직 이후 불순한 시를 유포했다는 이유로 1977년 옥고를 치르기도 했다.

여기서 「겨울 공화국」이 '기도회' 라는 특수한 자리에서 낭송된 배경을 살펴보자. 당시 한국 가톨릭교회는 1974년 후반부터 인권 회복과 민주정치 촉구를 위한 기도회를 개최했다. 1974년 9월에 발족한 '천주교정의구현전국사제단' 이 주도한 이 기도회는 1975년 말까지 광범위하게 열렸다. 정의구현사제단이 1975년 12월 30일에 배포한 유인물에 의하면, 1974년 7월 10일부터 1975년 12월 30일까지 전국에서 총 63회의 기도회가 열렸고, 그중 8회는 가두시위로 이어졌다. 참석 인원만 해도 신부가 연 2,225명, 수도자가 1,430명, 신자가 94,115명으로 모두 12만 명에 달했다. 1975년 들어 가톨릭의 현실 참여는 구속자 석방, 인권 보장, 민주주의 회복에서 개헌운동과 정부

퇴진 요구라는 반체제 활동으로 그 성격이 변하였다. 가톨릭계는 시국선언문을 통해 박정희 정권에 공세적인 발언을 했다.

> 우리는 묻는다. 소수 악덕 기업가와 정상배들에게 특혜를 베풀고 이들을 권력으로 비호하면서 기업과 경영 외의 요인으로 치부와 축재를 일삼게 하면서도 이 나라의 가난한 서민대중을 외면하고 전대하는 정부의 의도는 무엇인가? …… 우리는 묻는다. 소득의 불균등 분배에서 결과하는 격심한 빈부의 차가 과연 반공을 위한 국민총화와 국력배양의 정도요 척도인가?

주로 젊은 사제들이 중심이 된 정의구현사제단은 1970년대 중반 박정희 정권에게 가장 위협적인 존재였다. 그 위세 좋던 유신체제 하 박 정권도 이들을 정면으로 탄압하지는 못했다. 국내외 가톨릭 세력이 막강했기 때문이다.

기도회가 절정에 이른 1974년 10월 1일, 국군의 날 치사에서 박정희는 자유와 기본권을 외치는 인사들을 '환상적 낭만주의자' 라고 공박하고, 12월 16일 통일주체국민회의 안보보고회 치사에서 "소수 인사가 국민총화를 해치고 있으며 국민을 속이고 오도하고 있다."고 비난했다. 이원경 당시 문공부 장관 역시 일부 종교인들이 법질서를 해치고, 사회 혼란을 조장하고 있다고 말했다.

가톨릭계가 벌인 기도회는 강요된 침묵을 거부하는 정권에 대한 종교적 대응이었다. 그들에게 기도는 묵상이 아니라, 십자가의 의미를 절감하는 하나의 실천이었다. 기도처는 이제 싸움의 장소가 되었다. 그들은 말했다. "우리 기도에 대한 현세의 대답은 기도 의식 자체마저 거부하는 것이었다. 인간의 기본적 인권은 더욱 심한 침해의 과정을 겪어야 했다. 이제 우리 자신도 그 인권유린의 대상으로 되어가고 있다.”

기도회는 폭력과 거짓으로 뒤엉킨 권력에 맞서 진리와 양심의 소리를 전파했다. 「겨울 공화국」은 또 다른 기도이자 외침이었다.

> 돌아가야 할 것은 돌아가야 하네.
> 담벼락에 붙어 있는 농담거리도, 바보 같은 라디오도, 신문 잡지도, 저녁이면 멍충이 장단 맞추는 텔레비젼도 이제쯤엔 정직해져서 한반도의 책상끝에 놓여져야 하네.
>
> 비겁한 것들은 물러가고, 추악한 것들도 물러가고, 마당에도, 골목에도, 산과 들에도 사랑하는 이들만 가득 있어서, 가슴으로만 가슴으로만 이야기하고.
> 여보게, 화약 냄새 풍기는 겨울벌판에 잡초라도 한줌씩 돋아나야 할걸세.
> …
> 진달래 진달래 진달래들이 언땅에도 싱싱하게 피어나게 하고, 논둑에도 밭둑에도 피어나게 하고, 여보게 우리들의 슬픈 겨울을 몇 번이고 몇 번이고 일컫게 하고, 묶인 팔다리로 봄을 기다리며 한사코 온 몸을 버둥거려야하지 않는가.

대한민국 주권은 국민에게 있다. ‘그리고’…

저항시는 우연히 나온 것이 아니었다. 암울했던 독재정권 시대, 그것은 시적 은유가 아닌 실재 ‘겨울 공화국’이었으며, 국민의 주권을 앗아간 철권통치 시기였다. 1970년대 국가에 대한 복종은 국가 통치자에 대한 복종과 동일시되었다. 이를 교묘하게 문자화한 것이 유신헌법이다. 1972년 11월 24일, '국민투표' 를 거쳐 개정된 헌법의 제1조를 보자.

1항 "大韓民國은 民主共和國이다."

2항 "大韓民國의 主權은 國民에게 있고, 國民은 그 代表者나 國民投票에 의하여 主權을 행사한다."

얼핏 보면, 대한민국의 주권은 국민에게 있고 국민이 그 권리를 행사하는 것처럼 되어 있다. 그러나 자세히 들여다보면, 주권을 행사하는 주체는 '국민' 이 아닌 '그 대표자(국민투표)' 이다.

'~에 의하여' 라는 말이 들어간 결과, '국민' 과 '주권 행사' 는 모두 '대표자' 에게 종속되어버렸다. 이것은 문법적 오류가 아닌, 권력과 내통한 문법의 자기기만이다. 이 사실을 발견하지 못하게 만드는 장치가 바로 '그리고' 이다. 국민에게 주권이 있지만, 주권 행사는 대표자가 한다는 사실을 자연스럽게 순접관계로 이어주는 말이 '그리고' 인 것이다. 논리상으로는 국민에게 있는 주권이 대표자에게 넘어갔으니, 당연히 '그러나' 가 되어야 한다.

이처럼 서로 대립하는 두 문장을 '그리고' 로 묶은 것은, 앞뒤 문장이 내용상 그리 다르지 않다는 인상을 심어준다. '국민' 에게 부여된 '주권' 을 그 '대표자' 가 '행사' 해도 별다른 저항감을 느끼지 못하게 만든다. 국민의 주권이 그 대표자에 의해 얼마든지 유린당할 수 있음을 이 문장은 보여준다.

■■■

1972년 12월 27일 정부중앙청사에서 열린 유신헌법 공포식. 유신헌법은 형식상 '대한민국은 민주공화국이고, 주권은 국민에게 있다'(제1조)고 명시했지만, 대통령이 의장을 맡도록 한 '통일주체국민회의'라는 별도의 국민대표 기관을 만들어 사실상의 주권을 박정희에게 이양했다.

지나친 이야기일까? 그러나 한국 현대사에서 정치가 언어에 개입해온 과정을 보면, 이는 그리 근거 없는 추측은 아니다. 이 하나의 문장이 곧, 우리 현대사의 모순을 응축하여 보여주고 있다. 국민의 대표자 자리를 차지한 박정희는 긴급조치를 남발하고, 국민들의 입을 틀어막는 초월적 주권을 남용했다. 지금까지도 그 그늘을 드리우고 있는 권위주의는 이 시대의 또 다른 산물이다.

재벌, 국회의원, 고급공무원, 장성, 장·차관의 오적들이 지배한 겨울 공화국의 유신헌법은 전제군주적인 '유신문법'이자 '통일문법'이었다. 반면 「오적」이나 「겨울 공화국」 등의 저항시들은 절대권력과 권위주의의 문법체계를 파괴하는 민중의 해방 언어였다.

가난한 모국어의 탄생

조선말 큰 사전

ㄱ ㄲ

근대지식의 총체, 국어사전

'그녀'로 태어난 근대의 여성

한글에 불어닥친 '서구식 과학화' 바람

정체와 일상을 가로질러 흐른 유행어

'민족'을 찾아서

2부
근대의 탄생설화

해방 이후, 우리 민족은 근대민족국가 수립에 본격 착수한다. 여기서 문제가 된 것이 바로 '민족' 개념이다. 1940년대 해방공간에서 '민족' 이란 말을 두고 치열한 쟁탈전이 벌어진 것은 어찌 보면 당연한 일이었다. 사람들은 사람들은 정치적 이해관계에 따라 '민족' 의 개념과 범주를 자유롭게 상상했고, 그 결과, 오늘날 쓰이는 '민족' 이란 말의 정체성이 결정됐다. 그러나 '민족' 의 정체성을 구성하는 작업은 이미 그 전부터 진행되고 있었으니, 바로 『조선말 큰사전』 편찬사업이다. 일제시대에 조선어학회 사람들이 온갖 박해와 치욕을 감수하며 이 사업에 매달린 것은, 사전 편찬이 민족의 정신에 피를 돌게 하는 '민족적 대업' 이었기 때문이다. 『큰사전』은 민족 독립이라는 역사적 요구의 구성물일 뿐만 아니라, 근대적 지평을 여는 데 필요한 '시대적 발명품' 이기도 했다.

한국전쟁 이후 쓰이게 된 '그녀' 라는 여성 3인칭대명사는, 해방 이후 우리나라에 유입된 신문물이 낳은 또 다른 산물이다. 영어가 이 땅에 들어오면서 'She' 라는 말을 표현해줄 말이 필요해진 것이다. '그녀' 의 탄생은 현대적 삶으로 전환하는 시기에 새롭게 형성된 여성의 정체성과도 밀접한 연관이 있다. 신문물, 근대에 대한 자각은 비단 '그녀' 라는 새말만 낳는 데 그치지 않았다. 해방 이후 우리나라의 대표적인 한글학자 최현배는 한글을 가로로 풀어쓰는, 가히 혁명적인 '문자 실험' 을 감행했다. 비록 이 실험은 실패로 끝났지만, 문자생활의 모순을 극복하기 위해 실천적으로 노력했다는 점에서 의미가 있다. 이렇듯 신문물과 시대 변화가 안팎으로 큰 변화를 몰고오는 가운데, 보통 사람들은 유행어를 만들어내고 따라하는 또 다른 '언어 실험' 에 푹 빠져 있었다. 유행어를 위한 유행어가 아니라, 유행어를 통해 현실을 꼬집고, 풍자하며 나름의 현실 참여를 했던 것이다.

1940년대 해방공간에서 벌어진 '민족' 쟁탈전

08

'민족'을 찾아서

우리 현대사 속 인물들이 가장 빈번하게 들먹이는 이름은?
"민족의 일흠으로(이름으로)!"
해방공간은 '민족'이란 말의 커다란 실험실이었다. 당시 사용된 '민족'이란 말은 매우 정치적이었다. 비록 그때도 사람들은 '민족'이란 것이 이미 존재한다고 믿었지만, 이 추상적인 집합체에 모든 개인이 동일한 강도로 귀속되지는 않았다. 사람들은 정치적 이해관계에 따라 '민족'의 개념과 범주를 자유롭게 상상했고, 이 말을 먼저 차지하기 위해 치열한 전쟁을 벌였다. 그 결과, 오늘날 쓰이는 '민족'이란 말의 정체성이 결정됐다.

'민족'을 선점하라!

'민족nation'이라는 말은 서구에서도 논란거리였다. 애초에 민족은 일반인민을 제외한 군주와 귀족을 가리키는 말이었다. 1758년 당시 프랑스 제3신분 대변인은 상인, 금융인, 법률인, 문인, 예술인 등은 일반인민이 아니라 '민족'으로 위치시켜야 할 사람들이라고 말한 바 있다.■ 당시 서구에서는 민족을 특권적 계급으로 사유했던 것이다.

■ '제3신분'은 프랑스혁명 이전의 평민층을 말한다. 14세기 초 삼부회가 소집된 이후 국민대표를 신분별로 제1부 사제, 제2부 귀족, 제3부 시민으로 구성한 데에서 나온 말이다.

그러나 한국 사회에서, 특히 해방공간에서 남발된 '민족' 은 이와는 다른 의미 지평을 갖고 있었다. 사회 구성원 전체를 민족의 범주로 포괄하되, 정치적 이해관계에 따라 민족이란 말이 갖는 정체성이 각기 달랐다. 그러므로 해방공간에서는 각자 처한 위치에 따라 민족을 정치적으로 서로 다르게 상상할 수 있었다. 어떻게 보면, 민족 개념을 둘러싸고 치열한 전쟁을 벌인 것이다. 이 싸움의 결과, 오늘날 쓰이는 '민족' 이란 말의 정체성이 결정되었다.

'민족' 이란 말을 두고 벌인 싸움

해방공간에서 가장 많이 사용된 단어를 하나 꼽으라면 아마도 '민족' 이 아닐까 한다. 식민지시대에는 일제와 대립하는 주체로, 해방 이후에는 정체성과 자주성 성립의 주체로 '민족' 을 사용해왔다. 민족은 조선 사람들이 스스로 제 자신을 호출하는 데 가장 유효한 말이었다.

누구나 자유롭게 이 말을 썼고, 발신자와 수신자는 금세 동질성을 공유했다. 친일 행적자이건 친미파이건, 좌익이건 우익이건, 지식인이건 일반대중이건 막론하고 '민족' 은 그 누구도 감히 거스를 수 없는 선험적인 호출기호가 되어버렸다.

심지어 대표적인 친일 문인 최남선도 1949년 반민법으로 마포형무소에 갇혔을 때, 「자신의 암우暗愚를 탄한다」는 글에서, "조선사 편수위원, 중추원 참의, 건국대학교 교수, 이것저것 구중중한 옷을 열 번 갈아 입으면서도 나의 일한 실제는 언제고 종시일관하게 민족 정신의 검토, 조국 역사의 건설 그것밖에 없었음은 천일이 저기 있는

■■■

최남선(왼쪽)과 이광수. 일제에 협력했던 두 사람은 해방 이후 자신의 친일 행적을 정당화하기 위해 민족을 들먹였다. "나의 일한 실제는 언제고 종시일관하게 민족 정신의 검토, 조국 역사의 건설 그것밖에 없었음은…"(최남선) "조선 민족이 대위기에 있음을 느끼고, 일부 인사라도 일본에 협력하는 태도를 보여줌이 민족의 목전에 임박한 위기를 모면할 길이라 생각하고…"(이광수). '민족을 위한 친일론' 이라니, 민족은 그야말로 전가의 보도였다.

아래 당연 명언하기를 끌리지 않겠다."고 하였다.

이광수 역시 「나의 고백」이란 글에서, "12월 8일 대동아전쟁이 일어나자 나는 조선 민족이 대위기에 있음을 느끼고, 일부 인사라도 일본에 협력하는 태도를 보여줌이 민족의 목전에 임박한 위기를 모면할 길이라 생각하고, 기왕 버린 몸이니 이 경우에 희생이 되기를 스스로 결심하였다."라며 '민족을 위한 친일론' 을 주장했다.

그러나 '민족' 이라는 말이 결코 모든 사람들에게 동일한 의미를 가진 건 아니었다. 상처 난 말을 잘 추스려 다듬은 사람이 있는가 하면, 말을 더럽힌 사람도 있고, 어떤 사람은 귀에 걸었다가 코에 걸었다가 하기도 했다. 조선 사람들이 조선총독부 앞에 모여 "조선 민족의 이름으로" 돌을 던져도, 누구는 왼쪽으로 누구는 오른쪽 혹은 가운데로 던지듯 말이다.

'민족' 이라는 말의 뒤편에는 그 말을 쓰는 사람이나 집단의, 제각기 다른 이데올로기의 표상이 나부꼈다. 이를 두고 또 다른 쪽에서는 "민족 분열"이라 비난했고, 서로 상대방을 가리켜 "민족 분열주의자"라고 욕했다. 이처럼 모든 조선인을 동질화시킬 수 있는 거대한 주술적 힘을 가진 '민족' 이라는 절대어를 놓고, 이를 차지하려는 치열한 싸움이 전개되었다.

해방공간에 뿌려진 삐라들은 '민족' 이라는 말이 어떻게 사람들을 유혹하는 데 쓰였는지 잘 보여준다.

- 조국이 없으면 민족이 없고, 민족이 없으면 무슨 당 무슨 주의 무슨 단체가 존재할 수 있겠습니까?
- 자유를 욕구하고 평화를 사랑하는 우리 민족해방의 환희는 실로 강토 전역에 넘치고 있다.
- 정당의 분립이 민족분열의 요인이 될 위험성이 있고…….
- 대저 민족은 모든 계급을 포섭한 생동하는 통일적 견해이다.
- 일체의 의타주의 사대주의를 배격하며 우리 민족 독자의 견지에서 일체의 사상적 혼란을 배제하고 진정한 민족이념을 파악하야…….
- 민족을 사랑하는 동포는 한민당을 타도박멸하자.
- 친일파 민족반역자는 갖인 책동으로써 해외에서 도라오는 해방투사를 민중과 유리식히고 있다.
- 이 정부 이 명령에 사리사설로 주저 이반하는 자는 민족적 대역大逆이다.
- 민족의 최고영도자 이승만 박사 환국 만세!
- 이 민족도살부 이승만 김구 등 테로수괴가 입국한 이래…….
- 민족을 양분하는 남조선 단독정부 수립의 음모를 분쇄하자!

• 엄숙한 민족적 요구를 무시하는 도배는 민족의 적으로 인정하여 적의適宜한 방법으로 처치할 것을 엄명한다.
• 모든 문제는 전 민족의 일흠으로 해결하라.

이처럼 '민족'은 모든 계급을 포섭하고 분열을 막는 데에도, 다른 사람이나 단체를 가차없이 배제하고 타도하는 데에도 두루 쓰였다. 민족이란 말은 당시 해방공간을 달군 말들과 어우러져, 여러 가지 상반된 의미를 나타냈다.

우선 '자주' '해방' '동포' '삼천만' '형제자매' '전全' '자유' '민주주의' '독립' '총력' '인민' '총궐기' '뭉치자' '진영' 따위의 말들은 '민족'과 가족성으로 연결되었다. 반면 '대역' '반역' '친일파' '분열' '사대주의' '타도' '파괴' '방화' '팟쇼' 따위의 말들은 '민족'에 적대성을 부여했다. 가족성과 적대성을 부여하는 언어 조합 규칙은 어떤 계급, 단체에서든 동일했다.

그러나 특정인이나 단체를 '민족'과 가족성으로 묶을지, 적대성으로 연결할지는 이름 붙이는 사람 마음이었다. '정부'(대한민국 임시정부)의 명령을 듣지 않는 사람을 모두 "민족적 대역자"로 적대화시킨 사람은 이승만이었다. 그런데 이승만에게도 '민족 영도자' 혹은 '민족 도살자'라는 상반된 평가가 내려졌다. '민족'이란 말에 어떠한 성격의 말을 붙이느냐에 따라 그 이데올로기가 다르게 확정됨을 알 수 있다. 이는 '인민공화국'이라는 말도 마찬가지였다. "조선인민공화국 만세!"(유학생 선전부)라고 하면 말 그대로 인민人民의 민족이 표상되고, "인민공화국을 해체하라"(조선 유학생동맹 총본부)고 하면 미군정과 우익의 민족이 표상되었다.

민족 찾기, 해방 찾기

이처럼 '민족' 이란 말은 이 말 저 말을 만나 '국부國父' 도 만들고, '매국노' 나 '반동세력' 도 만들었다.

어떻게 보면, 해방공간은 '민족' 이라는 말의 커다란 실험실이었다. 1947년에 나온 이윤재의 『표준 조선말 사전』은 '민족' 을 '인종의 말과 풍속을 표준하여 가른 같은 겨레' 라고 풀이하고 있는데, 이는 말 그대로 국어사전적 풀이일 뿐이다. 현실에서 소통되는 맥락을 보았을 때 이 정의는 아무 쓸모가 없다.

해방공간에서 사용된 '민족' 이라는 말은 매우 정치적이었다. '민족' 이란 말로써 무엇을 지시하고, 무엇을 표상하고, 무엇을 의미화할 것인가, 그리고 무엇을 상상할 것인지를 놓고 치열한 정치적 · 이데올로기적 실험 혹은 싸움이 벌어졌다. 그 과정에서 미군정과 우익이 승리함으로써 반공이데올로기와 지배권력이 규정하는 것만을 상상하도록 하는 배타적 체계로서의 '민족' 이 헤게모니를 장악하게 되었고, 그렇게 출생한 '민족' 은 우익적 · 반공적 표상체계만을 강요하며 한국 현대사를 좌우하는 운명적 결정자가 되었다. 지배권력이 만들어낸 이 '민족' 의 주체는 인민대중이 아닌 지배집단 자신들이었고, 이것에 저항하는 사람들은 '민족의 이름으로' 탄압받았다.

이런 상황이 오랫동안 지속될 수 있었던 것은, 해방공간에서 '민족' 이라는 말이 사용된 방식에서 기원한다. 해방공간에서 '민족' 은 두 가지 방식으로 존재했다. 하나는 '조선민족' 이라는 공동체가 옛날부터 존재해왔다는 관념적 믿음이고, 다른 하나는 '민족' 이라는 말의 현실적인 사용 방식이다. 이 양자가 교묘히 결합하며 '민족' 의 지도가 그려졌다. 앞에서 살펴본 가족성과 적대성을 띤 연결어들이, 바로

■■■

1947년 광복 기념 경축행사 모습. 좌 · 우익이 각각 서울운동장과 남산에서 따로 행사를 열였는데, 양측이 남대문 부근에서 만났다. 왼쪽이 좌익, 오른쪽이 우익이다. 해방공간에서 극한 대립을 벌인 좌익과 우익은 모두 '민족'의 이름을 앞세워 상대를 공격하고, 대중을 설득하려고 했다. 한 목소리로 민족을 외쳤지만, 그 안에는 제각기 자신이 원하는, 각자의 이데올로기가 담겨 있었다.

이 두 가지 방식이 결합하는 구체적 형태였다.

즉, '민족'이라는 말의 발화자들은 한편으로는 '조선민족'이라는 상상의 공동체 관념을 대중들에게 각인시킴으로써 가족성으로 정당화시키고, 이를 근거로 타자들을 적대적 위치에 배치함으로써 일반 대중을 설득하려 한 것이다. 그 결과, 어떤 이데올로기를 바탕으로 어떤 말을 사용하느냐에 따라 각기 다른 민족의 지도가 그려졌다. 이것이 당시 민족을 규정한 실제적인 내용이다.

따라서 '민족'이라고 할 때, 각각의 사람이나 집단이 사용하는 방식에 따라 '민족'의 구성 가능성이 복잡하게 실험 · 산출된 것이지, 이미 존재하는 객관적 실체로서의 공동체를 추상적으로 구현해낸 게 아니었다. '민족'이란 말의 발화자들은 대중을 설득하고 장악하기 위해, '민족'에 상응하는 공동체가 있다는 일반의 믿음을 이용했을 따름이다. 바꿔 말하면, '민족'이라는 것이 이미 존재하고 이 개념을 구현하기 위해 '민족'이란 말을 사용한 것이 아니라, 반대로 '민족'이란 말로써 제각기 자신들이 원하는, 각자의 이데올로기가 필요로 하는 민족을 만들어낸 것이다. 이때 그 근거가 되어준 것이 사람들이 이미 존재한다고 믿는 민족 관념이었다.

이렇게 탄생한 '민족'에게서 지배이데올로기를 벗겨내기 위해서는, 이 민족 이데올로기가 만들어진 해방공간으로 돌아가야 한다. 그리하여 사람들이 이미 존재한다고 믿는 관념이 아닌, '민족'이란 말의 현실적인 사용 방식에 주목해야 한다. 무엇보다도, '민족'이란 것이 그 구성원들이 지닌 다양한 이데올로기에 따라 확대 · 축소 · 변형되어 오늘날의 의미로 구성되었음을 직시해야 한다.

비록 짧은 기간이었지만 해방공간에서 벌어진 '언어 게임'은, '민족'의 개념과 범주를 자유롭게 상상하는 데에서 출발했고, 이는 진정한 해방을 위한 '언어 실험'의 가능성을 보여주었다.

당시 벌어진 언어 실험은 민족과 이를 구성하는 개인들의 관계를 다시 한 번 생각해보게 한다. 우선, 그때는 '민족'이라는 추상적인 집합체에 모든 개인이 동일한 강도로 귀속되지 않았음을 알 수 있다. '민족'이라는 지도를 열심히 만들어본 사람도 있었을 것이고, 아예 전혀 다른 지도를 그리는 사람도 있었을 것이다. 민족을 자유롭게 상상한다는 것은, 민족을 아예 상상하지 않을 자유도 있었다는 뜻이다.

김동리의 소설 「혈거부족」(1947)에 나오는 순녀를 보자. 해방 후 대거 귀국한 귀환난민들의 구차한 삶을 묘사한 이 소설에서 순녀는 서양 담배를 팔러 다닌다. "서양담배 사시오, 서양담배!"라고 외치는 귀환난민 순녀는, 지금으로 보면 민족이라는 관념 바깥에 존재하는 인물이었다. 한편, 김송의 「인경아 울어라」(1946)에 등장하는 필복이는 '민족' 보다 '인민' 을 중시한다.

> 신행이가 근무하는 대한인쇄소 내에도 두 파가 생겼다. 하나는 임정파요, 하나는 인공파다. 인공파의 주장은 인민공화국은 인민을 대표한 정부이니 그를 지지한다는 것이고, 임정파는 인민공화국은 해방 이후로 새로이 생겼으니 아모 업적도 없고 임시정부는 조선 민족의 오천 년 역사와 문화를 고수하기 위해 27년간이나 왜적과 싸웠으니 가히 우리 정부로 모셔도 좋다는 것이였다. 이 두 개의 당파는 공장 내에서 만나기만 하면 다툼질이다.
> "이눔아 너는 무산자가 아니냐, 무산계급을 대표한 공산당이 지지하는 인공을 왜 싫어하느냐?"
> 인민공화국을 지지하는 한생원 아들 필복이의 욱박질이다. 그러면 임시정부 지지파에 속하는 신행이는 "조선 사람은 오천 년 문화를 갖인 문화이다. 그렇게 역사 깊은 민족이 왜 공산주의 같은 외국 사상을 생채로 삼긴단 말이냐? 초목은 흙에서 나고 고기는 물에서 사는 것처럼 우리 민족은 조선의 고유한 문화를 버리고는 살 수 없어." 하고 반박했다.

해방공간이라는 언어 실험실에서는 '민족' 에 대한 자유로운 상상과 말하기가 존재했다. 비록 미군정과 우익세력으로 인해 운신의 폭이 점점 좁아지고는 있었지만, 그러한 말하기의 자유야말로 사람들이 해방공간에서 찾으려고 한 진정한 '해방'이 아니었을까? 그러나 남한 단독정부가 수립되면서 이 자유는 박탈되고, 진정한 인민 해방도 멀어졌다.

09

가난한 모국어의 탄생

일제 하 『큰사전』 편찬사업은 가히 '민족적 대업'이었다.
조선어학회 사람들은 사전 편찬을 위해 일제의 눈치를 살피고, 온갖 박해와 치욕을 감내해야 했다. 그 구구절절한 사연은 사전 편찬 작업이 아니라, 아예 민족 대하소설에 가깝다. 왜 그들은 목숨을 잃어가면서까지 사전 편찬에 매달린 것일까? 사전 편찬 사업은 짓눌려진 민족의 정신에 피를 돌게 하고, 자주독립의 기틀의 마련하는 일이었기 때문이다. 이 과정에서 유명한 '조선어학회 사건'도 일어났다.

민족의 역사와 함께한 『큰사전』

1957년 10월 9일. 이날은 우리나라 사전의 역사에 커다란 획을 그은 날이다. '한글학회'■의 『큰사전』 6권이 나옴으로써, '우리말 큰사전'의 대업이 완성되었기 때문이다. 『큰사전』은 민족의 역사와 함께했다는 점에서 한글학회의 작품이 아니라, 우리 민족의 대명사라 할 만했다. 수많은 사람들의 땀과 피, 역사적 아픔과 기쁨

■ 1921년 12월 3일, 주시경 · 이규방 등 10여 명의 학자들이 한글의 연구와 통일, 발전을 위해 창립한 최초의 민간 학술단체. 한글 쓰기, 국어 순화운동, 한글 기계화운동, 조선어사전 편찬 등의 활동을 벌였다. 1933년 학회가 확정 · 발표한 '한글맞춤법 통일안'은 오늘날까지도 한글 표기의 준거가 되고 있다. 1921년 '조선어연구회'로 출범해, 1931년 1월 '조선어학회'로 개명했으며, 1949년 9월 현재의 '한글학회'가 되었다.

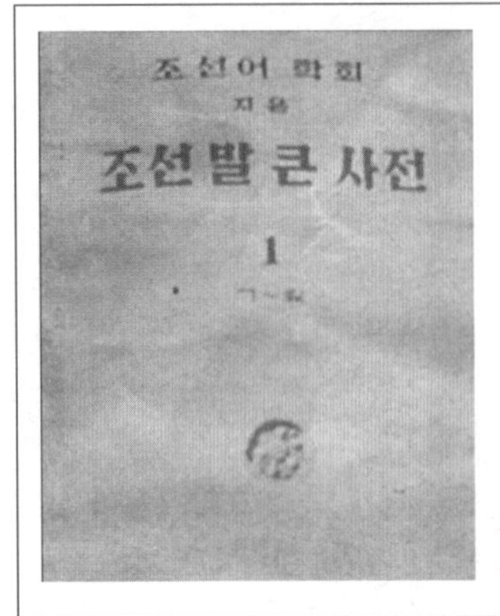

『조선말 큰사전』. 이 사전은 민족의 역사와 함께했다는 점에서 한글학회만의 작품이 아닌, 우리 민족의 작품이었다.

이 이 사전 속에 담겨 있었다. 1929년 '조선어사전편찬회' 출범 이후 28년 만이었다. 당시에는 『큰사전』을 『조선말 큰사전』이라고도 불렀다.

『큰사전』이 공식적으로 준비되기 시작한 것은 1929년이다. 그 전부터 조선어학회 등을 중심으로 국어 문법의 정리와 사전 편찬의 필요성이 절실히 제기되었지만, 워낙 방대한 사업이라 몇몇의 수고로만 해결될 일이 아니었기에 논의만 이어지고 있었다. 그러던 중 각계 인사와 유지들의 찬동과 지지를 얻어, 1929년 10월 31일(당시 한글날) 108명의 발기인으로 '조선어사전편찬회'가 조직되기에 이른다.

이날 발표된 취지서는 "조선의 언어는 어음, 어의, 어법의 각 방면으로 표준이 없고 통일이 없음으로 인하여 동일한 사람으로도 조석이 다르고 동일한 사실로도 경향이 불일할 뿐 아니라, 또는 어의의 미상한 바가 있어도 이를 결정할 만한 증거가 없기 때문에 의사와 감정이 원만히 소통되고 충분히 이해될 길이 바이 없다. 이로 말미암아

"독립과 교육의 기초가 되는" 국어사전 편찬

문화의 향상과 보급은 막대한 손실을 면할 수 없게 되는 것이다."라고 밝히고 있다.

물론 당시에도 사전이 전혀 없지는 않았다. 19세기 말 '개화' 정국을 틈타 조선에 들어온 많은 천주교 선교사들과 동양 탐험가들이 조선말에 관심을 보이면서, 조선말의 낱말 채취는 물론 사전 편찬 작업이 진행됐다. 특히 1882년 조미수호조약■이 맺어지고, 서양 선교사들의 입국이 자유로워지면서 사전 편찬 사업이 본격화되었다. 서양 선교사들의 조선말 사전 편찬 작업은 성서의 한글 번역, 조선말 입문서 제작, 선교사들의 조선말 배우기와 맞물려 있었다. 요컨대, 서양인들은 기독교 포교를 목적으로 사전을 편찬하려 한 것이다.

그리하여 『한불자뎐』(프랑스 선교사들, 일본, 1880), 『한영자뎐』(언더우드, 일본, 1890), 『영한사전』(영국인 스코트, 1891), 『나한사전』(순교자 다블뤼 유고, 홍콩, 1891), 『한영사전』(게일, 일본, 1897), 『영한사전』(홋지, 1898), 『법한ᄌᆞ뎐』(알레베고, 1901) 등이 출판되었다. 이에 앞서 1874년 러시아 연해주의 한 지방 관리가 『노한사전』을 펴내기도 했다. 그러나 이러한 책들은 외국어 대 한국어의 대역사전에 불과했고, 더구나 조선 사람들이 도와주기는 했지만 외국인들이 엮은 것들이었다.

■ 조선이 서구 세계와 맺은 첫 공식 조약이다. 1975년(고종 12)에 일본 군함 운양호의 불법 침입으로 조선군과 일본군이 충돌한 '운양호 사건'으로 이듬해인 1876년 일본의 강압으로 불평등조약인 강화도조약이 체결됐다. 이에 미국은 일본에 통상조약 체결을 요구했으나 일본이 이를 거부하자, '일본 침략에서 조선을 보호하겠다'는 미명 아래 조선에 조약 체결을 요구한다. 조약의 주요 내용은 조선이 3국의 침입을 받으면 미국이 개입하고, 조선 내 미국의 치외법권과 관세 자주권을 인정한다는 것이다. 조약 체결로 조선 내에서 종교 활동을 보장받은 미국은 본격적으로 선교사를 파견하기 시작했다.

조선 사람 중에도 그 전에 국어사전의 필요성을 역설한 이가 있었으니, 바로 주시경이다. 주시경은 《독립신문》(1897년 9월 25일자)에서 '국문옥편' 편찬을 주장하고, 그 다음 호에서 "국어사전이 조선의 독립과 교육의 기초가 된다."고 피력했다. 이봉운은 『국문정리』(1897)에서 "언문옥편을 만들어 조야에 발행하여 이왕 국문을 안다 하는 사람도 이치와 자음과 청탁과 고저를 분명히 알아 행문하게 하고 동몽도 교육하면 우리나라 글이 자연 밝을 것이오, 독립 권리와 자주 사무에 제일 요긴한 것이니 여러 군자는 깊이 생각하시기를" 바란다고 진술했으며, 박태서도 1907년 2월에 창간한 《야뢰野雷》에 실린 〈국어유지론〉에서 "국어사전을 편찬하여 국어를 일정하고 영구히 보전하여 준용할 사"라고 했다.

이 시기 국어사전 편찬의 필요성은 조선의 자주독립 및 민족어의 통일과 관련이 깊었다. 제국주의 열강들이 조선을 노리고, 특히 일본군이 전국에 주둔하며 조선의 식민지화를 획책하고 있던 시기였기 때문에, 근대화의 물결과 맞물려 자주국가 건설과 전 민족의 언어 통일이 긴급히 요청되고 있었다.

1905년 일본의 이른바 '보호정치'가 시작되면서 대한제국의 국권이 사실상 탈취된 이후, 1907년 고종의 재가를 받아 개설된 '국문연구소'에서도 국어사전 편찬 문제가 제기됐다. 주시경은 "오늘에 있어서 말하면, 아직 국어의 사전도 없고, 문법책도 없어서 관리와 백성들 사이에 모두 표준이 되는 것이 없다."고 지적했다. 《대한매일신보》(1908년 3월 1일자)도 국문연구소에 대해 "국문연구소가 국어의 연원과 내력을 연구하기에 세월만 허비하지 말고, 국어사전 한 책을 만들어내어 전국 인민으로 하여금 하나로 통일된 국어와 국문을 쓰게

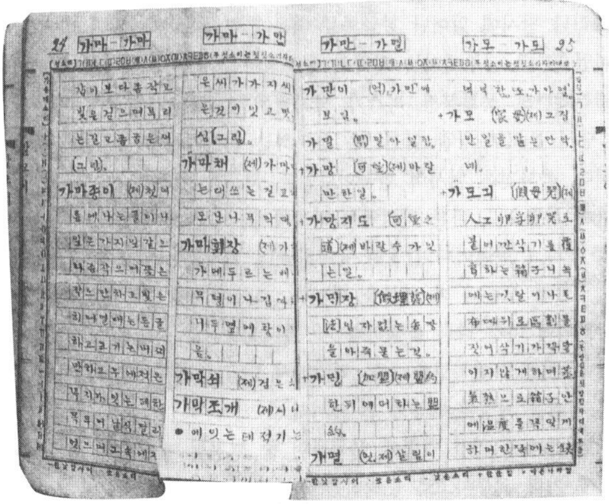

■■■
주시경의 우리말 사전 친필 원고. 주시경은 "오늘에 있어서, 아직 국어의 사전도 없고, 문법책도 없어서 관리와 백성들 사이에 모두 표준이 되는 것이 없다."고 지적하며, 우리말 사전의 필요성을 강조했다.

하라."고 주문했다. 그러나 국문연구소는 별다른 성과를 내지 못한 채 1910년 한일합방과 함께 폐지되고 말았다.

그런 와중에 최남선이 앞장서 출판 구국사업을 하던 '조선광문회'에 '말모이'(사전) 편찬실을 개설하여 원고를 집필했는데, 중심 인물인 주시경이 죽고 김두봉이 중국으로 망명하며, 시작 3년 만인 1914년에 중단되고 말았다. 이로부터 10여 년의 세월이 흐른 뒤인 1927년에 조직된 '계명구락부'에서 광문회의 '말모이' 자료 일부를 찾아 사전 편찬사업을 시작했다. 여기에는 최남선, 정인보, 변영로, 이윤재 등이 참여했다. 그러나 이 사업 역시 독지가의 지원을 받아 편찬사업이 본격화되는 순간, 일제의 일본어 교육 강요에 시달린 편집원들이 차례로 사표를 내면서 중단되었다.

이 무렵 발족된 조선어사전편찬회는 편찬원 5인(이극로, 이윤재, 한징, 이용기, 김선기)을 선정하여 각종 어휘를 수집하기 시작했다. 이 작업은 조선어학회 전신인 조선어연구회와 공동보조를 맞추어 추진하였다. 즉, 사전 편찬의 일반 사무인 어휘 수집 및 주해와 편집 등의 일은 편찬회가 맡고, 사전 편찬의 기초 작업인 국문 맞춤법 통일 방안과 국어 표준어의 조사 결정에 관한 일 등은 연구회 측에서 맡기로 했다.

그러나 두 작업을 동시에 진행하는 것은 어려웠다. 맞춤법과 표준말, 외래어표기법이 먼저 제정되어야만 사전 편찬이 가능하기 때문이다. 이러한 이유로 편찬 작업은 매우 지지부진했다. 그러던 중 조선어학회의 노력으로 1933년 10월 '한글맞춤법 통일안'(조선어철자법 통일안)이 발표되고, 3년 후 10월 '사정한 조선어 표준말 모음'이 발표됨으로써 사전 편찬의 기본 조건이 갖추어졌다. 이어 1940년에는 '외래어표기법 통일안'도 발표되었다.

사소한 시비에서 비롯된 '조선어학회 사건'

1936년 3월, 조선어편찬회 사업은 조선어학회로 넘어갔다. 마침 조선어학회의 '비밀 후원회'까지 조직되어 재정 후원도 받을 수 있게 되었다. 조선어학회는 3년 후 간행을 약속하고, 소요경비 총액 1만 원을 기증받아 실무진을 새로 정비하고 사전 편찬을 강력히 추진하였다.

그러자면 어휘 자료를 먼저 수집해야 했다. 어휘 자료는 기존 성과들을 우선 참조했다. 편찬회가 만들어놓은 카드 자료 약간, 개성의 교사 이상춘이 수집하여 기증한 어휘 자료(7만 개), 1928년 조선총독부 중추원에서 만든 『조선어 사전』(일본어 대역사전)과 1897년 영국인 선교사 게일이 만든 『한영사전』에 수록된 어휘들을 전부 수용했다. 여기에다 신문, 잡지, 소설, 시집과 고전 언해, 역사, 지리, 관제 등 각 전문 문헌에서 어휘를 뽑는 한편, 《한글》지 독자들과 학생들의 협조를 얻어 각 지방말들을 채취했다. 그런 다음 각 어휘의 주해에 들어가서 낱말의 짜임새와 말뜻 잡기, 쓰임새, 묘사와 표현들을 정리해 나갔다.

작업은 체계화되었지만, 안팎으로 여러 사정이 겹쳐 일이 지연되었다. 낱말, 어휘 차례, 품사 및 관계어 분류, 삽화 등 체제상의 문제들이 편찬원들을 괴롭혔다. 특히 전문 어휘가 난제였다. 10여 명의 전문가가 협조했지만 대개 사전식 주해에는 관심이 없었고, 시국 사정으로 적극적인 태도를 보이지 않았기 때문이다.

3년 갖고는 어림도 없었다. 여러 난관이 돌출하며 비밀 후원회와 약속한 기한을 1년 더 연장했다. 그러나 더 어려운 일이 기다리고 있었다. 조선어 말살정책에 혈안이 돼 있는 조선총독부에서 어떻게 출판 허가를 받을 것인가. 조선어학회는 비상한 노력과 온갖 방법을 동원하여 총독부와 접촉했다. 그리하여 1939년 말에 우선 완료된 원고의 3분의 1 가량을 총독부 도서과에 출원하여, 다음 해 3월 출판 허가를 받았다. 물론 많은 부분 '삭제' 와 '정정' 조건이 달렸지만, 민족적 색채를 띠는 활동이라면 아무리 온건한 것이라도 일체 허용하지 않고, 교육과 일상에서 조선어를 모두 금지한 총독부가 허가를 내줬다는 것만도 놀랍고 다행한 일이었다.

이러한 모든 난관에도 불구하고, 조선어학회가 큰사전 편찬사업을

■■■

'조선어학회 사건'이 일어나기 전 『조선말 큰사전』 편찬 작업 모습. 『큰사전』 편찬 과정은 그 자체가 민족 대하소설이었다. 편찬원들은 총독부의 감시를 피하기 위해 세심한 방비를 갖추면서 박해와 갖은 치욕을 감내했다. 그처럼 어렵게 이어갔건만, 작업이 거의 마무리되어갈 즈음 '조선어학회 사건'이 터지면서 『큰사전』 편찬은 기약할 수 없게 되었다.

긴급히 추진한 이유는 무엇일까? 편찬사업은 짓눌려진 민족의 육체에 피를 돌게 하는 일이었기 때문이다.

1937년 중일전쟁 이후, 일제는 식민지 조선을 침략전쟁의 병참기지로 만들기 위해 총동원체제로 전환했다. 이 파쇼적 탄압과 강요는 조선어학회 사람들에게 불안과 위협을 안겨주었다. 언제 학회가 강제 해산될지 알 수 없는 일이었다. 그들은 사전 편찬이 끝날 때까지 경찰이나 검찰기관에 걸리지 않으려고 세심한 방비를 갖추며, 온갖 박해와 치욕을 감내했다. 조선어학회 사람들은 근로 봉사, 신사 참배, 국방 헌금, 방공 연습, 궁성 요배, 각종 행사에 끌려다녔으며, "수시로 찾아오는 담당 형사 따위의 눈치나 비위에 아무쪼록 영합 환대의 태도를 취해야 했고, 수시로 당하는 명절이나 유사시에는 관계 요로에 아니꼬운 예절도 닦아야 했다." 사전 편찬이 아니라, 아예 민족

대하소설을 쓰고 있었던 셈이다.

겨우 출판 허가를 받아낸 조선어학회는 백방으로 수소문한 끝에 인쇄 공장도 섭외했다. 대동출판사의 특별한 호의로 1942년 봄부터 조판을 시작하게 된 것이다. 그리하여 가을에는 어휘 카드에 초벌 풀이를 다는 작업이 거의 마무리되어, 원고가 거의 완성 단계에 이르렀다. 약 16만 개 어휘의 주해 작업이 마무리되고, 5천 개 정도의 어휘만 더 주해를 달면 되는 상태였다. 그러나 바로 이때 조선어학회 사람들의 불안이 현실로 나타났다. 그물코 삼 천이면 걸리는 날이 있다는 격으로, 함경남도 홍원경찰서에서 조선어학회를 급습하여 관계인사 33명을 검거하고, 사전 원고와 서류 일체를 압류해갔다. 죄목은 치안유지법 내란죄였다. 이제 큰사전 편찬 작업은 기약할 수 없게 되었다.

일은 아주 사소한 데에서 터졌다. 1942년 8월 초, 나진역 대합실에서 일본인 형사가 일본 유학생 백병화를 불심검문했는데, 백병화가 일본말을 알면서도 조선말로 응답하여 시비가 커지자 조선인 형사가 그의 집을 수색했다. 수색 도중, 당시 함흥 영생여학교에 다니는 백병화의 조카딸 백영옥의 일기장에서 "국어를 상용하는 자를 처벌하였다."는 구절을 발견하고, 이것을 꼬투리 삼아 사건을 확대시켰다.(여기서 '국어'는 일어를 말하는 것 같다.) 영생여학교는 조선어사전 편찬원 정태진이 과거에 재직한 학교였다.

9월 5일, 정태진이 그의 제자들인 영생여학교 학생들의 증인으로 홍원경찰서에 붙들려가 고문을 받은 끝에, 조선어학회가 민족주의자 단체로서 비밀리에 독립운동을 한다는 허위 자백서를 썼다. '조선어학회 사건'은 이렇게 해서 시작됐다.

3명의 순직, 록펠러 재단의 원조

해방이 되어 이극로 · 최현배 · 이희승 · 정인승 등 4명이 감옥에서 풀려 나오자, 조선어학회는 막대한 인적 · 물적 손실에도 불구하고 다시 큰사전 사업을 추진했다. 그런데 거의 완성해놓은 원고가 사라져버리고 없었다. 함흥 사건 때 증거물로 압수된 뒤 종적이 묘연해진 것이다. 함흥 재판소로 실려간 원고는 400자 원고지를 대략 250매로 엮은 것이 53책이었다. "온 겨레의 정중한 부탁과 열성적인 기대 아래에서 십유여 년을 두고 개미 금탑 모으듯이 알알이 모아 쌓은, 그리고도 뜨거운 눈물과 피땀으로 엉기어진 결정"이 완전히 사라질 위기에 처한 것이다.

사건 당시 재판부가 이 원고에서 문제 삼은 것은, '조선' '임진왜란' '이순신' '무궁화' 등과 같은 '민족적인' 단어의 주해였다. 이 낱말들을 어떤 방식으로 풀이하느냐에 따라 황국신민사관이 위협받을 수도 있었기 때문이다. 또한 '왜말'과 '왜놈'은 왜 수록하였느냐, '경성'은 풀이가 긴데 '동경'은 왜 짧으냐 따위로 심문하였다.

조선어학회 사람들은 함흥 검찰청에 묻고, 다시 서울 검찰청을 찾아가 서류를 몽땅 뒤졌으나 허사였다. 다시 경성제국대학(오늘날의 서울대학교) 국문과 학생들을 동원하여 경성역 뒤 운송부 창고를 샅샅이 뒤졌다. 그런데 바로 그곳, 어두컴컴한 구석에서 그렇게 애타게 찾던 원고가 잠자고 있었다. 각 책의 겉표지에는 '증거 제10호'라는 일본 검찰의 증거물 도장이 찍혀 있었다. 눈물의 원고뭉치였다. 상고 증거물로 함흥법원에서 서울고등법원으로 이송되는 도중에 해방을 맞아 그대로 경성역에 방치되었던 것이다. 불행 중 다행으로 원고는 무사했다. 다만 '아/야' 줄이 소실되어 이 부분은 끝내 찾지 못해 보충했

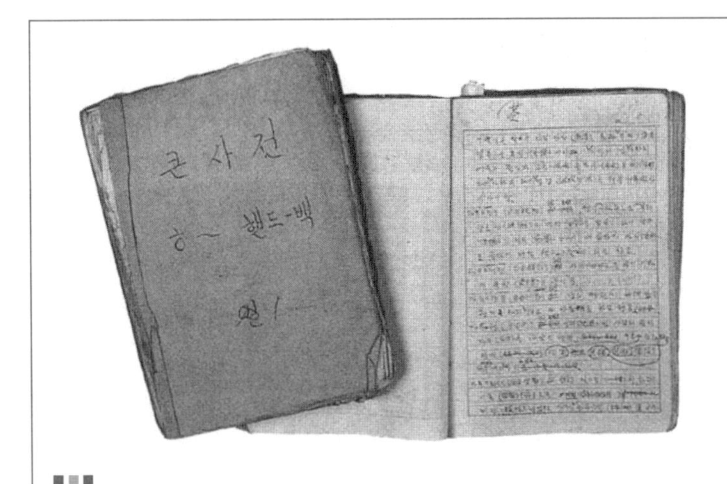

■■■
『조선말 큰사전』 원고. 해방으로 최현배 등 편찬사업의 핵심인물이 감옥에서 풀려나면서 『큰사전』 편찬이 다시 추진되었는데, 완성을 눈앞에 둔 원고의 행적이 묘연했다. '조선어학회 사건' 때 증거물로 압수된 후 종적을 알 수 없었던 것이다. 우여곡절 끝에 천만다행으로 경성역 운송부 창고에서 잠자고 있던 원고를 찾아내 편찬 작업을 계속 추진할 수 있었다.

다. 그 결과 『큰사전』 중 이 부분이 가장 미흡하여 훗날 정오표를 붙이는 수모를 감수해야 했다.

원고를 되찾은 조선어학회는 다시 편찬 작업에 돌입했다. 그런데 기존 원고를 전면 손질하지 않을 수 없었다. 인적으로나 물적으로나 악조건 속에서 작성하여 내용이나 형식이 극히 불리 · 불비 · 불완전했으며, 더욱이 초조감에 휩싸여 부득이하게 환경에 영합하다 보니 의식적으로 노골적인 표현을 피하여 주석이 왜곡된 것이 많았기 때문이다. 어휘도 많이 누락되고, 말뜻이나 용례들도 보류한 것이 많았다. 원고 전체의 재검토와 수정, 추가, 삭제가 불가피했다.

진통을 겪은 끝에 1947년 10월 9일, 마침내 『큰사전』의 첫째 권을 세상에 선보였다. '조선문학가동맹'에서 축하연을 열어주었는데, 그

때의 감격은 아마도 어느 시인이 노래한, "푸른 강변에서 / 피묻은 전설의 가슴을 씻는 / 내 가난한 모국어" 그 이상이었을 것이다.

첫째 권 제작에 소요된 비용은 생각지도 않은 '특별 수입'이 들어와 충당됐다. 해방 직전 조선총독부 관하에 있는 조선인 관리들의 월급 중에서 소위 '국방헌금' 명목으로 징수한 돈 82만여 원을 보관하고 있던 미군정청 학무과 직원이 이 돈을 조선어학회에 제공해준 것이다.

그러나 이후의 경비가 문제였다. 조선어학회는 미국의 록펠러 재단과 여러 차례 교섭하여, 1948년 12월 약 4만5천 달러에 상응하는 물자를 원조받았다. 여섯째 권까지 각 2만 부씩 제작하는 데 필요한 인쇄용 물품 일체를 받은 것이다. 이렇게 해서 1949년 5월에 둘째 권을, 1950년 6월에 셋째 권을 제본하고 넷째 권의 조판을 완료한 시점에 또다시 수난이 시작되었다. 한국전쟁이 일어난 것이다.

서울은 북한 인민군에게 함락되었다. 이때 미군이 가한 무차별 폭격에 록펠러 재단의 원조물자가 잿더미가 되어버렸다. 조선어학회 사람들은 서울 수복 후에도 최현배의 집에 숨겨놓은 넷째, 다섯째, 여섯째 권 원고가 안심이 안 되어 10여 명의 필생을 동원하여 한 달 내내 원고를 베껴 원본과 필사본을 각각 분리하여 보관했다. 필사본은 최현배 집의 두 겹 독 안에 묻고, 원본은 편찬원인 유제한의 고향 천안으로 옮겨 땅속에 묻어두었다.

1952년 상황이 좀 나아지자, 한글학회(1949년 9월, '조선어학회'를 다시 '한글학회'로 고쳤다.) 사람들은 천안의 원고를 가져다 지형을 뜨며 작업에 재착수하는 한편, 피해 상황을 록펠러 재단에 알려 3만3천 달러의 물자 재원조를 승낙받았다. 국제연합(UN) 한국재건단에서도 인쇄비로 3만7천 달러를 빌려주기로 하고, 국제연합 교육과학문화기구(유네스코)에서도 원조하기로 했으며, 일본 정부에서도 원조하겠다는 계획서를 정부에 보내왔다.

그러나 당시 일어난 '한글 파동'(한글 간소화 파동)■ 때문에 한글학회와 사이가 좋지 않았던 이승만 정부는 외국의 원조 의사를 모두 거절했다. 전쟁이 끝난 뒤 록펠러 재단의 문화부장 파스가 물자 원조를 위해 한국에 오자, 당시 문교부 장관 이선근은 염려하는 최현배에게 "저도 역사학도입니다. 큰사전은 역사적 산물인 만큼, 되도록 말하겠습니다."라고 단단히 언약했다. 그러나 이선근은 다른 자리에서 파스에게 큰사전 출판의 원조를 중지해달라고 두 번이나 간절히 요청했다. 기자들의 해명 요구에, 파스는 "일절 모른다."며 한국을 떠났다. 그러나 1955년 9월 이승만의 '한글 표기법 간소화' 안이 백지화되어, 록펠러재단은 다시 3만6,400달러의 인쇄 물자 원조를 약속했다.

1957년 10월 9일, 온갖 우여곡절 끝에 드디어 『큰사전』 총 6권 전질이 완성됐다. 이 와중에 전쟁 중에도 편찬 작업에 몰두했던 편찬원 정태진이 식량을 구하러 고향에 가다 교통사고로 숨지는 안타까운 일도 있었다. 『큰사전』은 옥사한 이윤재와 한징 등 3명의 목숨의 대가였던 것이다. 정말이지 많은 이들의 희생과 헌신이 없었다면, 우리

■ 이승만 정부가 한글 표기법을 구식 표기법으로 환원하려 하자, 재야학계에서 일제히 반발하고 나선 일. 1949년 10월 9일 한글날에 이승만 대통령이 "한글 표기법이 까다롭고 어려우니, 하루 속히 구철자법으로 개정하자."는 내용의 담화를 발표했다. 1953년 4월 이 내용이 국무회의에 상정되어, 이후 정부 문서와 교과서 등을 표기할 때 구철자법을 사용할 것을 결의했다. 그러자 국내 학술단체는 물론 국회에서까지 들고 일어났으나, 정부는 이에 개의치 않고 1954년 7월 '표기법 간소화 공동안'을 정식 발표했다. 그러나 각계의 반대 여론이 그치지 않자, 1955년 9월 이승만은 "민중들이 원하는 대로 하도록 자유에 부치고자 한다."고 발표하여, 2년여를 끌어오던 파동은 끝이 났다. 더 자세한 내용은 19장 참조.

■■■
조선어학회 회원들. '조선어학회'로 출발하여 '한글학회'에 이르러 완성을 본 『큰사전』 편찬사업은 이들의 피와 땀이 만들어낸 민족 대업이었다.

민족어를 최초로 집대성한 대사전인 『큰사전』은 빛을 볼 수 없었을 것이다.

그런데 여기서 록펠러 재단의 원조에 대해 잠시 짚고 넘어가자. 록펠러 재단의 원조는 1941년 구상된 미국의 '집중적 언어교육 프로그램'과 관련이 있다. 이 프로그램은 2차 세계대전 당시 많은 미국 군대를 세계 각지에 주둔시키며 외국어 문법보다는 직접적인 언어 구사가 필요하다는 인식 아래 만들어진 외국어 교육 전략으로서, 미국학술단체협의회가 안을 완성하고 록펠러 재단이 재정적 지원을 담당했다.

미국은 언어학에 큰 관심을 보이며, 전략적으로 크게 장려하였다. 군사적 · 외교적 가치가 높은 러시아어나 일본어, 중국어 등의 '진귀한 언어'에 관한 연구가 전쟁 중에 갑자기 활발해졌다. 이때 방법론적으로 적용된 외국어 교육 원칙은 "교사는 언어 자체를 가르쳐야 하며, 언어에 대해서 가르쳐서는 안 된다."는 것이었다. 요컨대 미국은 세계 지배 전략 차원에서 영어를 활발히 전파시키는 한편, 해당 국가의 모국어 사용 기술에 민첩히 대응했다. 이는 한 마디로 '문화제국주의'로 요약될 수 있으며, 록펠러 재단의 한글학회 원조도 이러한 맥락에서 이해할 수 있다. 우리의 '민족적 거사'를 록펠러 재단의 원조로 이루어낸 것을 마냥 기쁘게만 생각할 수 없는 이유가 바로 여기에 있다.

'민족적 거사'가 남긴 아쉬움

애초 3년으로 잡았던 『큰사전』 발간 계획은 28년으로 늘어났다. 보통 대사전 편찬에 몇 십 년이 소요되는 것에 비추어보면 그리 오래 걸린 것도 아니다. 『큰사전』은 우리 민족 최초의 국어대사전이라는 점에서도 의의가 크지만, 그 편찬 과정이 앞에서 말한 것처럼 민족의 수난사와 맥을 같이하고 있기 때문에 문화사적 의미 또한 상당하다. 그럼에도 불구하고, 우리는 좀 더 냉정하게 이 사전을 바라볼 필요가 있다. 정인승은 『큰사전』 마지막 여섯째 권을 끝내며 이렇게 고백했다.

> 이 『큰사전』은 그 출발로부터 전질의 완결을 보기까지의 경로가 참으로 복잡다단한 만큼, 그 내용에도 가지가지의 결함도 많음을 솔직히 자인하는 동시에, 이것이 결코 한 완성품이 아니라, 왜정시대의 억압 속에서 아무 체계 없이 주워 모은 약간의 말수를, 그나마 이 방면의 조예나 역량이 박약한 몇 사람의 손으로, 더구나 조리 있게 정리할 겨를조차 한 번도 가

져볼 여유가 없이 처음부터 끝까지 사뭇 휘틀리고 불쫓기는 바람에 따라 우선 이와 같은 사전 건목으로의 한 단락이 지어진 것에 불과할 뿐이요, 앞으로 유능한 대방가의 손에 의하여 이 건목이 정말 완전하게 잘 다듬어지기를 바라고 기다리는 바이다.

『큰사전』은 우리의 국어학적 · 언어학적 이론 수준이 매우 미비할 때 만들어졌다. 문법, 맞춤법, 음운론, 음성학, 외래어표기법, 표준어 설정, 표준 발음, 언어사(발음이나 의미의 변화), 방언학 등의 이론적 토대는 물론이고, 낱말 사용 자료가 거의 없는 상태에서 말이다. 일제에 대한 저항이라는 맥락에서 국어사전 편찬 요구가 그만큼 절실했기 때문이다. 그러다 보니 국어학이나 언어학에 걸려 있는 이론적 문제 해결은 물론이거니와, 다른 전문어에 대한 준비도 전혀 안 된 상태에서 오로지 '민족 살아남기' 라는 일념에만 매달렸다. 이후 늦게나마 한글맞춤법 통일안을 제정하고(1933) 표준말을 사정하여, 최소한의 규준 틀이 나옴으로써 사전 편찬이 가능해졌지만, 구체적인 작업 과정에서 불거진 문제가 한두 가지가 아니었다.

두어 번의 수난을 거치며 내용과 체제를 대폭 수정했지만, '민족적 거사' 를 지연시켜서는 안 된다는 강박관념에 사로잡혀 1929년과 1957년 사이에 존재하는 민족적 · 역사적 현실의 차이를 반영하지는 못한 것 같다. 정인승의 고백은 심정적으로 충분히 이해하지만, 이 차이는 짚고 넘어가야 한다.

1929년의 정세는 '조선말이 곧 조선 겨레이다. 일제의 조선말 말소로 조선말이 없어지기 전에 사전을 만들어야 한다. 조선어사전이 있는 한 조선 겨레는 없어지지 않는다.' 는 인식이 절대명제로 작동했지만, 해방 이후의 정세는 이와 거리가 멀다. 적어도 '언어 외적' 요소인 식민지적 위협은 사라졌다. 이제 우리말을 전체적으로 검증해 볼 시간이 생긴 것이다.

그러나 『큰사전』 편찬자들은 1929년의 인식이 여전히 유효하다고 보았기에, 우리말을 검증할 시간을 충분히 가지려고 하지 않았다. 여기서 검증이란 우리말을 감정적 민족주의나 국수주의로 표상하지 않고, 객관적으로 존재하는 우리말의 실체를 따져보는 것을 말한다. 여기에는 사람들이 사용하는 모든 말을 '우리말'이라는 범주로 종속시키기 어려운, 언어 일반적 성격도 포함된다.

한글학회(조선어학회) 사람들은 어떤 낱말이 '사투리'인지 '표준어'인지를 놓고 핏대를 올리는가 하면, '이살부리다'와 '야살부리다'의 차이를 놓고 하루에도 몇 번씩 따졌다. 이처럼 내부 고민은 치열했으나, 외부에는 좀처럼 신경 쓰지 않았다.

예컨대, 류창돈이 1958년 《사상계》 1월호에 발표한 〈우리말 『큰사전』 해부〉에서 제기한 문제를 살펴보자. 그는 『큰사전』이 준말(약어)의 뜻을 잘못 보고 있다고 지적했다. 『큰사전』에서는 '골'을 '고랑'의 준말로, '돌'을 '도랑'의 준말로 풀이한다. 이 풀이에 의하면, '고랑〉골' '도랑〉돌'로 되어 '고랑'과 '도랑' 이후에 '골'과 '돌'이라는 말이 나타난 것이다. 그러나 류창돈의 생각은 이와 반대이다. 즉, '골〉골+앙〉골앙〉고랑'으로, 이는 '끄트머리'가 '끝+으머리〉끄트머리'의 전성轉成현상을 통해 나온 것이지 그 반대가 아님과 마찬가지라는 것이다. 류창돈은 『큰사전』이 언어의 발달 현상을 잘못 해석하여, '준말'의 형태를 '본디말' 다음에 나타난 것처럼 풀이하고 있다고 비판했다.

이러한 류창돈의 비판은 누가 옳은지를 떠나서, 『큰사전』이 안고 있는 문제가 무엇인지 보여준다. 『큰사전』은 '민족어의 통일된 정리'라는 명제에만 매달리느라, 언어 형태의 역사적 다양성을 배제했다. 다시 말해 인위적인 표준어와 맞춤법이라는 원칙에만 충실한 결과, 지역과 집단에 따라 또는 언어 그 자체의 역사에 따라 다양한 형태로 발달해온 현상을 단일화하는 오류를 범한 것이다.

배제되고 사라져버린 말들 1929년 '조선어사전편찬회' 출범 당시 편찬회가 지녔던 문제의식은, 앞에서도 인용한 것처럼 "어음, 어의, 어법이 각 방면으로 표준과 통일이 없어 동일한 사람이라 할지라도 조석으로 다르고 경향적으로 다르게 나타나 언어 소통에 장애가 되는 것은 물론이거니와, 조선의 언어가 극단으로 문란하고 민족문화가 황폐화되어 있다."는 것이었다. 그 뒤를 이은 조선어학회나 한글학회도 이 문제의식에서 조금도 벗어나지 않는다.

사전 편찬자들이 생각한 '민족어의 통일된 정리'란, 단일한 형태와 체계 아래에서 언어를 사용해야 한다는, 달리 말해 '문란하고 황폐화된' 말들을 버리도록 하는 '계몽행위'와 다름없었다. 물론 이들이 사전 편찬을 위한 맞춤법 통일이나 표준말 사정 작업을 독단적으로 시행했던 것은 아니다. 각지 사람들과 공론하는 과정을 거쳤고, 이 점은 매우 잘한 일이다. 그러나 그 결과가 '단일한' 체계로 규범화되었다는 점에서 이미 문제를 안고 있었다고 할 수 있다. 이 단일한 규범체계와 다른 이질적인 형태들, 이를테면 지방의 토박이말 따위들은 이른바 ‘사투리’로 규정되어 언어로서의 정상적인 지위를 박탈당했다. 류창돈의 반기는 이렇게 내장된 문제를 끄집어냈다는 점에서 의미가 있다.

‘문란하게’ 쓰이는 말들을 단일한 언어 규범으로 통일시키자는 주장은 당시 정세에서는 매우 설득력 있었다. 그것은 한편으로 민족적 요구이자, 다른 한편으로 근대적 요구이기도 했다. 민족적 요구란 민족 지킴이로서 민족어와 언어를 통해 민족 정체성 형성에 기여함을 말하며, 근대적 요구란 근대적인 사회와 삶의 방식으로 개조해나가기 위해 언어의 사용과 기능을 통합함을 말한다.

당시 각 지방 사람들은 우리가 지금 ‘멸치’라고 부르는 물고기를 ‘도자래기’ ‘멸치’ ‘며르치’ ‘메래치’ ‘메루치’ ‘메르치’ ‘메리치’ ‘멜치’ ‘며치’ 따위로 불렀다. 그러나 국어학자들이나 사전 편찬자들이 주도하여 ‘멸치’가 ‘맞는 말(표준말)’이니 이 말을 쓰라고 강요했다. 실제로 『큰사전』은 ‘멸치’라는 하나의 말을 표준화하기 위해 나머지 9개의 말을 죽일 수밖에 없었다. ‘멸치’를 ‘표준어’로 만들어 나머지는 모두 (‘황폐화된’) ‘사투리’로 주변화시켰다. 즉, ‘멸치’라는 단일한 형태를 통해 대중들로 하여금 지방적 차이를 제거하고, 민족 정체성 형성에 자연스럽게 합류하도록 한 것이다.

이와 같은 언어 통일로 기대한 또 다른 효과는, 대중들을 근대 민족적 삶으로 통합하는 것이었다. 이러한 요구가 1930~40년대의 지배적인 경향이었다. 『큰사전』은 이러한 요구를 충실히 수행하고자 했고, 실제로 그렇게 집행했다. 『큰사전』은 ‘민족’이라는 이름 아래 기획된 것이다. 그러므로 단일한 언어 규범의 통일이라는 주장의 설득력이 민족적 설득력으로 표상되었고, ‘과학성’과 ‘표준어’라는 틀에

■■■
『조선어 표준말 모음』, 제40회 한글 반포 기념일인 1936년 10월 28일 조선어학회에서 펴낸 표준말 어휘집. 표준어 6,231개, 약어(略語) 134개, 비표준어 3,082개, 한자어 100개 등 총 9,547개 어휘가 정리되어 있다.

서 제시된 단일한 말의 체계가 민족적 설득력의 근거가 되었다. 그러나 그것이 정당화되고, 지배적인 헤게모니를 장악하는 하나의 권력이 되면서, 이미 존재했거나 이후 제기될 다른 견해들을 배제하게 되었다.

1948년, 조선어학회의 김진억의 다음 발언은 이를 잘 보여준다.

> 어학회는 어느 개인의 기관이 아니고, 민족 전체의 것이라 좋을 의견이 있으면, 얼마든지 경청할 용의가 있다는 것이다. 그러나 항간에서 무책임하게 유포되는 잡음이설이나 막연한 불평불만 등이란 건설을 위해서 조금도 도움이 되지 않을 뿐더러, 또 자가류自家流의 견해를 가졌다는 이들의 소론이 또한 이 박朴 님 정동의 상식 이전의 문제인데, 대중계몽의 불철저한 어학회의 책무를 통감할 따름이다.

요컨대, 『큰사전』 편찬자들은 일반대중이 다양하게(나쁘게는 '문란하게') 사용하는 말들을 단일한(나쁘게는 '획일적인') 규범체계로 통일시키고, 그것을 '민족'이라는 추상적 관념으로 정당화하면서 대중의 자유로운 언어적 욕구를 통합하려 했다. '비과학적'이고 '비표준적'인 대중의 언어는 천박하게 보였을 것이고, 따라서 그 언어들을 다양한 표현 방식으로 이해하기보다는 '계몽' 대상으로 설정했다. '도자래기'나 '며르치'처럼 말이다. 이렇게 해서 우리말은 정리되는 한편으로, 사라지고 죽어가게 되었다. 이것은 민족어를 통일 정리한 '민족적 거사'의 이면을 말해준다.

언어의 일정한 통일은 필요하고, 국어사전은 그것을 반영해야 한다. 그러나 그 '통일'이 대중들의 언어 사용이나 표현을 다양하게 보장하는 방향이 아닌, 단일한 규범체계로 통제하려는 의도에서 나온 것이라면 곤란하다. 후자는 엘리트주의적일 뿐만 아니라, 지배이데올로기의 생산과도 맞물려 있다. 『큰사전』 편찬자들은 우리말을 단일하게 정리하기보다, '우리말'이라는 관념과 무관하게 다양한 형태와 방식으로 존재하는 언어적 사실들을 중시했어야 하지 않을까.

10 해방 이후 진행된 우리말 '표준화 통일' 작업

근대 지식의 총체, 국어사전

우리나라 지식인들이 국어사전의 필요성을 역설한 시기는 1900년 전후이다. 명분상 민족자주의 방편으로 조선어의 표준화 통일을 주장했지만, 거기에는 '근대 지식의 소통체계'를 마련해야 하는 절박한 필요가 담겨 있었다. 결국 『조선말 큰사전』은 민족의 자주독립이라는 역사적 요구의 구성물이자, 근대적 지평을 여는 데 소용되는 '시대적 발명품'이었던 것이다. 그런데 이 과정에서 사전 편찬자와 지식인들은 언어의 자발적 생성과 표현의 다양성을 거세해버리는 표준화된 틀을 지향했다.

ㄱ~ㅎ으로 집대성된 근대 지식의 표상

1957년 10월 9일 완간된 『큰사전』은 단순히 뜻풀이 사전의 의미로서만이 아니라, 한국 근대화의 본격적인 출발이라는 역사적 관점에서도 의미가 깊다. 이 사전의 완간으로 이때까지 한국에 유입된 한국 '근대 지식' 혹은 근대성의 표면들을, ㄱ에서 ㅎ에 이르기까지 16만여 개의 낱말들로 집대성하고, 가공하기 시작한 것이다. 4·6배판에 3,864면으로 제작된 『큰사전』은 표제어 범주나 그 주해로 보아 지식의 총체라 할 수 있는 백과사전의 용도도 곁들였다고 볼 수 있다.

우리나라의 백과사전 출판은 1958년 학원사의 『대백과사전』(전6권)

이 처음인 것으로 알려지고 있는데, 『큰사전』 역시 어느 정도는 백과사전의 역할을 감당했다. 예를 들어 『큰사전』은 '해'(태양)에 대해서 풀이할 때, 일상어로서의 뜻풀이가 아닌 400자 정도의 분량으로 천문학적인 지식을 제공했다. 『큰사전』의 범례 역시 "이 사전에 실은 어휘는 현대에 표준으로 쓰이는 순 조선말, 한자말, 외래어, 숙어, 각종 전문어는 물론이요, 옛말, 이두말, 옛 제도어, 각 지방의 널리 쓰이는 사투리(표준어 아닌 말), 변말, 곁말 및 내외 각지의 유명한 땅 이름, 사람 이름, 책 이름, 명승고적의 이름까지 널리 망라"했다고 밝히고 있다. 이후 간행된 국어대사전들도 백과사전적 성격을 지향했다.

『큰사전』에 이어 『국어새사전』(1958, 국어국문학회 편, 동아출판사), 『표준국어사전』(1958, 신기철 · 신용철 편, 을유문화사), 『새사전』(1959, 홍웅선 · 김민수 편, 대한교과서주식회사), 『국어대사전』(1961, 이희승 편, 민중서관), 『새국어대사전』(1972, 양주동 감수, 신한출판사), 『새우리말큰사전』(1974, 신기철 · 신용철 편, 삼성출판사), 『동아새국어대사전』(1975, 이숭녕 감수, 아세아문화사), 『한국어대사전』(1976, 남광우 · 이응백 외 감수, 현문사) 등이 간행되었다.

말이 먼저냐 사전이 먼저냐, 뒤바뀐 순서

사실 한국의 근대 지식 형성에 국어사전이 기여한 바를 입증하기란 쉬운 일이 아니다. 다만 하나의 분명한 단서는 있다. 그것은 해방 이후 우리 사회에서 국어사전이 갖는 권위나 대중적 활용도가 상당히 컸다는 점이다. 특히 초등학교 국어 교육은 낱말 뜻풀이 학습이 큰 비중을 차지했다.

국어 숙제는 항상 낱말의 뜻풀이를 조사해오라는 것이었고, 그러면 아이들은 모든 교과목을 총정리해놓은 '전과全科'에서 모조리 베껴갔다. 물론 전과가 친절하게 제공하는 낱말 풀이는 국어사전에서 모조리 베껴서 정리한 것일 것이다. 우리는 논리실증주의의 대가 비트겐슈타인이 말한 바처럼 낱말의 의미를 사용 맥락에서 창출해낸 것이 아니라, 전과가 지시해주는대로 그야말로 '사전적 의미'로 '보고 베끼기'에 익숙해졌을 뿐이다. 사전이 있어도 대개는 학습용 소사전에 불과했다.

개인적으로 중고등학교 시절, 국어사전 찾기에 탐닉한 적이 있다. 학교 공부나 작문을 위해서가 아니라, 오로지 국어사전이 보여주는 우리말 혹은 언어 세계의 경이로움에 매혹되어서였다. 전혀 생소한 이러저러한 낱말들의 표현적 존재 자체가 신기했고, 그것의 풀이나 내용 정보들을 통해 무한히 열리는 또다른 세계가 흥미로웠다. 가령, 국어사전을 이리저리 들춰보다가 우연히 발견한 '가가례家家禮'라는 낱말은 '집안에 따라 저마다 다른 집안 예법'이라고 풀이되어 있는데, 이 간단한 풀이만으로도 전통 예법이 다 같았던 것이 아니고 집집마다 차이가 있었구나 하는 문화적 상상을 할 수 있었다. 지금 돌이켜 생각해보면, 국어사전은 지식, 특히 근대 지식의 세계로 들어가는 통로였고, 그것을 통해 그때 이미 나는 일상에서 접하기 어렵게 된 희귀한 토박이말들이 근대 지식의 틀로 배치되는 과정을 어렴풋이 이해했다.

이를 이해하기 위해서는 『큰사전』이 민족의 자주독립이라는 역사적 요구의 구성물이자, 동시에 근대적 지평을 여는 데 소용되는 '시대적 발명품'이었다는 점에 주목해야 한다. 우리나라 지식인들이 국

■■■
일제시대 발간된 조선어사전(1925년 초판 발행). 경성사범 부속 보통학교 교사 심의린이 편찬한 책으로, 총 241쪽 분량에 6,106개의 단어를 싣고 있다. 당시 초등학교 교과서에 해당하는 '보통학교 조선어독본'을 공부하기 위한 한글사전이다. 표제어와 뜻풀이 모두 한글만 사용하는 최초의 우리말 단일 사전이란 점에서 눈길을 끈다.

어사전의 필요성을 역설하기 시작한 것은 1900년을 전후한 시기다. 명분상 민족자주의 한 방편으로서 조선어의 표준화 통일을 주장한 것이지만, 의식적이건 무의식적이건 간에 그것은 '언어에 대한 지식의 근대적 요청'에 부응하고, '근대 지식의 소통체계'를 갖추고자 한 것으로 볼 수 있다.

당시 우리 사회에서 제기된 언어에 대한 지식의 근대적 요청이란, 근대 사회로 이행하는 데 필요한 표준적이고 통일된 언어의 존재를 민족적 · 사회 구성원적 차원에서 합의하는 것이었다. 하지만 정확히 말해 그것은 일반 언중言衆의 자발적 요청에 의한 것이 아니라, 국어학자나 사전 편찬자 혹은 식자층 지식인들이 주도한 것이었다. 그리고 이 지식인들은 일반 언중 세계에서 일어나는 언어의 자발적 생성과 표현의 다양성을 인정하기는커녕 그것을 거세해버리는 표준화된 틀을 지향했다.

실제로 당시 사전 편찬자들은 우리말이 '문란하고 황폐화'되어 있다고 생각했다. 언어체계로써 근대화에 대한 욕망을 정당화하기 위해, 전근대적인 언어 상태를 문화적으로 부정한 것이다. '부정의 변증법'과 '계몽의 변증법'을 동시에 작동시킨 셈인데, 이 과정에서 새로운 신화로 등장한 것이 표준화된 언어 통일과 그것의 집대성이다. 따라서 사전 편찬자들의 노력을 민족 독립의 문제로만 보면 근대라는 또 다른 문제가 가려지고 만다.

1929년에 발기한 조선어사전편찬회가 빠른 시일 안에 국어사전을 편찬하지 못하고, 결국 이 과제가 조선어학회의 손에 넘어가 1947년에야 그 첫째 권이 출간된 것은 예산과 수록 어휘의 방대함, 1942년에 터진 조선어학회 사건 때문만은 아니다. 문제는 이미 다른 데서 싹트고 있었다.

사전 편찬이란 것이 어휘 수집과 주해 집필만으로 되는 일이 아니기 때문이다. 우선 맞춤법, 표준말, 외래어표기법 등이 먼저 정해져야만 그 규범에 따라 표제어를 선정하고, 주해의 표기체계를 통일할 수 있다. 이러한 조건은 1933년 '한글맞춤법 통일안', 1936년 '사정한 조선어 표준말 모음', 1940년 '외래어표기법 통일안' 발표로 어느 정도 갖추어지게 된다.

1936년 조선어사전편찬회의 사업이 조선어학회로 넘어간 것은, 현대 국어학에 기초한 표준화된 어문 규범의 원칙에 충실하게 근대 지식의 소통체계를 완성해나가고자 한 것으로 풀이된다. 실제로 조선어학회가 제정한 한글맞춤법 통일안은 근대 지식 구성의 원리인 과학주의를 철저히 따랐다. 당시 조선어학회가 '조선어학연구회' 박승빈■과 벌인 논쟁에서 승리한 것이나, 해방 이후 이승만 대통령이 일으킨 '한글 파동' 싸움에서 승리한 것도 조선어학회의 통일안이 '과학적 법칙'으로 확립되어 언론인이나 문학인 등 식자층의 전격적인 지지를 받았기 때문이다.

요컨대 조선어학회(한글학회)가 16만여 표제어를 선별·분류하고, 각 항목별 주해를 집필·집대성하여 『큰사전』을 완성할 수 있었던 것은, 한글맞춤법 통일안과 사정 표준말 등 새로 발명한 어문 규범이 있었기 때문이다. 여기서 『큰사전』이라는 국어사전 편찬 때문에 맞춤법과 표준말 등 어문 규범을 '발명'해냈다는 점이 특이하다. 어쩔 수 없는 상황이었지만, 순서가 뒤바뀐 것이다. 그러다 보니 사전 편찬 작업에 당시의 시대적 요구였던 근대에 대한 욕망이 자연스럽게 작용할 수밖에 없었다.

국어사전은 실로 근대에 대한 욕망의 집대성이었다. 사전 편찬자들은 언어 계획자일 뿐 아니라, 근대를 기획하는 '프로그래머'이기도 했다. 그들이 정의한 언어와 문화는 더 이상 전통의 것이 아닌, 근대라는 시대적 변화에 부응하는 지식의 집합이자 소통체계가 되어야 했다. 이는 두 가지 방식으로 구현되었다. 하나는 이미 논의한 대로

■ 보성전문학교 교장으로 재직했던 국어연구가 박승빈은, 1931년 '조선어학연구회'를 설립하고 《정음正音》이란 잡지를 발간했다. 박승빈은 일반대중이 사용할 맞춤법은 간편해야 한다며 소리 위주의 맞춤법 표기를 주장하고, 복잡하고 글 위주의 조선어학회 맞춤법 통일안에 반대했다.

어문의 표준화 통일이었고, 다른 하나는 사전에 등재하는 표제어의 배치와 주해였다.

사실 토박이말이든 한자말이든 사전에 실린 전통어들은 예외없이 현대 언어학 또는 현대 국어학의 문법적 분류체계 안에서 배치되었다. 예를 들어, 1947년에 나온 『표준조선말사전』에서는 표제어 '푸닥거리'를 '이름씨'(명사)로 분류해놓았는데, 이러한 문법적 배치 행위 자체가 이미 언어에 대한 지식의 근대적 요청에 충실한 것으로 볼 수 있다. '볼썽사납다'는 '볼성(썽)사납다'로 등재했는데, 이는 맞춤법 통일안이 말의 본래 형태를 중시하는 형태음소적 표기체계여서 실제 발음('썽')은 따로 표시한 것이다. 또한 '물쿠덩이'/'물쿵덩이'/'물쿵텡이'는 모두 '물구덩이'를 찾아보라고('→') 표시했는데, 이는 '물구덩이'만이 옳은 말이고, 나머지 말들은 모두 '맞춤법이 틀리었거나 표준말이 아닌 말수(어휘)'임을 표시한 것이다.

사전 편찬자는 명령한다. "틀린 것을 버리라."(일러두기). 이처럼 '푸닥거리'라는 말이 '이름씨'임을 알게 하는 것, 담화 중 발음하는 '볼썽사납다'는 애초 '볼성사납다'임을 알게 하는 것, '물쿠덩이'/'물쿵덩이'/'물쿵텡이'는 모두 틀린 말들이고, '물구덩이'가 옳은 말임을 알게 하는 것, 이제 우리가 사용하는 말들은 모두 표준어와 문법적 체계에 근거하여 사용해야 한다는 것. 이것이 바로, 옛날처럼 일상생활에서 자연스럽게 입에서 터져나오는 대로 '문란하게' 말을 해선 안 되고, 문법적인 지식의 프리즘과 교양 언어문화의 필터를 통해서 말을 해야 한다는 근대의 지상명령이었다.

틀린 말은 모두 버려라! 1933년 조선어학회와 조선어학연구회의 철자법 논쟁에 이어, 해방 이후 한글파(최현배 등의 한글전용론자들)와 한자파(이희승 등 국한문혼용론자들) 사이에 문법 용어 명명법('말본' '이름씨'로 할 것이냐, '문법' '명사'로 할 것이냐)을 둘러싸고 격렬한 논쟁이 일어났다. 낱말들을 문법적으로 어떻게 분류할 것인지를 두고도 말들이 많았다. 말의 통일은 결코 순조롭지 않았다. 오히려 학파 간 논쟁 수준을 넘어 피 터지는 헤게모니 전쟁의 양상까지 띠었다. 그리하여 급기야 학교 문법 통일을 둘러싸고 문법 용어를 '말본'과 같은 순 우리말로 할 것이냐(한글파), '문법'과 같은 한자말로 할 것이냐(한자파), 또 '-이다'가 하나의 낱말이냐(최현배) 그렇지 않으냐(이희승) 등을 둘러싼 '말본 파동'■으로 이어졌다.

문법적 분류 체계의 문제는 국어사전의 표제어로 올릴 낱말들의 문법적 형태와도 관련하여 매우 예민한 문제였다. 가령 모든 국어사전은 사잇소리 현상을 표시했으나, 그 적용은 일치하지 않았다. 『큰사전』과 『국어대사전』은 '물개'(해구, 수달)의 발음을 '물깨'로 표시했으나, 『새우리말큰사전』에서는 사잇소리를 인정하지 않았다.

물론 아무리 논쟁이 치열하고 의견 차가 크다 하더라도, 국어사전에 부여된 역사적 요구, 즉 언어에 대한 근대적 지식의 요청 및 근대 지식 소통체계의 완성이라는 과제에는 변함이 없었다. 그러나 한글

■ 1963년 4월 문교부에서 학교 말본을 통일하기 위해 구성한 '학교 문법 통일 전문위원회'가 촉발한 논쟁을 말한다. 이듬해 5월까지 벌인 이 논쟁에서 한자 용어 쪽 주장이 우세해지자, 쉬운 우리말 용어를 주장하던 한글학회에서는 절차상의 부당함과 국어 교육 효율적 향상을 여론에 호소했다. 그리하여 1년 8개월 동안의 치열한 논쟁 끝에 한글학회의 주장이 거의 다 관철됐다.(20장 참조)

■■■
이희승. 이희승은 문법 용어 명명 · 철자법 · 한문 표기 방법 등을 둘러싸고 최현배를 중심으로 하는 한글학회와 격렬하게 대립하였다. 이들의 갈등은 학파 간 논쟁의 수준을 넘어 헤게모니 전쟁의 양상을 띠었다. 국어사전은 이 싸움의 주요 동력이자 산물이었기에, 이희승은 한글학회에서 『큰사전』을 발간한 후 곧바로 『국어대사전』을 펴냈다.

학회에서 『큰사전』을 펴내자, 한글학회와 경쟁 관계에 있던 이희승이 1961년 곧바로 『국어대사전』을 펴낸 것만 보아도 한글 학자들 사이에서 벌어진 주도권 다툼이 어느 정도였는지 짐작할 수 있다.

이희승의 『국어대사전』은 수록 어휘 수가 『큰사전』보다 훨씬 더 많은 23만여 개로, 『큰사전』에 대항하여 급조해낸 것이었다. 『국어대사전』은 '일러두기' 에서 '백과사전적인 항목은 철학, 논리, 심리, 윤리…… 등 온갖 분야에 걸친 사항, 용어 외에 인명, 지명, 책이름, 곡명 등의 고유명사…… 등을 엄선하였다."고 밝혔다. 이러한 '백과사전적' 구성은 국어학, 어문정책, 국어 교육, 학교 문법 등을 둘러싸고 한글학회와 형성한 경쟁 구도와 무관하지 않다.

그러나 1974년 간행된 『새우리말큰사전』과 함께 수록 어휘 면에서 가장 방대할 뿐만 아니라, 대중적으로도 널리 애용된 『국어대사전』에는 『큰사전』과 같은 역사성, 즉 민족독립의 한 방편으로 민족 언어를 통일하고 보급한다는 의의는 존재하지 않는다. 또한 '이희승 선생의 7년 역작' 이라는 선전 문구와 달리, 그 편찬 과정에 대해서 알려진 바가 거의 없다. 더구나 『국어대사전』이 일본의 신무라新村出가 엮은 『광사원廣辭苑』(백과사전식 일본어사전)을 지나칠 정도로 참고했다는 비판도 제기돼왔다.(김슬옹, 〈이희승 국어사전의 역사적 의미〉)

『큰사전』 이후 발간된 국어사전들을 보면, 한자말까지 포함하여 전통 우리말이 근대 이후에 생긴 '근대(신)어' 보다 어휘 수 면에서 월등히 많다. 이는 당연한 일이다. 그럼에도 국어사전이 근대 지식을 표현하고, 그 소통체계로서 기능했다고 하는 것은 어휘 수라는 양적인 차원을 넘어 그 배치와 풀이가 갖는 '규범' 때문이다.

예를 들어 『표준조선말사전』(1947)에서는 '푸닥거리' 를 '간단하게 음식을 차려놓고 잡귀를 풀어 먹이는 굿' 이라고 풀이했는데, 이는 언중들이 일상에서 사용하는 '푸닥거리' 라는 말을 경험적으로 체득한 것이 아니라, 근대 지식이 규정한 '사전적 의미' 에 따라 소통하게 되었다는 점에서 언중이 오히려 근대 지식의 소통체계에 종속되었음을 의미한다.

조선어학회 사람들은 순 우리말의 복원과 재구성에 큰 노력을 기울였는데, 특히 최현배 이후에는 이런 성향이 지나칠 정도였다. 이는 일본말투의 폐기와 급격히 몰려오는 영어에 대한 대항이기도 했지만, 전통적인 한자말에 대한 거부 의지가 컸다.

『표준조선말사전』은 『큰사전』 편찬 작업에 참여했던 이윤재의 원고를, 그가 조선어학회 사건으로 옥사한 뒤 그 사위가 엮어 낸 것인데, 조선어학회에서 제정한 어문 규범 원칙을 적용한 최초의 국어사전이다. 이 사전의 566면을 펼쳐보면, '원컨대' 에서부터 '월석月夕' 에 이르기까지 103개의 표제어가 수록되어 있다. 그중에서 전통적인 우리말이 아닌 것으로 판단되는 것은 '원탁회의圓卓會議' '월간月刊'

'월갈'(문장론) '월계관月桂冠' '월계수月桂樹' '월급月給' '월례회月例會' '월료月料' '월보月報' '월부月賦' '월비月費' '월사금月謝金' 등이다. '월갈'만 빼고 모두 한자로 된 이 말들은 물론 우리말이긴 하되, 구한말 이후 서양 문물과 함께 일본이나 중국을 통해서 들어왔거나 만들어진 신어들로 보인다. 이 단어들의 지시 내용으로 보아 대략 구한말 이전의 조선 사회에서 통용되었다고는 보기 힘들기 때문이다. 예를 들어 '월갈'은 '문장론'을 순 우리말로 바꾸어낸 것인데, '문장론'(구문론, 통사론)이라는 용어 자체가 현대 언어학 혹은 국어학 이론이다. 다시 말해 이 표제어들은 우리 사회의 근대적 구성 과정과 결부된 언표들이었다.

문제는 '원탁회의'나 '월계관' 같은 말들이다. 이 말들은 서구에서는 근대 이전부터 존재해온 말들인데, 우리나라에 개화기 이후에 들어왔다 해서 우리의 근대적 구성물로 볼 수 있느냐는 것이다. 일괄적으로 그렇게 보기는 어렵지만, 경향상 그렇다는 것이 개인적인 생각이다. 우리의 근대는 고유한 서구 근대의 구성물에다, 근대 이전의 서구 전통까지 포함한 서구화 과정으로 특징지어지기 때문이다. 그 결과, 이러한 표제어나 그 주해들은 근대 사회로 이행하는 과정에서 우리가 익숙해져야 하는 근대 지식의 표현이 되었다.

'월급' 같은 말은 근대 자본주의 없이는 나올 수 없는 말이고, '월례회' '월보' 같은 말들 역시 근대의 문화적 맥락 안에서만 이해할 수 있다. 어휘 수로 보면 전통 우리말들이 월등히 많은 수를 차지했지만, 그중 상당수는 근대 지식의 소통체계로 재활성화되지 못하고 사멸해갔다. 사전 편찬자들이 국어사전을 민족 문화의 보고로 만들기 위해, 또는 우리말의 풍부함을 기억하기 위해 고어가 되다시피 한 잔존어들을 아무리 사전에 등재해놓아도, 새롭게 부상하는 근대어들의 소통체계에서 이 말들을 재생시키기란 쉬운 일이 아니었다.

잔존어들의 사멸, 또는 그 재생의 어려움은 오랜 시간에 걸쳐 근대인이 되었거나 근대인으로 태어난 한국 사람들의 언어문화적 습속에 의해 자연스럽게 진행되어온 바도 있지만, 언어에 대한 지식의 근대적 요청, 즉 인위적 언어 규범에 준거하여 '틀린 말' 들을 버리도록 한 국어사전의 명령 표시('→')가 진행시켜온 측면도 없지 않다.

『큰사전』 편찬자들은 다른 사전 편찬자들과 달리, 실제로 어휘 자료를 수집하는 데 상당한 공을 들였다. 신문, 잡지, 소설, 시집, 고전언해 외에도 역사, 지리, 관제 등 각 전문 문헌들에서 어휘를 뽑아내는 한편, 조선어학회의 기관지 《한글》 독자들과 학생들의 협조를 얻어 각지의 지방말들을 채취했다. 그럼에도 불구하고 이들은 언어에 대한 지식의 근대적 요청이라는 제 자신의 덫에 걸려 각 지방의 문화적 · 언어적 감성과 습속에 따른 다양한 표현(지방말)들을 폐기처분시키는 첨병 역할을 수행했다.

그 구체적 방식을 보면, 우선 앞서 논의한 것처럼 지방말들을 있는 대로 사전에 다 수록해놓고 하나하나 죽이는 기이한 방법('→')이 있다. 다른 하나는 『표준조선말사전』처럼 '틀린 말' 을 사투리로 처리해 버리는 방식이다. 그런데 여기서 특이한 점은 사투리로 분류된 말들은 모두 토박이말이었지, 한자말에는 이 방식이 적용되지 않았다는 것이다. 심지어 이희승의 『국어대사전』은 국한문혼용론 주장을 뒷받침하기 위해, 한글학회의 『큰사전』에 비해 순 우리말 수를 줄이고 한자말을 대폭 늘려 국어에서 한자말이 차지하는 비율이 70퍼센트라는 허구적 통계를 만들어내기도 했다.

조선말 큰사전

ㄱ ㄲ

■■■
『조선말 큰사전』. 편찬자들은 어휘자료 수집에 상당한 노력을 기울였으나, 그렇게 수집한 단어 중 각 지방의 문화적 · 언어적 감성을 반영하는 다양한 지방말들을 '틀린 말'로 규정하여 폐기처분했다.

이 과정에서 한자말은 '비식鼻息=콧숨'처럼 순 우리말로 동의어 표시('=')를 해주는 것으로 처리하고, 더 이상의 설명은 달지 않았다. 더 의아한 점은 한자말인 '학반學班'과 '학급學級'은 동의어로 처리하면서도, 순 우리말인 '꺼끄러기'와 '까라기'는 후자만을 바른 말(표준어)로 인정하고 전자는 틀린 말(사투리)로 처리했다는 것이다. 참으로 기이한 우리말 죽이기가 아닐 수 없다. 서양 외래어인 '가다로꾸'는 '카탈로그catalogue'로 잡아주면서, 왜 우리말은 그렇게 홀대했을까.

물론 이미 규정된 어문 규범이 있었어도, 낱말 결정과 사투리 여부, 어휘 차례, 품사 분류와 용어 · 관계어 처리 등에서 상당한 어려움이 있었을 것이다. 이는 분석과 판단 능력의 문제라기보다, 언어에 대한 지식의 근대적 요청 자체가 안고 있는 언어 지식의 불확정성 때문이다. 그런데 이 불확정성을 부정하고, 자명하고 단일한 표상체계로 언어를 통일하려 한 경도된 과학주의가 모든 문제의 출발점이다.

'국어'로 둔갑한 외국어

다소의 차이는 있지만, 국어사전들은 잔존어들을 붙잡아놓으려고 안간힘을 다하는 한편으로, 한자말이 아닌 외래어로 된 근대신어들을 최대한 등재하려고 했다. 최초의 본격적인 국어사전이라 할 수 있는 『표준조선말사전』을 보면, '드론 게임drawn game' '드라이브drive' '인트러닥션introduction' '칼레지college' '캐피털리스트capitalist' 등이 표제어로 등재되어 있다. 『큰사전』은 이런 부분에 주의한 측면이 있으나, 『국어대사전』과 『새우리말큰사전』 등은 어휘 수에 급급하여 '커런트/커렌트current'나 '커트/컷cut', '포오멀/포멀formal' 처럼 외래어라기보다 외국어에 가까운 말들을 무분별하게 등재했다는 비판을 받았다.

문제는 이 말들의 용례를 언중들의 일상적 용법에서 가져온 것이 아니라, 대부분 외국어의 용례를 그대로 베끼다시피해서 사전에 '국어'로 등재시켰다는 점이다. '보이boy'를 예로 들어 보면, 『큰사전』과 『국어대사전』, 『새우리말큰사전』은 각각 다음과 같이 풀이해놓았다.

- 『큰사전』: ①사내아이 ②사내
- 『국어대사전』: ①소년少年 거얼girl ②심부름하는 사내아이. 사환使喚, 사동使童
- 『새우리말큰사전』: ①사내아이. 소년少年 거얼girl ②자식. 아들 ③(사무실이나 식당 같은 데서) 심부름하는 사내아이. 사환使喚, 사동使童

이에 대해 국어학자 남기심은 "'보이'가 국어사전에 표제어로 등재되어야 한다면, 그것은 이 말이 외래어로서 국어에서 쓰이고 있기 때문일 텐데, 국어에서 쓰이는 외래어로서의 '보이'는 '소년'의 뜻으로보다는 '심부름하는 사내아이'나 '사환, 사동'의 뜻으로 더 널리 쓰인다. …… '보이'를 외래어의 자격으로 국어사전에 올리려면 그 뜻풀이는 '소년'이나 '자식, 아들'보다 '사환, 사동'의 뜻을 앞세우거나 '소년, 자식, 아들' 등의 뜻풀이는 삭제해야 할 것이다."라고 지적했다.(남기심, 「국어사전의 현황과 그 편찬방식에 대하여」, 『사전편찬학연구』 1집)

실제로 『큰사전』 편찬 작업 초기에 어휘 자료를 수집할 때, 1928년 조선총독부 중추원에서 만든 『조선어 사전』(일본어 대역사전)과, 1897년 영국인 선교사 게일이 요코하마에서 만든 『한영ᄌᆞ뎐』 등의 어휘를 전부 수용했다고 한다. 외래어를 우리 용법에 따라 설명하기보다, 대역 풀이식으로 그대로 갖다 실은 것이다. 이는 우리가 이때부터 우리 삶에 기초하는 근대 지식의 변용적 생산보다, 서구의 원 의미를 그대로 복제하는 것에 더 관심을 두었다는 뜻이다.

이와 같은 태도는 순 우리말 풀이에서도 그대로 나타나서, '알다'를 『큰사전』은 '감각하여 인식하다'로, 『국어대사전』 역시 '감각하여 인식하거나 인정하다'를 첫 주해로 달아놓았다. 이는 '모르는 것을 안다'는 일상적 의미보다, 서구철학적 의미를 앞세운 결과이다. 일본어사전의 주해를 그대로 베낀 사례도 있다. 가령, 이희승의 『국어대사전』은 '내장內臟'을 '고등 척추동물의 흉강胸腔과 복강腹腔 속에 있는 여러 기관의 총칭'(1982, 수정증보판 671쪽)이라고 주해하고 있는데, 일본어사전 『광사원』 역시 '高等脊椎動物の 胸腔と 腹腔內とにあ

る 諸器官の 總稱' 이라고 주해되어 있다. 어미나 조사를 제외하고는 거의 일치한다.

'국어'를 아행행하라

이처럼 우리 사회가 근대로 이행하는 시기에 국어사전은 '언어에 대한 지식의 근대적 요청'에 답하는 한편, 근대 지식의 소통체계를 확립하고자 했으며, 동시에 그 과정에서 근대 지식의 구성물로 작동했다. 여기서 근대 지식이란 지식 사회의 학적 담론이 아닌, 언중들의 사회적 · 문화적 · 지적 생활 세계 및 언행체계와 연관된 지식을 말한다. 특히 우리 사회에서 형성된 근대 지식은 근대적 지식인들이 일반 언중의 앎과 행위를 근대적 생활 세계 및 언행체계로 호출, 생산, 변환, 포섭하는 언표 및 담론 행위로 소통시킨 것이라 할 수 있다.

결국 우리의 근대 지식은 내재적 이행이나 언중들의 주체적 과정으로서, 사회 · 문화적 토대 및 그 역동성과 상호작용하며 생산되고 소통되지 않은 것이다. 더욱이 이 과정에서 대개의 근대적 지식인들은 스스로 서구중심주의의 포로가 되어, 서구 지식을 배포한 것이나 다름없다. 따라서 언중들은 서구-근대적으로 이미 구성된, 또는 구성되고 있는 근대 지식에 반응하거나 동원되며 근대적 생활 세계와 언행체계로 편입될 수밖에 없었고, 이 서구-근대적 표상체계의 집합물이 바로 국어사전이었다고 할 수 있다.

요컨대 국어사전은 말 그 자체가 아닌, 근대 지식에 비춰진 표상을 담은 근대 지식의 구성물이었다. 이 표상체계는 생성/변주와 소통/차이의 피드백feedback으로서가 아니라, 낯선 것들을 낯익게 강요하며 언중을 발가벗기는 명령어로서 성립했다.

그러나 근대 지식 혹은 근대적 소통체계는, 그 발명자들과 후예들이 끊임없이 제기한 '국어 윤리'('올바른 국어생활론') 주장에도 불구하고 완전히 통일된 지배 구조를 유지하지 못했다. 그리고 마침내 1990년대에 이르러 컴퓨터와 인터넷에 '해킹'을 당하기 시작했다. 아마도 국어학자나 사전 편찬자들은 이것의 의미를 전혀 감지하지 못한 채, '아햏햏'을 국어사전에 올려야 하느냐 마느냐를 놓고 아햏햏한 고민에 빠져 있을 것이다. 방법은 간단하다. '국어'를 해체하는 것!

한국전쟁 이후 일어난 여성 3인칭대명사 논쟁

11

'그녀'로 태어난 근대의 여성

글로 읽을 때 괜찮은데, 말로 들으면 이상한 단어는?
바로 '그녀'. 엽기적인 그녀, 아름다운 그녀……, 그녀의 쓰임새는 요긴하지만, 대화 속에선 자칫 '그년'으로 들릴 소지가 있다. 오늘날의 '그녀'를 지칭하기 위해, 해방 이후 숱한 언어 실험이 시도됐다. 그, 그네, 그미, 그니, 궐녀……. 그러나 일본어 '가노죠'를 흉내낸 말이라는 비판에도 불구하고, 대중은 '그녀'를 선택했다. '그녀'의 탄생은, 현대적 삶으로 전환하는 시기에 새롭게 형성된 여성의 정체성과도 밀접한 관련이 있다.

독자적으로 호출된 '그 여성'

한국전쟁이 끝난 1954년, 우리 말에 새로운 단어가 하나 등장했다. 문단에서 여성 3인칭대명사를 돌연 '그녀'라고 쓰기 시작한 것이다. '그녀'라는 표현은 순식간에 확산되어 문학작품뿐 아니라, 신문이나 잡지는 물론 영화, 방송 등에서 약속이나 한 듯 광범위하게 사용되었다. 대략 1910년대 이후 여성 3인칭을 지시하는 여러 표현들이 시도되더니, 한국전쟁 이후 전격적으로 '그녀'가 일반화된 것이다. 여성을 3인칭 방식으로 독자적으로 호출하고자 한 30년간의 실험이 결국 '그녀'로 모아진 셈이다.

우리말에는 원래 여성을 지칭하는 3인칭대명사가 없었다. 그런데

■■■
식민지 시기 신여성. 우리 말에는 여성을 지칭하는 3인칭대명사가 없었다. 그 이전까지 여성은 우리말과 글에서 지워진 존재였던 것이다. 그런데 신문화가 들어오면서 영어의 'She'를 어떤 말로 대응시킬지가 커다란 고민거리로 대두하였다. 궐녀厥女, 그네, 그녀가 간간이 사용되다가, 한국전쟁 이후 '그녀'가 급속도로 확산됐다.

신新문화가 들어오면서, 특히 신문학을 중심으로 영어의 'She'를 어떤 말로 대응시킬 것인지가 커다란 고민거리가 되었다. 지금은 흔히 사용하는 '그'라는 말도 원래 우리말에서 3인칭대명사로 사용되던 것이 아니다. '그곳' '그때' '그 양반'에서처럼 지시관형사로 사용되던 '그'가 인칭대명사로 쓰이기 시작한 것도 신문화가 들어오면서부터이다. 처음에는 3인칭대명사로 '궐厥('그'의 뜻)' '궐자厥者' '그이' 등이 사용되다가 결국 '그'로 낙착되었다.

'그'는 남녀 구별 없는 3인칭대명사로 쓰였다.

1919년 이광수는 《매일신보》에 연재한 처녀작 『무정』에서 드물게나마 '그'를 여성과 남성을 모두 가리키는 대명사로 사용했다. "그가 나이 이십이 되도록 한 번도 자기의 뜻에 맞는 남자를 만나지도 못하고"에서 '그'는 여성을 가리키고, "그는 어떤 사람이며, 그와 월화의 관계는 장치 어찌 될는고."에서 '그'는 남성을 가리킨다. 조중환은 그 전인 1913년에 이미 《매일신보》 연재소설 『장한몽』에서 "내가 어찌하여 그 여자를 대하여 보리요."에서처럼 '그 여자'라고 쓰기도 했다. 이광수도 1934년 《조선일보》에 『그 여자의 일생』이라는 소설을 연재한 데서 알 수 있듯이, '그 여자'를 간혹 사용하기도 했으나 주로 '그'를 썼다.

그러던 중 문인들 사이에서 문학상의 혼동과 불투명성 문제가 제기되며, '그'는 남성 3인칭대명사에 국한하여 쓰고, 여성 3인칭대명사를 따로 만들어 쓰자는 움직임이 일어났다. 김동인, 양주동 등이 '궐녀厥女'란 말을 잠시 써보고, 나중에 다시 해외 문학파들이 '그네'란 말을 쓰겠노라고 선언하기도 했지만, 둘 다 별다른 영향력을 발휘하지 못했다.

'she'를 '궐녀'라고 번역한 것은 1920년대 이전의 일로, 당시 'he'는 '저'나 '궐자'로 번역되었다.(1925년 《개벽》에 "도스토예프스키와 및 저의 작품"이라는 글귀가 나온다.) 다른 한편으로 '그'든 '그 여자'든, 아니면 '궐녀'든 3인칭대명사의 사용을 꺼리고, 고유명사를 직접 사용하려는 경향도 있었다.

이러한 다양한 실험 가운데 '그녀'도 간간이 출현했다. 1926년 8월에 발표된 것으로 알려진 양주동의 「신혼기」에 이미 '그녀'라는 표현이 보인다. "어려서 나와 곧잘 '연애'에 가까운 정다운 교제를 하였던 '연뽕'이라는 여인이었기 때문에 그녀가 나의 궁상에 동정하여 약간의 '찬거리'를 종종 담너머로 날라다주었다."

그녀, 그네, 그미, 그니, 그리고 그년?

1954년 이후 '그녀'가 많이 쓰이기 시작하자, 일부 사람들이 이에 불만을 표시했다. 그로부터 10년 후인 1965년, 《현대문학》 3월호에서 이를 놓고 집중 토론을 벌였다. 토론에 참가한 최현배, 이숭녕, 허웅, 김형규, 류창돈, 김석호, 김동리 등 당시 대표적인 국어학자와 작가 7명은 각자 나름의 '그녀론'을 내놓았다.

한글학자 외솔 최현배는 '그녀'가 일본말의 조어 '彼女(가노죠)'를 흉내낸 말이라며 맹렬히 공격했다. 일본에서는 이미 19세기 말부터 'he'와 'she'에 대응하여 '彼(가레)'와 '彼女'라는 번역어를 만들어 사용하기 시작했는데, 1912년 이후 '가노죠'가 문학어로 승격되어 문단에서 왕성하게 사용됐다. 최현배는 이중으로 문제를 제기했다. 우선 일본말 조어 자체가 억지라는 것이다. '女'는 한자말(美女, 小女, 女子 등) 외에는 따로 쓰이지 않으므로, '가노'와 합성어가 될 수 없다는 것이다. 다음으로 '그녀'라는 말 자체도 관형사 '그'와 '女'를 합성한 것이므로 '그여'가 맞다고 했다. 관형사 다음에 '女'를 쓰는 것이므로 낱말의 첫소리 발음 원칙(예컨대 '연배年輩')에 따라야 하기 때문이다.

이러한 불합리 외에도 '그녀는'으로 발음할 때 '그년은'이라는 욕설로 들린다는 점에서도 '그녀'란 표현은 적절치 않다고 주장했다. 최현배는 그 대안으로, 예전에 자신이 제안했던 '그씨' '그분'을 폐기하고 '그미'를 제시했다. 남자는 '아비' '오라비' '할아비', 여자는 '어미' '할미' '아지미' 따위로 불려지는 데서 알 수 있듯, '-미'가 여자를 가리키는 말이기 때문이다.

이에 반해 서울대 교수였던 이숭녕은 여성 3인칭대명사의 제정 실험이 실패했다고 진단하고, 작가들의 통일된 협력을 요구하며 '그녀'라는 말을 옹호했다. 대중들의 통용어로 완전히 성공하지는 못했다 하더라도, '그녀'가 이미 귀에 거슬리지 않게 되었고 자연스럽게 쓰인다는 이유에서였다. 이승녕은 '그미'나 '그네' 등 여타의 말들은 부적절하다고 했다.

한글학회 회장을 지낸 허웅은 우선 고민해보지 않은 사안을 편집자의 청탁으로 마지못해 쓴다고 솔직히 고백했다. 최현배는 몇 십 년을 고민했다고 하는데, 그 후계자인 허웅은 여성 3인칭대명사에 관심이 없었던 것이다. 그런데 허웅은 아주 재미있는 발언을 한다. '이분' '그분' '저분' 및 '이이' '그이' '저이'는 남자뿐 아니라 여자에게도 공히 사용되는 3인칭대명사인데, 여자들이 이 표현들을 모두 남자들에게 양보하고 있다면서, 이 가운데 한 계열을 여자에게 돌려주자고 한 것이다. 허웅은 "나도 남성인지라, 우리 대명사를 모두 여성에게 돌리는 것은 용납할 수 없으나, 여럿이 있다면 그중의 하나쯤은 그것도 아름다운 말을 양보할 정도의 페미니스트는 된다."면서, '이이' '그이' '저이' 계열을 여성에게 돌려주자고 제안했다.

다른 학자들이 여성 3인칭대명사를 주로 기술상의 문제로 접근한 것과 달리, 허웅은 특이하게 성 문제로 접근했다는 점에서 상당히 획기적이다. 그는 인위적으로 이뤄지는 문법의 변혁 가능성에 의심을 품으면서도, "원래 성의 표시가 없는 우리말의 인칭대명사에 성을 도입한다는 것은 새로운 문법 범주를 하나 만들어넣는 셈."이라고 의미를 부여했다. 남자들에게 전용되고 있는 3인칭대명사를 여자들에게 돌려주자는 허웅의 주장은, 언어 사용에서 여성의 지위를 고려한 의미심장한 발언이다.

한편 국어학자 김형규는 먼저 우리말의 인칭대명사가 존비尊卑의 관계만 분명할 뿐, 성 구별은 전혀 없다고 지적하며, 'he' 에 해당하는 남성 3인칭대명사는 내버려두면서 'she' 에 해당하는 3인칭대명사만을 찾으려고 하는 것도 남존여비 사상에 입각해 있다고 보았다. 그는 언중의 선택을 중시하며 일단 '그녀' 를 거부하지 않았다. 다만 어머니나 아주머니 등을 '그녀' 로 부를 수는 없다는 점에서 3인칭대명사의 존칭별 문화가 필요하다고 지적하고, 낮춤말은 '그놈' 에 대비하여 '그년' 또는 '그 계집' 이 있으나, 높임말은 남성 전용으로 쓰는 '그이' 나 '그 어른' 을 여성에게 그대로 사용해도 무방하다고 했다.

국어학자 류창돈은 특정한 태도를 밝히지 않고 이미 사용되거나 대안으로 제시된 말들, 즉 '그녀' '그네' '그히' '그니' '그미' '그매' 의 근거를 분석했다. 류창돈은 '그네' 는 '그' 에다 여성 혹은 여성적 명칭에 잘 붙는 접미사 '네' 를 합성한 것인데, '그네들' 하면 '그 여자들' 인지 '그 남자들' 인지 헷갈리긴 하지만 별로 문제가 되지는 않으리라 보았다. '그히' 는 '그희' 의 오기로 보아 '그녀' 와 같은 구조, 즉 '그+姬' 에서 온 것으로 보았으며, '그니' 와 '그매' 는 유래가 확실치 않다고 했다.

김석호는 '그녀' 에 분명히 반대했다. '그녀' 라고 하면, 그것이 일어의 직역이든 아니든 상관없이, 여인의 아름다운 이미지가 깨지며 '그년' 이라는 욕설과 유사해 보여 불쾌감마저 준다는 이유에서였다. 그는 대안으로 '그매' 를 내놓았다. '아지매' '엄매' '할매' 등의 표현에 근거하여, 또한 '몸매' '눈매' 따위의 말들에서 보듯 아름답고 곱고 예쁜 어감이 표상되기 때문이다. 그리하여 '그매' 라고 하면 여성의 아름답고 부드러운 모습이 연상되고, 동양 여성의 전형적인 이미

최현배(왼쪽)와 김동리. '그녀'라는 호칭을 둘러싸고 논쟁이 벌어졌을때 최현배는 그녀가 일본말 조어 '彼女(가노죠)'를 흉내낸 말이라며 격렬히 비판하고, 그 대안으로 '그미'를 제안하였다. 이에 대해 김동리는 '가노죠'를 직역하면 '저의녀'가 된다고 반박하면서 '그녀' 사용을 옹호했다.

지가 눈앞에 아른거린다고 했다. 또한 서민적인 말이기 때문에 대중과 함께할 수 있다고 주장했다. 그러나 김석호의 주장은 여성을 '여성적'으로 규정한 데 그 한계가 있다.

마지막으로 소설가 김동리는 '그녀'를 옹호하며, '그녀'의 어원에 대한 반대론자들의 해석을 비판했다. 반대론자들은 '그녀'가 '그+女', 곧 '우리말+한자말'로 이루어졌다고 보고, 이런 식으로 우리말이 되는 경우는 없다고 했다. 이에 대해 김동리는 '울녀'라는 말을 제시했다. 『큰사전』을 보면 '울녀'를 '잘 우는 버릇이 있는 계집아이'로 풀이해놓았으며, '울남'도 있음을 보여줬다. '울+女'를 들어 '그녀'가 전혀 근거 없지 않음을 밝힌 것이다.

김동리는 일어 '가노죠'를 흉내낸 말이라는 해석도 비판했다. '가노죠'를 직역하면 '그녀'가 아닌 '저의녀'가 되며, 또한 '그녀'로 사용하는 것은 한·일 두 민족이 모두 가진 고유어와 한자말 사이의 유사성 때문이라고 했다. '그녀'는 이미 '울녀' 또는 '어진녀'와 같은 계열로 연결되고 있는데, 왜 '가노죠'를 끄집어내느냐는 것이다.

《현대문학》은 이 좌담과 함께, 작가 54명을 대상으로 현재 어떤 여성 3인칭대명사를 쓰고 있는지를 조사했다. 그 결과, '그녀'가 대다수를 차지했다. 이중 답변을 포함하여 응답 결과를 보면, '그녀' 33명, '그네' 7명, '그' 6명, '그 여자' 4명, '그니' 2명, '그미'와 '그여'가 각각 1명이었다. 그리고 여성의 고유명사를 그대로 사용한다는 사람이 4명, 여성 인칭대명사를 되도록 피한다는 사람이 2명이었다.

남성이 지어준 불완전한 이름

'그녀'란 표현이 갖는 최대의 약점은 글에서는 사용되어도, 입말에서는 쓰이지 않는다는 점이다. 아마 '그년'이라는 욕설로 오해하기 쉽기 때문인 것 같다. 이처럼 입말에서 쓰이지 않는다는 점 때문에, 여성 3인칭대명사로서 '그녀'의 위치는 간간이 위협받았다.

1974년 교육계와 어학계 인사들로 구성된 '국어순화운동 전국연합회'는 바르고 고운 말을 쓰자는 표제 아래 '그녀'를 쓰지 말자고 대중에게 호소했다. 그 이유로는 최현배의 논리에 따라, 1) 조어법상 맞지 않고, 2) 'she'나 '가노죠'를 흉내낸 번역투이고, 3) 음운상 듣기 거북하다는 점을 들었다. 우리말 연구가 이오덕도 1989년 『우리글 바로쓰기』에서 비슷한 이유를 들어 '그녀'를 문제 삼았다. 1991년에는 시인 여영택이 《한글새소식》에서 '그냐'를 제안했다. 우리말에서

'여드레'가 '야드레'로, '여위다'가 '야위다' 등으로 사용돼왔다는 점을 근거로 '녀'를 '냐'로 바꿔본 것이다.

여성을 3인칭대명사 '그녀'로 호출하는 데에는 두 가지 의미가 있을 수 있다. 하나는 여성을 더욱 여성이게 만드는 것이고, 다른 하나는 반대로 남성에 대항하여 여성의 존재를 부각시키는 것이다.

'그녀'라는 말은 '여성적'이라는 면에서 상당한 설득력을 지닌다. 부드럽고 아름답게 느껴지는 어감 때문이다. 이는 '그'에서는 도저히 느껴지지 않는 어감이다. 그러나 이러한 맥락에서만 '그녀'를 사용한다면 '강인한 남성' / '부드러운 여성'라는 성차별적 대비에 갇힐 수밖에 없다. 따라서 남성에 대해 여성의 존재를 부각시킨다는 맥락이 더 설득력 있다.

실제로 '그'와 별개의 '그녀'를 사용한 것은 여성을 새롭게 발견하도록 해주었다. 여성을 표현하는 고유한 이름을 갖는 것은 정당한 일이다. 이름을 갖는다는 것은 그동안의 침묵과 억압과 소외에서, 말하기와 참여와 해방의 길로 나아간다는 뜻이다. 개별자의 이름을 부르면 되지 않겠느냐 하지만, '그녀'라는 대명사에는 단순한 호칭 이상의 의미가 내포돼 있다. 고유한 이름을 부르는 것은 개별자의 호출이라는 제한성을 갖지만, '그녀'라는 말에는 여성의 정체성이 담겨 있다. '그녀'는 특정한 여성을 지칭하면서도, 그 밑바탕에는 여성 고유의 이미지와 정서가 깔려 있다.

그러나 불행히도 '그녀'는 남자들이 지어준 이름이다. 자칫 잘못하다간 '그년'으로 불릴 수도 있다. 다시 말해 '그녀'로 여성을 표현한다고 해서, 여성의 지위가 확보되지는 않는 것이다. '그녀'는 언제든지 남성에 의해 공격적 대명사로 전복될 수 있다. 어떠한 방식으로 사용하고 사용되느냐에 따라, '그녀' 라는 표현에는 항상 성적 모순의 긴장감이 감도는 것이다.

'그녀' 가 눈뜨게 한 새로운 정체성

지금의 관점에서 보면, '그녀' 라는 표현을 굳이 반대할 이유는 없지 않았을까 싶다. 물론 '그녀' 가 아닌 '그 여자' 혹은 '그미' 도 가능하다. 말은 누가 강제해서가 아니라 사람들이 사용하는 흐름에 따른다. 그 흐름에 따라 '그녀' 도 언젠가는 다른 말로 바뀔 수 있다. 이것이 말들의 경합 원칙이다. '그녀' 는 다른 여성 3인칭대명사들과 벌인 경쟁에서 승리했다.

누구든 필요에 따라 자유롭게 말을 만들어낼 수 있다. 언어가 사회성을 갖는다고 해서 말을 만들어내는 개인의 창조성마저 부정할 수는 없다. 새말은 하나의 언어적 실험이다. 만든 사람이 누구든지 간에 대중들에게서 설득력을 얻으면 통용될 것이고, 그렇지 못하면 금방 소멸할 것이다. 물론 기왕에 통용되는 말에 대해 이런저런 이유로 문제를 제기하는 것 역시 자유이다. 그 비판 또한 대중의 선택에 맡길 일이다. 다만 동일한 지시물을 지칭하는 단 하나의 말만을 고집하기보다, 여러 가지 말이 여러 가지 효과로 다양하게 사용되는 것이 더 바람직하지 않을까 한다. 이때 각각 사용되는 말들에 고유한 말맛이나 권력관계가 담겨 있다는 점은 주의 깊게 살펴봐야 한다.

말의 역사와 현실은 바로 이러하다. 문인들은 '그녀' 를 사용하고, 최현배와 같은 국어학자는 '그미' 를 주장했다. 어원적 원리로는 최현배의 말이 타당해 보이지만, 사람들은 이미 정서적으로 '그녀' 를 선택했다. '그녀'를 막고자 하는 최현배보다는, '그녀'를 옹호하는 김동리의 설명이 더 설득력 있어 보인다. 물론 이런 와중에도 '그녀' 대신 '그니'를 사용한 윤정모 같은 이도 있었다.

> 어쨌거나 정인에게 그곳은 벼논, 자신은 메뚜기였다. 그니는 포식을 위해 술을 따르라면 술을, 춤을 추라면 춤을 추었다. …… 밤마다 한 움큼의 지폐가 그니 손으로 굴러들었다.(『고삐』)

요즘에는 '그녀'를 성차별어라 하여, 남성과 동일하게 '그'를 쓰는 경향도 있다. 개화기 이후 여성을 어떻게 표현할 것인지에 대한 고민과 실험은, 현대적 삶으로 전환하는 시기에 여성을 독자적으로 호출하고자 한 노력이라는 점에서 중요한 의미를 지닌다. 그것은 무엇보다 여성들의 존재와 지위를 구체적으로 의식하기 시작했다는 증거이며, 여성의 새로운 정체성 형성과도 관련이 있다.

남성 3인칭대명사와 대비하여 여성 3인칭대명사를 통용시키려고 한 시도들은, 영어의 'she'나 일본어의 '가노죠'를 그대로 베꼈다는 비판과는 무관하게, 전통적 삶을 새로운 방식의 현대적 삶으로 재구성하려는 노력과 맞물려 있다. 현대적 삶의 양식에 성의 모순이 개입했다고나 할까. 그런데 의문이 하나 남는다. 왜 '그녀'는 한국전쟁 이후에 널리 쓰이게 되었을까?

12 해방 이후 최현배의 한글 풀어쓰기 실험

한글에 불어닥친 '서구식 과학화' 바람

최현배는 왜 한글 풀어쓰기를 주장했을까?
우선, 글자를 소리나는 차례와 일치시키기 위해서라고 했다. 여기에 쓰기 쉽고, 보기 좋고, 인쇄하기 쉽고, 읽기 쉬우며, 맞춤법의 어려움까지 덜어줄 뿐만 아니라, 가로쓰기가 세계적인 대세이니 풀어쓰지 않을 이유가 없다는 것이다. 한글을 풀어쓰자면, 한자를 폐지해야만 한다. 비록 이 혁명적인 실험은 실패로 끝났지만, 현대로 들어서는 길목에서 문자생활과 그것을 둘러싼 환경의 모순을 극복하기 위해 실천적으로 노력했다는 점에서 의미가 적지 않다.

신문물의 영향, 풀어쓰기

글은 말을 담는 그릇이니,
이즐어짐이 없고,
자리를 반듯하게 잡아 굳게 선 뒤에야
그 말을 잘 직히나니라.
글은 또 말을 닦는 긔계니,
긔계는 몬저 닦은 뒤에야
말이 잘 닦아 지나니라.
– 주시경

누구나 한번쯤은 한글을 풀어써본 경험이 있을 것이다. '풀어쓰기'란 '모아쓰기'와 대립되는 글자 쓰기 형태이다. 즉, '한글'이라 쓰는 것은 모아쓰기요, 'ㅎㅏㄴㄱㅡㄹ'이라 쓰는 것은 풀어쓰기다. 풀어쓰기는 대개 재미 삼아, 혹은 나름의 규칙을 적용하여 친한 친구와 둘만의 비밀스런 내용을 주고받을 때 사용한다.

비밀 유지가 생명이었던 독립운동가들 역시 풀어쓰기를 애용했다. 1919년 경북 영해의 정규하 장로를 비롯하여, 다른 지방에서도 3·1 운동의 비밀 연락문을 작성할 때 풀어쓰기 흘림체를 암호로 사용했다. 러시아에 이주한 한인들도 한글 월간지 《대한인정교보》에서 풀어쓰기를 시도했다.

실제 풀어쓰기의 역사는 더 길다. 갑오경장(1894)을 전후한 개화의 물결 속에서 한글을 풀어쓰자는 주장이 나타났다. 당시까지만 해도 우리의 문자생활은 한문적 전통에 따라 정사각형의 모아쓰는 꼴에 익숙했고, 또한 그것이 자연스러운 것으로 여겨졌다. 그런데 서구 문물이 들어오면서 새로운 글자꼴에 눈뜨게 되었다. 세로로 모아쓰던 관행과 통념에서 벗어나, 전혀 다른 세계의 문자문화를 새롭게 상상하기 시작한 것이다. 여기에는 미국 여행에서 돌아온 유길준이 쓴 『서유견문』(1895)과 예수교 계통 선교사들의 영향이 컸다.

한자의 정사각형 꼴에서 벗어나자

이러한 자극을 받아 한글 가로 풀어쓰기를 구체적으로 구상한 사람이 주시경이다. 배재학당에서 교육받은 주시경은 1914년 『말의 소리』 부록편에서 그 보기를 들어보이며, 가로 풀어쓰기를 주장했다. 그리고 한글 강습회 졸업증서와 잡지 《새빛》 등에 실

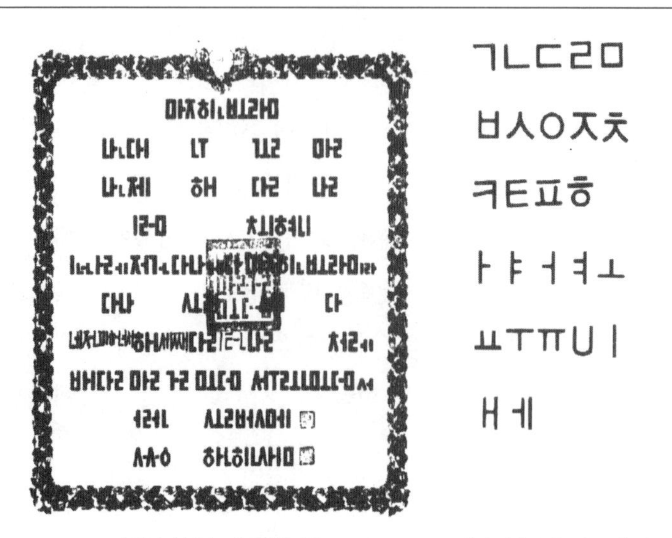

| 주시경 풀어쓰기 졸업증서 |　　| 주시경 풀어쓰기 글씨꼴 |

■■■

주시경이 실험한 졸업증서의 풀어쓰기. 맨 위에 '졸업장'이라는 말 대신 '맞힌보람'이라고 풀어썼다. 주시경의 풀어쓰기는 로마자의 영향을 상당히 받았다. 주시경은 영어를 공부하고 《독립신문》 교정을 보면서, 한글이 문선 식자 후에 조판을 해야 하는 까닭에 인쇄문화와 문자생활에서 뒤진다고 판단하고 이를 개선해보고자 풀어쓰기를 시도했다.

제로 가로 풀어쓰기를 도입했다.

그의 풀어쓰기 이론을 보면, 1) 첫소리 'ㅇ'과 '·'는 안 쓴다. 2) 'ㅣ'와 'ㅡ'는 각각 로마자 'l'과 'U'로 바꿔 쓴다. 3) 합성어를 이루는 낱말 사이에는 로마자 소문자 'v'를 끼워넣어 두 낱말이 하나로 얽힘을 나타낸다 등으로, 로마자의 영향을 상당히 받았음을 알 수 있다. 주시경이 이런 주장을 하게 된 데에는 영어 공부와 《독립신문》 교정을 본 경험이 크게 작용했다. 특히 인쇄 과정에서 한글과 영문의 커다란 차이를 실감했다. 원고가 완성되면 곧바로 조판할 수 있는 영문과 달리, 한글은 조판 전에 원고대로 활자를 뽑는 문선文選 식자 과정을 거쳐야 한다. 주시경은 이 때문에 한글이 뛰어난 과학성에도 불구하고, 인쇄 문화와 문자 생활에서 뒤지고 있다고 판단했다.

주시경에 이어 가로 풀어쓰기 이론을 제시한 사람은 김두봉이다. 해방 이후 북한의 로동당 문화원에 풀어쓰기 연구소를 두고 한글 풀어쓰기를 연구한 김두봉은, 1918년에 출판한 『깁더 조선말본』에서 한글을 로마자처럼 왼쪽에서 오른쪽으로 풀어쓰자고 주장했다. 몇 가지 원칙을 살펴보면, 1) ㅇ, ·, ㅡ, ㅣ는 주시경과 같다. 2) 겹씨의 사이와 글줄 끝에서 토막 나는 때에는 짧은 '–'를 표시한다. 3) 말이 거듭되는 때에는 ':'로 나타낸다(단단한 'ㄷㅏㄴ:ㅎㅏㄴ') 등이다. 그는 풀어쓰기 인쇄체와 필기체, 흘림체도 개발했다. 주시경과 김두봉 외에도 많은 사람들이 풀어쓰기 이론에 관심을 가졌다.

그중 한글 풀어쓰기를 가장 체계적으로 성안成案한 사람은 최현배이다. 우선 그는 '풀어쓰기'라는 용어 대신 '가로씨기'라는 용어를 사용했다. 여기서 '쓰기'라 하지 않고, '씨기'라 한 것에는 나름대로 근거가 있다. '쓰다'가 '書'와 '用'의 두 가지 뜻으로 두루 사용되면 혼동될 염려가 있으니, 두 가지를 구별하여 '書'는 '씨다'로 '用'은 '쓰다'로 사용하자는 것이다. 최현배는 그 근거로 경기도 한강 이남 지방, 경상도, 황해도 지방에서 '書'를 '씨다'로 사용하고 있음을 들었다. 최현배 방식에 의하면, 가로씨기는 가로씨는 일이요, 가로글씨는 가로씨는 글자이고, 가로글은 가로씬 글이다. 여기서는 최현배의 용어를 그대로 가져다 쓰겠다.

최현배는 대학 1학년 때인 1922년 일본 유학생들의 하기 순회강

좌에서 처음 가로씨기 연구를 발표했다. 그는 가로글씨를 보여주며 그 필요성을 주장했는데, 이 내용이 《동아일보》에 실렸다. 한데 최현배의 강의 내용을 들은 시골 사람들은 대단히 못마땅하게 생각했다. 옛 성인이 만들어낸 문자를 두고, 어찌 일개 학생이 참람한 짓을 하느냐는 거였다. 시골 사람들에게 된서리를 맞고서도 최현배는 계속 가로씨기를 연구했다. 그리고 마침내 조선어학회 사건으로 3년 동안 옥살이를 하는 중에 스스로 근사하다고 할 만한 가로글씨 성안을 완성했다. 그렇게 하여 나타난 것이 1947년 발표한 『글자의 혁명』이다.

최현배는 우리의 말소리는 차례대로 한결(예컨대, 'ㅎㅏㄴㄱㅕㄹ')로 나타나는데, 우리 글씨는 음절을 한 덩어리로 싸고 있어, '가' / '굴' / '닭' 따위들처럼 가로씨기와 세로씨기가 뒤섞여 기괴하기 짝이 없다고 지적했다. 그는 세종이 세계에서 유례없는 과학적인 자모문자를 만들고도 시대적 한계로 말미암아 그 맞춤법은 상형문자인 한자의 정사각형 꼴에서 벗어나지 못하였다고 지적하며, 가로씨기를 하는 이유를 소리나는 차례와 일치시키기 위해서라고 설명했다. 거기에다 씨기 쉽고, 보기 좋고, 인쇄하기 쉽고, 읽기 쉬우며, 맞춤법의 어려움을 덜어준다는 점을 덧붙였다.

최현배는 단지 이런 실용적인 이유만 제시하지는 않았다. 문자사적인 관점에서 가로씨기가 세계적인 대세라는 주장이었다. 수많은 문자 가운데 내리씨기를 하는 문자는 겨우 몽골 글자, 만주 글자, 한글 등 몇 가지에 불과하고, 거의 다 가로글씨로 되어 있다는 것이다. "가로글씨는 다만 이론적 유희도 아니며, 서양 글자의 단순한 모방도 아니며, 실로 전세계 인류의 자연스런 글자임이 이에 명백히 증명됨을 인식하지 아니할 수 없다."고 하여, 한글의 가로씨기화가 문자 발달상 필연적 요구임을 주장했다.

다른 한편으로 한글 가로씨기는 한자를 상대로 한 투쟁과도 관련이 있다. 최현배의 한글 사랑의 핵심은 한자 안 쓰기와 한글 가로씨기이다. 즉, 가로씨기는 한자를 폐지하는 전제 아래 가능하다. 그는 『글자의 혁명』 머리말에서, "현대는 민중의 시대이요, 한글은 민중의 글자이다. 대중의 노동과 생산을 희생으로 하여, 소수의 특권계급만이 배울 수 있는 봉건적 글자인 한자를 완전히 물리쳐버리고, 우리는, 민중의 글자인 한글만을 가로씨기로 하여, 옛날 한자의 세로문화에 갈음하여, 한글의 가로문화를 건설하자. 그리하여야, 민주주의의 나라를 굳게 세울 수 있으며, 배달겨레의 생명을 영구히 발전시킬 수 있을 것"이라고 했다. 말과 글은 인류 생활의 무기이자 민족 문화의 연장인데, 우리 배달겨레는 오랜 세월 한자의 속박을 받아왔으니, 이제 정치적 해방과 더불어 문화적 해방을 이루자는 것이다.

"진실로, 과학스럽게 정리된 말과 글"

최현배는 한글의 내리씨기(모아쓰기)가 안고 있는 문제를 다음과 같이 분석했다.

1. 직선이 직각적으로 거로 걸친(교차된)것이 대부분이요
2. 곡선이 매우 적으며(다만 ㅇ과 ㅎ의 둘뿐이다)
3. 홀소리 글자(모음)는 공간을 둘러싼 것이 도무지 없으며
4. ㅏ와 ㅓ, ㅑ와 ㅕ, ㅗ와 ㅜ, ㅛ와 ㅠ, ㄱ과 ㄴ은 다만 좌우 또는 상하로 마주서는 다름으로써 서로 구별되어 있으며

5. ㅅ과 ㅈ과 ㅊ, ㅣ와 ㅏ 및 ㅓ, ㅡ와 ㅗ 및 ㅜ가 겨우 점이나 획 하나의 있고 없음으로써 서로 구별되었으며
6. 소리값이 없는 ㅇ이 공연히 홀소리에 붙어 쓰힘의 특징을 가지고 있다. 이러한 것은 다 글자 특히 독립적 글자로 쓰는 가로글씨에서 매우 불리한 점이니, 마땅히 고쳐 할 것이다.

최현배는 한글 자체가 근본적으로 낱소리글(자모문자)이면서도, 그 맞춤법을 음절로 표준하여 정방형 안에 들도록 고안한 데서 이러한 문제가 비롯되었다고 보았다.

이런 문제 때문에 직선직각적 글자를 곡선원형적 글자로 변경하는 데 어려움이 따르자, 최현배는 가로씨기를 위한 최소한의 수정 사항으로 소릿값 없는 'ㅇ'을 폐기했다. 소릿값도 없으면서 공연히 헛수고하게 만든다는 이유 때문이었다. 'ㅇ'을 없앰으로써 발생하는 문제는 다른 방식으로 변통했다. 이를테면, '아이'와 '애'를 구별하기 위해 예로부터 써오던 딴이(ㅣ)를 따로 두어 'ㅏ ㅣ'와 'ㅐ'를 구별시킨다는 것이다.

이러한 점에 착안하고 기존 안들을 참조하여, 최현배는 기본형 24자에다 꼴바꾼 5자를 포함하여 한글 가로글씨 총29자를 발표했다. 로마자와 많이 닮아 보였지만, 단순한 모방은 아니었다. 물론 최현배는 로마자가 매우 진보된 소리글자임은 인정했지만, 로마자의 운필 방법이 가장 간단하고 자연적이기 때문에 로마자꼴을 피하려 해도 벗어나기 어려웠던 것이다. 최현배가 성안한 가로글씨 풀이를 요약하면 다음과 같다.

| 한글 가로글씨 29자 |

〈큰 박음〉

J L C S D U Λ Ⲁ Ⲁ̇ Ǝ E Z ȯ O

Ⱶ K Ꝗ Я ⅃ Ш T Π U I i ⅃̆ T̆ Ŭ Ĭ

〈작은 박음〉

J L C S D U Λ Ⲁ Ⲁ̇ Ǝ E Z ȯ O

h k q ɋ ⅃ Ш T Π U l ı ⅃̆ T̆ Ŭ Ĭ

〈큰 흘림〉

J L C S N U W I Ɨ Ǝ E Z ȯ O

Ⱶ K Ꝗ Я L Ш P Π V S i Ĺ T̆ Ŭ Ĭ

〈작은 흘림〉

ↄ ʟ c s n ɒ w ɪ t ə ɛ z ɓ o

y k g y d u p m v l ı ă p̆ ŭ ĭ

| 꼴바꾼 자에 대한 풀이 |

꼴바꾼 자의 이름

ı 딴이　⅃̆ 짧은 오　T̆ 짧은 우

Ŭ 짧은 으　Ĭ 짧은 이

꼴바꾼 자의 쓰임

hı (애)　kı (얘)　qı (에)

ɋı (예)　⅃ı (외)

⅃̆h (와)　⅃̆hı (왜)　T̆q (워)

T̆qı (웨)　T̆l (위)　Ŭl (의)

[잡이] ĭ 는 특별한 경우에만 쓰기로 함.

ĭh (ㅑ)　ĭq (ㅕ)　ĭ⅃ (ㅛ)

ĭT (ㅠ)

[붙임] 큰자 만이 İ (ㅣ)와 작은 흘림 y(ㅕ)는 가로쓰기 연구회에서 나의 벼름(案)을 고친 것이다. 곧 ı → ĭ, ɋ → y. 그런데, ɋ 는 그 박음 ɋ 를 그대로 한 것인즉, 그냥 써도 무방할 것이다.

1. '―'를 꼬부려서 'U'로 하였다. 독립적 형상을 이루기 위해서이다.
2. 소리값 없는 'ㅇ'을 아주 없애고, 소리값 있는 'ㆁ'을 아주 'ȯ'으로 하였다.
3. 'ㅅ'은 흘림글씨로서는 양끝을 휘어 '*w*'로 하였다. 공간적, 시각적 효과를 위해서다.
4. 'ㅍ'을 'Z'로 하였다.
5. ㅏ, ㅑ, ㅓ, ㅕ는 좌우로 마주섬을 피하고 보기 좋은 꼴로 하였다.
6. ㅗ, ㅛ, ㅜ, ㅠ는 상하로 마주섬을 피하여 변형시켰다. 이리하여 모든 글자를 아무리 구겨놓아도 서로 잘 구별되도록 하였다.
7. 꼴바꾼자 가운데 넷은 본글자에다가 짧음의 표 '◡'를 더한 것이니, 즉 반홀소리를 나타낸다. 그 쓰임을 보면 다음과 같다.

ĭh = 와,　　ĭq = 워,　　ĭl = 위,　　ŭl = 의,
ĭh = 야,　　Ĭq = 여,　　ĭı = 요,　　ĬT = 유,
'◡' 를 사용하지 않으면 다른 씨기가 된다.
ıh = 오아,　　Tq = 우어,　　Tl = 우이,　　Ul = 으이,
lh = 이아,　　lq = 이어,　　lı = 이오,　　lT = 이우,

8. 딴이 'ı'는 'l'를 짧게 한 것이다. 이 둘은 다른 차이를 나타낸다.

이렇게 고안된 한글 가로글씨는 낱말을 완전히 한덩어리로 할 뿐 아니라, 각 낱말을 완전히 띄어씰 수 있게 된다. 세로글씨에서는 음절을 표준으로 삼기 때문에 낱말이 완전한 한 덩어리가 아니다. '손은'을 붙여씨면 '소는'과 구별이 안 된다. 요컨대, "가로씨기에서는 낱말은 한덩이로 씨는 원리가 완전히 실현되는 것인즉, 모든 낱말은 띄어써야만, 행문行文의 낱말이 말광〔辭典〕의 낱말과 일치되어, 글월 가운데의 모르는 낱말은 말광을 찾아봄으로 말미암아, 그 뜻을 깨치게 될 것이다. 그리하여야, 진실로, 과학스럽게 정리된 말과 글이라 할 수가 있을 것이다."

1. 완전 한 덩어리 : 사람 → ʌhɕhɒ
2. 완전 띄어씨기 : 그것이 목이다 → ℑuɔqʌ l ɒıɔ ich

이제 실제 사용 예를 보자.

태산이 높다 하되, 하늘 아래 뫼이로다.
오르고 또 오르면, 못 오를 리 없건마는

사람이 제 아니 오르고, 뫼만 높다 하더라

Ehı-Λhʟ l ʟɪzch ȯhcɹı, ȯhʟʊƨ hƨhı ɒɹı
lƨɹch.
ɹƨʊɔɹ ccɹ ɹƨʊɒqʟ, ɒɹʌ ɹƨʊƨ ƨl qʚʌɔqʟ-
ɒhʟʟʟ,
Λhƨhɒ l ʞqı hʟl ɹƨʊɔɹ, ɒɹı ɒhı. ʟɪzch
ȯhcqƨh.

Ehı-Whʟ l ʟdzch бhcdı, бhʟʊƨ hƨ-
hı ndı lƨdch.
lƨʊɔd ccd dƨʊnyʟ, ndw dƨʊƨ ƨl
gəwɔgʟnhʟʟʟ,
Whƨhn l ʞqı hʟl dƨʊɔd, ndı nhʟ
ʟdzch бhcqƨh.

풀어쓰기는 망국의 불장난?

최현배는 이 '가로씨기' 내용을 담은 『글자의 혁명』을 1947년 발간한 데 이어, 1955년에 다시 이 책의 개정판을 내고, 1963년에는 『한글 가로쓰기 독본』을 발간했다. 풀어쓰기는 최현배 외에도 많은 사람들이 관심을 갖고 시도하였고, 지금도 시도하고 있다. 어떤 사람은 현실성을 고려하여 '하ㄴ그ㄹ' 식으로 '반풀어쓰기'를 하자고 주장하는 등, 각각의 이론과 주장에는 다소 차이가 있으나 기본틀은 유사하다. 이처럼 풀어쓰기가 계속 연구 · 주창된 것은 무엇보다 한글의 기계화와 관련이 있으며, 그에 따라 자형 · 글자 수 · 맞춤법 · 서체 연구도 꾸준히 진행되었다. 한글 풀어쓰기로 완전한 '한글혁명'을 달성할 수 있다는 믿음 아래.

그러나 한글 풀어쓰기가 시도된 지 90여 년이 지난 지금, 사실상 그 실험은 '실패'한 듯 보인다. 최현배는 '한글 가로씨기'를 역사

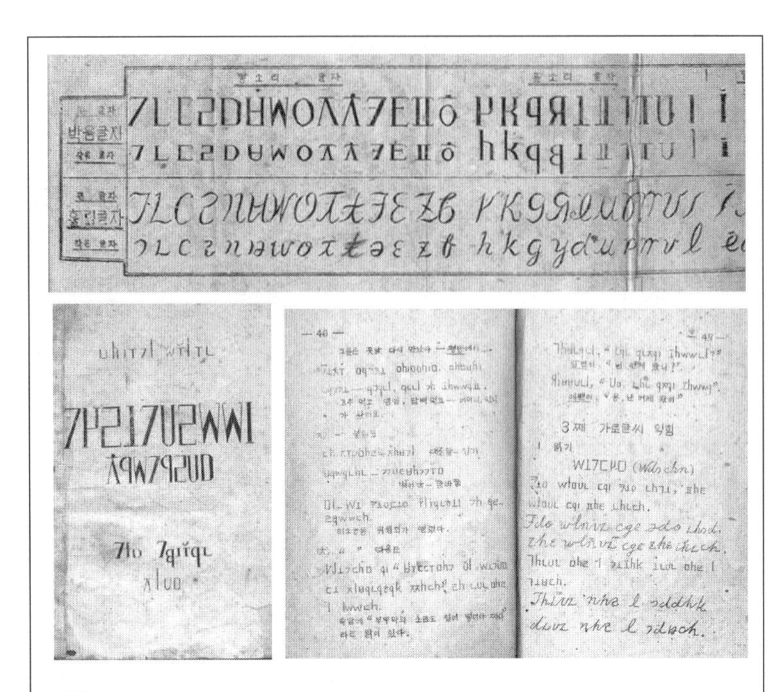

1947년 대구계성중학교 가로글씨 연구회 김계원이 쓰고 펴낸 『가로글씨 첫걸음』. 일명 '똥종이 프린트본' 한글쓰기 교본이다. 저자는 머리말에서 중학생들에게 가르쳐본 것을 간추려 스승인 최현배, 박창해의 가르침과 벗 유열의 도움으로 책을 펴낸다고 밝히고, 한글을 개량 발전시킨다는 뜻으로 글자를 고친 것이지, 연합군이 진주하여 외국 글자를 흉내낸 것은 아니라고 하였다.

적 · 문자사적 필연성으로 설명했지만, 그의 견해는 현실화되지 못했다. 정확히 말해, 그 예언은 실패했다. 현실은 그의 '가로씨기'가 비집고 들어올 틈을 거의 허용하지 않았다. 다른 방식으로 모아쓰기의 공백을 메우고 있기 때문이다.

그럼에도 불구하고 최현배를 비롯한 한글 연구가들의 풀어쓰기 실험은 의미가 적지 않다. 현대적인 삶으로 가는 길목에서 나타나는 문자 생활의 모순점을 극복하고자 실천적으로 고민했다는 점에서 말이다. 그들은 과학적으로 만들어진 한글을 과학적으로 사용하고자 노력했던 것이다. 이들의 시도는 문자 구성 원리와 그 꼴의 현대적 요구를 일치시키려는 부단한 실험 과정이었다. 거기에는 단지 문자 자체의 문제뿐만 아니라, 문자 사용을 둘러싼 인간의 환경을 바꾸려는 의도도 포함되어 있다. 비록 그 근거들이 옳지 않다 하더라도 말이다.

그런데 한편에서는 한글 풀어쓰기를 연구하는 똑같은 이유, 곧 기계화 문제 때문에 풀어쓰기가 아닌 모아쓰기를 해야 한다고 주장하는 이들도 있다. 한글 타자기로 유명한 공병우나 한글 기계화 연구가인 송현이 대표적이다.

송현은 교사 시절 학생들에게 『글자의 혁명』에 따라 풀어쓰기를 가르쳐주기도 했지만, 기계화에 입문한 후에는 그것이 어리석은 짓이었다고 후회했다. 한글 기계화를 위해서라면, 풀어쓰기가 아니라 현재의 모아쓰기를 발전시켜야 한다는 것이다. 송현은 풀어쓰기 주장이 "한글을 모독하는 행위요, 민족문화의 파괴운동"이라고 극단적으로 비난하며, 특히 소릿값 없는 'ㅇ'을 폐지하는 것의 폐단을 상세히 지적하고, 소릿값 없는 'ㅇ'이야말로 한글 창제의 "보배요 압권"이라고 주장했다.

'한글 타자의 석학' 임종철은 1977년 『한글 기계화 약사』에서 풀어쓰기를 "망국의 불장난"이라고 힐난했다. 세계적인 음성학자인 영국의 핸드슨도 한글의 모아쓰기가 부럽다며 거들고 나섰다. 국어학자 정인섭은 1952년 '국제 언어학자 대회' 석상에서 한글도 풀어쓸 수 있다고 자랑했다가 오히려 망신만 당했다고 고백했다.

내가 1952년 영국 런던에서 개최되었던 제7차 국제 언어학자 대회에 참가하여 한문글자와 일본 가나들자에 비교하여 한글을 자랑하면서 로마자와 비슷하게 풀어쓰기가 가능하여 기계화하는 데 편리한 글자라고 강연하였더니, 거기에 참석했던 학자들 가운데는 한글을 풀어쓰기를 반대하고 모아쓰기라야만 한글의 형태소와 발음과의 관계가 합리적으로 되고, 또한 문법이 비로소 성립되는 유일한 글자라고 했다. 나는 이 반론을 듣고 깨달은 바가 많았으며, 무조건 서구 문명을 모방한다는 것이 얼마나 어리석은가를 느꼈다.(『국어 음성학 연구』)

근대화 물결은 문자의 사용 방식에 대한 혁명적 고민을 촉발시키는 계기가 되었다. 그중 세로쓰기를 가로쓰기로, 오른쪽에서 왼쪽으로 향하던 글의 방향을 반대로 바꿔놓은 것은 매우 커다란 성과였다. 이 성과가 자리잡는 데 거의 1세기라는 긴 시간이 필요했는데, 이는 문자 환경을 둘러싼 인간의 삶의 방식과 관련이 있기 때문이다. 결론적으로 모아쓰기에서 풀어쓰기로 바꾸려는 시도는 실패했다. 기존 삶의 방식의 완고함 때문일까, 아니면 글자 자체의 원리 때문일까. 아마 둘 다일 성싶다.

어쨌든 서구 문자의 풀어쓰기 방식을 문자 발달사의 최종 단계로 생각한 최현배의 믿음은 오류였다. 한글의 독특한 모아쓰기 원리를 굳이 파기할 필요가 없었던 것이다. 문자사가들 사이에서 지배적인 이론으로 자리잡았던 최현배의 관념은, 최근 30~40년 사이에 거의 폐기되었다. 여기에는 과학기술의 발전이 미친 영향이 크다. 앞으로도 과학기술의 발전, 정보매체의 개발, 문화 환경의 변화와 맞물려 한글 개발 실험은 끊임없이 시도될 것이다.

13

정치와 일상을 가로질러 흐른 유행어

어깨(깡패), 급행료, 날치기, 치맛바람, 형광등, 똘마니……
지금도 심심치 않게 듣는 이 말들이 모두 1950년대산 유행어들이다. 유행어는 단순히 시대와 세태의 반영물이 아니다. 그것은 현실을 꼬집고, 풍자하고, 추종하며, 그것에 저항한다. 유행어는 정말 '못 말리는' 것이어서, 지배이데올로기로 기능하는 유행어가 있는가 하면, 바로 옆에서 그것에 저항하는 유행어가 설치고 다닌다. 유행어는 현실 반영이자 '간섭'이며, 대중이 지닌 언어 능력의 창조이자 실험이다.

현대사 흐름을 읽는 '힌트'

해방 이후 쏟아져나온 유행어들은 한국 현대사의 흐름을 가늠해볼 수 있는 '힌트'를 준다. 흔히 유행어는 시대와 세태를 반영한다고 하는데, 유행어에는 단순한 반영물 그 이상의 의미가 담겨져 있다. 그것은 정치와 일상을 가로지르며, 어떠한 방식으로든 현실에 간섭한다.

그 간섭 방식은 풍자, 냉소, 비꼼, 꼬집음, 저항, 추종, 말장난, 불신, 욕설, 비유, 유희, 익살 등등 복잡하고 미세하다. 이것들을 관통하는 가장 큰 요소는 '재미'다. 아무리 암울한 시대일지라도 재미가 없는 말은 생명력을 얻지 못하며, 풍자와 저항의 역설적 효과도 생산하지 못한다. 1980년대에 유행한 '대머리'(전두환)와 '노가리'(노태우)를 떠올려보라. 그 말에는 저항하는 재미가 담겨 있다.

이처럼 유행어는 그것이 아무리 비장한 저항적 담화 속에서 소통된다 할지라도, 인간적 감성과 독특한 말맛을 내뿜는다. 유행어가 반드시 정치적 참여와 연결되는 것은 아니다. 오히려 일상 담화 속에서 광범위하게 소통된다. 다만 그 강도가 강하든 약하든지 간에, 또는 거의 무관해 보일지라도 유행어는 정치, 경제, 사회, 문화적 요소들이 뒤섞이며 만들어지고 소통된다. 그러면 해방 이후 50년간 떠돈 유행어의 물살 속으로 들어가보자.■

외교에는 귀신, 내무에는 병신, 인사에는 등신

1945년 해방은 곧 말들의 해방이었다. '해방'이라는 말 자체가 해방되었고, '자유'와 '민주주의'라는 말이 크게 유행했다. 마치 제 세상을 만난 것 같았다. 이 말들은 꼭 정치적인 의미에만 머물지 않았다. 자유와 민주가 일상생활을 온통 점령할 기세였다. 심지어 남을 헐뜯고 욕하고, 남편 몰래 춤추러 다니는 주부들의 입에서도 '자유'가 튀어나왔다.

이 '자유'와 '민주주의'의 여세를 타고 수많은 정치·사회단체들이 생겨나, 무슨무슨 '주비籌備위원회'라는 간판들이 우후죽순 내걸렸다. 그들은 모두 '독립운동가'요 '애국자'였고, 그들보다 더 급진적이면 곧바로 '혁명투사'가 됐으며, 그들 사이에서 '동지'라는 칭호

■ 이 장은 특히 이규백의 『사건 속의 유행어』를 많이 참조했다.

'뭉치면 살고, 흩어지면 죽는다' '국민이 원한다면' 등의 유행어를 만들어낸 이승만. 추종자들에게 국부로도 일컬어졌던 그는, 그러나 정부 수립 후 '외교에는 귀신, 내무에는 병신, 인사에는 등신' 이라 해서 '3신' 이라 비난받았다.

가 친근하게 사용되었다. 그들의 '공공의 적' 은 민족을 팔아먹은 '친일파' '반민행위자' 였다.

이어 정치적 이데올로기가 살벌하게 대치하는 국면에 접어들자, '좌익' 과 '우익' 은 각각 '흰둥이' 와 '빨갱이' 로 속칭됐다. 우익에서는 '빨갱이' 를 '공비' 라 불렀고, 좌익에서는 '세포' '프락치' 라는 새말을 만들어냈다. '프락치' 라는 말은 제헌국회에서 '국회 프락치 사건' 이 터지면서 일반화됐다.

또한 북한의 사회주의를 피해 38선을 넘어 월남하는 사람들에게는 '38 따라지' 라는 이름이 붙었고, 남북으로 갈라진 '민족' 운운하며 '신탁' '찬탁' '반탁' '미소공위' '좌우합작' '단독 선거' 라는 새말들이 기세등등하게 떠올랐다.

이 정신없는 와중에 떠돈 말이 "미국놈들 믿지 마라, 소련놈에 속지 마라, 일본놈들 일어난다, 조선 사람 조심해라."였다. 추종자들에게 '국부國父'로 일컬어졌던 이승만은, "뭉치면 살고 흩어지면 죽는다."는 유명한 말을 남겼지만, 정부 수립 후에는 "외교에는 귀신, 내무에는 병신, 인사에는 등신"이라 하여 '3신'이라 비난받았다.

'벼락부자' '벼락감투'라는 말도 등장했다. 이때 '벼락부자'는 일본 사람들 밑에서 일하던 사람들이 은밀히 받은 적산敵産(일본 사람들이 남기고 간 재산)을 발판 삼아 부자가 되거나, 미국의 '원조물자'로 부자가 된 사람들을 일컫는 말이었다. 이와 함께 '적산 가옥 한 채 차지했느냐.'는 말도 유행했다.

'벼락감투'는 정부 수립으로 '시골 농부'(지주)가 일약 도지사나 장관으로 등용되는 일이 생기면서 등장했다. 그중에는 '모리배'들도 있었다. 또한 일자리나 좋은 자리를 찾아다니며 청탁하는 '낙하산부대'들이 활개를 쳤으며, 곤란한 일을 해결하려면 '사바사바'하거나 '빽'을 썼고, 그것이 잘되면 '국물'이 뒤따랐다.

1940년대 후반에는 '할로' '오케이' '기브 미 껌' '양코' '코쟁이' '노스케' '원자탄' '풍년기근' '염생이' '이북' '이남' '마카오신사' '미스터' '닥터' '85전' '해외에서 왔다' '통역정치' '인플레' '코리안 피엑스' '코리언 타임'(1960년에는 시간 맞춰 연탄불을 갈기 어려운 구공탄을 빗대어 '구공탄 타임'으로 바뀌기도 했다.) '근사하다' 따위의 말들이 천방지축으로 유행했다.

1950년대, 안 되는 일은 "사사오입해버려"

1950년대로 접어들자, 한국전쟁의 아수라장 속에서 많은 말들이 생겨났다. '인민군' '빨치산' '바츄카포' '네이팜' '유엔군' '6 · 25' '인해전술' '종군기자' '수용소' '1 · 4 후퇴' '납치' 라는 말들이 그렇고, 일반인들은 '전쟁' 보다는 '난리' '난리통' 이라고 많이 했다. 그 '난리통' 에 '적산' 이 '역산逆産' 이라는 말로 둔갑하여 '역산가옥' 식으로 쓰였다.

한강을 넘어 피난 간 사람들을 '도강파' , 그렇지 않고 서울에 남은 사람들을 '잔류파' 라 하였는데, '잔류파' 에 속하는 사람들은 나중에 상당한 곤혹을 치렀다. '잔류파' 가 '부역자' 로 몰린 셈인데, '부역자' 란 '인민군' 이나 '빨치산' 과 내통하거나 협조한 사람들을 가리키는 말로, 이런 혐의를 받아 국군이나 경찰에게 희생된 사람들이 숱하였다. 1951년의 '거창 양민학살 사건' 이 그 대표적인 사례이다. '인민군' 역시 일부 양민들을 '반동분자' 라 하여 '인민재판' 에 넘겼다.

1950년 10월 4일, 동사무소에서 '피난민증' 이 발급되었다. '피난살이' 로 허기진 수백만의 '피난민' 들은 먹거리가 없어 '구호물자' 에 의존했고, '얌생이질' 도 많이 하였다. 부산 국제시장에서는 '노랭이' '딸라장수' 들이 '일수변' '딸라변' 을 놓았다. 군대에서도 '황우도강탕黃牛渡江湯' (멀건 쇠고기국)이니 '도레미탕' (콩나물국)이 흘러다녔다.

그 '난리통' 에도 정치 음모는 치열했다. 부산에서 '정치 파동' (4장 주 참조)이 일어났고, 정치 폭력배들인 '땃벌떼' 나 '백골단' 이 설쳤다. '1 · 4후퇴' 때 청 · 장년들을 징집하여 결성한 '국민방위군' 이 강행군하며 남하하는 도중 동사자, 아사자, 동상부상자, 낙오자들이 속출했는데, 그 처참한 대열을 일컬어 '죽음의 행진' '해골의 대열'

■■■
1956년 개봉한 영화 〈자유부인〉 포스터. 전쟁이 끝난 후 정비석의 소설 『자유부인』이 폭발적 반향을 일으키면서, 유행어로 떠올랐다. '자유부인'은 바람기 있는 여자를 지칭하기도 하였지만, 당시 새로운 여성상의 등장을 반영하는 말이기도 했다. 1955년에는 댄스교사 박인수의 여대생 농락 사건이 터지면서 '춤바람'이라는 말이 바람을 일으키기도 했다.

이라 했다.

'골병대(공명대)' '탈바가지(헌병)' '끌려가다(군에)' '쏘리' '양공주' '양갈보' '유엔마담' '유엔사모님' '숏타임' '롱타임'('창녀'와 성관계를 1회 하는 것이 '숏타임'이고, 밤새 하는 것이 '롱타임'이다.) '나일론 국'(담배, 신사 등) '각하' '돌았다' '공비' '슬픔이여 안녕' '화폐개혁' 따위들이 유행했다. 1952년에는 전국 각지에 '충혼탑'이 건립되었고, '문둥이' 병이 창궐했다.

전쟁이 끝난 뒤인 1954년, 빼놓을 수 없는 두 개의 유행어가 창조되었다. 하나는 **'자유부인'**이고, 다른 하나는 '사사오입'이다. '자유부인'은 《서울신문》에 연재되던 정비석의 소설 『자유부인』이 장안의 화제로 떠오르며 번진 말이다. 당시 지배적인 도덕관념상 용납하기 어려운 상류층 부인의 '외도'를 다룬 『자유부인』은, '자유부인'이라는 새로운 여성상을 선보이며 바람기 있는 여자나 남편의 직위를 빌어 옳지 못한 일을 하는 여성을 가리키는 말로 많이 쓰였다.

'사사오입' 은 이승만의 자유당이 만들어낸 작품이다. 1954년 8월 6일 초대 대통령 연임 제한 철폐를 골자로 하는 개헌안이 국회에 제출되어, 11월 27일 투표를 한 결과 재적 203명 중 찬성 135, 반대 60, 기권 7표로 부결되었다. 재적 3분의 2에서 1표가 부족하여 국회 부의장이 부결되었음을 선포한 것이다. 그러나 자유당은 긴급대책 끝에 203명의 3분의 2는 135명 하고도 0.33명인데, 0.33명은 한 명의 인격으로 취급할 수 없기 때문에 135가 3분의 2라는 수학적인 사사오입 개념을 도입하여, 부결 선포를 번복하고 개헌안 통과를 선포했다. 이때부터 사람들은 잘 안 되는 일을 되도록 하려면 "사사오입하라."고 했다.

'자유부인' 의 영향인지는 알 수 없지만, 1955년에는 댄스교사 박인수가 춤을 미끼로 유부녀와 여대생을 농락한 사건이 터져 '춤바람' 이라는 말이 바람을 일으키기도 했다.

1956년에는 **'우의마의'** 라는 새 유행어가 등장했다. 사사오입 개헌안을 통과시킨 자유당이 1956년 당대회에서 이승만을 대통령 후보로 지명했으나, 그가 불출마 의사를 밝히자 출마를 촉구하는 국민운동을 전개하였는데, 이에 대해 민주당 의원 조재천이 국회에서 "대한노총 산하 우마차牛馬車 조합에서 수백 대의 우마차를 동원, 이 박사의 재출마를 절규하는가 하면 죽은 사람 도장까지 연판장에 찍는 판이니 이것은 '민의民意' 가 아니라 '우의마의牛意馬意', 심지어는 '귀의鬼意' 까지 동원한 것이 아닌가."하고 힐책한 데서 비롯된 말이다.

같은 해 국회에서는 시계 밀수 사건에 국회 부의장과 국회의원이

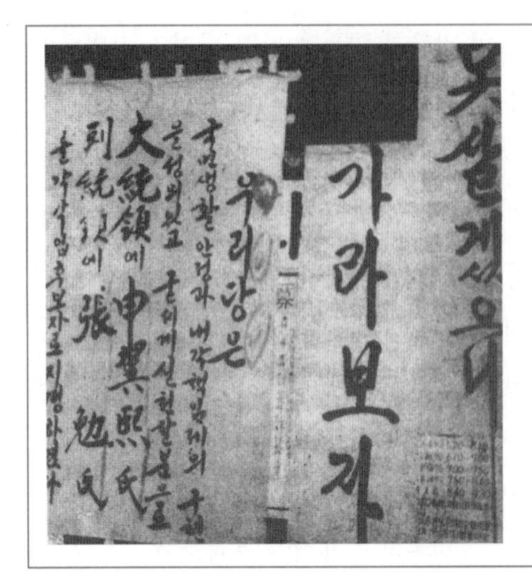

■■■ **못살겠으니 가라보자.** 1956년 대통령 선거 때 자유당의 이승만에 대항한 민주당의 선거구호. 이 말은 국민 정서를 반영한 때문인지 크게 유행하였다. 한편 자유당은 이에 '갈아봐도 별 수 없다'로 맞섰다.

관련되었다는 설 때문에 논란이 일기도 했다. 이 사건에 개입한 사람이 마카리오 장이라는 남자여서, 이후 '마카리오 장'은 밀수의 대명사 혹은 밀수꾼들을 지칭하는 말로 크게 유행했다.

1956년 떠오른 또 하나의 유행어는 **'각하 시원하시겠습니다'** 였다. 그해 10월 1일 이익홍 내무장관 불신임안이 발의되었을 때 민주당 의원 류옥우가 이익홍더러 "광나루에 이승만 대통령을 따라 낚시 간 이 장관이 방귀소리를 듣고 '각하 시원하시겠습니다'고 말했다니, 이것은 아첨의 극을 나타내는 것"이라고 꼬집은 데서 나온 말이다.

그 이듬해에는 이승만의 양자가 말썽이었다. 이승만 양자로 입적된 이기붕의 친아들 이강석이 경북 월성군청에 갑작스럽게 나타나자 군수가 "**'귀하신 몸'**이 어떻게 여기까지 오셨습니까." 하고 극진히 '모셨는데', 나중에 그 사람이 가짜로 밝혀진 것이다. 가짜 이강석의 재판을 보도하며 신문들은 하나같이 '귀하신 몸'에 '징역 1년 6개월 구형' 이라는 제목을 붙였고, 이때부터 '귀하신 몸' 이 크게 유행했다.

1958년 12월 24일 국가보안법 파동 때 자유당이 가죽점퍼를 입은 무술경위 300여 명을 동원하여 본회의장에서 농성 중이던 야당 의원들을 강제 추방, 연금시킨 뒤 각종 법안들을 날치기 통과시키는 일이 일어났다. 이후 '가죽잠바' 나 '무술경위' 가 유행어로 등장했다. 특히 '가죽잠바' 는 훼방꾼을 지칭하는 말로 통했다. 그리고 이승만 앞에서라면 무조건 "지당합니다, 지당합니다." 하거나, 감읍感泣하는 부류들을 가리켜 민주당 사람들은 '지당장관至當長官' '낙루장관落淚長官' 이라고 비꼬았다.

전쟁 후에 '요새 아다라시(숫처녀)가 어딨노' '나이롱 처녀' 라는 말도 유행했는데, 《야담과 실화》라는 퇴폐적인 황색저널은 1959년 1월호에서 〈서울의 숫처녀는 불과 60퍼센트도 못 된다〉는 제목의 기사를 게재해서 큰 물의를 일으키기도 했다.

이 밖에도 각종 유행어들이 지천에 널렸다. '개판' '공갈' '거수기'(지시하는 대로 움직이는 국회의원) '날치기사회司會' '사모님' '못살겠다 가라보자' '구관이 명관이다' '좋은 자리 있을 때 봐줘' '스타일 버렸다' '치마바람' '맘보쓰봉' '어깨' '깡패' '복도 많지 뭐' '되민증道民證'(시골사람) '돌았다' '사이사이 떨다'(아첨하다) '형광등'(둔한 사람) '날치기' '치기배' '왕초' '똘마니' '쎄리' '짜부'(순경) '국제얌체' '빨간 딱지' '청춘 차압장'(징집영장) '알간디 교수'(무능교수) '금붕어'(다방에서 죽치는 여학생) '군바리' '땅개' '개병대' '아리랑 군대'(한국군) '국물' '상납' '떡값' '이동수금원'(오토바이 타고 운전사한테 돈 뜯는 교통순경) '담배값' '급행료' '낙하산융자' '영계자금'(산업은행의 연계자금) 따위들이 대중들의 입에서 입으로 떠돌았다. '죽일

유행어로 본 1950년대

'6 · 25'
'난리통'에
피난 가는 사람들

1950 한국전쟁 발발

1951 자유당 창당(총재 이승만)

1952 정부, 대통령 직선제 개헌 강행(부산정치파동)

발췌 개헌안 통과

이승만, 2대 대통령 당선

'민의'가 아니라
'우의마의'가
판친 대통령 선거

1953 휴전 협정 조인

1954 《서울신문》 『자유부인』 연재

사사오입 개헌 가결

'자유부인' '춤바람' 났네

1956 3대 정 · 부통령, 이승만 · 장면 당선

민주당 창당

1957 가짜 이강석 사건

1958 국가보안법 3차 개정

1959 《경향신문》 폐간

법정에 선 '귀하신 몸'

1960 4대 정 · 부통령, 이승만 · 이기붕 당선

4 · 19 혁명으로 이승만 실각

민주당 집권

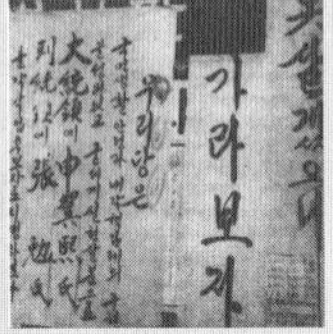

'못 살겠으니 가라보자' vs '갈아봐도 별 수 없다' 선거

'땃벌떼' '백골단'
설쳐댄 부산 정치파동

'가죽잠바' '무술경위'
동원한 국가보안법 개정

놈' '개새끼' '개자식' 등의 욕설도 거침없이 튀어나왔다.

1960년 3·15부정선거는 '무더기표' '올빼미표' '피아노표' '빈대표' '쌍가락지표' 등의 신조어를 만들어냈다. 4·19혁명을 기념하는 유행어는 '국민이 원한다면'이었다. 이승만이 하야 성명에서 "국민이 원한다면 대통령직도 내놓겠다."고 한 데서 유래한 말이다. 친구들 사이에서도 "국민이 원한다면 내가 한 잔 사지." 하는 식으로 즐겨 쓰였다. 이 말은 우리 현대사의 유행어 아닌 유행어로서, 집권자들이 즐겨 사용하며 국민을 호도해온 말이기도 하다. 4·19혁명은 '데모' 바람을 일으켰다. 국민학생들도 플래카드를 들고 나왔으니 가히 '데모 만능시대'였다. 학생들은 부모에게 용돈을 탈 때에도 "우리 '데모' 하자."고 말했다.

1960년대, "누구 왕년에 재건 안 해본 사람 있나"

1961년 5·16쿠데타는 새로운 유행어를 만들어냈다. 가장 큰 바람을 일으킨 말이 아마도 '세대 교체'와 '재건'일 것이다. 국가재건최고회의, 재건국민운동, 국가경제재건운동에서처럼 단체 이름이나 구호에서 '재건'이라는 말은 약방의 감초처럼 쓰였다. '재건합시다'라는 인사말이 나오는가 하면 '재건복'도 등장했고, 대학생들 사이에서는 돈 안 들이며 걸어다니는 '재건 데이트'가 유행했다. '재건'에 뒤섞여 '무허가 건축'도 유행했는데, 이 말은 요즘 식으로 하면 '폭탄', 곧 '못생긴 사람'을 뜻했다. 당시 판잣집 같은 무허가 건축이 즐비한 데서 유래한 말이다.

'세대 교체'는 1963년 2월 27일 박정희가 국가재건최고회의 의장으로 있으면서 '정국 수습을 위한 선서식' 에서 "세대 교체 노력이 대다수 정치인들의 완고한 반대에 부딪쳤다."고 발언한 데서 비롯되었다. 이 말은 곧 기성세대를 공격하는 용어로 사용됐다. '세대 교체' 는 "때 묻은 사람 물러가라."는 구호로 바뀌기도 하고, 이에 반발하여 "신악新惡이 구악舊惡 뺨친다."고 비아냥거리기도 했다. '혁명 주체' '챠아트 행정' '브리핑' '캠페인' 이란 말도 많이 유행했고, '번의' '소신' '민족적 민주주의' '자주성' 도 박정희 작품이다.

이 무렵 **'부재'** 라는 말도 '언론 부재' '교육 부재' '공약 부재' '정치 부재' '대화 부재' 등 숱한 파생어를 만들어냈다. 급기야 '부인은 부재 중' 이라는 말까지 낳아, 요정에서 수청을 들어달라는 암시어로 사용되기도 했다. 1963년 2월 25일 김종필이 공화당 창당준비위원장을 사임하고 순회대사 자격으로 외유길에 오르기 직전, 여행 동기를 묻는 기자들에게 답한 **'자의반 타의반'** 이라는 말도 유행했다. 여학생들이 화장실에 가면서 '자의반 타의반' 이라고 말하는 식이었다.

'나는 당신의 정신적 남편' 이라는 말도 재미있다. 1963년 10월 15일 제5대 대통령 선거에서 15만여 표차로 낙선한 윤보선이 한 달 뒤 진해의 국회의원 선거전 지원유세에서 "나는 국민의 정신적 대통령"이라고 발언한 뒤로, '정신적 ○○' 라는 말이 유행했다. 거지도 유행따라 살아야 했는지, 밥을 안 주고 문전박대하는 가정부인에게 "나는 당신의 정신적 남편"이라고 놀려댔다.

1960년대에는 자기 정체를 위장하고 반대파와 내통하는 자를 가리켜 **'사꾸라'** (벚꽃. 일본의 국화)라 했는데, 그 계기는 1963년 누군가 공개석상에서 야당 중진의원 유진산더러 '사꾸라' 라고 고함쳤기 때문이다. 이 말은 그 뒤 유명해져 '낮에는 야당, 밤에는 여당' 이라는

■■■
1963년 제5대 대통령 선거에 출마한 윤보선의 서울 유세 장면. 이때 선거에서 박정희에게 15만여 표 차로 낙선한 윤보선은, 한 달 뒤 국회의원 선거 지원유세에 나와 "나는 국민의 정신적 대통령"이라고 발언하였다. 이 말 이후 '정신적 ○○○'라는 말이 유행하였다.

말과 함께, '겹사꾸라' '왕사꾸라' 따위로 파생되어 쓰였다. 1974년 공화당 의장 이효상은 "나라가 잘되려면 여당에는 야당 사꾸라가, 야당에는 여당 사꾸라가 있어야 한다."고 발언하여 구설수에 오르기도 했다. 이 말은 1980년대까지 정치인들이 서로 비방할 때 줄기차게 쓰였다. 제6대 국회의원 선거를 치른 후에는 '전국구 비례대표 의원'을 가리키는 **'비료肥料대표'** 라는 말이 정가에 퍼졌다. 이는 선거 자금이 궁한 야당이 헌금을 받고 전국구 후보를 내주는 편법을 쓴 데서 비롯된 말이다. '비료대표'는 5천만 원까지 호가했으며, 갖가지 스캔들을 뿌려 이 말은 매관매직의 대명사처럼 사용됐다.

1964년에는 동경올림픽 때 남북으로 이산된 신금단 부녀의 극적

상봉이 화제가 되었는데, 이때 헤어지는 자리에서 신금단이 울부짖으며 외친 "아바이!"라는 말이 크게 유행했다. 같은 해 대일 굴욕외교 반대 데모가 치열해지며, 재경교수단이 서명운동을 하자 문교장관이 '정치교수'라고 비난하면서부터 '정치학생' '정치방학'이라는 말들이 파생하여 퍼져나갔다.

'고자세'와 '저자세'란 말도 나왔다. 1967년 제7대 국회의원 선거 이후에는 '선심 공세' '타락 선거'라는 말과 함께 '막걸리선거' '장국밥선거' '개판선거'라는 말이 유행했으며, 대학가 학생회장 선거는 '코피선거'로 불려졌다. 1969년 3월에는 현직 장관, 고관, 국회의원, 대학총학장, 목사 등 저명인사 40여 명이 '가짜 박사'인 게 들통났다. 이 바람에 '가짜 대학생' '가짜 의사' '가짜 롤렉스시계' 따위의 말들이 새끼 쳐서 유행했다. 1960년대 말에는 정치인들이 고위층에서 정치자금을 받은 것과 관련하여 항간에 누가 얼마 받았다는 소문이 자자했다. 이 음성 거래로 받은 촌지를 '오리발'이라고 하여, 정가에서 크고 작은 사건이 터질 때마다 '오리발'이란 말이 등장했다.

1960년대 후반에는 우주시대가 개막되고, 연예계와 관련하여 전에는 보지 못하던 유행어 방식이 돌출했다. 1966년 3월 제미니 8호가 도킹에 성공하고, 6월에 9호가 랑데부와 우주 유영에 성공하자 "우주시대의 이성교제는 '랑데부'에서 '도킹'으로"라는 말이 오갔다. 1969년 7월 21일 아폴로 11호가 달 착륙에 성공한 후에는 양복점, 주점, 다과점, 음식점 이름에 '아폴로'가 많이 붙었다. '11호 자가용'(보행)도 아마 이때 생겨난 것 같다. 미국이 달 표면에 성조기를 꽂을 때 한국의 여학생들은 기숙사에 '팬티'를 꽂았고, 많은 남학생들이 이를 '청춘의 깃발'이라 하여 훔쳐보았다.

아폴로 11호의 달 착륙. 우주시대 개막은 유행어에도 새로운 흐름을 가져와, '아폴로'라는 이름을 붙인 상점이 속속 생겨났다.

연예인들이 대중의 관심을 끌기 시작하면서 이때부터 그들이 내뱉는 말들이 유행하기 시작했다. '좋아하네' '웃겼어' 도 그중 하나이다. 코미디언 서영춘의 '출세해서 남주나' '놀랐지?' '가갈갈갈', 구봉서가 창작해낸 '몰랐지?' '몰랐을 거다' 도 많이 회자되었다. 가수 윤복희가 처음으로 무릎 위까지 올라가는 '미니스커트' 를 한국 땅에 상륙시키면서 '미니' 라는 말이 유행하여, '미니 아가씨' '미니 만년필' '미니 콘사이스' '미니 강의' '초미니' 등에 이르렀다. '미니스커트' 는 '따오기' 라는 순 우리말로 바뀌기도 했는데, 이는 '보일 듯이 보일 듯이 보이지 않는 따옥따옥 까옥 소리 처량한 소리' 로 이어지는 동요 제목 '따오기' 에서 왔다.

'누구 왕년에' 도 1960년대의 히트상품이다. "누구 왕년에 데이트 안 해본 사람 있나." "누구 왕년에 요정 한두 번 안 가본 사람 있나." 식으로 널리 응용되어 퍼졌다. 구봉서가 동아방송에서 자주 말한 데서 연유한 '이거 되겠습니까' 도 빼놓을 수 없다. '종삼鍾三' '꼰대' (가장) '새발의 피' '롱가리트' (어떤 독소) '자수해서 광명 찾아' '민생고 해결' '공부해서 남주나' '말짱 헛거야' '소비는 미덕이다' (김종필의 발언) '아더메치유' (아니꼽고 더럽고 메스껍고 치사하고 유치함) '베트콩'

유행어로 본 1960년대

'때 묻은 사람 물러가라'
'세대교체' 외친
국가재건최고회의.
하지만 '신악이 구악 뺨을 쳤다나…'

1961 박정희, 군사쿠데타

1963 박정희, 5대 대통령 당선

1964 한일회담 반대 시위

동경올림픽

'나는 국민의 정신적 대통령'이라
주장한 윤보선

1965 월남 파병 동의안 결정

한일협정 비준 동의안 결정

신금단 "아바이"에
온 국민이 눈물을 흘리고.

1967 박정희, 6대 대통령 당선

1968 무장공비 청와대 습격 실패

푸에블로 호 납치 사건

향토예비군 창설

1969 아폴로 11호 달착륙

3선 개헌안과 국민투표 법안 변칙 통과

바야흐로 우주시대 개막.
술집, 식당, 양복점도
이제는 '아폴로'

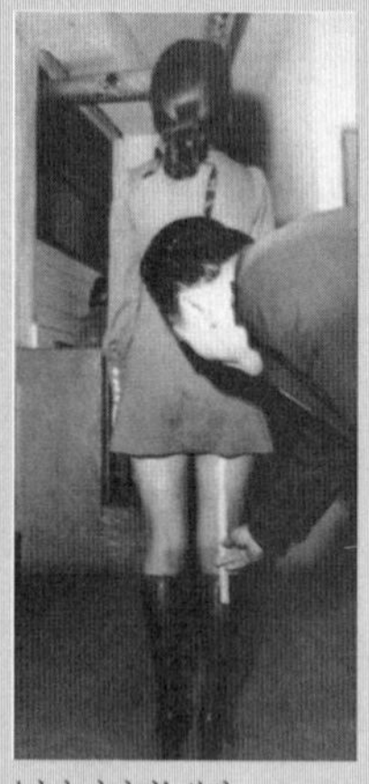

'미니 아가씨' 부터
'미니 만년필'까지
'미니' 대유행

'정치교수' '정치방학' '정치학생'
양산한 한일협정

'출세해서 남 주나'
'놀랐지?'
서영춘

(의외의 복병, 서울 무교동 일대의 '창녀') '불쾌지수' '시행착오' '마이카족' 따위도 유행했다. 농촌에서는 정부 시책으로 '추경秋耕' '소주밀식小株密植'이 대유행이었다. '도둑놈촌'이나 '강도촌'(졸부들이 사는 동네)도 자주 입에 오른 말이다.

1970년대, '유신'의 '나체 질주'

1970년의 서막을 연 말은, 김지하의 「오적」 사건에서 나온 '오적五賊'이었다. 여기에 국회에서도 문제 삼았던 정인숙 사건이 많은 유행어를 만들어냈다. 우선 '명함 조심'이다. 정인숙의 핸드백에서 모모한 인사들의 명함들이 쏟아져 나와 생긴 말이다. 그녀가 강변로에서 오빠 손에 살해당했다고 하여 '오빠 조심', 정조 관념이 희박한 여자를 가리켜 '강변 3로'라고 부르기도 했다. 또 정인숙이 죽기 전 타워호텔 스카이 라운지에서 여러 차례 청해 들었다는 잉글버트 험퍼딩크의 〈릴리즈 미〉는 '인숙의 노래'로 통했다.

국방부에서 해외 유학생의 병역 기피를 단속하기 위해 미 입국자와 친권자 명단을 공개하면서 상대방의 약점을 잡을 때 '명단 공개'라는 말을 쓰게 되었고, 1971년에는 명사들의 이민이 신문에 보도되며 '명사 이민'이니 '도피 이민'이니 하는 말들이 퍼졌다.

1971년 7월 28일 서울지검이 서울형사지법 이범열 부장판사와 최공웅 판사에게 수뢰 혐의로 구속영장을 청구하자, 서울지법 판사 37명이 집단 사표를 제출했다. 법원과 검찰이 구속영장을 기각, 재신청하는 극한 대립을 반복한 이 '사법 파동'은 '객고客苦 푼다'는 말을 유행시켰다. 신민당 의원 유갑종이 국회에서 사법 파동을 따지다가 "출장 가서 객고 안 풀어본 사람 있느냐."고 발언한 것인데, 이를 두고 주부클럽 회원들의 성토가 이어졌다. 이후 '객고 푼다'는 말이 크게 유행하여, 출장 가는 사람에게 "객고 풀지 말라."고 경고(?)하기도 했다. 판사에 대한 구속영장에서 객고 푼 **'꽃값'**(화대) 명세서까지 언급되면서 '꽃값'이라는 말도 덩달아 유행했다.

1971년 10월 15일 위수령 선포■로 10인 이상의 집회는 허가를 받도록 규제하자, 대학생들은 몇몇이 모여 담화하다가 다른 하나가 끼어들면 농으로 "학장 허가 받아와."라고 했다. TBC 드라마 〈마부〉에서 여운계의 대사 '잘하는 짓이야'나, 하춘화 노래 〈잘했군 잘했어〉에서 따온 '잘했군 잘했어'도 이때 유행했다.

1972년 1월 14일에는 영화배우 방성자의 집에 든 도둑이 45구경 권총에 맞아 관통상을 입는 사건이 벌어져 세상이 뒤집어졌는데, 수사 결과 총을 쏜 사람이 그녀의 애인 함기준으로 밝혀져 또 한 번 화제가 되었다. 이때 방성자가 기자회견에서 "한 여자로 부탁하겠다."고 전제한 뒤 "이 사건을 아름답게 보아주느냐, 추하게 봐주느냐는 기자 여러분들의 양식에 달렸다."고 말하여, 그때부터 **'아름답게 봐주세요'**가 유행했다. 이 무렵 이 유행어를 받아치기라도 하듯 '좋아하시네' '웃기지 마' '까불지 마' '공갈 치지 마'도 입버릇처럼 쓰였다.

1972년 7월 4일, '남북공동성명'■■을 발표하던 당시 중앙정보부

■ 1971년 10월 15일 각 대학에서 반정부시위가 격화되자, 서울 일원에 위수령이 발동됐다. 그리하여 서울대, 고려대, 연세대를 비롯한 10개 대학에 휴교령이 내려지고, 무장군인이 진주했다. 위수령이란 육군 부대가 한 지역에 계속 주둔하며 그 지역의 경비, 군대의 질서 및 군기 감시와 시설물 보호 임무를 맡는다고 대통령령으로 정한 것이다.

■■ 분단 이후 최초의 남북 합의문서. '7 · 4남북공동성명'이라고도 한다. 1972년 5월 2일

■■■
7·4 남북공동성명을 발표하는 이후락. 이후락은 "평양에 갔다 왔다"는 말로 사람들을 깜짝 놀라게 하였다. 남북공동성명 발표가 낳은 또 하나의 유행어는 '대화 없는 대결에서 대화 있는 대결로'였다.

장 이후락이 "평양에 갔다 왔다."는 말을 하여 사람들을 깜짝 놀라게 했다. 사람들은 이 말을 역사 속에 고이 묻어놓지 않고, 이때부터 상대를 깜짝 놀라게 해주려 할 때에는 "나 평양 갔다 왔어."라는 말로 말문을 열었다. '남북공동성명' 발표로 또 유행한 말은 '대화 없는 대결에서 대화 있는 대결로'였다. 다른 유행어들도 속속 만들어졌다. 일본 관광객을 상대하는 기생파티로 생겨난 '관광 기생'이나, 매미를 보지 못한 초등학생들이 30퍼센트가 넘는다고 하여 시청각교육을 '매미 교육'이라 불렀다.

1972년 10월 17일 '유신헌법'■■■이 등장한 뒤에는 '낡은 제도나 체제를 새롭게 고친다'는 뜻을 담은 '유신維新'이라는 말이 시대적인 언어로 유포됐다. '유신행정' '유신체제' '유신국회' '유신내각'

~5일까지 이후락이 평양을 방문하여 평양의 김영주 조직지도부장과 회담을 진행했고, 이후 5월 29일~6월 1일까지 북한의 박성철 제2부수상이 서울을 방문하여 이후락 부장과 회담을 했다. 이 자리에서 남북은 자주 통일, 평화적 통일 등 평화통일 원칙과 남북 간의 긴장 완화에 합의했다.

■■■ 대한민국 헌정사상 7차로 개정된 제4공화국 헌법. 10월 17일, 박정희는 "우리 민족의 지상과제인 조국의 평화적 통일을 뒷받침하기 위해 우리의 정치체제를 개혁한다."고 선언했다. 그리고 초헌법적인 국가긴급권을 발동하여 국회를 해산하고 정치활동을 금지하는 동시에 전국적인 비상계엄령을 선포한 뒤, 10일 이내에 헌법 개정안을 작성하여 국민투표로 확정하도록 지시했다. 이해 11월 21일 국민투표로 확정된 유신헌법은 평화적 통일 지향과 '한국적 민주주의' 토착화를 그 내용으로 삼고 있으나, 사실상 박정희의 장기 집권을 위한 포석이었다.

'유신시대' 등등. '근대화'란 말도 1970년대를 구가한 정치적 유행어였다.

1974년 4월 13일 아침 8시 15분, 22세의 청년이 고려대 정문 앞에서 우리나라 최초로 '스트리킹'을 하여 화제가 되었는데, 그와 함께 '나체 질주' '벌거벗은 진실'이라는 말이 생겨났다. 그해에는 뭐니뭐니 해도 '엄마 나 챔피언 먹었어'가 최고의 유행어였다. 7월 4일 남아프리카공화국의 더반에서 있었던 프로권투 WBA 밴텀급 타이틀매치에서 도전자 홍수환이 챔피언 아널드 테일러를 상대로 심판 전원 일치로 판정승한 뒤 어머니와 통화하며 "수환아, 대한민국 만세다." "엄마, 나 챔피언 먹었어."라고 한 것이다. 홍수환은 3년 뒤 다시 파나마에서 카라스키야를 4전 5기 끝에 KO시킴으로써 '사전오기'라는 말을 유행시켰다.

1975년에는 정부에서 이른바 '급행료' 전폐를 부르짖으며, '기름칠한다' '손을 쓴다'는 말 대신 '급행료'가 크게 유행했고, 이 말은 다시 '황금의 묘약' '윤활유'로 탈바꿈했다.

한편 교육계에서 교사들이 학부모에게 금품을 받지 않겠다고 약속하는 이른바 '결백확인서' 받기 운동이 일어나며 '결백증'이란 말이 유행했다.

'자기'라는 말도 크게 유행했다. 만화가 고우영의 『수호지』에서 반금련이 잘 쓰던 '자기 멋쟁이!'라는 말 때문에 '자기' 바람이 일어난 것이다. 방위세가 신설되어 '사치세' '소비세' '낚시세' '태공세太公稅'라는 말이 생겨나, 일찍 퇴근하는 사람에게는 '퇴근세'를 내라고 할 정도였다. '하나님의 자녀'란 외국의 한 교파가 한국에 상륙하여 '섹스교' '구멍교'라는 유행어를 남겼는가 하면, 세상을 떠들썩하게 한 박동명 사건■으로 '명단녀名單女' '칠공자' 라는 말이 유행했다.

1974년 '긴급조치'■■ 시대가 도래하면서는 **'정찰제 판결'** 이라는 말이 나돌았다. 이듬해 1월 15일 개헌청원 서명운동을 주도하던 장준하와 백기완이 '긴급조치 1호' 의 첫 위반자로 구속되었는데, 이 사건은 혐의 사실도 간단했고, 재판도 속결주의였고, 기소장도 짤막하고, 변론도 간단했다. 두 사람은 구속 10일 뒤인 25일 비상고등군법회의에 기소되어, 31일 첫 공판을 받고 바로 다음 날 검찰 구형량과 똑같은 징역 15년을 선고받았다. 이때부터 긴급조치가 해제될 때까지 '정찰제 판결' 이라는 말이 나돌았다.

1976년은 연예인들의 말이 유행어로 많이 등장했다. 송대관의 노래 〈해뜰날〉에서 '쨍', 강부자의 '나 좀 봐야 해', 김순철의 **'바쁘다 바빠'**, 한진희의 '죽갔네', 임희춘의 '아이구야' 등이 그것이다. 특히 '바쁘다 바빠' 는 일본 NHK에서 '바쁘다 특집' 을 방송할 정도였다. '황금만능' 을 '돈스럽다' 고 표현하기도 했다. 대학생들은 "레파토리는 많은데 히트송이 없다."는 말을 유행시켰는데, 이는 여자친구는 많은데 진짜 애인은 없다는 의미다.

1978년에는 '-불출不出' 이 회자되었다. 다음 5개 항목 중 몇 개 항목에 해당되느냐에 따라 **'몇 불출'** 이 정해졌다. 1) 세계사격대회 기념주화(5천원짜리 은화)를 가졌는가, 못 가졌는가. 2) 아파트 특혜 분양을

■ 1975년 6월 10일, 대검 특별수사부가 시온재벌의 장남 박동명(당시 31세)을 외화 불법 유출 혐의로 구속했는데, 조사 과정에서 박동명이 영화배우 등 수십 명의 여자 연예인을 상대로 엽색행각을 벌인 사실이 드러나 사회적으로 큰 물의를 빚었다. 이 사건은 당시 재벌2세들의 문란한 생활을 보여준 대표적 사건으로 꼽힌다.

■■ 긴급조치란 제4공화국 유신헌법에 규정되어 있던, 헌법적 효력을 가진 특별조치를 말한다. 1974년 1월 8일 '긴급조치 1호' 가 발표된 뒤, 1975년까지 9호까지 발동됐다.

■■■
긴급조치 9호가 선포되었음을 알리는 신문기사들. 긴급조치 시대, 이로 인해 옥고를 치른 사람은 무려 1천4백여 명이나 된다. 재판은 속결주의였고, 기소장도 짤막하고, 변론도 간단했다. 그래서 '정찰제' 판결이라는 말이 나돌았다.

받았는가 못 받았는가. 3) 세종문화회관 관람권을 받았는가 못 받았는가. 4) 중동 여행을 했느냐 못 했느냐. 5) 화력 시범에 초청되었느냐 안 되었느냐. 이중 하나도 해당이 안 되는 사람은 '5불출', 두 가지에 해당되는 사람은 '3불출'이었다.

연이어 갈팡질팡한 아파트 정책으로 '갈팡트', 시멘트 품귀로 '금멘트', 고추 값이 폭등하여 '금치' 따위들이 쏟아져 나왔다. '디스코' '끝내준다' '열받는다' '꽃띠'(나이 어린 호스티스), '가발 데이트'(성낙현 스캔들■ 이후) 등도 유행했다. 대학가에서는 '오는 말이 거칠어야

■ 1978년 7월 28일 여당의 성낙현 의원이 여고생 성추문 사건과 관련하여 의원 사직서와 탈당계를 제출하고, 8월 10일 구속됐다. 본래 신민당 소속이었으나, 공화당으로 이적한 성낙현은 몇 명의 여고생들에게 가발을 씌워 전국 각지의 유흥지를 돌며 놀아났다.

유행어로 본 1970년대

1970 노동자 전태일 분신 자살

박정희, 7대 대통령 당선

김지하 오적 필화사건

정인숙 살해 사건

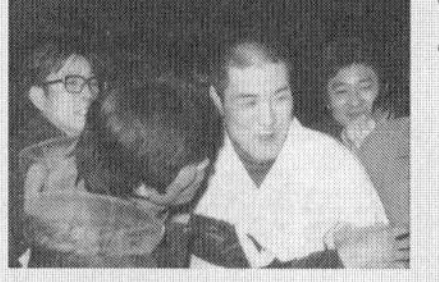

'이런 싸가지 없는 놈들'
'오적' 김지하

'오빠 조심' '명함 조심'
'강변 3로' 정인숙

1971 1차 사법파동

국가 비상사태 위수령 선포

1972 남북공동성명 발표

전국 비상계엄 선포

유신헌법 선포

박정희, 8대 대통령(통일주체 국민회의) 당선

"나 평양
갔다 왔어"
이후락

출장 가서
"객고 안 풀어본 사람 있나"
1차 사법 파동

1973 김대중 피납

1974 긴급조치 1, 2, 3호 선포

박정희 저격 사건

1975 긴급조치 7, 9호 선포

유신 체제 찬성 여부를 묻는 국민투표 시행

"아름답게 봐주세요"
방성자

1976 민주구국선언 사건 발표

판문점 도끼 만행 사건

1978 박정희, 9대 대통령 선거(통일주체 국민회의) 당선

1979 YH사건

박정희 피살

12 · 12 군사쿠데타

뭇남성들의 애인
'영자'와 '경자'

'유신'과 '긴급조치' 시대

가는 말이 곱다' '장부일언 풍선껌' '남녀칠세 지남철'(남녀가 자석처럼 착 달라붙는다는 뜻)이란 말이 나돌았다.

한편, 1970년대는 '영자'와 '경아'라는 이름이 유행했다. 영화 〈별들의 고향〉 주인공 '경아'와 〈영자의 전성시대〉의 주인공 '영자'에서 유래한 이 이름들은, 산업화와 근대화 과정에서 유랑하는 도시 프롤레타리아의 삶의 표상물이기도 했다.

현실을 반영하고, 동시에 '간섭'하는 유행어

이외에도 훨씬 더 많은 유행어들이 사람들의 입에 오르내렸지만, 이 정도만 보더라도 유행어들의 색깔이 천차만별이며, 그 말맛도 사용하는 사람들마다 다름을 알 수 있다. 맥락과 뉘앙스, 의미와 정서, 지시하는 바와 상상하는 바가 다 다르다. 이는 특정 시대에 등장한 유행어가 그 시대를 투명하고 단일하게 재현하지는 않음을 보여준다. 사회적 세태나 현실을 반영하는 것도 아니고, 풍자라고 하기에도 불충분한 유행어들이 많기 때문이다.

유행어는 그 수효와 판세, 강도에서 해방 이후 매우 특징적인 사회현상을 만들어왔는데, 그 표출 방식은 역사적 시점마다, 정세에 따라 달랐다. 해방공간에서 유행어는 현실정치를 꼬집거나 냉소하기보다는 현실정치 그 자체를 이룬, 거대하고도 잠시나마 자유로운 물결이었다. 그래서 직접적인 정치적 유행어들이 많았다. 그만큼 정치의 대중화 혹은 대중의 정치화가 급류를 이루었다. 하지만 당시의 유행어들은 정확한 정보에서 나온 것이 적어, 그만큼 오해도 많았다. '반탁'이 그 대표적인 경우이다.

해방공간을 지나 정부가 수립되면서 유행어의 생산 방식은 확연히 달라진다. 부정부패와 민중 탄압을 일삼는 지배권력에 공격적인 반응을 보이기 시작한 것이다. 그래서 부패한 집권자와 위정자들의 일거수일투족을 고발하는 말들이 많았다. '귀하신 몸' 이나 '사사오입' '가죽잠바' 따위들이 그러하다. 거기에는 빈정거림, 뒤통수치기, 꼬집기 등이 있다. 그러나 야당 세력을 뺀 일반대중들에게 그것은 현실정치에 대한 직접적 개입이 아니라 삶에서 우러나온 풍자와 유희였다. 이런 맥락에서 정치권뿐 아니라 대중들의 삶 속에서 직접 파생된 유행어들이 많았다. '자유부인' '오촌오빠' '사바사바' '스타일 버렸다' 따위들이 그러하다. 그러나 발생지가 다르다고 해서 정치와 일상의 경계가 명확히 그어진 것은 아니었다. 대중들은 정치권에서 발생한 말도 일상생활에서 자유자재로 활용했다.

유행어가 집권자를 닮아가는 시대도 있었다. 5 · 16쿠데타 이후 등장한 '재건' 이 특히 그러하다. 이런 경우, 대중의 삶이 집권자의 의지에 종속되는 경향이 강하다. 이때 유행어는 하나의 이데올로기로 기능한다. 특정한 유행어와 결합하며 특정한 의미체계와 표상 내용이 지배적인 것이 되기 때문이다.

그러나 유행어는 정말 '못 말리는' 것이어서, 지배이데올로기로 기능하는 유행어와 그에 저항하는 유행어가 함께 설치고 다닌다. '재건' 을 비꼬는 '챠아트 행정' 이 그 예일 것이다. 또한 세상이 급속도로 각박해지며, 과시 혹은 불신하거나 냉소하는 말투의 유행어들이 많이 번졌다. '누구 왕년에' '아더메치' 따위가 그렇다.

한편 1960년대 후반부터는 텔레비전이 본격적인 대중매체로 자리잡으며 연예인들의 영향력이 커졌다. '출세해서 남 주나' '짱' '바쁘

1961년 국가재건 범국민운동 촉진대회에서 참여한 사람이 혈서를 쓰고 있다. 5 · 16 군사쿠데타 이후 최고 유행어는 '재건'이었는데, 이때 '재건'은 유행어라기보다는 하나의 이데올로기였다. '재건' 깃발 아래 사람들은 '국토건설 혁명완수'의 한 길로 나아가야 했다.

다 바빠' 따위는 연예인들이 유행시킨 말들이다. 하지만 텔레비전이 곧 '바보상자'라는 별명을 얻은 데서 알 수 있듯이, 텔레비전을 통해 만들어진 유행어는 긍정적인 평가를 받지 못했다. 공공성을 생명으로 하는 방송 언어로는 '저속하다'는 치명적인 비판이 제기됐고, 더구나 현실의 삶을 풍자하기보다 안주하거나('출세해서 남 주나') 현실과 동떨어진 말장난들이 많았다. 이 말들은 대중을 정치 현실에서 일탈시켰다. 텔레비전에서 정치 현실을 꼬집는 유행어는 만들어질 수 없었다. '각하'를 소재로 삼는 것은 '임금님 귀는 당나귀 귀'처럼 불경스런 일이었다.

대중들은 그것이 저속하든 비현실적인 것이든 상관없이 말장난 그 자체를 거부하지 않았다. 오히려 '죽갔네' 나 '아이구야' 따위의 미세한 말맛에 녹아들어 따라하기에 바빴다. 이를 두고 현실 외면이니 허위의식이니 비판하는 것은 공허할 따름이었다. 유행어들은 이미 대중들의 삶 속으로 파고들어 있었기 때문이다. 어쩌면 이는 절대권력이 지배하는 암흑기를 살아내는 민중들의 지혜였는지도 모른다. 문제는 그러한 유행어가 생산되는 상황조차 국가권력의 통제를 받았다는 것인데, 그럼에도 대중들은 텔레비전에서 생산되는 말장난의 유희를 정치적 · 현실적 풍자로 옮겨내는 지혜도 함께 가지고 있었으며, 그 이전부터 이미 정치적 유행어를 소통시키고 있었다. '오적' 이나 '학장 허가 받아와' 처럼 말이다.

풍자, 냉소, 비꼼, 꼬집음, 말장난, 불신, 욕설, 비유, 정치, 생존, 성性 따위들에서 다양하게 생산되는 유행어의 공통적인 요소는 '재미' 일 것이다. 재미가 없으면 유행어는 생명력을 잃는다. '사사오입' 이나 '평양에 갔다 왔다' 같은 지극히 정치적인 발언도 대중들 사이에서 유행하는 과정에서 재미가 덧붙여졌다. 유행어는 사람과 사람이 나누는 담화 사이에 생존한다. 담화 사이에서 독특한 행위와 미세한 재미를 연출하는 것이 유행어의 역할이라고 본다면, 유행어는 정치적 권위, 경제적 박탈감, 육체적 질곡, 문화적 차이들이 겹질러지는 삶 속에서 사람들이 숨쉬고 살아가도록 한 촉매제임을 알 수 있다.

한국 현대사에서 유행어는 시대 흐름의 물결이었고, 그 물결에는 재미와 풍자와 해학이 담겨 있다. 아무리 고통스럽고 답답하고 분노가 일어도 항상 재미와 풍자와 해학이 저항과 함께 함으로써 민중들은 자기 생명력을 잃지 않았다. 김지하는 도둑놈촌에 분노하여 「오적」을 쓰면서도 "이런 싸가지 없는 놈들"이라며 낄낄거렸고, 저항하는 민중들도 함께 웃었다. 유행어는 비록 우회적인 풍자의 성격을 지녔지만, 삶과 현실을 밀고 나가는 적극적인 참여자였던 것이다. '나는 당신의 정신적 남편' 이나 '객고 푼다' 같은 말들이 이를 보여준다. 유행어를 단순히 세태나 현실의 '반영' 으로만 볼 수 없다고 한 것도 이러한 맥락에서이다. 사람들이 유행어를 소통시키는 것은 현실의 반영이자 동시에 '간섭' 이다.

그런데 이러한 간섭 행위가 부당하게도 '언어 혼란' '혼탁' 따위로 비난받기도 했다. 주로 국어순화론자들이 내놓는 이런 비난은 정말 말이란 것이 뭔지 잘 모르고 하는 소리다. '바르고 고운 말' 이라는 패러다임은 유행어와 결코 동침할 수 없다. 국어학이나 사회언어학 또는 언어사회학도 유행어에 고운 눈길을 보내지 않는다. 그러나 현실에서 삶과 결부되며 생산 · 소통되는 언어는 관념적인 표준어를 고집하지 않는다. 삶의 결에 따라 언어의 결도 달라지고, 그 반대도 성립한다.

유행어는 이러한 특성을 잘 보여준다. 유행어는 권위적이고 획일적인 국어사전을 비웃는다. 유행어는 기존 언어체계를 정면으로 공격한다. 말의 쓰임, 감각, 분위기, 맥락, 분포, 의미를 뒤집어놓는다. 통사론적인 구조마저 건드린다. '되민증' '엄마 나 챔피언 먹었어!' 처럼.

유행어는 대중들이 지닌 언어 능력의 창조이자 실험이다. 그 실험에서 나타났다가 금세 사라지는 것도 있지만, 오래 지속되는 것도 있다. 유행어들은 정치와 일상을 가로질러 끊임없이 실험되며, 특정한 정세와 미세한 말맛이 격렬하게 부딪치며, 언어적 · 사회적 변형을 꾀하는 데 참여해왔다. 따라서 유행어는 언어를 혼탁하게 하는 이단자 또는 사생아가 아닌, 언어의 정당한 흐름인 것이다. 말은 사회와 사람들 사이에서 그렇게 굽이치며 흘러간다.

'콩글리시'의 탄생

'한글세대' 만들기

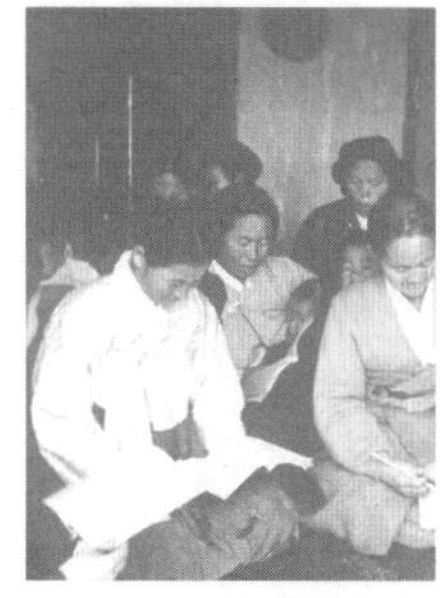

미군정의 조선 문맹 퇴치기

맞춤법 신화를 파괴하라!

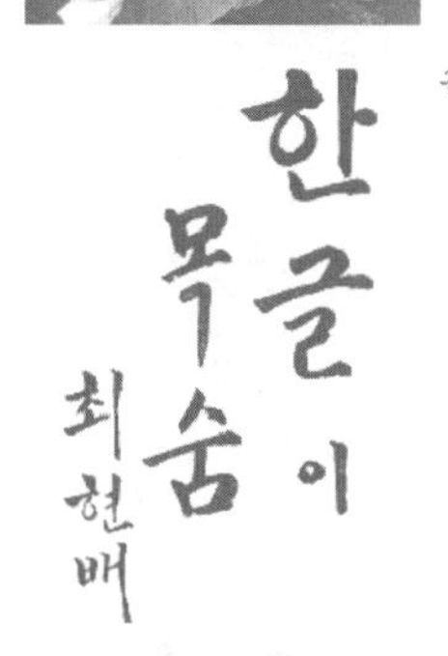

끝나지 않은 논쟁, 한자 폐지론

통일 문법의 파시즘

독재자들의 한글 사랑

바르말 고운말 이데올로기

3부

국어만들기, 역사만들기

일제시대에 우리의 몸과 마음을 옥죈 말이 일본어라면, 해방 이후 정신과 육체에 서서히 침투해 들어온 말은 영어였다. 1945년 해방 이후 남한에 진주한 미군정은 조선인의 문맹 퇴치에 힘썼다. 문맹자들에게는 미국적 이데올로기를 전파하기가 어려울 뿐만 아니라, 남한만의 단독정부를 수립하는 데에도 문맹은 걸림돌이 되었기 때문이다.

미군정은 한자 폐지도 발표했는데, 이 같은 결정은 이후 정권이 바뀔 때마다 집권자에게 맨 먼저 달려가 "한글! 한글!"을 외친 조선어학회(한글학회)의 행보와 무관하지 않다. 한자 폐지 반대자들은 '보수파'가, 주창자들은 '혁신파'가 되었지만, 기본적으로 이 논쟁은 복잡한 층위로 형성된 대중의 언어적 욕망과 현실을 무시한 탁상공론이었다. 한글학자들이 "한글 전용! 한자 폐지!"를 외치는 거야 어찌 보면 당연한 일이지만, 역대 집권자들은 왜 한글에 매달렸을까?

이승만과 박정희는 둘 다 국민대중의 정서가 정권에서 멀어졌을 때 '한글 전용'을 강력히 추진했다는 공통점이 있다. 민심을 얻기 위해 한글을 이용한 것인데 이러한 '오락가락' 문자정책은, 한자에 무지한 '한글세대'를 만들어내는 오류를 범했다. 오락가락 정책의 또 다른 대표적 사례는 1949년 이승만이 일으킨 '한글 간소화 파동'이다. 이승만은 구한말 성경 맞춤법으로 돌아가자는 안을 내놓아 빈축을 샀다. 원칙 없기는 한글 · 국어학자들도 마찬가지였다. 1963년 표결로 마무리된 '말본(문법) 파동'은 우리 국어사의 최대 치욕으로 꼽힌다.

이렇듯 국어학자들이 우리말의 헤게모니를 틀어쥐려는 다툼을 계속하고 있는 사이, 박정희를 비롯한 집권자들은 말로써 국민의 정신을 장악하려는 시도를 그치지 않았다. 특히 1970년대에 전개된 '국어순화운동'은 '바른말 고운말 이데올로기'를 형성하며, 사람들의 욕망을 억압하고, 그 정신까지 장악하려는 불온한 의도를 담고 있었다.

1945년 공용어로 선포된 영어의 보급과 확산

14

'콩글리시'의 탄생

우리의 '공용어'가 영어였던 적이 있다.
영어를 공용어로 삼자고 주장하는 이들이 들으면 반길 얘기겠으나, 영어가 공용어가 된다는 것은 언어 그 자체의 변화만을 의미하지 않는다. 해방 이후 미군정은 영어를 공용어로 발포했으나, 현실적인 어려움 때문에 이 계획을 포기했다. 식민 시기 강제적으로 주입된 일본어와 달리, 영어는 새로운 사회문화적 조건 속에서 자발적으로 수용되었다. 특히 한국전쟁 이후 미군과 AFKN 등을 통해 영어는 일상 속으로 파고들며, 조선 대중의 새로운 '욕망'이 되었다.

조선의 '국어'가 된 일본어 우리 '국어'가 일본어인 적이 있었다. 한자처럼 우리가 필요해서 받아들인 것이 아니라, 일본 제국주의의 식민지 정책에 의해서 말이다. '한일합방' 1년 뒤인 1911년 8월 23일, 일제가 포고한 〈조선교육령〉을 보자.

> 보통교육은 보통의 지식, 기능을 주고 특히 국민적 성격을 함양하며 국어(일어)를 보급함으로 목적으로 한다(제5조).

이로써 일본어는 국어의 위치에 올라섰다. 일제는 우리말을 '조선어'라 부르고, 1927년 동경외국어학교에서 조선어학부를 폐지시키면서 "조선은 제국의 일부이며 조선어는 제국의 한 지방언어에 불과하기 때문에 외국어로 볼 수 없다."고 내부 문서에 명기했다.

그러나 이는 시작에 불과했다. 일제는 1937년 중일전쟁 이후 '내선일체內鮮一體' 구호를 내걸고 '황국신민화' 정책을 적극적으로 추진했는데, 내선일체란 잘 알려진 대로 일본과 조선 민족이 서로 차별 없이 일체一體, 곧 한 몸이 된다는 뜻이다. 이 구호의 본질은 당시 조선 총독이던 미나미 지로南次郎가 1939년 5월 30일 조선연맹 임원 총회에서 한 발언에서 잘 드러난다. 그는 인사말에서 "반도인(조선인)은 어떻게 하면 완전한 일본인이 될 것인가."를 생각해야 한다면서, 내선을 외형의 융합이나 미지근한 악수가 아니라, "심신이 모두 참으로 일체가 되지 않으면 아니 되는 것"으로 정의했다.

일본은 정말 조선과 '일체'가 되고 싶었을까? 그렇지 않다. 일본이 본국 국민들은 '내지인', 조선 사람들은 '반도인'이라 불렀던 데서 드러나듯이, 내선일체의 저의는 우리의 민족의식을 말살하고, 일본왕 숭배사상을 주입시켜 조선 민족을 침략전쟁에 동원하려는 데에 있었다.

일제는 황국신민화 정책의 일환으로 조선 땅에서 일본어 상용, 창씨개명 등을 강압적으로 추진했다. 뿐만 아니라 1938년 3월 3일에는 〈조선교육령〉을 개정하여 조선어를 아예 정규 교과목에서 빼내어 수의과隨意科(선택 과목)로 격하하고, 마침내 조선어 교육은 물론 학생들로 하여금 학교 안팎에서 조선말을 사용하지 못하도록 금지했다. 일본말을 잘 못하는 선생은 황국신민을 양성할 자격이 없다 하여 교문 밖으로 쫓아버리고, 교실에서든 운동장에서든 조선말을 쓰는 학생이

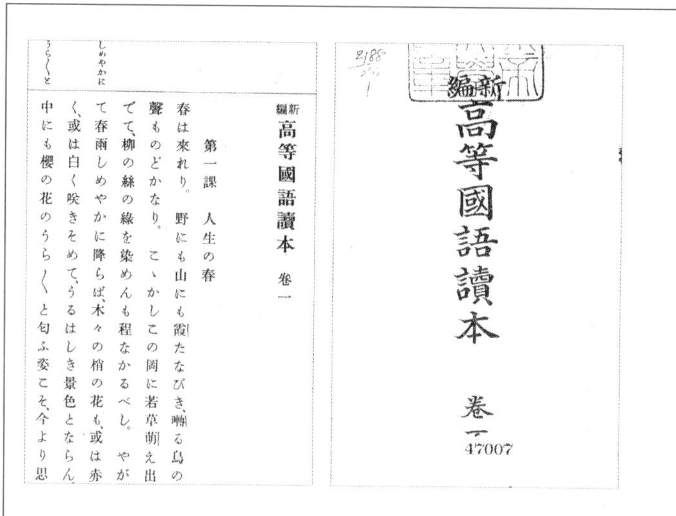
新編
高等國語讀本
卷一
47007

新編 高等國語讀本 卷一

第一課　人生の春

春は來れり。野にも山にも霞たなびき、囀る鳥の
聲ものどかなり。こゝかしこの岡に若草萌え出
でて、柳の絲の緑を染めんも程なかるべし。やが
て春雨しめやかに降らば、木々の梢の花も、或は赤
く、或は白く咲きそめて、うるはしき景色とならん。
中にも櫻の花のうら〳〵と匂ふ姿こそ、今より思

しめやかに
うら〳〵と

■■■
『신편고등국어독본』(1923). 총독부가 만들어 고등보통학교용 '국어' 교재로 사용한 책. 일제시대 국어는 조선어가 아니라 일본어였다. 1945년쯤에는 일본어 보급률이 27퍼센트에 이를 만큼 일상용어로 자리잡았다.

발견되면 가차없이 벌금, 정학 등을 비롯한 갖가지 제재를 가했으며, 순사들이 골목길을 돌며 조선말을 하는 이를 감시했다. 그 결과 1945년에는 일본말 보급률이 27퍼센트에 이르게 되었다. 일본말이 조선 사람들의 일상어로 자리잡은 것이다.

미군정이 영어를 포기한 까닭

해방 이후, 우리말을 다시 찾는 작업은 통일민족국가 건설, 친일파 처벌, 토지개혁 등과 함께 해방 조선의 핵심 과제로 떠올랐다. 그러나 '우리말 도로 찾기' 는 다른 과제들처럼 정치적으로 첨예한 대립 구도로 치닫거나, 인민들(당시에는 '인민'이라는 말을 많이 사용했다.)의 해방투쟁으로 자리잡지는 않았다. 민족 정체성 회복을 위한 대중적 사안인 것은 분명했지만, 한번 자리잡으면 일상생활 곳곳에 영향을 미치는 언어의 특성상 지식인들이 주도하여 대중 계몽운동을 벌이는 식으로 진행됐다.

해방이 되자마자 우리말글의 부활에 가장 민감한 반응을 보인 단체는 역시 조선어학회였다. 조선어학회는 해방 이후 바로 학회 재건을 추진하는 한편, 국어 교재 편찬에 착수하고, 한글 강습회를 여는 등 우리말글을 되살리는 데 앞장섰다.

그리하여 '조선어학회 사건'으로 중단된 우리말 큰사전 편찬에 재착수하여 1947년 10월 9일 『큰사전』 첫째 권을 간행하고, 한글맞춤법 통일안을 수정 완성하여 1948년 8월 15일 대한민국 정부가 이를 채택하게 했으며, 턱없이 부족한 국어 교원 양성과 각종 국어 교과서 편찬 및 보급에 힘썼다. 또한 한글계몽 강습회 및 강연회, 한글만 쓰기 운동, 학술용어 제정 사업 등도 벌였다. 한글 반포 500돌이 되던 1946년에, 비록 미군정 아래 일어난 일이긴 하지만, 조선어학회의 노력으로 한글날을 공휴일로 정한 것도 뜻깊은 일이라 할 수 있다.

이러한 일련의 활동은 두말할 필요 없이 '우리말 도로 찾기 운동'과 연계되어 있었다. 조선어학회는 지방에 흩어져 있는 사투리(방언), 속담, 전설, 민속, 우리말 지명, 특수 전문어 등의 자료를 공개적으로 수집하며 '우리말 도로 찾기' 운동을 열정적으로 벌였다.

이 운동에는 미군정도 폭넓게 개입했다. 그러나 미군이 남한에 진주할 때부터 이런 계획을 세웠던 것은 아니다. 1945년 9월 7일, 미군이 맥아더 이름으로 발포發布한 미국 태평양 방면 육군 총사령부 포고 제1호의 내용을 보면, "북위 38도 이남의 조선 영토를 점령한다." 면서, 제5조에서 "군사적 관리를 하는 동안에는 모든 목적을 위하여서 영어가 공용어이다."라고 해놓았다. 조선 영토를 점령하러 온 미군이 조선말 복원에 관심 가질 이유가 없었다. 영어를 공식어로 포고할 정도였으니 말이다.

그러나 대소 전략의 테두리 안에서 조선 인민들에게 미국식 민주주의를 교육시키고자 했던 미군정은, 사전 정보와 군정의 준비 부족 때문에 학교 교육의 운영 면에서 한국의 교육 전문가들에게 의존할 수밖에 없었다. 그리하여 자문기관으로 설치된 '조선교육위원회'의 도움으로 미군정은 1945년 9월 17일에 발포한 일반명령 제4호를 개정하여, 9월 29일 미군정법령 제6호로써 공 · 사립학교의 개학을 발포했다. 이때 제4조에서 "조선 학교에서의 교육 용어는 조선어로 함"을 명시했다.

일제에 의해 국어의 지위를 잃고, 또다시 미군정이 들어서면서 공용어의 자리마저 영어에 내주어야 했던 우리말이, 우여곡절 끝에 교육용어로 공식화된 것이다. 물론 이는 한국의 교육 전문가들이 개입한 덕이었다. 조선교육위원회가 구성된 후 곧바로 재조직된 미군정청 학무국에는, 조선어학회 핵심 인사인 최현배와 장지영이 편수부장 정 · 부 책임자로 취임했다. 최현배는 1945년 9월부터 1948년 9월까지 미군정 기간 내내 편수국장을 맡았다.

최현배와 장지영이 편수 부문 책임자로 참여하게 된 것은, 일본 교과서를 사용할 수 없는 당시 상황에서 조선어학회가 이미 국어 교과서를 편찬하고 있었기 때문이다. 조선어학회는 미군정이 들어오기 전에 이미 긴급총회를 열어 교과서가 없는 시급한 사태에 대처하기 위해 임시 국어 교과서를 편찬하기로 결의하고, 작업에 착수한 상태였다. 전 학년 공용인 『한글 첫걸음』을 비롯하여 초 · 중등학교 국어 교과서 편집이 마무리되어갈 무렵, 군정청 학무국에서 편집 중인 각종 교과서의 발행권을 군정청에 양도해달라고 요청했다. 그래서 저작권은 조선어학회가 소유하고, 그 발행권은 군정청에 넘겼다. 조선어학회가 학무국에 무상으로 넘겨준 『한글 첫걸음』과 『초등 국어 독본』(상)은 1945년 11월에 출간되어 전국 초 · 중등학교 모든 학생들에

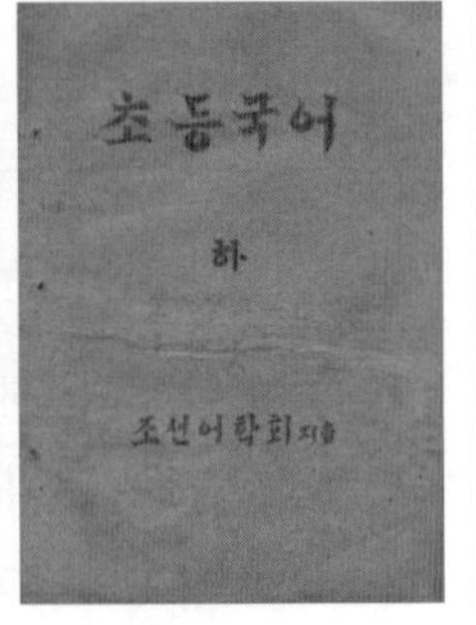

1945년 9월 24일 해방 후 첫 개교일 수업 모습(왼쪽)과 당시 미군정에서 발간한 교과서. 해방 후 우리 교육은 미군정청 학무국에서 관장하였는데, 일본 교과서를 사용할 수 없는 당시 상황에서 이미 국어 교과서를 편찬한 조선어학회가 적극적으로 개입하여 교육 공백을 빠르게 메울 수 있었다.

게 무상으로 배부되었다. 민간단체인 조선어학회의 자율적이고도 즉각적인 대처로 교육 공백을 좀 더 빠르게 메울 수 있었던 것이다.

미군정청 문교부에서 '우리말 도로 찾기' 운동을 전개하게 된 데에는 바로 이러한 배경이 있었다. 미군정이 벌인 '우리말 도로 찾기'와 관계된 일들은 거의 조선어학회에서 도맡다시피했다. 그 중심 인물은 최현배, 장지영, 이병기, 정인승, 이호성, 정태진 등이었다. 이처럼 미군정청 문교부의 어문정책에 조선어학회 사람들이 주도적으로 개입할 수 있었던 것은, 일제의 탄압을 무릅쓰고 우리말 지키기와 정리 작업을 해온 노력 덕분이었다. 따라서 미군정의 어문정책은 미군정의 의지라기보다는, 민간단체인 조선어학회 중심의 적극적 개입으로 계획된 것이었다고 볼 수 있다. 그렇다면 미군정의 이름으로 시행된 우리말 도로 찾기의 구체적인 모습은 어떠했는지 살펴보자.

일본말 몰아내고 조선말을 복구하라!

우리말 도로 찾기의 핵심은 인민들의 일상생활은 물론, 학계나 산업계의 전문 영역에 이르기까지 깊숙이 침투해 있는 일본말을 뿌리뽑고 우리말로 바꿔내는 것이었다. 특히 태평양전쟁으로 휴교 중이던 각급 학교를 재개하여 교육을 정상화시키는 과정에서 학술용어가 모두 일본식 용어라는 점이 크나큰 걸림돌이었다.

이에 따라 학무국은 1946년 3월 '언어과학총위원회'를 구성하여 21개 학술 분야에서 사용되는 일본어를 우리말로 바꾸는 작업에 착수하고, 그해 11월경에는 언어과학총위원회를 다시 '학술용어제정위원회'로 개편하여, 새로 만드는 교과서에서 일본 용어의 잔재를 청산하도록 용어 제정 사업을 중점적으로 추진했다. 그런데 막상 이 사업 자체는 별 성과가 없었던 것 같다. 다만 파급 효과를 일으켜, 조선체조연맹의 체조 구령법과 체조 용어 제정, 조선건축기술단의 건축 용어 제정, 금융산업 학계의 금융상업 용어 제정, 조선복장협회의 복장 용어 정화 운동, 조선생물학회의 생물학 용어 제정, 체육 용어 정하기, 나비박사 석주명의 나비 이름 정하기,■ 필명 ㄱ.ㄴ.ㄷ의 광산 용어 도로 찾기 등의 성과를 낳았다.

이런 와중에 1946년에는 조선 성명 복구령이 내려졌다(일제의 강제 창씨개명으로 조선 전 인구의 80퍼센트 이상이 일본식으로 개명한 상태였다.). 1947년 6월 3일자로 미 군정부의 명칭이 '남조선과도정부'로 바뀌고, 같은 해 6월 28일 미 군정관 대리는 극동군 총사령관 포고 제1호 제5조에 '단, 1947년 7월 1일부터는 남조선과도정부의 공용어는 조선어로 함'이란 단서를 붙인 행정명령 제4호를 공포했다. 1946년에는 한글날이 공휴일로 지정되었다. 이런 일련의 사건들은 해방공간이라는 역사적 맥락에서 '민족적인 것'에 대한 공식화 과정으로서 중요한 상징성을 지닌다.

여기서 반드시 짚고 넘어가야 할 것이 있다. 조선식 성명을 되찾는 것이나 조선어를 공용어로 회복한 일 등이 조선 사람의 힘이 아닌, '해방군' 미군의 힘으로 성사되었다는 점이다. 이를 우리 손으로 해

■ 석주명은 평양에서 태어나 일본에서 생물학을 전공한 후 일생을 나비 연구에 바친 학자이다. 1931년부터 죽을 때까지 20년 동안 약 75만 마리의 나비를 채집·연구하여, 한국의 나비를 최종 분류했다. 이 과정에서 '개체변이이론'을 확립, 그때까지 세계의 동물학자들이 나비의 종류를 구별하고 이름을 붙여온 방법에 큰 잘못이 있음을 밝혀냈다. 그리하여 한국산 나비 248종을 분류하고, 각 종에 '수노랑나비, 유리창나비, 도시처녀나비' 등 우리말 이름을 붙였다.

내지 못한 것은 매우 아쉽고 또한 아픈 대목이다.

1946년 6월 유억겸 미군정청 문교부장의 지시로 편수국에서 교육계, 문필계, 언론계, 실업계, 출판계 등지의 128명을 모아, 1947년 1월 '국어정화위원회'를 설치했다. 학술용어제정위원회에서 전문 술어의 제정을 담당했다면, 국어정화위원회는 일반 용어를 담당했다. 국어정화위원회는 우리말 도로 찾기의 필요성을 "왜정에 더럽힌 자취를, 말끔히 씻어버리고, 우리 겨레의 특색을 다시 살리어, 천만 년에 빛나는, 새 나라를 세우려 하는, 이때에, 우선 우리의 정신을 나타내는 우리말에서부터, 씻어내지 아니하면, 아니될 것"이라고 밝혔다. 다음은 그 4가지 방침이다.

1. 우리말이 있는데, 일본말을 쓰는 것은, 일본말을 버리고, 우리말을 쓴다.
2. 우리말이 없고, 일본말을 쓰는 것은, 우리 옛말이라도 찾아보아, 비슷한 것이 있으면, 이를 끌어 닥아, 그 뜻을 새로 작성하고, 쓰기로 한다.
3. 옛말도 찾아낼 수 없는 말이, 일어로 씌어온 것은, 다른 말에서 비슷한 것을 얻어 가지고, 새말을 만들어 정하고 쓰기로 한다.
4. 한자로 된 말을 쓰는 경우에도 일어식 한자어를 버리고, 우리가 전부터 써오던 식의 한자어를 쓰기로 한다.

국어정화위원회는 이 4가지 방침을 확정·통과시킨 뒤 다시 심사위원 18명을 뽑아 1947년 2월부터 10월까지 모두 11차례의 심사위원회를 열어, 편수국의 '우리말 도로 찾기' 안을 토론 수정했다. 그리고 이 내용을 신문과 라디오를 통해 전국에 발포하여 민간의 의견을 참작·재수정한 다음, 전체 위원회 총회에 부쳐 우리말 도로 찾기 사업을 시행했다. 그리하여 1948년 1월 12일 총회에서 조건부로 통과된 '우리말 도로 찾기'는 주석 붙이기, 어휘 추가 등을 거쳐 2월 3일에 1차 발포 시행했고, 최종적으로 6월 2일자로 발행된『우리말 도로 찾기』에 낱말 943개를 수록하여 대중들이 널리 사용하도록 했다. 수록 방식은 일본말을 표제어로 먼저 적고, 그에 대응하여 바꿔 쓸 우리말을 제시하는 식이었다.

전국에 60만 부가 보급된『우리말 도로 찾기』책자는 조선어학회의 순회강습, 강연회 교재로 사용되는 등 큰 호응을 얻었다. 국어정화위원회가 일방적으로 '우리말 도로 찾기'를 공포하지 않고, 입안 절차에서부터 대중의 의견을 경청하고, 각 언론기관에서도 관심을 갖고 협조한 것이 주효했다. 물론 당시 왜색말로부터의 해방이라는 민족 정서가 크게 작용한 것은 두말할 나위가 없다.

그런데 모든 조선 사람이 우리말 도로 찾기 운동에 찬성한 것은 아니었다. 일각에서는 어떤 말을 쓰든지 간에 뜻만 통하면 되지 않느냐, 다른 나라 말이 섞여 있다고 해서 독립사상이 박약하다고 볼 수는 없다, 갑자기 일본말을 없애버리자 함은 우리 문화 발전에 장애가 되지 않겠느냐는 등 주장이 제기됐다.

그러나 대세를 막을 수는 없었다. 미군정청 운수국에서 철도 용어를 고쳤고, 체신부에서 1946년 1월 1일부터 전보를 한글로 치게 했고, 서울 시내의 일본식 국민학교 이름을 고쳐 불렀다. 극장 이름들도 고쳐, '대륙극장'이 '단성사'로 바뀌었다. 국민학교 첫 졸업식에서 일본말 졸업가를 부를 수 없게 되자, 1946년 6월 6일 문교부에서 윤석중이 짓고 정순철이 작곡한 우리말 졸업가를 발표했다. '빛나는 졸업장을 타신 언니께~'로 시작되는 노래는 바로 이때부터 불려진 것이다.

만일 일본이 태평양전쟁에서 승리했다면…

문인 사회에서 '우리말 도로 찾기'는 자기비판과 함께 진행되었다. 조선어학회가 『큰사전』 첫째 권을 간행했을 때, 소설 『임꺽정』으로 잘 알려진 홍명희가 위원장으로 있던 '조선문학가동맹'은 축하회를 열었다. 잘 알려진 대로 해방 이후 문학계는 국어학계와 달리 좌익과 우익의 이데올로기 대립이 매우 극심했다. 하지만 이런 상황에서도 자신들의 표현 무기이자 정신적 · 육체적 생명이라 할 수 있는 우리말글에 결코 무관심할 수는 없었다. 비록 좌와 우의 갈림길에서 목숨을 걸고 이데올로기 투쟁을 벌였으나, 이 투쟁 역시 '민족'이라는 대의를 떠나서는 존립하기 어려웠기 때문에, 민족의 자주성을 표상하는 민족언어 문제는 결코 남의 일이 아니었다.

그러나 해방 이후 민족적 자부심으로 우리말 도로 찾기에 열중했던 조선어학회와, 이광수 · 최남선 · 노천명 등 많은 문인들이 창씨개명을 하고 친일 문필 활동 펼쳤던 문학계는 사정이 좀 달랐다. 심지어 김사량 같은 이는 특출한 일본어 실력으로 일본 문단에 등단하여 활동하면서 「빛 속에서」(1933)라는 단편으로 일본의 아쿠타가와상芥川賞 후보에 오르기까지 했다. 사정이 이렇다 보니 해방 직후 문인들의 회동은 '양심선언'과 '자기비판'으로 이어질 수밖에 없었다. 물론 '조선문인보국회'의 간부급으로 대일 협력에 적극 가담하여, 1949년 '반민특위'■에 검거된 이광수나 최남선 같은 사람들은 이 정도의 자

■ 정식 명칭은 '반민족행위특별조사위원회'. 일제 강점기 동안 자행된 친일파의 반민족행위를 처벌하기 위해 1948년 제헌국회에 설치된 특별기구이다. 그러나 당시 친일 경찰과 관료, 정치인 등과 결탁하고 있던 미군정이 인준을 거부하여 친일파 청산 과제는 정부 수립 이후로 넘어갔다.

기비판으로는 용서받기 어려웠다.

1945년 12월 봉황각에서 열린 '문학자의 자기비판'(《우리문학》 1946년 2월호)이라는 좌담회는 당시 문인들의 인식을 잘 보여준다. 이 자리에는 김남천, 김사량, 이기영, 이원조, 이태준, 임화, 한설야, 한효 등이 참석했다. 여기서 한효는, 조선 사람치고 일본에 협력적인 태도를 취하지 않은 사람은 "없다고 말해 무방할 것"이기에 과거를 조금도 숨기지 않고 "준열한 자기비판을 하는 것은 결코 불명예스러운 일이라고 할 수도 없다."고 발언하여, 자기비판의 기본 성격을 제시했다.

그러나 자기비판의 근거를 설정하는 부분에서 논쟁이 벌어지면서 상호비판의 성격을 띠게 되었다. 이태준은 일제시대 때 문학이나 문화보다도 "말이 없어지는 것"을 가장 큰 위기로 느꼈다면서, 김사량을 겨냥하여 "조선어 말살정책에 협력해서 일본말로 작품 활동을 전향한다는 것은 민족적으로 여간 중대한 반동이 아니었다."고 거침없이 따졌다.

이에 대해 김사량은 '2보 퇴각 1보 전진'론으로 응수했다. 즉, 어떤 문자로 썼느냐가 아니라 무엇을 어떻게 썼느냐에 자기비판의 초점을 맞추어야 한다는 것이다. 그는 자신이 일본어로라도 문학 활동을 함으로써 저항의 태도를 보여주려 했다고 주장했다. 작품이나 내용보다 언어를 제1의 지위에 놓는 이태준과는 정반대의 논리다. 하지만 김사량의 논리는 한계를 가질 수밖에 없었다.

김사량이 쓴 「빛 속에서」, 「토성랑土城廊」, 「유치장에서 만난 사나이」 등의 작품들이 내선일체사상에 봉사하기보다는 식민지적 현실을 부각시키려 노력했다는 평가를 받을 수는 있을지 몰라도, 일본어로 창작된 이 작품들을 한국 문학사 안으로 수용하기란 어렵기 때문이

■■■
김사량. 일제시대 일본어 실력이 특출하여 일본 문단에서 활동하며 야쿠타가와상 후보에 오르기도 했던 김사량은, 해방 직후 자기 비판에 나서지 않을 수 없었다. 그는 '탄압이 두려워서'가 아니라 "조선의 진상, 우리의 생활 감정, 이런 것을 리얼하게 던지고 호소한다는 높은 기개와 정열 밑에서" 붓을 들었다고 했지만, 크게 설득력을 얻지는 못했다.

다. 이태준이 머리를 꼿꼿이 세우고 비판한 데서 짐작할 수 있듯이, 우리말 자체를 없애려고 했던 일제의 만행이 바로 엊그제로 생생하게 남아 있던 당시 정세에서, 김사량의 논리는 설득력이 떨어졌을 것이다. 결국 김사량은 동료들 앞에서 자기비판을 한다.

> 나로서는 우리말로 쓰는 것보다 좀 더 자유스러히 쓸 수 있지 않을까, 탄압이 덜할까 생각하고 일어로 썼다느니보다 조선의 진상, 우리의 생활 감정, 이런 것을 레알하게 던지고 호소한다는 높은 기개와 정열 밑에서 붓을 들었던 것이오마는 지금 와서 반성해볼 때 그 내용은 여하간에 역시 하나의 오류를 범하지 않았나 생각하고 있는 것을 솔직히 고백하는 바입니다.

우리말로 시를 읊지 못하고 우리글로 나의 이름을 적지 못하게 억압받던 시절, 우리말글 자체를 지키려는 노력은 그 자체만으로도 대단한 일이었다. 학교에서야 어쩔 수 없다 하더라도 집 안에서만큼은 우리말을 지키려고 아이들 교육에 철저했던 부모들이 있었던 반면, 아이들에게 열심히 일본어를 가르치면서 '국어(일본어) 상용 가정'이라고 자랑 삼아 뻐기던 자들도 많았으니 말이다. 문학평론가 이원조는 《아동문학》 창간호(1945년 12월)에서 이들은 민족을 멸망시키려 한 악한이라고 꼬집기도 했다.

어쨌든 이 논쟁은 시사하는 바가 크다. 문인들의 우리말 도로 찾기는 우리말을 '버린 행위'에 대한 비판에서 시작되었지만, 일방적인 비판뿐 아니라 시대적 고뇌가 투영되는 양심선언과 자기비판을 요구하기에 이르렀다. '문학자의 자기비판' 좌담회에 참여한 이들도 이 점에 모두 합의했다.

여기서 우리는 '우리말 도로 찾기'가 우리말과 글 그 자체의 문제만은 아님을 알 수 있다. 우리 말글을 도로 찾는다는 것은 우리의 삶을 도로 찾는다는 의미이기 때문이다. 그런데 막상 조선어학회를 중심으로 한 국어학계는 이 점을 소홀히 했다. 문인들은 굳이 '우리말 도로 찾기' 같은 용어를 사용하지는 않았지만, 삶의 문제를 언어와 진솔하게 연결시키려고 했다. 좌담 참석자들의 공감을 얻었던 임화의 발언은 당시 작가들이 느낀 인간적 고뇌를 섬세하게 보여주고 있다.

> 자기비판이란 것은 우리가 생각했던 것보다 더 깊고 근본적인 문제일 것 같습니다. 새로운 조선문학의 정신적 출발점의 하나로서 자기비판의 문제는 제기되어야 한다고 생각합니다. 그런데 자기비판의 근거를 어디 두어야 하겠느냐 할 때 나는 이렇게 생각합니다. 물론 그럴 리도 없고 사실 그렇지도 않았지만 가령 이번 태평양전쟁에 만일 일본이 지지 않고 승리

를 한다, 이렇게 생각해보는 순간에 우리는 무엇을 생각했고 살아가려 했느냐고. 나는 이것이 자기비판의 근원이 되어야 한다고 생각합니다. 이때 만일 '내'가 일개의 초부로 평생을 두메에 묻혀 끝맺자는 것이, 한줄기 양심이 있었다면 이 순간에 '내' 마음속 어느 한 구통이에 강잉히 숨어 있는 생명욕이 승리한 일본과 타협하고 싶지는 않았던가? 이것은 '내' 스스로도 느끼기 두려웠던 것이기 때문에 물론 입밖에 내어 말로나 글로나 행동으로 표시되었을 리 만무할 것이고 남이 알 리도 없는 것이나, 그러나 '나'만은 이것을 덮어두고 넘어갈 수 없는 이것이 자기비판의 양심이 아닌가 하고 생각합니다. 이럼에도 불구하고 이 결정적인 한 점을 덮어둔 자기비판이란 하나의 허위상, 가식이라고 생각합니다. 그러기에 우리가 모두 겸허하게 이 아무도 모르는 마음의 '비밀'을 솔직히 터놓는 것으로 자기비판의 출발점을 삼아야 한다고 생각합니다. 그리고 자기비판에 겸허가 왜 필요한가 하면 남도 나쁘고 나도 나쁘고 이게 아니라, 남은 다 나보다 착하고 훌륭한 것 같은데 나만이 가장 나쁘다고 감히 긍정할 수 있어야만 비로소 자기를 비판할 수 있기 때문입니다. 이것이 양심의 용기라고 생각합니다.

"일본말을 하지 말자" –하이, 네!

문인들이 이처럼 치열하게 자기비판하는 동안 일반대중들은 어땠을까? 해방 직후 일어난 몇 가지 일화를 보자. 서울 돈암동 어느 집에 손님이 왔다.

여주인 : 아유, 기노시다상木下様이 오셨네. 아이 참, 목하 씨木氏. 어? 그럼 솜('목화'로 들린다는 뜻) 씨가 되네!

남주인 : 아니 그럴 것 뭐 있소? 솜 씨니 목하 씨니 할 것 없이 이 선생이
라 하면 그만 아닌가?

다음은 학교에서 일어난 일이다. 선생님이 출석을 부른다.

선생 : 김복동.

학생 : 하이, 네.

모두 : 하하하하!

선생 : 이영자.

학생 : 하이, 네.

모두 : 하하하하!

선생 : 하이네는 독일의 시인이란다.

이런 일은 친구들이 오랜만에 만난 자리에서도 벌어졌다.

갑 : 어, 긴상!

을 : 어, 리상!

병 : 여보게들, 긴상이니 리상이니 하는 쪽발이 말은 걷어치우게.

갑 : 그래, 김상.

을 : 어 참 그래, 이상.

병 : 대체 '상' 놈들이란 어쩔 수 없고만.

실제로 해방 직후 이런 일들이 비일비재했던 모양이다. 우리말로 바꿔 써야 한다고 생각하면서도 저도 모르게 툭툭 튀어나오는 일본

말들. 일본 제국주의자들은 물러갔지만, 그 말들이 조선 사람들의 발목을 붙잡고 있었다. 한쪽에서는 우리말 도로 찾기에 온 몸을 다 바쳐 헌신하는데, 다른 한쪽에서는 왜색말이 야유를 퍼붓고 있었다.

창씨명을 청산하지 않고 문패를 계속 달아놓거나 혹은 다른 사람들을 속이기 위해 문패의 글자 한 자를 백노지(갱지)로 덮어놓은 사람이 있었는가 하면, 전화번호를 일본말로 부르기로 했다. 요정에서, 카페에서, 산야의 하이킹족 입에서, 통행금지 시간 전 장안 대로에서, 비틀거리는 청장년들의 입에서, 조선경비대의 입에서 일본 유행가들이 거침없이 터져나왔다. 오죽했으면 '하지 말자' 운동까지 나왔을까. 언제 어떻게 시작되었는지는 정확히 알 수 없지만, 해방 공간에서 아이들을 대상으로 한 '11가지 하지 말자 운동' 이라는 게 있었다.

1. 일본 말을 하지 말자!

1. 일본식 이름을 부르지 말자!

1. 일본 노래를 부르지 말자!

1. 일본 사람 물건을 사지 말자!

1. 일본 인형이나 노리개를 갖지 말자!

1. 코 흘린 얼굴로 미국 군인 보고 '할로!' 하지 말자!

1. 미국 군인 보고 손을 내밀며, 껌을 달라지 말자!

1. 싸움하지 말자! 더구나, 외국 사람 보는 데서 싸움하지 말자!

1. 나쁜 말을 하지 말자!

1. 한길에서 음식을 먹지 말자!

1. 한길에서 장난을 하지 말자! 더구나, 전차 길 위에서 장난하지 말자!

1945년 8월 15일 일본 왕의 항복과 함께 일제는 물러갔으나, 친일파들이 남아 우리 현대사를 좌지우지했듯 일본말 찌꺼기들 역시 알게 모르게 그 한패거리가 되어왔다. 사람들은 애써 일본말을 버리려고 노력했을 것이다. 그러나 앞의 일화들이 보여주듯, 그 찌꺼기들은 털어내기 힘들었다.

우리말 도로 찾기 운동을 하는 사람들이나 단체들은 이런 상황을 개탄하며, '나라 사랑' 과 '자주정신' 이 부족한 때문이라고 몰아쳤다. 일제 강점기 때야 어쩔 수 없다 치더라도, 해방된 세상에서 여전히 일본말을 함부로 쓰는 것은, '민족정신' 이 썩어빠지고 '사대사상' 에 젖은 때문이라며 계몽 반 비난 반의 공격을 퍼부었다. 말 속에 남아 있는 일제의 잔재는, 부지불식간에 그 말이 지니고 있는 정신과 문화에 도취되게 한다는 점에서, '국민정신' 을 좀먹는 원흉으로 간주되었다. 당시 애국심을 부르짖던 학생들의 입에서마저 툭하면 일본말이 튀어나왔던 모양인데, 이 또한 자아에 대한 자각이 없는 탓이라고들 했다. 이희승은 일본말 말버릇을 습관이나 무의식에 전가하는 태도는 옳지 못하다고 비판했다.

실제로 민족적 각성이 부족해서 그런 경우도 많았다. '만세' 만 해도 그렇다. 당시 서울 시내에 크게 휘갈겨 쓴 '偉大한 愛國者 ○○○ 先生 萬才!' 라는 구호가 붙은 적이 있는데, 이 글귀에서 '才' 자가 잘못 쓰여진 듯 보이지만 유감스럽게도 그렇지 않다. '歲' 를 일본식으로 써놓은 것이다. 일본 음으로 하면 '萬歲' 나 '萬才' 똑같이 'ばんせい' 이다. 그래서 일본 사람들은 '鬪爭' 을 '斗爭' 으로, '萬歲' 를 '萬才' 로 쓰기도 한다. 우리 식으로 보면 전혀 다른 말인데, 아무런 거리낌 없이 일본식 한자를 따른 것이다.

이런 일도 있었다. 1945년 10월 17일 경성부 주류조합 결성식장에서 경기도 경찰부 모 경제과장이 일본말로 훈시를 하자, 듣다 못한 어느 신문기자가 일어나서 충고했다. 그런데 그 경찰 간부는 반성의 기색 없이 적반하장 격으로 이렇게 말했다.

"나는 종래 20년간 일본 경시청에 있었기 때문에 조선말이 서툴다. 아무 말로 말하나 의사만 통하면 그만이 아니냐?"

이 말을 들은 많은 사람들이 분개하여 퇴장했고, 장내는 소란해졌다. 다른 사람들도 이 사실을 전해 듣고 크게 불만을 터뜨렸다. 그 경찰 간부는 평소에도 부하 직원들에게 일본말을 사용했다. 상황이 이렇다 보니 '민족적 각성'을 촉구하는 일이 설득력을 얻을 수밖에 없었다. 이태준은 조선의 어머니들에게 문인들이 한 것과 같은 '자기비판'을 권했다.

해방 이전 우리 조선의 어머니들은 그 자녀를 조선 민족으로 보호하기에 과연 양심적으로 노력한 이가 몇 분이나 있을까요? 얼른 비근한 예를 들어 아들더러 '마사오'니, 딸더러 '하루꼬'니, 부르지 않고 조선 이름대로 끝까지 불렀으며, '잇데마이리마쯔'로 시키지 않고 '다녀오겠읍니다'로 끝까지 시킨 어머니가 몇 분이나 되십니까? 그런 어머님이시라면 자기비판이 없이 그대로 나가서도 조켓지만 만일 그렇지 못한 어머님이라면, 오늘 그 아들 그 딸들에게 양심으로 사과하고, 이 앞으로는 어떠한 곤란과 핍박이 오든지, 결코 조선 민족으로서의 자존심을 버리지 않기로 그 자녀와 우리 삼천만 앞에 맹서하지 않으면 안 됩니다. 어머니는 자기 개인이기보다 조선 민족의 어머니이기 때문입니다. 장래 조선의 대통령도 세계적 과학자도 예술가도 다 여러분 어머니의 손에서 길러지기 때문입니

다.(1946년 5월 12일 《부녀신문》 창간호)

민간단체와 언론, 학교에서 여러 가지 방법을 동원하여 민족적 각성을 일깨우고, 우리 말글을 보급하는 우리말 도로 찾기 운동을 대대적으로 펼쳤지만, 일본말 찌꺼기들은 여전히 강력한 힘을 발휘했다. 해방 이후 농촌이나 도시에서나 많은 젊은이들이 일본 군복을 그대로 입고 거리를 활보한 것처럼 말이다. 대학생들은 곧잘 군복 차림으로 등교했으며, 학병에서 돌아온 젊은 교수들도 일본 장교복 차림으로 강의를 하기도 했다. 일본 잔재 청산이 정신의 문제만은 아니었던 것이다.

해방 3주년을 기념하는 1948년 해방 기념일(당시에는 8월 15일 광복절을 이렇게 불렀다.)에 여러 신문들이 왜색 찌꺼기들을 비판하는 기사를 내보냈다. 《조선일보》는 〈왜색의 잔재는 아직도 남아 있다. 민족적 반성 통감〉이라는 제목으로 다음과 같이 보도했다.

서울 거리에서도 특히 20 전후의 아가씨들이 가다가 '아라 이야다', '짓싸이' 따위 왜말 쓰는 것은 불쾌하기 짝이 없고, 상점에서 일제 때 왜놈 레코드로 심지어 '나니와부시'까지 거리가 좁다 하고 울려 나오는가 보면, 레코드 음악 방송 중에서도 가끔 왜놈이 지은 '짜쯔' 소리가 흘러 나온다.

그보다도 놀랠 만한 것은 앞서, 모 기자단이 지방의 '조선경비대'를 시찰했더니, 대원들이 '요까렌노……' 하는 왜놈 군가의 곡조를 고대로 따온 군가를 천연스럽게 부르더라고, 소위 유행가나 악극단 노릇하는 극단들 속에도 이미 썩어빠진 왜놈 냄새가 풍긴다.

가뜩이나 왜국 물건의 시장화된 꼴을 저주하는 판에 일부 상인들이 일제 때 왜놈 상표를 붙여서까지 물건을 속여 파는 심사는 야속한 일이다. 그 정신과 정서를 표현하는 길이 '말과 소리' 라면, 이러틋 왜색 잔재 역연한 거리의 현상은 정신적으로 아직 왜놈의 손아구에 잡혀 있는 겨레가 남아 있다는 것을 말함이니 식자들의 개탄도 무리가 아니다.

영어 실력이 곧 능력이 된 시대

해방과 함께 찾아온 우리말의 자유는, 이처럼 거저 주어지는 것이 아니라, 투쟁으로 쟁취해야만 하는 것이었다. 그 대상은 '일본말' 과 '일본식 한자말' 이었고, 그래서 앞에서 보았듯이 '왜색' 과 '일어를 말살하자' 는 말이 자주 등장했다. 그러나 일본말에만 잔뜩 신경쓰고 있는 사이, 대중들에게는 다소 생소한 외국어가 자리잡고 있었으니, 바로 영어였다. 1945년 9월 9일 조선총독부에서 일장기가 내려지고 성조기가 올라가는 순간, 38선 이남의 조선에서는 영어 알파벳들이 한글 자모를 서서히 갉아먹을 태세를 갖추고 있었던 것이다.

실제로 이 당시, 우리말의 자모도 똑똑히 알지 못하면서 영어에 온 정신을 쏟은 이들이 있었다. 영어 공부에 몰두하여 국어나 역사 시간에도 영어책을 펴놓고 있는 학생들이 많았다고 한다. 해방공간 학교에서는 '민족 교육' 과 우리말 교육에 철저했을 것이고, 학생들도 국어를 사랑했을 거라고들 생각하는데, 한편에서는 정말 그랬지만 다른 한편에서는 그렇지 않았다.

우리말 운동에 열을 올리는 사람이 있는가 하면, 반대로 "일본말

식대로 살겠다."고 공공연히 얘기하는 경찰 간부도 있었듯이 말이다. 선생이야 "민족의 운명은 민족의 언어와 함께한다."고 떠들든 말든, 세태를 제대로(?) 읽는 학생은 '영어 꿈꾸기'에 푹 빠져들었다. 그들에게 일본군을 몰아낸 미군은 자랑스러운 해방군이었다. '아메리칸 드림'의 역사는 이렇게 시작됐다.

반공이데올로기와 미국식 민주주의 선전에 집중한 미군정기의 교육계에서 실질적인 힘을 발휘한 오천석(그 자신도 미국 유학생 출신이었다.)을 비롯하여 교육계 주역들은, 주로 미국 교육 전문가들을 초청하여 교사들을 재교육시키고, 그 내용도 반공 교육을 기본으로 한 미국의 교육 이론을 주요 모델로 삼았다. 조선인의 미국 유학도 적극 권장되었다. 이에 따라 영어가 급속히 번져나갔다.

이러한 시대 흐름에 발빠르게 대응한 백낙준, 이묘묵, 하경덕, 유영채 등 미국 유학생들은 자신들의 자산인 영어 능력을 활용할 수 있는 길을 찾다가, 미군이 서울에 도착하는 1945년 9월 9일에 맞춰 미군을 환영하는 뜻으로 영자신문 《코리아 타임즈》를 창간했다. 이제 영어는 '민주주의'라는 외피를 뒤집어쓰고 친미파들의 이데올로기이자, 생존 무기가 되어가고 있었다. 특히 미군정 기간 동안 영어 구사 능력은 신분상승의 중요한 도구가 되었다. 미군정은 '통역정부'라고도 불렸는데, 군정 기간에 영어를 잘하는 사람들이 요직에 앉아 남한 정치를 주물렀기 때문이다. 통역정부에서 활약했던 대표적 인물이 바로 조병옥이다.■

■ 조병옥은 1914년 연희전문학교를 졸업하고 미국으로 건너가, 와이오밍 고교와 컬럼비아 대학을 졸업했다. 그는 1925년 귀국하여 연희전문학교 전임강사가 되는데, 이때 우리말을 제대로 할 수 있을지 염려할 만큼 영어에 몰입해 있었다.

■■■
영어 웅변대회에서 입상한 학생들이 경무대를 방문하여 이승만 대통령과 기념촬영을 하는 모습(1957년). 해방공간을 지나면서 남한 사회에서 영어는 가장 효율적인 생존무기이자 신분 상승의 중요한 도구가 된다.

영어 등 서구의 외국어 또는 외래어가 우리 사회에 퍼진 것은 해방공간이 처음은 아니었다. 19세기 말부터 개화와 근대화의 물결을 타고 서구어의 유입이 급증했다. 예컨대 1908년 《소년》지를 보면 '박테리아' '알코홀' '인쓰피레이슌 '잉크' '커피' 등의 말들이 나타난다. 1937년 간행된 이종극의 『모던 조선 외래어 사전』에는 약 1만3천 자에 달하는 서구어계 낱말들이 수록되어 있는데, 그 가운데 90퍼센트 이상이 영어이다. 그런데 해방 이후 발간된 이희승 편 『국어대사전』에 의하면, 당시 국어 속에 들어와 있는 서구 외래어는 1만4,265어인데, 이중 영어계가 약 1만3천어로, 1937년 집계와 별 차이가 나지 않는다. 이미 일제시대 때 들어올 만한 영어 외래어는 다 들어와 있었던 것이다.

그러나 일제시대 때와 해방 이후는 사회적 · 문화적 조건이 다르다. 일제 때에는 서구문화가 일본을 거쳐 간접적인 방식으로, 그것도 약하게 유입 · 소통되거나 등록되는 정도에 그쳤다. 일본을 통해 간접 차용되면서 원산지에 없는 말, 일본식으로 생략되거나 절단된 말, 발음이 잘못된 말, 의미가 바뀐 말 등으로 굴절된 외국어들이 국어에 재차용되었는데, '하이틴'(late teens) '아나'(announcer) '쓰봉'(jupon) '마담'(madam>manageress) 같은 것들이 그러하다.

그러나 해방공간에서 진행된 영어 수용과 사용은 미국인과 미국문화를 직접 접하면서 현실화된 것이었다. 더군다나 일어가 강제적인 것이었다면, 영어는 새로운 사회 · 문화 조건에서, 그것이 미국에 대한 맹목적 동경에서건 사회적 상승 욕구에서건 변동기의 문화적 욕망에서건, 자발적 필요에 따라 수용되었다고 볼 수 있다.

이 차이는 대단히 크다. 우리말 운동에 열렬한 사람들이 영어를 지껄이는 이들에게 '사대사상'에 젖어 있다느니, 식민지시대 '노예근성'에서 벗어나지 못했다느니 비난해도 소용없는 일이었다. 해방 공간에서 영어는 이데올로기적 허구성과 어우러지며, 미국식 민주주의와 문화에 참여하고자 하는 흐름과 맥을 같이하고 있었다.

"일본놈 밑에서도 살았는디 미국놈한테 왜 죽었냐."는 상여소리로 묻힌 박병갑의 죽음■을 알건 모르건, 1946년 9월 철도 노동자들이 "쌀을 달라!" "물가등귀에 따라 임금을 인상하라!" 등의 구호를 외친

■ 1945년 11월 17일 전라북도 남원경찰서 앞에서 남원을 접수하러 온 미군과 대치하던 4천여 명의 시위대가 "우리는 우리끼리 살게 미국인은 물러가라."고 외치는 상황에서, 공포를 쏘아대는 미군의 총구 앞에 웃옷을 벗고 용감히 저항하던 18세의 박병갑이 사살된 사건.

전평(조선노동조합전국평의회) 총파업에 '전쟁'으로 대응한 미군정의 조선 인민 죽이기가 계속되든 말든, 인민대중들의 육체에는 미국 문화의 파편들이 속속 달라붙기 시작했다.

'콩글리시' 형성에 기여한 AFKN

미국은 점령지 조선을 정치적으로 교화시키기 위해 방송, 영화, 노래, 언어, 교육 등에서 미국식 이데올로기를 전파하는 '문화공작'을 펼쳤다. 일제 때의 총독부 중앙방송국(사단법인 경성방송국)을 미군정의 기관방송으로 접수하고, 이를 미 고문관과 감독관의 지휘·통제 아래 두면서 미국의 정치 이념 및 군정청의 정책 입안들을 홍보했다.

이들이 문화를 생산한 방식을 보면, 이들이 전파한 문화가 미국 본토의 그것과 얼마나 닮았는지 알 수 있다. 예컨대 우리가 전통 말놀이로 오해하고 있는 〈스무고개〉 오락 프로그램은 당시 미국에서 인기 있었던 〈트웬티 퀘스천스〉를 모방한 것이었고, 라디오 연속극의 시초로 폭발적 인기를 모았던 〈똘똘이의 모험〉은 미 여성 고문관 브라운이 『톰소여의 모험』에서 아이디어를 얻어 창안한 프로그램이었다. 미국의 대중음악도 매일 한 시간씩 정규 방송되었고, 미군정 3년간 한국영화 제작 편수가 연간 네댓 편에 불과한 데 반해, 할리우드 영화는 100여 편이나 수입되었다.

특히 영어가 광범위하게 확산된 것은 한국전쟁 전후였다. 언론인이나 학자, 대학생 같은 지식인들만 영어를 퍼뜨린 것은 아니었다. 한국전쟁이 끝나갈 무렵 미군의 숫자는 32만7천 명이었다. 이들이

■■■
해방 후 제작된 반공 극영화 1호 〈똘똘이의 모험〉. 폭발적 인기를 모았던 KBS 라디오의 어린이 연속극을 영화화한 것이다.

전국을 누비며 내뱉는 영어는 어떤 식으로든 한국어를 위협했다. 의정부, 동두천, 부평, 오산, 용산, 대전, 왜관, 군산, 목포, 진해 등지에서 미국 문화를 그대로 재현한 기지촌 문화가 번성했고, 그 와중에 영어는 이른바 '양공주'들과 주민들의 숨소리에 파고들었다. '헤이' '오케이' '댕큐' '예스' '오우' 따위들이 한국인 담화자들 사이에서 자연스럽게 오고갔다. 영어의 침투와 확산은 이런 방식말고도 대중매체와 영어 교육을 통해 더 일반화되었다.

우선 1950년부터 시작된 주한 미군방송 AFKN 라디오가, 미국 젊은이들을 열광시킨 팝뮤직을 우리나라 젊은이들에게 그대로 들려주며 미국 문화를 전파했다. 1956년 미국 RCA의 합작사인 한국 RCA

보급 주식회사가 최초의 상업 TV방송인 HLKZ-TV를 개국했는데, TV 뉴스는 미국 문화원과 한국 공보처에, 오락영화와 문화영화는 거의 RCA와 미문화원이 제공하는 정보에 의존했다. 자체 제작이더라도 미국 상업 프로그램의 번안물이 주종을 이루어 거의 미국 TV나 다름없었다.

HLKZ-TV가 개국한 다음 해인 1957년 9월, AFKN-TV도 전파를 쏘아올렸다. 한국의 텔레비전 역사보다 먼저 시작된 AFKN-TV는 주한미군의 저질 군대 문화를 포함하여 거의 전 지역에 미국 문화를 전파하는 데 지대한 공헌을 했다. AFKN-TV는 미국의 3대 네트워크인 NBC, CBS, ABC의 가장 인기 있는 오락 프로그램을 모아 방송했기 때문에 오락성과 쾌락성, 화려함에서 국내 TV프로그램을 압도했다.

그러나 AFKN은 단순히 미국 문화를 전파하는 수단으로만 머문 것이 아니다. AFKN은 국내 방송국보다 방송 시간이 더 길었을 뿐만 아니라, 치외법권 지대로 군림했다. AFKN 방송의 법적 근거를 마련해준 것은 1966년에 체결된 '한미행정협정'이었다. 이 협정의 제3조 2항은 "전파법 방사放射 장치용 '라디오' 주파수 또는 이에 유사한 사항을 포함한 전기통신에 관한 모든 문제는 양 정부의 지정 통신 당국간의 약정에 따라 최대의 조정과 협력의 정신으로 신속히 계속 해결해야 한다."고 되어 있다.

이에 따라 한국 정부는 AFKN에 어떠한 통제도 가할 수 없게 되었다. 문화 주권을 훼손당한 채 미국에게 문화 침략의 길을 열어준 셈이다. 예컨대 한국과 한국민을 모독하고 멸시한 TV 드라마 〈매쉬〉가 AFKN을 타고 국내에 인기리에 방영될 때에도, 한국 정부는 수수방관했다. 영어는 이러한 문화적 장치들을 통해 조선 대중들에게 직접

■■■
미8군 TV 방송국 개국(1957년 9월 14일). 한국의 텔레비전보다 먼저 시작된 AFKN-TV는 방송시간도 더 길었을 뿐만 아니라, 치외법권 지대에 놓여 있었다. 오락성, 화려함에서 국내 TV 프로그램을 압도하면서 미국문화 전파의 첨병 역할을 수행하였다.

보급됐다.

이처럼 가까이서 멀리서, 오른쪽에서 왼쪽에서, 위에서 아래에서, 앞에서 뒤에서, 한 마디로 사방팔방 입체적으로, 그러므로 머리로 정신으로 미국식 문화 환경을 거부하건 타협하건 상관없이, 육체의 부딪침 속에서, 그 속에서 자라는 새로운 욕망의 틈새를 비집고, 그렇게 영어는 조선 대중들의 입에 오르내리게 되었다.

미군정이 나서서 발음을 교정해주지 않더라도, 조선 인민들 스스로 혀를 이리저리 굴려보며 영어 발음을 연습했다. 그러다 틀리면 얼굴 한번 빨개지면 그만 아닌가. 이때 유행한 영어는 '헬로' '미스터' '오케이' '닥터' '인플레' '코리안 피엑스' 등이었다. 조선 대중들은 민족주의적 도덕성과 언어적 자유, 정치적 분노와 문화적 향유 사이를 자유롭게 넘나들며 '콩글리시'를 만들어갔다.

15 1945~1948년 미군정이 실시한 '문화정치'

미군정의 조선 문맹 퇴치기

미군정은 왜 조선인의 문맹 퇴치에 그리도 관심을 기울인 것일까?
당시 미국의 고위관리는 한반도를 '이데올로기 전장'으로 규정했다. 미국은 여기서 승리하기 위해, 미국적 이데올로기를 전파해야 했다. 또한 계획대로 남한만의 단독정부를 수립하려면 조선인의 투표 참여율이 높아야 했는데, 문맹퇴치운동은 이 투표율을 높이는 방안이었다. 문화적 삶을 욕망하는 조선인들의 자발적 문맹 퇴치 욕구와 미국의 전략이 맞아떨어진 것이다. 어쨌거나 그 결과, 해방 직후 80퍼센터에 달하는 문맹률은 3년 후 그 절반으로 떨어졌다.

'낫 놓고 기역자도 모른' 판사와 학교 선생

"가 갸 거 겨……."

1946년 2월 9일 토요일 오후 3시, 서울지방법원 제4호 법정에서 울려퍼진 소리이다. 법원에서 웬 가갸거겨? 자술서를 쓰지 못하는 피고인들을 모아놓고 법원에서 한글강습이라도 한 것일까. 그러나 사실은 판사와 검사들이 모여 앉아 한글을 배우는 소리였다. 놀라운 일이다. 최고 지식인들로 꼽히던 그들이 이제야 한글을 배우고 있다니. 이를 보도한 1946년 2월 11일자 《동아일보》 기사만 읽고서는 쉽사리 믿기 어려운 사실이다. 그러나 이는 드문 일이 아니었다. 일본말만 쓰던 관리들이 해방 이후 한글을 잘 몰라서, 당시 각 관청별로 직장 강습회를 주최

하는 일이 매우 흔했다.

교원들은 문제가 더 심각했다. 일본말로만 가르친 그들이 한글을 제대로 알 턱이 없었다. 미군정이 각급 학교 개학을 발포해놓은 상태였지만, 문제가 이만저만이 아니었다. 교원 수도 절대부족했거니와, 교과서 자체가 없는 매우 비참한 상태였다.

해방 직전 조선인 교원은 1만3,782명, 일본인 교원은 8,650명으로, 1945년 11월 28일 군정청 학무과장 에레트 소령이 파악한 바에 따르면, 소학교 5천 명, 중학교 1,300명의 교원이 부족한 실정이었다. 또한 말이 좋아 "조선 사람 마음대로 교육해보아라."였지, 기존 교원들을 미군정과 이에 협력한 조선교육위원회의 입맛에 맞게 재교육시키는 일이 시급한 과제로 떠올랐다.

무지 · 몽매 · 미신 · 악습 · 비위생…문맹의 해악

학무국의 일본 관리와 각급 학교 교원을 조선인으로 바꾸는 일은 거의 대부분 조선교육위원회가 주도했다. 상급의 인사 임명은 일제에 협력한 경력이 있거나 부적격자 선발을 막기 위해 군정보처의 엄격한 심사를 거쳤다. 여기서 부적격자의 기준이란 '공산주의적' 사상 배경의 유무였다.

조선어학회 · 진단학회■ · 초등교육건설회 · 교육혁신동맹 · 학술원 등의 여러 단체들이 나름대로 교원 재교육을 시행하고 있었지만,

■ 1934년 한국의 역사, 언어, 문학 등을 연구하기 위해 조직한 학술단체. 계간지인 《진단학보》를 발간했다.

이를 전체적으로 통제하고자 했던 미군정청 학무국은 1945년 12월 21일부터 30일까지 경기도 학무과와 공동으로 전국 초·중등 교원 대표자 400여 명을 모아놓고, 국어·국사·공민 등의 교육 이념과 교육제도, 교과서 내용 및 각 교과서 편찬 취지와 교과서 다루기에 관한 재교육을 실시했다. 수강생들은 각 도, 부, 군에 내려가 전달 강습회를 했다. 다음 해 1월에도 262명의 전국 중등학교 대표 교원들이 강습을 받았다. 이런 방식으로 교원 재교육이 진행됐는데, 이때 항상 한글강습이 뒤따랐다.

교육을 담당하는 일선 교원들의 상황이 이러했으니, 일반대중들이야 오죽했을까. 광복 직후 12세 이상의 한글 문맹자는 남한 전체 인구의 약 78퍼센트에 달했다.

이처럼 높은 문맹률은 일본 제국주의의 철저한 문맹정책과 깊은 연관이 있다. 1929년 《조선일보》의 문맹퇴치운동, 1930년대 전반기 조선어학회의 한글강습회와 조선어강습회, 《동아일보》의 브 나로드 V'narod 운동 등이 활발히 전개됐지만, 일제의 탄압이 계속되고 1935년부터는 이조차 전면 금지당하면서, 조선 인민들은 다시 문맹의 어둠 속으로 퇴화해야 했다. 1945년 11월 15일, 소설가이자 문학평론가인 김남천은 《문화전선》 창간호에서 일제의 문맹 정책에 대해 다음과 같이 술회했다.

> 눈뜬 장님, 위생과도 과학과도 지식과도 모든 문명과도 격리되어, 어떠한 억압이나 착취나 탄압에도 짹짹소리 못하고, 노예와 같이 종순終巡하여, 무지와 몽매와 미신과 악습과 비위생의 토굴 속에서 원시생활을 달게 받고 있는 그런 인민생활의 상태가 절대로 필요하였던 것입니다.

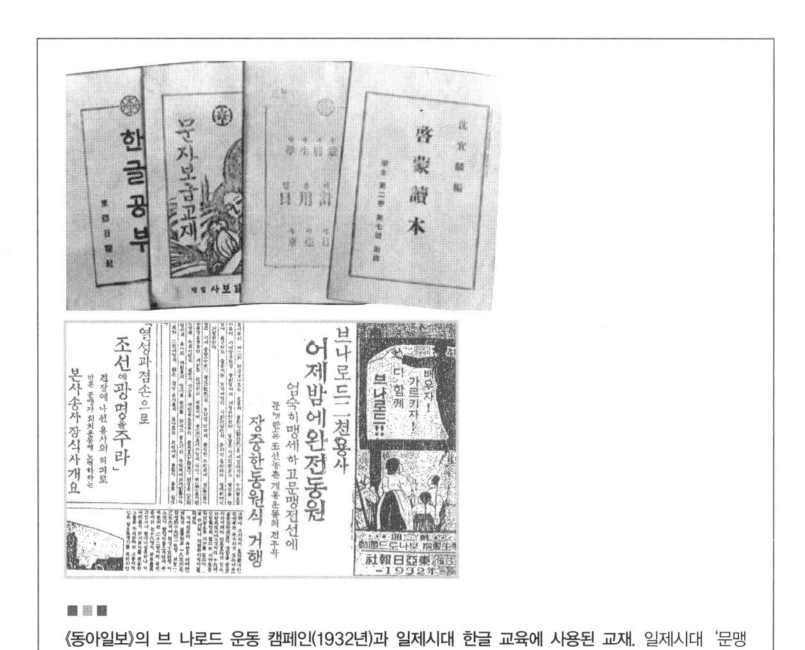

《동아일보》의 브 나로드 운동 캠페인(1932년)과 일제시대 한글 교육에 사용된 교재. 일제시대 '문맹 타파'는 좌 · 우파를 막론하고 조선에서 가장 중요한 사회적 의제였다.

삼천만의 다대수多大數를 문맹채로 파묻어 두고, 방학을 이용하여 부녀자와 농민들에게 한 자의 가갸거겨를 가르칠려는 순진한 학생들의 야학까지를 금지하고 폐쇄시켜, 그들을 감방 속에 쳐박으면서까지, 문맹정책이 철저히 시행된 이유는 여기에 있지 않으면 안 됩니다.

문맹이란 단순히 글자를 읽지 못하거나 쓰지 못하는 상태가 아니라는 이야기다. 무지 · 몽매 · 미신 · 악습 · 비위생의 상태를 존속시키는 것이 문맹이며, 이를 뒤집어 말하면 문맹 탈피는 곧 과학과 지식과 위생의 삶으로 가는 통로이자 동시에 인민의 생활이 인간적 · 문화적으로 향상되는 기본 조건인 것이다. 이처럼 대중들의 '문맹 탈피' 는 현대사회에서 요구되는 새로운 삶의 방식이었다.

문맹 탈피는 지식과 힘, 즉 '지식과 권력' 의 문제와도 깊이 연결되어 있었다. 일제가 그토록 잔인하게 조선어 말살정책을 쓴 것도 민족정신의 제거라는 측면뿐 아니라, 한글을 통해 쉽게 읽고 씀으로써 저항의 표현들이 소통되고 이것이 조선 인민들의 저항 권력으로 발전해나가는 것을 원천 차단하려는 전략이었다.

요컨대 문맹 탈피는 한편으로는 현대 사회적 삶의 조건으로서 인간적 · 문화적 욕망을 상승시키는 효과를 갖고 있으며, 다른 한편으로는 민주주의 실천에서 지식과 권력 행사를 확보하는 정치적 효과를 발휘했다. 해방공간에서 상당한 성과를 보인 문맹 퇴치 운동은 바로 이러한 효과들을 겨냥한 것이었다.

조직적으로 '문맹 퇴치' 에 나선 미군정

해방 직후 80퍼센트에 육박하는 문맹률에 놀란 각 정당과 단체, 지도자들은 문맹 퇴치 사업을 주요 정책안에 포함시켰다.

미군이 입성하기 이틀 전인 1945년 9월 6일, 여운형 등의 건국준비위원회는 전국대표 1천여 명이 참석한 가운데 "진주할 미군에게 조선 민족의 자치 능력을 표시할 당면의 필요에 의해" 수립된 조선인민공화국은, "문맹인을 적극적으로 계몽할 것"(정강 제7항)이라고 밝혔다.

조선공산당의 '민주주의 민족전선' ■도 문맹 퇴치를 정부의 직접

■ 8 · 15광복 후 조선공산당의 주도로 29개 좌익단체가 결성한 좌익 통일전선.

적인 사업이자 사회단체의 자주적인 사업으로 설정하고 상호협력하여 빠른 기간 안에 추진해야 한다고 주장했다. 이를 위해 전국적인 계획을 마련하는 한편, 지역별 성인학교 운영, 특수 교재 편찬, 강사 훈련 등 구체적인 안을 제시했다. 그 내용을 보면 노동자는 노동조합이, 농촌은 농업 단체가 주체가 되어 국문과 계산법을 가르쳐야 한다고 되어 있다.

남로당(남조선로동당) 또한 문맹률이 70퍼센트 이상인 상황에서 정부의 독자적 사업만으로는 문맹 퇴치가 어려우므로 정부와 사회단체가 협력해야 한다고 주장했다. 그리고 문맹 퇴치는 생산 활동과 결부돼야만 효과적이므로, 가능한 한 직장과 밀접한 관련을 맺고 실시되어야 한다고 했다.

'임시정부수립대책위원회'■는 문맹 퇴치의 목적을 학교 교육을 받지 못한 일반 성인 및 적령 초과 아동들에게 단기간 계몽교육을 실시하여 공민으로서의 자질 향상을 도모하는 데 두고, 그 방법으로 중앙에 성인교육국을 두는 한편, 지방 행정기관을 통해 학교나 집회소 등지에서 계몽교육을 실시하자고 주장했다.

'남조선 과도입법의원' 이나 '시국대책협의회' 도 이와 비슷한 정책을 제시했다. 김구, 이승만, 안태홍, 박헌영 등 주요 지도자들도 모두 문맹 퇴치와 한글 보급에 큰 관심을 기울였다. 이렇듯 문맹 퇴치에 대해서는 좌익, 중도, 우익 할 것 없이 모두 그 필요성을 역설했다.

■ 1919년 3 · 1운동 후 중국 상하이에 수립된 대한민국 임시정부는 1945년 8 · 15광복 때까지 국내외의 독립운동을 통할하는 최고기관의 지위를 유지했으나, 국제적인 정부 승인을 받지 못하여 이해 11월 29일 주요 간부들이 개인 자격으로 귀국했다. 해방 직후, 혼란한 상황에서 연합군이 임시정부를 승인했다는 허위 사실이 삐라를 통해 유포되기도 했다.

그러나 이들의 활동은 다분히 선언적일 수밖에 없었다. 한글에 대한 전문지식도 없었을 뿐만 아니라, 해방공간에서 더 긴급한 것은 문맹 퇴치가 아닌 정치투쟁이었기 때문이다. 그럼에도 당시의 지도급 인사들이 인민대중의 문맹 퇴치 요구를 간과하지 않은 점은 주목해야 한다.

실제 문맹 퇴치를 위해 가장 많은 일을 한 곳은 역시 조선어학회였다. 일제시대 때부터 우리말글 연구를 꾸준히 실천해온 조선어학회는 표준어 사정, 맞춤법 제정, 외래어 표기법 제정, 각종 용어 제정 등 한글의 전문적인 지식체계를 준비해오고 있었기 때문에, 해방 직후 축적된 지식과 정보를 가지고 곧바로 국어 교과서 등 한글 보급에 필요한 책들을 편찬할 수 있었다. 그중 문맹 퇴치에 큰 역할을 한 책은, 1945년 말 조선어학회가 짓고 미 군정청 학무국에서 발행한 『한글 첫걸음』이다.

이 책은 짧은 시일 안에 빠르고 바르게 한글을 가르치자는 취지로 편찬되었는데, 가뭄에 내리는 소낙비 같은 책이었기에 사람들의 관심은 대단했고, 그리하여 1946년 6월 25일 현재, 무려 112만5천 부가 전국 각지로 보급되었다.

『한글맞춤법 통일안』도 한글강습회의 필수 교재였다. 이 책은 1945년 9월 13일 제11판을 처음 인쇄한 뒤, 1949년 10월 9일까지 무려 224판(통산 235판)을 기록했다. 장지영의 『국어 입문』이나 유열의 『알기 쉬운 한글 강좌』 『한글 소리본』도 잘 나갔으며, 그 밖에도 1949년 12월까지 문법서를 포함하여 60종 가량이 출판되었으니 당시 한글에 대한 대중의 요구가 얼마나 대단했는지 짐작할 수 있다. 해방 직후에 정치, 한글, 국사 관계물은 찍기만 하면 모조리 소비되었다.

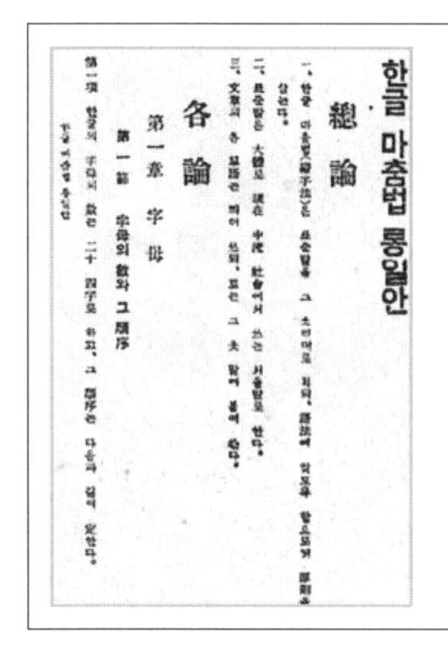

한글 마춤법 통일안

總論

一, 한글 마춤법(綴字法)은 표준말을 그 소리대로 적되, 語法에 맞도록 함으로써 原則을 삼는다.

二, 표준말은 大體로 現在 中流 社會에서 쓰는 서울말로 한다.

三, 文章의 各 單語는 띄어 쓰되, 토는 그 웃말에 붙여 쓴다.

各論

第一章 字母

第一節 字母의 數와 그 順序

第一項 한글의 字母의 數는 二十四字로 하고, 그 順序는 다음과 같이 定한다.

■■■
『한글 마춤법 통일안』. 해방 이후 한글강습회의 필수 교재로 사용된 이 책은 1945년 9월 처음 인쇄한 후 1949년 10월 무려 224판을 인쇄할 정도로 뜨거운 호응을 받았다.

조선어학회는 1945년 9월부터 1946년 1월까지 사범부를 두어 네 차례에 걸쳐 수강생 1,836명을 배출했다. 이들은 모두 전국의 초 · 중등학교에 배치되었다. 또한 문교부의 요청을 받아 전국 초 · 중등 교사들을 대상으로 한글 교육도 실시했다.

이 밖에 조선어학회는 지방 관청, 은행, 회사, 공장, 사회단체들이 주최한 한글 강습회에 적극 참여하는 한편, 한글문화보급회 및 진단학회와 공동 주최로 성인 한글 강습회도 개최했다. '한글문화보급회'는 조선어학회의 자매단체로서 각 도에 지부를 두고 활발한 한글 보급 활동을 펼쳤다.

이렇듯 조선어학회는 학술단체로서 일반대중과 각 사회단체, 그리고 미군정에 이르기까지 그 명성과 영향력이 아주 컸던 것 같다. 친일파 척결이나 토지개혁 같은 민족적 대과제말고도, 인민대중의 일상생활을 혁신시키는 문맹 타파 역시 매우 중대한 일이었기 때문이다. 한글을 읽고 쓸 줄 아는 능력을 키우는 것은 대중들의 자발적 욕구이기도 했다. 조선어학회가 이처럼 대중들의 자생적 욕구와 긴밀하게 연결된 활동을 펼치니, 정치단체들이 가만히 놔둘 리 없었다. 정치단체들이 조선어학회 간부들의 이름을 사용하여 정치활동을 하려고 하자, 조선어학회는 순수한 학술연구 단체로 남기로 했다. 1945년 10월 26일에는 간사회를 열어 "조선어학회는 순수한 학술단체로서 어떠한 정치단체에도 가담하지 않고 불편부당의 태도를 엄수하기로 재확인한다."고 결의할 정도였다.

이 와중에 조선어학회를 제대로 '이용해먹은' 곳은 다름아닌 미군정이었다. 미군정은 문교부 기구에 성인교육국까지 설치할 정도로, 특히 만 12세 이상의 남녀 전원에 해당하는 '성인 교육' 에 크게 비중을 두었다. 성인 교육의 주된 내용은 역시 문맹 퇴치였다. 1945년 12월 '성인교육위원회' 를 조직한 미군정은 이곳에 문맹 퇴치 교육을 지도해나갈 소위 '성인교육사' 라는 지도자 양성 강습회를 개최했고, 그 결과 1946~1947년까지 총3회에 결쳐 364명의 성인교육사를 양성했다.

여기서 양성된 성인교육사는 공공기관 가운데 하나인 국문강습소에 배치되었다. 국문강습소는 1946년 6월부터 강력히 추진되어 1949년 교육법이 공포되기까지 문맹 퇴치 활동을 활발히 펼쳤다. 국문강습소 주최 기관은 구 · 읍 · 면 · 리 · 동, 그리고 국민학교 등이었는데, 1946~1947년의 교육 실적을 보면 두 해 동안 4만6,090회 강습으로 239만5,481명의 수강자를 배출했다.

1946년 5월에는 '공민학교 설치 요령' 이 제정되어 공민학교가 설립되기 시작했다. 공민학교의 설립 운영자는 시 · 읍 · 면 · 리 · 동,

그리고 공장 · 회사 · 종교단체 · 성인교육협회 · 조선농회 · 독지가 등이었다. 수업 연한은 1~3년이 보통이었고, 1947년 8월 31일 현재 학교 수가 1만5,506개에 학생 수가 84만9,008명이었다. 미군정의 성인 교육을 통한 문맹 퇴치는 이렇게 매우 조직적이었다.

문맹은 이데올로기 전파의 걸림돌

심지어 미국은 1946년 여름방학을 이용하여 자생적으로 문맹 퇴치에 나선 조선의 학생 계몽대까지 흡수해버렸다.

미군정청 문교부 성인교육국은, 1946년 성인 교육의 필요성을 내내 강조해오던 언론기관의 후원을 얻어 문맹자 일소운동을 일대 과업으로 삼고, 여름방학이 있는 7 · 8월에 전국적으로 국문개학國文皆學 운동을 벌이기로 했다.

그러던 차, 여름방학이 다가오며 '문맹 퇴치하기 학생봉사대 준비위원회' 가 결성되는 등 중등 · 전문 · 대학생들이 자진하여 학생 계몽대를 꾸리자, 문교부에서는 '혼선' 과 '부작용' 을 염려하며 서울 시내의 전문대학 기관장 회의를 소집하여 "효과적인 계몽운동이 되도록 출동에 관한 협의"를 했다.

이를 통해 문교부는 '학생 계몽대 통일 방침' 을 세우고, 교재와 여행 편의 제공, 행정기관과의 연락 등 후원을 미끼로 내거는 한편, 복잡한 전국의 동향과 출동 학생들의 노력이 중복되는 것을 피하자는 이유를 들어 학생 계몽대를 지휘 · 통제했다. 자생적인 학생들의 계몽대 활동이 미군정청 문교부에 흡수되어버린 셈이다. 문교부에서 추진한 '문맹 퇴치 학생 봉사대' 에는 서울 시내 대학생 1,600여 명이 참여했고, 자유신문사■의 후원으로 조직된 '문맹 퇴치 학생 계몽대' 1,500여 명도 문교부 성인교육국의 지휘를 받았다.

문맹 퇴치 사업에 대한 미군정의 적극적인 개입과 관심은 해방공간이라는 '이데올로기 전장'(당시 미군정의 노동고문관은 한반도를 이렇게 규정했다.)에서 승리하기 위한 일종의 전략이었다.

미국적 이데올로기 전파 통로를 찾던 미군정은 조선인들의 문맹률이 높은 점을 고려하여 라디오 방송을 주요 선전매체로 이용하려 했으나, 당시 수신기 보급률이 극히 낮아 큰 효과를 기대하기 어려웠다. 한글 매체의 개발이 긴요했지만 한글 매체를 만든다고 해서 선전 효과가 즉각 광범위하게 나타나는 것은 아니었다. 역시 높은 문맹률이 걸림돌이었다. 이런 상황에서 대중들에게 인기도 얻고, 이데올로기 효과도 적절하게 파생시킬 수 있는 장치가 바로 문맹 퇴치였다.

이와 관련해서 1947년 5월 말, 미군 사령부에 특별참모부로 설치된 민정처의 역할에 주목해야 한다. 미국의 메시지를 점령지 주민들에게 전달하기 어렵다고 판단한 미군정은, 더 직접적이고 강력한 선전활동을 펼치기 위해 민정처라는 특별기구를 창설했다. 민정처는 미국 문화 전파와 반공 · 반소 전선에서 두드러진 역할을 했다. 특히 미군정이 "문맹 퇴치를 위해 남한 전역에 개설된 1만여 개의 성인 대상 야학이나 공민학교 등이 사용하는 교재 가운데 약 80퍼센트를 제작 · 공급했다."고 하는데, 민정처의 한 보고서에 따르면 이 교재들은 '미국적 이데올로기'를 담은 것이었다고 한다. 요컨대 미군정이 개입

■ 자유신문사는 1946년 초 창간된 신문으로, 조선일보사 주최로 잘 알려진 '청룡기대회'의 전신인 '전국고교야구선수권대회'는 원래 같은 해 자유신문사가 만든 것이다.

한 문맹 퇴치는 미국적 이데올로기에 무지한, '미국 문맹자' 들을 계몽시키려 한 것이 아니었을까?

투표율 높이는 확실한 방법, 문맹 퇴치

한편 문맹 퇴치는 단독정부 수립을 위한 총선거 투표율과도 밀접한 연관이 있다. 낫 놓고 기역 자도 모르는 사람들이 투표를 하기란 어렵기 때문이다. 해방공간에서 대다수 인민들은 남북 통일정부를 열망했다. 따라서 남조선만의 단독정부 수립은 받아들여지기 어려웠다. 이런 상황에서 1946년 6월 3일 이승만은 전북 정읍에서 "남조선만이라도 즉시 자율적인 정부를 수립해야 한다."고 발언하여 민심을 교란시켰고, 1947년에 접어들면서는 모스크바 3상회의 결정에 근거하여 미 · 소 간의 합의를 통해 민족통일정부를 수립하는 일은 거의 불가능해졌다.

사태가 이렇게 악화되자 남로당은 유엔 결의에 따른 선거를 단독선거로 규정하고, "소련의 제의대로 미소 양군의 동시철수를 실현시켜 인민의 손으로 민주자립정부를 수립하자."는 단선단정 반대 성명서를 발표했다. 모든 좌파와 중간파, 그리고 김구를 비롯한 우파 임정계열도 치열하게 반대했으며, 1948년 2월에는 노동자, 농민, 학생들을 중심으로 한 이른바 '2 · 7구국투쟁'■이 전국에서 일어났다. 시위는 5월 10일 선거가 끝난 뒤에도 계속되어 약 4개월 동안 사망자만

■ 남한만의 단독선거를 저지하기 위해 남로당이 주도한 투쟁. 1948년 2월 7일 '전국노동자평의회' 산하의 각 노동조합이 주도한 총파업에서 시작됐다 하여 '2 · 7구국투쟁' 이다. 이 투쟁은 전국적으로 파급되어, 각 지역에서 단독선거에 반대하는 폭동과 파업이 일어났다.

■■■

1948년 5월 10일 실시된 남한 단독 총선거(위)와 총선거로 구성된 제헌의회 개원식(1948년 5월 31일). 남북 통일정부 건설을 열망하는 대다수 인민들에게 남한만의 단독정부 수립은 받아들이기 어려운 일이었다. 좌익과 중도파는 물론 김구를 비롯한 임정 계열까지 선거에 반대하고 노동자, 농민, 학생들의 시위가 전국에서 일어났다. 이런 상황에서 강행된 총선거의 정당성을 확보하는 데 투표 참여율은 대단히 중요했고, 투표율을 높이려면 문맹 퇴치가 선행되어야 했다. "선거를 앞두고 전 인구의 8할이나 되는 문맹을 없애고서, 입후보자들의 성명을 직접선거인인 국민 각자가 직접 적어 넣도록 하자."는 《자유신문》(1947년 4월 11일자)의 기사는 시사하는 바가 크다.

721명에 달했다.

그러나 이렇게 치열한 단선 저지 투쟁에도 불구하고, 단독정부를 수립하려는 미국의 계획은 철회되지 않았다. 이런 상황에서 미국이 단독정부를 정당화시킬 수 있는 근거가 바로 '투표 참여율'이었다. 미국의 문맹 퇴치 노력은 바로 이 사실과 맥이 닿아 있다. 1947년 4월 11일자 《자유신문》은 이렇게 보도하고 있다.

> 선거를 앞두고 전 인구의 8할이나 되는 문맹을 없애고서, 입후보자들의 성명을 직접선거인인 국민 각자가 직접 적어 넣도록 하자. 그러기 위해서 4월 11~17일의 1주간을 문맹 퇴치 주간으로 삼고서, 적극적으로 추진시키기로 했다. 대상은 남녀 13세 이상 전원을 대상으로 삼는다는 것이다.

이런 노력 '덕분에', 문맹 퇴치 중점 해였던 1947년에는 전년에 비해 82만3,587명이나 더 많은 국문 해득자가 배출되었다. 《조선 출판 신문》에 의하면, 당시 선거에 참여하는 성인 교육용 교재로 사용되었던 『국어 입문』(유열 지음)은 선거 직전 한글 깨치기 정책의 바람을 타고 찍기가 무섭게 소비되었다고 한다. 남한 단독정부 수립의 정당성을 보증하는 데, 문맹 퇴치는 필요충분 조건이었던 셈이다. '문화민족' 운운을 떠나 누구도 거역할 수 없는 문맹 퇴치 요구를, 미군정은 자기네 입맛에 맞게 잘 활용했다.

남한 인민들의 치열한 반대에도 불구하고, 그들이 의도한 총선거는 '성공적으로' 마무리되었다. 선거인명부 등록자는 유권자 가운데 93퍼센트에 이르렀고, 등록자의 80퍼센트 정도가 투표에 참여했다. 물론 이는 문맹 퇴치 운동의 효과만은 아니었다. 선거 직전 미군정이

■■■
농촌 문맹 퇴치 계몽활동에 나선 대학생들이 주민들에게 한글을 가르치고 있는 모습(1962년 1월 11일). 해방 이후 적극적으로 추진된 문맹 퇴치 운동으로 문맹률은 급격하게 떨어졌고, 1970년대 이후 인구조사에서 문맹 조사는 제외되었다.

일본인이 소유했던 적산에 국한하여 부분적인 토지개혁을 단행함으로써, 당시 인구의 절대 다수를 차지했던 농민들의 불만을 일부 약화시킨 것도 선거 참여율을 높인 중요 요인이었다.

그러나 1948년 4월 16일자 《동아일보》는 선거인 등록의 강제성 여부를 두고 여론조사를 벌인 결과, 자발적 등록은 9퍼센트에 불과하고, 강제 등록이 91퍼센트로 집계되었다고 밝혔다. 전 경찰력과 행정력을 동원하여 주민들을 선거에 참여하도록 강권한 것은, 문맹 퇴치 운동의 순수성에 먹칠을 하는 행위였다.

이렇듯 인간적 · 문화적 · 현대적 삶을 욕망하는 조선 인민들의 자발적인 문맹 퇴치 욕구는, 미군정 및 반인민적 세력의 정치 전략에 이용 당했다. 미군정은 78퍼센트에 이르는 조선인들의 까막눈을 수술하여 오로지 '미국' 만을 바라보게 만들고자 했다. 그러나 끊임없는 저항을 통해 조선 인민들은 자신들의 형상을 그려내고 읽을 수 있는 힘을 키워나갔고, 그런 점에서 문맹은 서서히 퇴치되고 있었다.

해방 당시 78퍼센트이던 문맹률은 1948년 정부 수립 무렵 41퍼센트로 급격히 떨어졌다. 문맹 퇴치 시책은 한국전쟁으로 잠시 주춤했다가, 전쟁이 끝난 후 다시 적극성을 띠었다. 민의원 선거를 앞두고 문교부에서는 '작대기식 투표 일소' 라는 구호 아래 완전 문맹 퇴치 계획안을 마련했다. 1954년 2월 국무회의에서 의결을 받은 이 안에 따라 1954년부터 1958년까지 문맹 퇴치 5개년 계획이 추진됐다. 그 결과 1958년도에는 문맹률이 4.1퍼센트로 문맹이 거의 완전 해소되었다. 1970년 인구조사 결과, 10세 이상의 문맹률은 11.6퍼센트였다. 이후로 인구조사에서 문맹 조사는 제외되었다.

16 1945년 미군정이 발표한 '한자 폐지' 정책

끝나지 않은 논쟁, 한자 폐지론

한글전용론과 국한문혼용론 간의 기나긴 공방전은 그렇게 시작됐다.
한자 폐지 반대자들은 '보수파'가 되고, 주창자들은 '혁신파'가 되었다. 얼핏 한자 폐지는 '민주적인' 주장 같지만, 그 결정 과정에서 여론을 수렴하지 않은 '비민주적' 결정이었다. 한자 폐지안은 일반대중의 높은 지지를 얻었지만, 실제로 대중이 문자생활에서 오로지 한글만을 원했다고 보기는 어렵다. 복잡한 층위로 형성된 대중의 언어적 욕망을 무시한 채, 모든 것을 '민족'의 차원으로 몰아가는 것은 '관념적 민족주의'의 오류이다.

미군정청의 한자 폐지 공표 1945년 12월 8일, 미군정청 학무국은 또 하나의 중대한 정책을 공표했다. "한자를 폐지한다."는 것이었다. 우리나라 최초의 '한글전용에 관한 문자정책'이 된 셈인데, 당시 여론도 분분했거니와, 이는 이후 50여 년간 계속된 한글전용론과 국한문혼용론 공방전의 도화선이 되었다는 점에서 중요하다.

학무국에서 한자 폐지를 발표하게 된 경위는 이렇다.

미군정청 학무국의 조선교육심의회 교과서 분과위원회에서 새로 만들 교과서에 사용되는 문자 문제를 놓고 토의한 결과, "한자 사용을 폐지하고, 초·중등 학교의 교과서는 전부 한글로 하되, 다만 필요에 따라 도림(괄호) 안에 적어 넣을 수 있음."이라는 결의안이 채택됐다.

위원장을 맡은 조선어학회 소속 최현배와 장지영이 강하게 주장하고, 조진만·황신덕·피천득이 협력하여 이러한 결정이 내려졌다. 이 자리에서 반대 의견을 낸 사람은 조윤제 한 명이었다. 이 결의안은 곧 교육심의회 전체 회의에 상정됐다. 그리고 토의를 거치는 과정에서 2~3명이 반대 의견을 내어, "오늘의 맞춤법대로의 글을 쓰고, 그 글줄(書行)만은 가로(橫)로 하기로 함."이라는 조항을 덧붙였다. 이 결의안은 절대다수의 찬성으로 결의, 채택되었다. 한자 폐지안을 보고받은 학무국은 그대로 공표했다.

(1) 한자 폐지 여부에 관한 일

1. 초등·중등 교육에서는 원칙적으로 한글을 쓰고, 한자는 안 쓰기로 함.
2. 일반의 교과서에는, 과도기적 조처로 필요하다고 생각하는 경우에는 한자를 함께 써서 대조시킴도 무방함.
3. 다만, 중학교에서는 현대 중국어 과목, 또는 고전식 한문 과목을 두어서, 중국과의 문화적·정치적·경제적 교섭을 이롭게 하며, 또는 동양 고전에 접근할 길을 열어주기로 함.
   다만, 한수자에 한하여는 원문에 섞어 써도 좋음.
4. 이 '한자 안 쓰기'의 실행을 미끄럽게 빨리 되어가기를 꾀하는 의미에서 관공서의 문서와 지명·인명은 반드시 한글로 쓸 것(특히 필요하다고 생각하는 경우에는 한자를 함께 써도 좋음)을 당국과 긴밀한 연락을 취하기로 함.
5. 위의 4조와 같은 의미에서 사회 일반, 특히 보도기관·문필가·학자들의 협력을 구할 것.

(2) 가로 글씨(횡서)에 관한 일

1. 한글을 풀어서 왼쪽에서 오른쪽으로 나아가는 순전한 가로글씨로 함이 자연적인 동시에 이상적임을 인증함.
2. 그러나, 이 이상적 가로쓰기를 당장에 완전히 시행하기는 어려우니까, 이 이상에 이르는 계단으로 오늘의 맞춤법대로의 글을 여전히 쓰더라도 그 글줄〔書行〕만은 가로〔橫〕로 함.
3. 첫째 목〔項目〕에서 규정한 이상적 순전한 가로글씨로 적당한 방법으로 조금씩 차차 가츠려 가기로 함.

여론을 수렴하지 않은 비민주적 결정

이에 대한 반응은 즉각적으로 나타났다. 한자 폐지 주창자들과 반대자들 사이에 격렬한 이론 싸움이 시작된 것이다. 이들의 싸움은 당시 격렬했던 좌 · 우익 이데올로기전의 양상과 비슷하게 전개됐다. 반대자들은 '보수파' 가 되고, 주창자들은 '혁신파' 가 되었다. 특히 조선어학회 핵심 인사이자 군정청 학무국장으로서 한자 폐지의 이론적 근거를 체계적으로 제시해온 최현배는 한자 폐기 필연론을 주장했다.

> 인류 사회의 문자사 · 문화사의 발전 단계로 보아 한자 폐기는 필연의 형세이다. 문자사를 보면, 뜻글자는 소리글자로 변하고 말았다. 한자가 아무리 연마되었다 하더라도, 그것은 끝내 소수 유한계급의 봉건적 문자이라, 대중의 문자, 생활의 문자를 삼고자 함에는 도저히 그 불리와 불편을 견딜 수 없게 됨에…….

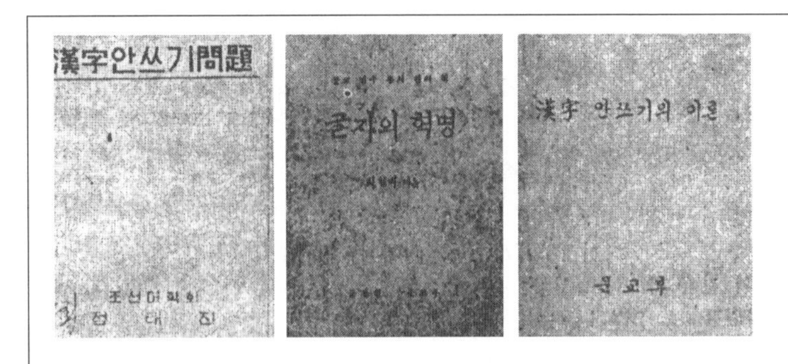

한자 폐지 논쟁이 불붙자 시중에 쏟아진 한자 안 쓰기 주장을 담은 책들. 폐지론자들은 한자를 봉건적 문자로 규정하면서 대중의 문자로 적합하지 않다고 주장하였다.

선형적인 역사 발전론에 기댄 듯한 문제점을 안고 있지만, 어쨌거나 한자를 봉건적 문자로 규정하는 민중적 관점에 서 있다는 점이 돋보인다. 당시 격돌했던 양자의 주장들을 자세히 들여보면 '재미있는' 구석이 많다.■ 먼저 한자를 폐지하자는 주장부터 보자.

1. 한자는 나라 망친 글자이므로 없애야 한다. 과거 이씨 조선이 망한 것은 한문과 한자를 숭상하다가 문화의 낙오자가 되었고, 일본이 한자 가지고 씨름하다가 태평양전쟁에서 졌고, 중국도 문화의 퇴보를 막기 위해서 청나라 말부터 한자 안 쓰기 운동이 일어났다.
2. 한자 안 써도 우리말에 잘 맞고, 한자보다도 열 배 몇 백 배 훌륭한 한글이 있는데, 왜 우리글을 버리고 맞지도 않고 어려운 남의 글을 쓸 것

■ 1946년 6월에 출간된 정태진의 저서 『한자 안 쓰기 문제』는 양자의 입장을 검토했는데, 이응호는 『미군정기의 한글운동사』에서 이를 간략히 정리했다. 이 주장들은 주로 이응호의 정리에 기대고 있다.

인가?

3. 한자는 시력을 약하게 하여 비위생적이니 버려야 한다.
4. 한자는 비능률적이어서 비현대적이다.
5. 한자는 대중적이 아니고 교육적 귀족주의와 문화적 계급주의이므로, 비민주주의적이니 없애야 하고, 한글전용은 국가문화를 향상시키는 진정한 방법이다.
6. 한자 폐지는 민족의 독립성을 기르는 것이다. 한자 쓰기는 의타심과 비관적 자기낮춤을 기르고 사대주의만 기르는데, 한글만 쓰면 민족의 문화적 독립성과 창조력을 기르게 된다.
7. 자손을 위하여 한자 폐지하자는 것이니 일시적 불편을 참자. 한자생활을 강요함은 시대착오요 무자비한 태도다.
8. 한자 폐지 반대는 일종의 보수적 타성의 결과이니, 고식적 · 인습적 태도에서 벗어나자.
9. 한자로는 우리의 고유한 사상과 감정을 여실하게 나타내기가 도저히 어렵기에 한글만 써야 한다.
10. 한자를 특별한 글자로 신성시하는 우리의 태도를 (중국 사람들이 한자 버리자고 하는 생각을 생각해서라도) 버려라.
11. 한자는 예술적이 아니다. 한자는 보기에 좋은 글자가 아니다.
12. 한자 폐지가 국수적이라고 함은 피상적 관찰이요 소박한 태도다.
13. 한자 폐지는 소극적 태도에서의 이론이 아니고, 문자 발달사상 문화발달사상 자연적 진보과정이요 적극적 혁명이다.
14. 한자 폐지와 한자어 폐지를 같은 것으로 봐서는 아니된다. 글자와 말을 어찌 혼동하는가? 한자어라도 아주 우리말이 되어버린 것은 역시 우리말이다. 한자 대신 한글로만 적자는 것이다.

15. 한자 폐지하면 중국과의 문화 제휴가 어렵게 된다는 것은 쓸데없는 걱정이다.
16. 한자 폐지하면 동양문명의 기초가 파괴된다는 것은 근거 없는 걱정이다.
17. 한자 폐지 운동은 우리보다도 먼저 중국과 일본에서 비롯했다.
18. 한자 사용은 2중생활의 고통과 부담을 지자는 것이다.
19. 한자 폐지 반대하는 것은 현실을 무시한 추상론이다.
20. 한자를 가르치고 배우는 정력을 낭비하지 말고, 그 힘을 과학 연구와 일반 문화 연구 건설 방면으로 노력하자.

이에 맞서는 한자 폐지 반대론의 주장은 다음과 같다.

1. 한자는 신통한 글자인 까닭으로 폐지하여서는 되지 않는다.
2. 한자가 아니고는 성명의 표기가 분명하지 못한 까닭에 한자를 폐지하여서는 안 된다.
3. 이 세상의 수많은 글자 가운데서 한자와 같이 예술적인 글자가 없으니, 폐지해서는 안 된다.
4. 한자 폐지하면 동양문명의 기초가 근본으로부터 파괴된다.
5. 한자 폐지를 주장하는 근본사상이 유물론적 공리론에 있기 까닭에 안 된다.
6. 한자 폐지를 주장하는 이유가 편협한 국수주의에서 나온 것이니 불가하다.
7. 한자를 폐지하고는 중국과의 문화 제휴가 어렵다. 한자는 우리 동양의 공통문자이며, 한자어는 우리 동양의 공통어라 버릴 수 없다.
8. 한자 폐지는 생생발달하는 활달한 기운을 꺾은 것이니, 가공망상架空忘

想이다.

9. 한자는 상형표의문자인 까닭으로 그에 따르는 직각直覺적 장점을 버릴 수 없다. 한글만 적은 것은 읽을 수가 없다.
10. 한자어가 과학적이어서 한자어 공식은 수학 공식과 비슷한 장점 곧 과학적 효과를 최대한도로 나타내므로, 한자 안 쓰면 큰 손해 본다.
11. 한자에는 남성적 씩씩한 맛이 있다. 용감, 웅대, 숭고, 장엄과 권위를 나타내려면 한자를 써야 한다.
12. 한자를 폐지하면 대부분의 한자어가 문제될 것이니, 이 문제되는 한자어를 순 국어로 번역하여놓아야 할 것이니, 그 인공적 비자연적 어휘로 말미암아 어휘가 두 배 늘어나게 되어 혼란이 일어날 터이니 반대한다.
13. 한자어에는 한자어에만 독특한 어감이 있는데, 그것을 무시하는 경솔한 행동이니 반대한다.
14. 과거 1천 년간 한자를 써왔고 현재도 쓰고 있으니, 이 한자 사용이 곧 한자의 필요를 직접으로 증명한다.

두 입장 모두 자신의 정당성만 지나치게 강조하다 보니, 즉흥적이고 억지스러운 면이 많다. 각자 공격 무기로 삼고 있는 한자와 한글을 주술화하는 경향마저 보이다. 그럼에도 한자 폐지 주장이, 대중들의 민주적 삶을 기본 바탕으로 깔고 있다는 점에서 좀 더 설득력이 있다. 예컨대 한자 폐지 반대론자들이 한자를 '남성다움'이나 '권위'와 연결시키는 등 당시 유행하고 있던 '민주주의'에 대한 최소한의 고려도 없이 전통적인 문자 인식론에만 얽매여 있는 반면, 한자 폐지론자들은 일제의 민족어 말살정책의 역사적 경험을 교훈 삼아 민족

1945년 한글날 시가행진. 1926년 조선어학회가 한글 반포를 기념 '가갸날'이라 하여 처음 행사를 거행한 이후, 1928년 한글날로 명칭이 바뀌었다. 광복 후 첫 한글날 행사는 시가행진까지 겸하여 성대하게 치러졌다. 식민지 하에서는 우리말을 지켜내는 것 자체가 어려웠기에 한글을 둘러싼 논의가 전면에 드러나지 않았지만, 해방 이후에는 문자 정책, 문법, 한자 표기 등을 놓고 격렬한 이론 싸움이 진행됐다.

주의와 민주주의의 사상을 강조하고 있다.

한편 당시 한글 보급과 문맹 퇴치가 미군정청의 중요한 대중사업으로 떠오른 상황에서, 한자 폐지 주장 역시 정책 입안자들에게 큰 설득력을 얻은 것 같다. 사실 한자 폐지안이 일반대중의 높은 지지를 받을 만한 정책인 것만은 분명했다. 미군정청 학무국에서 1945년 12월 서울 종로의 통행인을 상대로 실시한 여론조사를 보면, 한자 폐지 찬성이 압도적이다. 일반인 644명 중 549명(88.2퍼센트)이, 교육자 435명 중 246명(56.7퍼센트)이 한글 전용을 찬성했다. 전체적으로는 72.9퍼센트가 한자 폐지에 찬성하고, 27.5퍼센트가 반대했다.

그런데 여기서도 계층 간의 견해 차가 두드러졌다. 한자 폐지를 환영하는 일반대중과 달리 지식인 계층으로 올라갈수록 한자 폐지에 반대했다. 미군정청 여론조사에서도 교육자 가운데서는 반대 의견이 무려 43.3퍼센트나 된다.

1946년 1월 15일, 《신천지》가 창간호를 내며 지식인들을 대상으로 설문조사한 결과를 보면, 한자 폐지가 즉각 가능하다고 본 사람은 노천명(여성 시인), 함상훈(정치평론가), 양재복(《조선일보》 주필), 민영규(연희전문 교수), 윤태웅(연희전문 교수) 등 5명에 불과하다. 반면 한자 전폐가 불가능하다고 본 사람은 김남천(소설가), 임화(평론가), 백남운(학술원 원장), 이원조(평론가) 등 12명이다. 이중 김남천, 임화 등 서너 명은 상용한자를 제한할 필요는 있다고 밝혔다. 이 밖에 이태준(소설가), 김영건(사학자)은 민족적 · 국가적 대사이므로 신중하게 처리해야 한다고 했고, 다른 두 언론인은 원칙적으로는 찬성하나 단계적 실시를 주장했다. 이 시기 각종 신문이나 잡지들은 대개 한자 폐지를 반대하는 태도를 보였다.

여기서 당시 학술원 원장으로 재직하던 백남운의 주장을 살펴보자. 백남운은 해방 정국에서 중도좌파의 입장을 표방하며 신민당, 민주주의 민족전선, 사회노동당의 요직을 역임하다가 1947년 미군정의 사회주의자 탄압이 극심해지자 월북하여 북한에서 과학원 원장, 최고인민회의 의장 등을 지낸 인물이다.

백남운은 국가 법령 같은 강제수단으로 결정한다 할지라도 여론을 토대로 삼지 않는 한 효과를 보지 못할 것이라고 지적하며, "과거 우리의 모든 중요한 기록이 전부 한자로 적혀 있으니, 우리의 문화유산을 기초로 하지 않고 신문화의 건설을 상상할 수 없는 이상 모든 문화 건설에 노력하는 사람들이 능히 이를 몇몇 한자 전문가에게 맡겨버릴 수 있는가?"라고 반문했다.

사실 학무국의 한자 폐지 정책은 비록 80명 가량의 교육심의회 위원들의 압도적 찬성으로 채택되었다 하더라도, 이런 중대사를 대중과 지식인들의 여론 수렴 과정 없이 일방적으로 공표했다는 점에서 비민주적이다. 이를 단지 민주적 정책 수립 경험이 전무했던 당시 상황 탓으로만 돌릴 수는 없다. 학무국에서는 공표한 후에야 여론조사를 벌였으니, 이는 잘못되어도 크게 잘못되었다.

이화여전이 '배꽃계집오로지배움집'?

한자 폐지론은 그 반대자들 사이에서 한자말을 다 없애고, 순 한글과 순 우리말만을 쓰자는 식으로 곡해되며 '국수주의' 라는 빈축을 사기도 했다. 대표적인 한자 폐지 반대자 조윤제는 '이 선생' 하면 '李 先生' 인지 '二 先生' 인지 알 수 없다고 조롱했다. 한글전용론자들은 한자를 쓰지 않고 일본식 한자말도 폐기하려고 했는데, 이를 대체할 순 우리말을 찾는 과정에서 전에 없는 말까지 만들어내기도 하여 비판을 받았다.

국어학자 김형규는 「조선어의 과거와 미래」(1947)에서, '산에 가자' 를 '뫼에 가자' 고 하면 의미가 통하지 않을 것이라며 "한자에서 온 어휘라도 그것은 한자를 빌어 쓴 우리말이다."라고 주장했다. 이희승은 『조선어학논고』(1947)에서 "순 우리말이 정답다고 해서, 한자말을 모조리 없앨 듯이 새말을 지어내는 일은 자아의식에 충실하다는 근거가 되는 것도 아니"라면서 새말 만들기를 비판했다. 그는 '물리학' 을 '몬결갈' 로, '수학' 을 '셈갈' 로, '전기학' 을 '번개갈' 로, '비행기' 를 '날틀' 로 지어냈다고 비난했다.

물론 한글전용론자들에게 이런 비난을 받을 혐의가 전혀 없었다고 말하기는 어렵다. 그러나 예컨대 '비행기'를 '날틀'로 바꾸었다는 비웃음은 와전된 왜곡에 불과하다. 지금도 많은 사람들이 최현배가 '비행기'를 '날틀'로, '이화여자전문학교'를 '배꽃계집오로지배움집'으로 바꾸어 말했다고 알고 있는데, 이는 사실과 다르다. 이 이야기는 조선교육심의회에서 비롯되었다. 교육심의회에서 한자 폐지 여부를 토의할 때, 어느 학자가 최현배의 주장에 대해 다음과 같이 반문했다.

"한자를 폐지하게 되면 '학교'는 '배움집', '비행기'는 '날틀', '이화여자전문학교'는 '배꽃오로지배움터', '전차'는 '번개 딸딸이'라고 하든지 '번개 수레'라고 하여야 하지 않겠소?"

그러자 최현배가 즉각 응수했다.

"한자는 글자이고 한자어는 언어인데, 지금 우리는 한자 대신에 한글로 표기하자는 글자 관계 토의를 하고 있는 이때에, 어찌하여 한자와 한자어를 구별할 줄 몰라서 그러시오. 말과 글자는 별개의 일인 줄을 아실 만한 분이 어찌 혼동을 하시오. 반대와 교란을 위한 발언은 삼가시오."

이 일이 와전되어, "최현배는 '전차'를 '번개 딸딸이'로, '학교'는 '배움집'으로, '비행기'는 '날틀'로 하자고 한다."고 사람들 사이에 회자되었다. 그러다 보니 '날틀'이나 '배움집'이 비공식 공용어가 되어, 심지어 표준말 검토 대상감으로 선정되기까지 했다. '배움집'은 1980년대 말 대학생들 사이에서 쓰이기도 했다. 어쨌든 이처럼 '날틀'이 한자 폐지 반대자들의 역선전용으로 이용되자, 최현배는 『글자의 혁명』에서 다음과 같이 밝혔다.

'한자 폐지'를 반대하는 이들이 역선전하기 위하여, 또 일부러 훼방 놓기 위해서 한자 폐지자들이 '비행기'를 '날틀', '전차'를 '번개 수레'로 말을 새로 만들려 함은 어리석은 짓이라고 하지만, 우리 '한글전용' 주의자로서 그런 말을 한 바가 없을 뿐만 아니라, '學校' 대신에 '학교'로 '電車' 대신에 '전차'로 적자함에 지나지 않는 것이다. 이런 한자말을 모두 순 조선말로 옮길 수도 없을 뿐만 아니라, 옮겨야 할 필요도 없다. 이 점에 부디 오해 없기 바란다.

최현배로서는 억울한 면이 있겠지만, 그가 실제로 한글 전용을 지나친 말바꾸기로 일관했다는 점에서는 비난의 화살을 피하기 어렵다. 물론 최현배가 고집스럽게 한자어를 순 우리말로 바꾸는 작업을 체계적으로 시도한 것은 존중받아 마땅하다. 그러나 이를 개인적인 차원이 아니라, 자신이 속한 공직을 이용해 공식적인 언어정책으로 밀어붙이려 한 것은 잘못이다. 언어 실험은 대중들에게 검증받고, 그들의 선택을 받아야 하는 것이기 때문이다.

한자 폐지 논쟁이 중구난방이던 1946년 6월, 정태진은 『한자 안 쓰기 문제』를 내놓아 두 입장을 정리하고 '점진적 폐지론'을 제시했다. 그는 '방임주의'와 '박멸주의'를 비판했다. 방임주의는 한자가 저절로 없어지거나 제한되거나 더 쓰이거나 그냥 내버려두자는 견해라는 점에서 어떠한 진보나 향상도 기대할 수 없다고 비판했고, 박멸주의는 한자가 우리 문화에 큰 해독을 주는 병균이니 한자로 쓴 책이든 간판이든 모조리 불살라 한 자도 남기지 말아야 한다는 극단적 주장으로, 이런 주장을 하는 이들을 '일종의 몽유병 환자'라고 비난했다.

그러면서 정태진은 "1) 한자 폐지에 앞선 준비가 덜 되었다. 2) 한

경성의 한 음식점 방명록에 최현배가 남긴 글씨. 식당 방명록에까지 '한글이 목숨'이라고 쓸 정도이니, 최현배의 한글 사랑이 어느 정도였는지 짐작할 만하다. 최현배는 정말 외곬으로 한자어를 순 우리말로 바꾸는 작업을 체계적으로 시도했다. 이러한 작업은 존중받아 마땅하다.

자를 폐지하기 위해서 한자를 배워야 한다."는 근거로 점진적 폐지론을 주장했다. 그 구체적 방법으로 시기적 제한, 자수의 제한, 어휘의 제한, 사용 범위의 제한, 자획의 제한(약자 사용), 일본식 한자어의 폐지, 이중어의 폐지를 제시했다. 시기적 제한이란 국어의 정리와 보급, 고전의 번역 및 출판, 학술어의 제정, 과학서적의 간행 등을 해결해놓고서 5년이나 10년 뒤에 한자 폐지를 단행하자는 것이다. 정태진의 주장은 꽤 설득력이 있어, 많은 사람들의 동조를 얻었다.

한자 폐지 반대자들은 한자 폐지는 아직 이르다면서 점진적 단계론으로 수정했으나, 한자 폐지론자들은 자신들의 입장에서 한 걸음도 후퇴하지 않았다. 최현배는 "한자 폐지 반대자들은 100년이 되어도 한자 폐지는 빠르다고 할 것"이라며 공격의 고삐를 늦추지 않았다.

관념적 민족주의의 오류 최현배를 비롯한 한자 폐지 및 한글만 쓰기론자들은 자신들의 주장을 뒷받침하기 위해, 중국이나 일본의 한자 폐지 운동과 터키 등지에서 벌인 문자 개혁 정책을 적극 소개했다. 그러나 한자 폐지 자체에만 얽매이다 보니 그 전후 사정은 무시해버리고 말았다. 특히 중국의 한자 폐지 실험은 매우 소중한 경험을 제공했는데도, 한자 폐지론자들은 주장만 앞서 이 경험을 활용하지 못하는 한계를 보였다.

사실 문자 개혁은 현대로 들어서며 나타난 세계적인 추세였다. 현대적 삶은 곧 문자생활이므로, 문맹 퇴치는 대중들이 삶을 영위하는 데 필수조건이었다. 한자의 본산지인 중국에서도 청나라 말부터 한자를 '네모난 귀신글자'라 하여 적대시하기 시작하더니, 1930년대 무렵에는 라틴화 새글자 운동 열풍이 불기도 했다. 일본에서는 중국보다 앞서 1866년에 한자 폐지론이 제기되었다. 일본에서 폐지론이 먼저 제기된 것은 서양문화를 일찍 받아들인 것과 관련이 있다. 즉, 서구문화의 영향을 받아 봉건사회를 청산하고 근대사회로 이행하는 과정에서 대중들의 전면적인 문자생활이 불가피해진 것이다.

중국이든 일본이든 한자는 지배계급의 특권적인 소유물이었고, 게다가 배우고 사용하는 데 큰 어려움이 따랐기 때문에 대중과는 거의 무관했다. 따라서 한자 폐지론의 대두와 중국의 문자 실험은 우연한 일이 아니었다. 지배계급으로서는 대중 교육의 필요성에서, 인민대중은 자신들의 권력을 확보하기 위해서 반드시 해야 할 일이었다. 물론 그 사이에 필연적으로 지식인들이 개입하지 않을 수 없었다.

우리나라에서 벌어진 한자 폐지 운동도 이러한 맥락에서 이해해야 한다. 그런데 우리는 한글이라는 매우 훌륭한 대안을 가지고 있다는 점에서, 중국과 일본보다 훨씬 더 유리한 위치에 있었다. 더군다나 중국처럼 방언 문제로 시달리거나, 일본처럼 한자-가나 혼용과 같은 곤란함도 없었다. 요컨대 우리나라에는 대중들의 현대적 삶을 가능하게 하는 한글이라는 좋은 무기가 있었기 때문에, 한자 폐지론자들이 큰 고민 없이 한글 전용론으로 곧바로 연결시킬 수 있었던 것이다.

그러나 한자 폐지 반대자론자들이 주장했던 전통문화 계승의 문제 외에도, 한자를 사용하는 사람들이 현실에서 지배력을 행사했다는 점에서, 일반대중이 글자생활에서 오로지 한글만을 욕망했다고 보기는 어렵다. 앞에서 살펴본 미군정청 여론조사에서 일반인의 88.2퍼센트가 한자 폐지를 찬성했다고 하지만, 이 통계는 대중들의 복잡한 욕망을 한 가지 답으로만 단순하게 유도한 결과이다. 한자 폐지에 찬성한 사람도 한자를 사용하거나, 사용하고 싶은 욕구를 갖고 있었을 것이다. 심정적 동의와 현실의 구조는 다르며, 또한 아무나 쉽게 배우고 쓸 수 있는 한글과 달리, 한자는 과시의 원천으로서 유용했기 때문이다.

이는 한글 전용론자들이 비난하듯 '사대사상'이나 '노예근성'과는 무관하다. 설령 '허위의식'이라 할지라도 대중들의 삶에서 현실적인 힘을 발휘하는 요소였다. 일반대중과 한글 전용론자들 사이의 이 간극이 바로 한자를 즉각 전폐시키지 못한 이유라고 볼 수 있다.

한자 폐지-한글 전용론자들은 나름의 정당성이 있었음에도 불구하고, 현대적 삶과 관련하여 대중들의 언어적 욕망이 복잡한 층위로 형성되어 있다는 사실을 무시한 채 '민족'이라는 통로로 모든 것을 몰아넣으려 했다는 점에서 관념적 민족주의에 빠져 있었다.

이승만 · 박정희 정권이 추진한 '한글전용법'

17

독재자들의 한글 사랑

이승만과 박정희는 왜 '한글 전용'을 추진하려고 했을까?
둘 다 첫 시도 때에는 반대 여론에 밀려 중단했다가, 국민대중의 정서가 정권에서 멀어졌을 때 강력히 밀어붙인 공통점이 있다. 또 한 가지, 이들 뒤에는 언제나 '한글학회'가 있었다. 박정희가 "한글은 과학적이고, 자주적이고, 평민적인 글자"라며 전용을 추진하자, 한글학회는 그렇게 되면 "참된 민주주의가 실현될 것"이라고 화답했다. 60년을 끌어온 한글 전용 문제는, 지난 2004년 12월 '국어기본법'이 제정되며 공식 종식됐다.

1948년 대한민국, 한글전용법을 선포하다

1948년 7월 17일 제정 공포된 대한민국 헌법은 한글과 국한문, 두 개의 정본으로 작성되었다. 그리고 그해 10월 9일 정부는 법률 제6호로 다음과 같은 '한글전용법'을 공포했다.

> 대한민국의 공용문서는 한글로 쓴다.
> 다만, 얼마 동안 필요한 때에는 한자를 병용할 수 있다.

이미 3년 전 미군정청 학무국에서 한자 폐지와 한글 전용 정책을 공표한 적이 있었으니, 그리 색다른 일은 아니었다. 오히려 학무국 공표보다 후퇴한 양상이다. 학무국 공표가 교육 과정에서 한자 폐지를 주요 골격으로 삼고, 그 실행을 촉진하기 위해 관공서 문서들을 한글로 쓸 것을 부가했던 데 반해, 한글전용법의 대상은 공용문서에 한정되어 있기 때문이다.

그러나 그렇다고 해서 한글전용법이 지닌 역사적 의미가 퇴색하는 건 아니다. 우선 학무국의 한자 폐지 발표 이후 논쟁이 격화되어 있는 시점에서, 한글전용법이 전격 공포됨으로써 한자 폐지론자들의 주장에 힘이 실렸다. 이때부터 두 진영의 싸움에는 '얼마 동안 필요한 때에는 한자를 병용할 수 있다.'는 단서 철폐와, 그에 대항하여 '한글전용법' 자체를 철폐해야 한다는 주장이 각각 추가되었다.

또 다른 의미는, 대한민국 정부가 출범하면서 한글 전용을 법령으로 공식화함으로써 문자정책의 향방을 명시했다는 것이다.

한글전용주의자는 모두 빨갱이?

대한민국 정부가 공포한 한글전용법은 조선어학회의 건의를 정부가 수용하여 제정되었다. 조선어학회는 1947년 7월 24일 국회 문교후생위원회에 '한글전용법 제정 건의문'을 제출했는데, 그 내용은 "일반 법문을 전부 국문으로 제정하고, 모든 공용문서와 성명도 지명도 단연 우리 글자로 사용하도록 시급히 법적으로 정할 것을 믿고 바"란다는 것이었다.

국회 문교후생위원회는 이 건의를 받아들여 '대한민국 공문서는 한글로 쓴다.'는 '한글전용법(안)'을 작성하여 국회 제78차 회의에 상정했다. 이 회의에서 맹렬한 논쟁을 벌인 끝에 '다만, 얼마 동안 필요한 때에는 한자를 병용할 수 있다.'는 단서 조항을 첨가하는 조건으로, 재석 131명 중 86 대 22로 가결되었다. 조선어학회는 법령 제정에 만족하지 않고, 대통령에게 한글날에 이 법령을 공포하도록 건의했다.

요컨대, 한글전용법은 정부의 정책적 의지에서 나온 것이 아니라, 민간단체가 주관한 한글운동의 전략적 측면에서 비롯된 것이다. 그 법령의 효과적 실행을 촉진시킨 것도 정부기관보다는 조선어학회나 그 협력단체인 '한글전용촉진회'이다. 강원도나 경상남도, 전라북도 등은 한글전용법 실천에 상당히 적극적이었다. 경남도지사는 행정력을 동원하여 "3일 한으로 간판이나 문패들을 국문으로 고칠 것, 공문서는 전부 국문으로 쓸 것"을 지시했다.

그러나 한글전용법은 정부기관 안에서도 심한 반발을 샀다. 1949년 11월 5일 국회에서는 25명의 긴급결의안으로 '교과서에 한자 사용 건의안'이 제출·토의되었고, 1950년 국무회의에서도 한자 쓰기에 관한 토의가 있었다. 이때 국무회의는 문교부 장관 안호상의 강력한 반대를 물리치고 내무부 장관 김효석과 총무처의 주장을 채택했다. 총무처는 "경상남도의 한글만 쓰는 공문서와 전라북도의 순한글로 내는 보도들이 좋지 않으니, 그래서는 안 된다."고 발언했고, 내무부장관은 한글전용법을 버리고 "각의에 따라 한자를 섞어 쓰라."는 통첩을 내려 사실상 관공서 관계의 한글 전용 촉진운동은 중단 상태에 이르렀다.

그런데 이때 한자 사용을 건의한 국회의원들이 한글전용론자들을 야비하게 공격했다. "현행 국민학교에서 쓰고 있는 교과서는 이극로가 편찬한 것인데, 그러한 반역자의 손으로 된 교과서로 제2세 국민

■■■
이극로. 해방 이후 조선어학회 회장을 역임하고, 교과서 편찬, 〈한글의 노래〉를 만드는 등 활발히 활동하다가 1948년 월북한 후 북한 언어 규범화운동을 주도하였다. 한자폐지와 한글전용을 둘러싼 논쟁이 격렬해지자, 한글전용론에 반대한 국회의원들은 이극로를 들먹이며 "한글전용주의는 월북한 이극로주의다."라고 공공연히 떠들며 야비하게 공격하였다.

을 교육함은 불가하다."면서, "한글전용주의는 월북한 이극로주의다."라고 10여 차례나 회의장에서 외친 것이다. 그리하여 나중에 한국전쟁 때에는 "한글전용 운동가는 빨갱이"라는 매카시즘적 발언이 공공연히 나돌기도 했다.■

최현배가 지어 지금까지 불리고 있는 〈한글노래〉는 1951년 한글날부터 불려졌는데, 그 전에는 이극로가 지은 〈한글의 노래〉가 많이 불려졌다. 그런데 이극로의 노래는 '국책상' 금지되었다.

• **최현배의 〈한글노래〉**

1. 세종임금 한글 펴니 스물 여덟 글자 사람마다 쉬 배워서 쓰기도 편하다.
2. 온 세상에 모든 글씨 견주어 보아라 조리 있고 아름답기 으뜸이 되도다.

■ 이극로는 본래 조선어학회 소속 한글학자로서, 1942년 '조선어학회 사건'으로 복역하던 중 광복을 맞았다. 이후 조선어학회 회장, '건민회' 위원장을 지내다가, 1948년 '남북제정당·사회단체연석회의' 참석차 평양에 갔다가 그대로 남았다. 그리하여 북한에서 제1차 내각의 무임소상, 조국전선 중앙위원회 의장, 최고인민회의 상임위원회 부위원장 등을 지냈으며, 1966년 이후 본격화된 북한 언어 규범화운동인 '문화어운동'을 주도했다.

3. 오랫동안 묻힌 옥돌 갈고 닦아서 새빛 나는 하늘 아래 골고루 뿌리세

(후렴) 슬기에 주린 무리 이 한글 나라로 모든 문화 그 근본을 밝히려 갈거나.

"우리에게도 한자를 배울 기회를 달라"

애초에 국회에서 한자 사용 문제가 거론된 것은, 일반대중들이 국민학교를 졸업하고도 신문이나 잡지를 읽지 못하는 현실 때문이었다. 그렇다면 신문이나 잡지에 한자를 쓰지 않으면 될 것 아니냐고 반문할 수도 있으나, 현실은 그리 간단하지 않았다. 언어 습관은 하루아침에 바뀌지 않는다. 그것은 '정신' 의 문제가 아니다. 한자는 이미 몸에 밸 만큼 배어 있었다. 더군다나 한자 폐지론자들이 주장하듯, 한자를 사용하는 사람들이 모두 한자는 국어가 아니라고 생각한 것도 아니며, 문자생활을 반드시 한글로만 해야 한다고 생각한 것도 아니다.

앞서 말했듯 한글은 문맹 퇴치의 좋은 무기이자 민중들의 문화적 · 정치적 삶을 가능하게 하는 '민중의 무기' 였지만, 민중들이 반드시 한글 사용만 바란 것은 아니었다. 자기들끼리만 아는 한자를 사용하는 지식인이나 관료들을 현학적 · 권위주의적이라고 꼬집으면서도, 다른 한편으로는 한자를 알고자 하는 욕망이 꿈틀거렸다. 현실적인 문자생활에서 한자의 지배력은 여전했거니와, 자신들을 소외시킨 한자를 통해 그 소외에서 벗어나려는 문자적 욕망이 민중들에게 있었던 것이다.

전통성이라는 단호히 자를 수 없는 곤란함 외에도, 한자에는 사물에 대한 지식과 사람들의 관계를 규정하는 힘이 있었다. 한자를 읽고

쓸 줄 아는 능력은 선망의 대상이었지, 결코 적개심의 대상은 아니었다. 지식인이나 관료뿐 아니라 일반민중들 사이에도 한자를 아는 사람이 더러 있었는데, 그들은 부적을 써주거나, 조문을 기록하고, 성명을 지어주는 등 나름의 '행세'를 할 수 있었다. 민중들의 이러한 문자적 욕망을 허위의식의 발로로 치부하고, 한자를 민중들에게서 격리시키려 한 것이 오히려 엘리트주의적 발상이 아닐까? 어쩌면 한자를 익힐 수 있는 평등한 '기회' 제공이 더 시급했는지도 모른다. 선택은 민중의 몫이다.

1930년대 중국에서도 '라틴화 새글자 운동'이 연안지역을 중심으로 매우 광범위하게 일어나고, "한자가 망하지 않으면 중국은 반드시 망한다."는 루쉰의 말이 큰 위력을 발휘하면서 각종 신문이나 잡지는 물론 개인들의 통신·포스터·벽보·기관 공문까지 라틴화 새글자를 사용했지만, 이런 상황은 오래 가지 못했다.

라틴화 새글자 운동 이후 자발적인 '식자교육識字敎育'이 나타난 것이다. 연안의 농민들 사이에서 한자를 알고자 하는 욕구가 강하게 나타나며, 관리나 지주·상인들이 쓰는 글자를 배우게 해달라는 요구가 마을집회 등에서 제기되었다. 그리하여 농민들이 한자를 배울 수 있도록 마을 입구에 칠판을 세워놓고 한자를 게시하거나, 논밭 귀퉁이에 한자를 쓴 커다란 판자를 세워놓는 풍경이 연출됐다. 이러한 식자 운동의 결과, 농촌이나 공장 노동자 가운데에는 1년 전에는 읽고 쓰지 못하던 사람이 중국 인민해방군 기관지인 《해방일보》를 읽게 된 경우도 있었다고 한다. 급속도로 번지던 라틴화 새글자 운동은 중지되었다. 여기에는 물론 라틴화 새글자가 산둥말에 맞도록 고안되어, 전민성全民性의 공통어로 적절하지 못했던 요인도 크게 작용했다.

중국의 예와 비슷하게 우리나라의 한글전용론자들도 한계를 갖고 있었지만, 그렇다고 해서 1950년 한글전용법에 반발한 국무회의의 결정에 무조건 박수를 칠 수도 없다. 공용문서 작성에서 한글 전용 원칙을 지키는 것은, 민주주의 정치를 실천하는 하나의 과정이기도 했기 때문이다. 공용문서를 한글화함으로써 민중들이 문서 내용을 이해하고 공론을 형성할 수 있게 하는 것은 바람직한 조치였다. 조선어학회에서 이런 문제에는 관심을 두지 않고 '자주정신' 이라는 추상적 근거만으로 한글 전용을 주장한 것은 아쉬운 대목이 아닐 수 없다.

어쨌거나 국무회의의 결정 이전에 25명의 국회의원들이 '교과서에 한자 사용 건의안' 을 제출하고, "국민학교 졸업생들이 신문 · 잡지를 읽을 수 없으니, 국민학교 교과서에 간이한자를 쓰고, 신문 · 잡지에는 한자를 제한하여 쓰도록 하자." 고 제안한 것은 현실적으로 설득력이 있었다. 당시에는 대부분의 사람들이 국민학교만 마치고 상급학교에 진학하지 않았기 때문에, 국민학교에서 한자를 가르쳐주지 않으면 한자를 배울 기회가 사실상 없었다.

한글로 문맹을 퇴치한다고 해서 모든 문제가 다 해결되는 것은 아니었다. 신문, 잡지, 유인물, 삐라, 벽보, 포스터, 문서, 계약서, 족보에서는 여전히 한자가 압도적이었다. 이들 문서에는 대중의 문화적 삶과 관련 있는 정보 외에도 권리나 의무, 계약 등 법적 · 신변적 내용들도 포함되어 있었다. 따라서 이런 문서에 쓰이는 한자를 읽지 못하는 사람들이 감당해야 하는 불이익이 결코 작지 않았다. 이러한 구조에서 한글전용론자들은 한글 전용화 및 한자 교육이라는 이중전략을 구사했어야 했다.

이승만과 박정희의 공통점, '한글 전용'

한글전용법은 사실상 선언적 의미를 갖는 데 그쳤다. 일부 국회의원 · 국무위원의 반발에다 한국전쟁까지 겹치는 바람에 한글 전용 추진은 더 어려워졌다. 그러던 중 1956년 10월 9일, 한글 제정 510돌에 즈음하여 이승만 대통령이 다시 한글 전용을 강조하고 나섰다. 이승만은 이날 "한국의 민주주의 발전을 위하여, 무엇보다도 신문 · 잡지가 순 한글로 찍혀 나와야 한다."고 말했다. 그런데 당시 이승만에게 '민주주의'를 거론할 자격이 있었을까?

같은 해 5월 15일 선거를 통해 제3대 대통령이 된 이승만은, 81세의 고령에다 이른바 '인의 장막'에 둘러싸여 현실 정세를 파악할 능력을 이미 상실한 상태였다. 국정과 관련한 전반적인 결정권은 이기붕과 자유당으로 넘어가 있었고, 또한 이승만에게는 민주주의에 대한 의지가 없었다.

이승만은 이미 '사사오입 개헌'으로 '초대 대통령에 한하여 중임 제한을 철폐한다.'는 조항을 추가하여 종신 집권의 기반을 닦았을 뿐 아니라, 대통령 선거에서도 대대적인 부정을 자행했다. 이승만의 반민주적 횡포는 국내외에서 '독재자'라는 비난을 받기에 충분했다.■ 사회 분위기는 흉흉했고, 일반대중의 삶은 피폐해졌다. 대통령 선거를 앞두고 조봉암 등 혁신계 인사들은 '공핍으로부터 해방' '공포로

■ 1948년 8월 15일 대통령에 취임한 이승만은, 제2대 대통령선거를 앞둔 1952년 임시수도 부산에서 자유당을 창당하고, 계엄령을 선포한 뒤 대통령 직선제로 헌법을 개정하는 편법으로 대통령에 재선됐다. 그런데 1954년 다시금 '종신대통령제' 개헌안을 발의, 국회에서 1표 부족으로 부결되었는데도 기상천외한 '사사오입' 논리로 국회 결저을 번복, 결국 1956년 3선 대통령이 되었다. 1960년 3월 15일, 이승만은 여당과 정부의 전국적 · 조직적 부정선거로 대통령에 4선되었으나 4 · 19혁명으로 대통령직에 물러났다.

■■■

1952년 발췌개헌안 통과 모습(위)과 1956년 3대 대통령 선거 자유당 대통령 후보 이승만과 부통령 후보 이기붕의 선거 홍보물. 이승만은 1952년 임시 수도 부산에서 자신의 재선을 위해 대통령직선제 정부안과 내각책임제 국회안을 발췌혼합한 개헌안을 강제, 통과시켰다(일명 '부산 정치파동'). 이어 1954년 사사오입 개헌으로 종신집권의 기반을 닦은 이승만은, 3대 대통령 선거에서도 대대적인 부정을 자행하여 '독재자'라는 비난을 받았다. 이런 상황에서 이승만이 사실상 사문화된 한글전용법을 되살리려고 한 것은, 대중의 지지를 얻어내기 위한 전략의 성격이 농후했다.

부터 해방' 이라는 슬로건 아래, 대선 참여 및 진보당 건설 운동을 시작했다. '못살겠으니 가라보자' 를 내세운 민주당에 맞서, 이승만의 자유당은 '갈아봤자 별수없다' 로 응수했다.■

이런 상황에서 이승만의 한글 전용 재추진은 대중 정서에서 점점 멀어지고 있는 자신의 정치권력을 회복하기 위한 하나의 전략이었다고 볼 수 있다. 이승만은 1957년 1월 29일 발표한 담화문에서 "중공(중국)이 한문을 폐지하고 라틴 알파벳을 쓰기로 하였으니(이는 사실과 다르다. 일부 지역에서 실험 중이었다.), 우리도 어려운 한자를 쓰지 말고 한글만을 씀으로써 문명 발전과 민족의 복지 증진에 힘쓰기 바란다." 고 했다.

같은 해 12월, 문교부는 국무회의에 한글전용법 개정을 골자로 한 '한글전용 적극 추진에 관한 건' 을 제안하여 결의를 얻었다. 이에 따라 정부는 1958년 1월 1일부터 모든 공문서를 한글로만 쓰게 하는 '한글전용 실천 요강' 을 관공서와 공공단체에 시달했다. 당시 한글학회(조선어학회의 바뀐 이름)는 몇 년 전부터 한글전용법이 제대로 시행되지 않는 이유를, '얼마 동안 필요한 때에는 한자를 병용할 수 있다' 는 '단서 조항' 때문으로 보고, 단서를 철폐하는 한글전용법 개정 운동을 벌이고 있었다. 그러던 중 1960년 이승만 정권이 또다시 부정선거를 획책하다가 4·19혁명으로 무너지고, 1961년 5·16군사쿠데타로 불행한 역사가 다시 시작되었다.

■ 1956년 제3대 대통령선거 때 자유당은 전당대회를 열어 대통령 후보에 이승만, 부통령 후보에 이기붕을 지명했다. 이때 이승만은 불출마 의사를 표시했다가 '민의 때문에' 다시 출마를 수락했다. 이렇게 해서 자유당의 이승만, 민주당의 신익희, 진보당의 조봉암이 선거에서 맞붙게 되었다. 이때 진보당의 구호는 '피해대중 구제, 폭넓은 민주화, 평화통일' 로 다른 정당과 달랐다.

그런데 이 과정에서 한글학회의 정세 인식 수준은 정말이지 너무도 낮았다. '민주주의'와 '민중'이 무엇인지 전혀 모른 채, 누가 무엇을 왜 하는지에 대한 최소한의 분석도 없이, 무조건 한글만 쓰면 된다는 식이었다. 이 문제에서 기동력만은 뛰어났다.

5 · 16군사쿠데타가 일어난 지 채 한 달도 안 된 1961년 6월 10일, 한글학회는 이사회 결의로 '혁명정부'에 한글 전용 건의서를 제출했다.■■ 군사정부는 그해 12월 초 "한글 전용에 관한 법률을 강화하여, 1962년 3월부터 신문 · 잡지 기타의 모든 간행물에 한글을 전용시키도록 하겠다."고 발표했다. 대법원에서는 12월 29일 법원 공문서의 경우 "표준말인 한글 국어체로 간명하게 기술"한다고 대법원 규칙 제90호로 공포했다.

이 발표가 나가자 언론에서는 다시 한글 전용 찬반 논쟁이 크게 일어났다. 이어령은 《한국일보》에서 "한글전용 문제만 해도 찬반 양론의 시비만 가리다가 귀중한 기회를 서너 번이나 놓쳤다. 해방 직후나 신정부 수립, 혹은 6 · 25사변과 같은 정치적 사회적 전환기는 한글 전용을 단행하는 데 있어서 가장 좋은 기회였기 때문"이라고 전제한 뒤 언문일치, 즉 말하기와 글쓰기의 간극을 메우기 위해 한글 전용을 해야 한다고 주장했다. 그러나 많은 언론인들은 한글전용법 개정을 반대하고, 한자 제한 사용을 주장했다. 각 신문마다 한글 전용에 극구 반대하는 내용의 사설들이 실렸다. 결국 한글전용법 개정 시도는 좌절되었다.

■■ 한글학회는 미군정, 이승만, 박정희, 전두환, 노태우 등 새 정부만 들어섰다 하면 즉각 "한글! 한글!" 했다. 그 정부가 어떻게 세워진 정부인지의 문제는 뒷전이었다.

2004년 12월, 한글전용법 폐지되다

그러나 박정희는 한글 전용을 포기하지 않았다. 1965년 10월 9일 발표한 담화문에서 박정희는 "한글은 과학적이고, 자주적이고, 평민적인 글자"라고 전제한 뒤, "한글을 통해서만이 민족문화의 건설, 교육 건설과 애국생활을 건설할 수 있으니 한글을 전용하자."고 했다. 이에 따라 총무처에서 11월 28일 '한글전용에 대한 법률 개정(안)'을 발표했다. 다시 찬반 여론이 달아올랐다. 한글전용론의 아성인 한글학회에서는 말할 것도 없이 이 안을 전폭 지지하고 나섰다. 최현배 이하 51명의 회원은 연명으로 개정 촉구 건의문을 냈다. 그런데 이 건의문이란 것이 오히려 한글 전용의 의미를 우습게 만드는 '명문'이었다.

> 현 정부가 한글전용의 역사적 과업을 성취한다면, 이는 천추만대에 남을 큰 정치 업적으로서, 길이길이 온 국민의 기념 칭송을 받을 것입니다. 동시에, 국민대중이 한글의 은덕에 목욕하게 됨으로써, 이 당에도 근대화의 광명이 비치고, 참된 민주주의가 실현될 것을 믿어마지 않는 바입니다.

이 무렵, 문교부에서 엉뚱하게 한자 약자 제정 사업을 벌이며 새로운 시비가 불거졌다. 정부 어문정책의 기본 방침에 대해 의혹이 제기된 것이다. 이 의혹을 풀어주기라도 하듯, 박정희는 1967년 5월 대통령에 재선되고 나서 그해 11월 16일 국무총리 정일권에게 서한을 보내 연차적인 한글운동을 전개하라고 지시했다. 그 내용은 1) 한글 완전 전용을 최종 목표로 하되, 2) 한글 즉시 전용과는 달리 연차적으로 계획을 세워 한자를 절감하며, 3) 이 한글운동은 '운동'으로 전개하

5.16군사쿠데타 후인 1961년 12월, 한글을 배우려는 성인을 위해 '재건운동본부'에서 펴낸 《한글공부》.
자모字母, 받침, 글 세 부분으로 나누어, 첫 장에는 반공을 국시의 제일로 삼는다는 혁명 공약과 구호가 제시되어 있고, 박정희의 군사혁명을 미화하는 내용을 담고 있다.

지 어떤 법적 강제조치도 하지 않는다는 것이었다. 이 지시가 알려지자 한글 전용 반대자들이나 한자 제한 사용자들, 그리고 신문과 잡지사에서 모두 환영했다.

그동안에는 정부 각 부처가 서로 책임을 미루며 한글 전용 문제를 회피했으나, 박정희의 '지시' 이후 문교부 · 문화공보부 · 총무처 · 대법원 법원행정처 등 관계 부처가 즉각 공동작업을 펼쳐, 1968년 3월 1968~1972년까지 한자 완전 폐지를 목표로 하는 '한글전용 5개년 계획안'을 국무회의에 제출했다. 이 안이 발표되자 단계적 실시에 찬성했던 사람들이나 언론에서 "한글만 쓰기는 5년으로 어렵다." "문자 정책에 관권 개입은 나쁘다."라는 반대 여론을 일으켰다. 그러나 정부는 이 계획안을 '한글전용 계획'이라는 이름으로 수정하여 제출했고, 1968년 5월 2일 국무회의 의결을 거쳐 대통령이 공포했다. 그 주요한 내용은 상용한자를 완전히 없애고, 1973년부터 전면적인 한글

전용을 실시하겠다는 것이었다. 호적 · 등기 · 주민등록도 1970년부터 한글 전용을 적용할 것을 세부 지침으로 명기했다.

그런데 박정희는 갑작스레 다시 한글 전용 목표 시기를 1973년에서 1970년으로 앞당기고, 1969년 1년을 '한글전용 준비의 해'로 정하라고 내각에 지시했다.

이것이 바로 1968년 '10 · 7선언'이다. 5월 25일 박정희는 각 장관들에게 한글 전용 추진 계획을 보고받는 자리에서 '한글전용 촉진 7개항'을 지시했다. 그 내용은 다음과 같다.

> 세종대왕이 한글을 반포한 지 520년이 넘도록 한글을 전용하지 않고 주저하는 것은 비주체적 전근대적 사고방식이며, 한문을 모르는 많은 국민을 문화로부터 멀리하려는 행위다.

1. 70년 1월 1일부터 행정 · 입법 · 사법의 모든 문서뿐만 아니라, 민원서류도 한글을 전용하며, 국내에서 한자가 든 서류를 접수하지 말 것.
2. 문교부 안에서 '한글전용 연구위원회'를 두어, 69년 전반기 내에 알기 쉬운 표기방법과 보급방법을 연구 발전시킬 것.
3. 한글타자기의 개량을 서두르고, 말단기관까지 보급할 수 있도록 할 것.
4. 언론 · 출판계의 한글전용을 적극 권장할 것.
5. 1948년에 제정된 한글전용에 관한 법률을 개정하여, 70년 1월 1일부터는 전용토록 할 것('대한민국 공문서는 한글로 쓴다. 다만 얼마 동안 필요한 한자를 병용한다'는 법조문의 단서를 뺀다).
6. 각급학교 교과서에서 한자를 없앨 것.
7. 고전의 한글 번역을 서두를 것.

박정희의 계획은, 간헐적으로 한글 전용 문제를 제기했던 이승만과는 전혀 달랐다. 박정희는 이 문제를 상당히 숙고했던 것 같다. 쿠데타 이후 1960년대 전반까지는 한글 전용 계획과 관련하여 언론인을 중심으로 한 반대자들과 밀고 당기며 게임을 벌이다가, 60년대 후반 '연차적 한글운동' 정책을 발표하여 반대자들이 지지하는 분위기를 조성한 후, 극적으로 1970년부터 '완전한글전용'을 시행하라는 지시를 내림으로써 문자정책을 확고히 했다. 마치 치밀한 '한글 전용 추진 시나리오'라도 있었던 것처럼.

박정희에게 한글 전용 정책은 단순한 선언이나 민족주의적 이미지 띄우기 차원의 문제만은 아니었던 것 같다. 행정 · 입법 · 사법의 전 영역에 걸쳐 단호한 실천 의지를 보이고 있을 뿐만 아니라, 한글 타자기에까지 관심을 나타냈으며, 논쟁의 핵심이었던 교과서 한자 사용 문제도 분명히 언급하고 있기 때문이다. 한글학회에서 펴낸 『한글학회 50년사』는 이에 대해 '역사적인 영단'이라고 평가했다.

이 대목에서 우선, 박정희가 한글 완전 전용 시기를 왜 1973년에서 1970년으로 3년이나 급히 앞당겼는지 의문이 든다. 이는 사실상 그 전의 5개년 계획을 폐기하고 즉각적인 실시를 명령한 것과 다름없다. 20여 년 동안 다투어온 문제를, 박정희가 그렇게 서둘러서 처리한 이유는 무엇일까?

이 의문을 푸는 실마리는 이후 박정희의 행보에서 찾을 수 있다. 박정희는 1971년 4월 27일 3선에 성공한 후, 1972년 10월 17일 국회를 해산하고 전국 비상계엄령을 선포했다. 이른바 '10월 유신'이 강행된 것이다. 모든 정치활동 중지와 언론 사전검열 조치 등으로 조성된 공포 분위기 속에서 '유신헌법'은 91.5퍼센트의 압도적 찬성으로

통과되었다. 박정희는 다시 대통령 자리에 앉았다.■

1970년부터 완전한 한글 전용 실시를 강행하려 한 박정희의 계획은, 이러한 일련의 장기집권 구상과 동떨어지지 않은 일로 보인다. 미군정이 미국적 이데올로기 전파를 위해 한글 보급에 적극적이었듯이, 박정희도 국민대중들을 자신의 정치적 과정에 동화시키기 위해 한글 전용 전략을 독단적으로 수립하지 않았나 하는 것이다. 실제로 박정희가 한글 전용을 독려하던 1969년 당시, 온 나라는 '3선개헌' 파동으로 들끓고 있었다. 박정희는 한글 전용으로 국민대중의 지지를 이끌어내어 지식인들의 3선개헌 반대를 상쇄시키려 한 것이다.■■

역사적으로 국한문혼용론자들이나 한글전용론자들은 문제가 터질 때마다 한글전용법을 들먹였다. 혼용론자들은 이 법을 철폐하라 하고, 전용론자들은 단서 조항을 삭제하고 법을 준수하라고 말이다. 그러던 것이 2004년 12월, '국어기본법'이 제정됨으로써 한글전용법은 폐지되었다. 한글전용법은 사실상 사문화된 법령이었으나, 국어기본법으로 한글 전용론과 국한문 혼용론의 대립이 공식적으로 종식된 셈이다. 문화관광부는 국어기본법 제정의 의미에 대해 "한국의 공용

■ '10월 유신'이란 1972년 10월 17일, 박정희가 장기집권을 목적으로 단행한 초헌법적 비상조치다. 이로써 성립된 유신체제는 1979년 10월 26일 박정희가 김재규의 총탄에 쓰러질 때까지 7년간 지속됐다. 10월 유신이 나오게 된 배경을 살펴보면, 대통령에게만 권력이 집중되는 것을 야당과 국민들이 바판하기 시작했고, 1970년 11월에는 전태일 분신 사건이 일어났다. 국제적으로도 미국이 아시아에서 후퇴하는 내용을 암시하는 '닉슨 독트린'이 발표되면서 박정희에게 불리하게 작용했다. 결정적으로 1971년 대통령선거에서 신민당의 김대중에게 대통령 자리를 빼길 뻔한 일이 발생하자, 박정희는 자신의 독재체제를 유지할 방법을 마련해야 했다.

■■ '3선개헌'이란 말 그대로, 박정희가 대통령직 3선을 목적으로 추진한 개헌이다. 따라서 그 주요 내용은 대통령의 3선 연임을 허용하고, 대통령에 대한 탄핵소추 결의 요건을 강화하는 것이었다.

유신헌법 통과. 박정희가 한글 전용 정책을 강력하게 추진하던 시기. 온 나라는 3선개헌 파동, 유신헌법 강행 등으로 들끓고 있었다. 한글 전용을 강행하려 한 박정희의 행보는 이러한 장기집권 구상과 동떨어져 있지 않았다.

어가 한국어임을 명시하고, 한국어의 보전과 발전을 위한 제도적 장치를 마련한 것"이라고 설명했다. 영어로 통하는 세계화 시대에 한국어와 한글이 직면한 위기를 의식한 것이다.

'한글세대' 만들기

우리나라의 문자정책은 '한글'과 '한자' 사이에서 왔다갔다했다. 정확히 말해서, '한글파'와 '한자파' 간의 권력다툼이 문자정책으로 표면화된 것이다. 해방 이후 계속된 한글파와 한자파 간의 공방은 '한자세대'니 '한글세대'니 하는 세대 구분의 지표까지 만들어냈다. 이 와중에 손해를 본 것은 한글세대를 중심으로 한 일반대중이었다. 한글파의 노력으로 우리나라의 한글 문맹률은 급속히 낮아졌지만, 또 다른 문맹, 곧 '한자 문맹'이 대거 양산된 것이다.

한글전용 반대하다 파면당한 대학교수

1969년 1월, 충남대 유정기 교수가 문교부의 교육공무원 징계위원회에 회부되어 파면 징계를 받았다. 징계 사유는 1) 한글 전용을 반대하기 위해 대중과 학생들을 선동하여 교육공무원의 품위를 손상시켰으며, 2) 이를 만류한 충남대 총장의 명령에 불복했고, 3) 공무원으로서 공부 이외의 단체를 구성하고 가입했다는 점 등이었다. 요컨대 한글 전용에 반대했기 때문에 교수직을 박탈당한 것이다. 1965년 '정치교수' 파동■ 이후 처음 있는, 그야말로 어처구니없는 일

■ 1965년 대학가에서 한일협정 체결(6월 22일)에 반대하는 '한일협정 비준 반대운동'이 거세게 일어나, 8월 26일 급기야 위수령이 발동됐다. 정부는 시위 주동 학생에 대한 처벌을 지

이었다. 유정기 교수는 두 달 전 대전에서 '한글전용화 반대를 위한 민족문화수호대회'를 준비하다가 압력을 받아 중단한 적이 있었다.

1969년은 박정희의 지시대로 1970년을 완전한 한글 전용의 해로 만들기 위해 박차를 가하고 있던 때이다. 그런데 국한문 혼용론자들의 반대가 만만치 않았다. 그 와중에 교수 한 명이 희생당한 것이다. 유정기 교수는 파면당한 후 "학자로서의 양심이 시키는 대로 최선을 다해 행동했다."고 밝히고, 파면 결의에 대한 발효 중지 소송·국무회의의 소청심사·행정소송을 한꺼번에 제기했다.

유정기 교수는 파면당한 후에도 한글 전용 및 한자 폐지에 반대하는 뜻을 굽히지 않았다. 그는 특히 "우리는 우리말을 쓰고 우리글만 써야 우리 얼을 갖는 것"이라는 한글파의 주장을 통박하면서, 한글파가 주장하는 '우리 얼'의 논리는 비양심적·비이성적·악질적이라고 비난했다.

> (한글파는) 한문자를 쓰고 한자어로 말하는 것이 사대주의라는 것이다. 그러면 우리 국어에 있어서 한자어가 아닌 순우리말이 과연 몇 퍼센트나 될까. …… 한자어는 버리고 순우리말만 쓰는 그것이 우리 민족의 얼을 찾는 것이라면 그것은 바로 민족문화를 폐기하고 원시야만으로 돌아가라는 것이니 그러면 민족의 얼을 찾는 목적은 과연 무엇일까. …… 우리 민

시했지만, 일부 대학들은 우선 대학을 정상화해야 한다며 징계조치를 거부했다. 이에 대해 문교부는 "학생데모의 뿌리를 뽑겠다."며 고대와 연대에 휴교령을 내렸다. 그리고 서울대 법대 황산덕, 서울대 학생처장 김기선, 대구대 박삼세 교수를 데모를 선동한 '정치교수'로 낙인 찍고 파면 조치했다. 이들 외에도 서울대 양호민, 연세대 서석순, 이극찬, 고려대 김성식, 김경탁, 이항녕 교수 등도 '정치교수'로 찍혀서 사표를 제출해야 했다. 이때 전국적으로 '정치교수'로 지목되어 사표를 제출하거나 파면당한 교수는 9개 대학 21명에 이르렀다.

■■■
1968년 5월 4일 세종대왕 동상 제막식에 참석한 박정희. 박정희에게 한글은 어떤 의미였을까? 한글전용과 3선 개헌의 관계에 대한 충남대 유정기 교수의 비판은 시사하는 바가 크다. "한글전용을 환영하는 자는 한글주의자뿐이고, 삼선개헌에 찬동하는 자는 오직 집권 관계자뿐이다. 모든 식자는 한글전용을 반대하고 모든 국민은 삼선개헌을 반대한다."(《사상계》 1969년 10월)

족이 문화생활을 하는 것은 오직 한자어의 은덕인데, 그의 은덕은 모르고 한자는 원수처럼 말살하려 하는 그의 소위 '얼'이란 것은 배은망덕의 정신인 것이다.(〈한글전용을 반대한다〉, 《사상계》, 1969년 5월)

유정기 교수는 한자 폐지와 한글 전용뿐 아니라, 박정희의 3선개헌에도 반대했다. 박정희 정권의 양대 문자정책을 독재권력의 음모로 인식한 것이다. 그리하여 1969년 10월 《사상계》에 실은 〈한글전용과 삼선개헌의 망상〉이란 글에서, "한글전용을 환영하는 자는 한글주의자뿐인 것이고 삼선개헌에 찬동하는 자는 오직 집권 관계자뿐인 것이다. 모든 식자들은 한글전용을 반대하고 모둔 국민들은 삼선개헌을 반대한다."고 일갈했다.

폐지에서 교육으로, 오락가락 한자교육 정책

우리나라의 문자정책은 '한글'과 '한자漢字' 사이에서 방황해왔다. 정확히 말해, 한글전용론자들인 '한글파'와 국한문 혼용론자들인 '한자파' 간의 권력 다툼이 어지러운 문자정책으로 표면화되어온 것이다. 헤게모니는 한글파가 장악하다시피 했지만, 한자파의 공격도 상당히 거셌다.

한글파는 미군정에서부터 이승만, 박정희 시기에 이르기까지 역대 집권자들과 결탁하며 한글 전용 및 한자 폐지 정책을 강행할 수 있었고, 한자파는 신문이나 잡지 등이 한자를 버리지 못하는 현실적인 문자생활론에 근거하여 반대론을 펼쳤다. 당연히 신문이나 잡지 등은 한자 폐지 반대 경향이 강해, 한글 전용 관련 한글파의 성명서는 보도가 잘 되지 않는 편이었다. 그런 와중에 《서울신문》이 1956년 한글판과 국한문판을 동시 발간하는 실험을 시도했으나, 한글판은 3년 뒤인 1959년에 중단됐다.

한글파와 한자파의 갈등이 첨예화된 사안 가운데 하나는 '교과서 한자 폐지 · 혼용 및 한자 교육' 문제였다. 한글파는 한자를 폐지하여 순 한글로만 교육하자고 했고, 한자파는 모든 교과서에서 국한문을 혼용하자고 했다. 그렇다고 한글파가 한문 교육을 아예 폐기하자고

■■■

한일협정 비준 반대시위. 박정희는 자신에게 반대하는 대학교수들을 '정치교수'라고 낙인 찍어 파멸시켜버렸다. 학교 밖 일에는 관심 갖지 말고 입다물고 있으라는 것이었다. 한일협정에 반대하여 파면당한 교수는 무려 21명이나 되었다.

한 것은 아니었다. 다만 국어과에서 '분리'하여 제2외국어 식으로 교육하자는 것으로, 이는 한자나 한문을 국어에서 제외시키자는 의도였다. 이에 반해 한자파는 한자 · 한문 교육은 국민학교부터 국어 교육의 일환으로 시행해야 한다는 견해였다.

미군정 이후 교과서는 기본적으로 한글 전용이었다. 그러다가 1949년 11월 일부 국회의원들이, 국졸자들이 신문이나 잡지를 읽을 수 없으니 국민학교 교과서에 간이한자를 사용하자고 발의한 것이 계기가 되어, 문교부에서 1951년 9월 신학년도부터 사용되는 4학년 이상의 교과서에 '교육한자' 1천 자를 괄호 속에 넣어 교사들의 교수에만 이용하도록 했다.

이어 1957년 11월 18일에는 교육한자에 신인정 한자 300자를 추가하여 1,300자로 된 '임시 제한한자 일람표'를 제정했다. 이는 나중에 '상용한자 일람표'로 명칭이 바뀌었다. 그러나 이승만 정부의 한글전용 시책으로 큰 효과를 보지는 못했다. 문교부에서는 전국 중·고등 학교장들에게 "한자로 된 모표(모자에 붙이는 표지)와 배지, 단추 등을 한글로 바꾸라."는 지시를 내리기도 했다.

그러다 1963년, 1955년 제정된 교육 과정을 전면 개편하는 제1차 교육과정 개정이 단행되었다. 우리나라의 교육 과정은 정치세력의 변화에 따라 개정돼왔는데, 이때는 박정희 군사정부의 등장과 맞물려 있었다. 개정된 교육 과정에서는 국민학교 4학년 국어과의 '읽기' 목표를 '일상생활에서 쓰는 한글과 한자, 숫자, 로마자의 구별을 안다.'고 설정하여 교과서에서 한자를 노출하여 교육할 수 있는 근거가 마련되었다. 이에 따라 문교부는 1965년도부터 국민학교 4학년 이상 국어과 교과서에서 600자, 중학교에서 400자, 고등학교에서 300자 등 모두 1,300자의 상용한자를 난이도에 따라 단계적으로 교육하도록 했다.

이는 20년 가까이 시행돼오던 한글 전용 방침을 위협하는 것으로 한글학회를 비롯한 한글파가 가만있을 리 없었다. 한글학회는 1964년 11월 한글전용법을 상기시키며 개정된 교육과정 내용이 '위법행위'라고 비난하는 한편, 아예 한글전용법의 단서 조항을 삭제해야 한다고 주장했다. 주요한이 이끄는 '한글전용추진회'도 1965년 1월 교과서 한자 혼용 반대를 위한 '문화선언'을 발표했다.

문교부는 상용한자 중 복잡한 글자 542자를 약자화하려다가 찬반 양론이 비등한 가운데 1968년 한글전용 5개년 계획안이 공포되면서 포기하고, 이어 1968년 11월 상용한자 1,300자도 폐지했다. 그리하여 1970년도부터는 중 · 고등학교 교과서에서 한자를 색인이나 고전에 '약간' 사용하는 것을 제외하고는 한글 전용으로 돌아섰다.

그러자 이희승, 남광우 등을 중심으로 하는 한자파가 들고일어났다. 한자파는 1969년 7월 한자 교육 부활을 촉구하기 위해 '한국어문교육연구회' 를 조직, 여러 단체와 함께 계속해서 건의서와 성명서를 냈다. 한글파나 한자파 모두 성명서를 냈다 하면 수십 개 단체들이 '연서連署' 했는데, 그 경위야 어떻든지 간에 논리 싸움 못지않게 세를 과시하며 정당성을 확보하려 한 것이다.

1970년 11월 25일, 한국어문교육연구회 등 7개 단체는 '한자교육부활촉구 성명서' 를 내어 한글 전용이 결코 졸속으로 무리하게 실행되어서는 안 된다고 주장했다.

> 한글전용의 어문교육이 이 나라의 국민 지성을 저하시키고 교육 효과를 감퇴시키며 학술의 발전을 저해하고 국어의 혼란을 야기하며 문화의 전통을 말살하고 국제적 고립을 초래하는 결과를 빚어내고 있음은 이미 공인의 사실로 되어 있다. 이러한 어문교육이 하루 속히 시정되지 않으면 불원한 장래에 우리는 문화민족의 자격을 잃어버리고 세계적 문화권에서 탈락하게 될 것이 명백한 일임은 이미 식자識者 간에 지적된 바 있다.

한글파와 마찬가지로 한자파도 '공갈' 이 꽤나 심했던 것 같다.

1968~1970년 무렵 박정희의 강력한 완전 한글전용 정책으로 한글파가 우세한 듯 보였으나, 1970년대 초 양자의 공방전은 팽팽한 평행선을 달리고 있었다. 그러다 서서히 한자 교육이 재개되는 조짐을 보였다.

1972년 8월 17일 문교부가 '한문 교육용 기초한자' 1,800자를 제정한 것을 시발로 하여, 1974년 7월 11일에는 중 · 고교 교과서에 한자를 병용하겠다는 방침을 밝혔다. 그리하여 1975년부터는 중학교에서 900자, 고등학교에서 1,800자를 병용하게 되었다. 신문들은 이 정책 변화(사실은 '변덕정책')에 주목하며, 대개 "5년 만에 한글전용 백지화"라고 보도했다. 반대하는 목소리도 있었지만, 대부분의 신문들은 환영하는 논조였다.

한문 교육도 강화되었다. 중학교에서는 1972년 9월, 고등학교에서는 1974년 12월에 국어과에 포함되었던 '한문'을 독립 교과로 편성했다. 당시 교육부 관계자는 이 일련의 과정이 한글파와 한자파가 공방전을 벌이는 가운데, 양자 대표급 학자들이 교육과정 심의회에서 합의한 내용을 토대로 한 것이었다고 증언한다. 1976년 9월 22일, 문교부는 국민학교에서는 계속해서 한자 교육을 실시하지 않겠다고 밝혔다.

유신헌법 수립 이전에 완전한 한글 전용을 다급하게 추진하던 박정희도 그 이후에는 다소 완화된 태도를 보였다. 1977년 8월 18일, 박정희는 문교 정책을 보고받는 자리에서 "역사적인 안목에서 볼 때 상용한자를 지금보다 더 늘리는 것은 옳지 않다고 본다."면서, "현실적으로 상용되고 있는 한자를 없애자는 극단적인 주장도 옳지 않지만, 상용한자를 현재보다 더 늘려야 한다는 주장도 옳지 않으며 그 어느 면에서는 시대에 역행하는 것이라고 본다."고 했다.

결국 한자 교육을 둘러싼 한글파와 한자파의 끈질긴 싸움은, 한글 전용의 대중화 경향과 무관하게 한자파의 승리로 귀결되고 있었다. 그리하여 해방 이후 한글이 정책적으로 지배적인 지위를 차지하고 한자는 폐지 위협에서 벗어나, 한자 폐지로 인한 전통의 공백이 복원되기 시작했다. 두 진영이 교과 과정 개정 때만 되면 초등학교 한자 교육을 놓고 여전히 치열한 논쟁을 벌이고 있지만, 비공식적으로 초등학교에서는 이미 한자 교육을 실시하고 있다.

"대학생이 신문도 못 읽는다?"

한데 1970년대부터 1980년대, 1990년대까지 이어진 이 지루한 공방에서 늘 한자파의 '밥'이 된 이들이 있었으니, 바로 대학생들이 그러했다. 한글전용론자들 때문에 대학생들이 신문을 읽지 못한다는 비난이 논쟁 때마다 단골 메뉴로 등장한 것이다. 한자 조기교육론이 다시 고개를 들기 시작한 1992년 3월, '한국어문교육연구회'의 남광우는 〈여의도법정〉이라는 텔레비전 프로그램에서 대학생들이 데모를 하는 것은 "한자 교육을 제대로 받지 못하여 개념 파악의 능력이 없기 때문"이라는 어처구니없는 발언을 하기도 했다.

1972년 4월 한국어문교육연구회는 한글전용론을 뒤집으려고 대학생들을 상대로 기발한 실력 '측정'을 했다. 서울대, 연대, 고대, 경북대 등 전국 12개 대학생들을 상대로 이른바 '국어 실력'을 측정한 것이다. 일상생활에서 자주 쓰이는 한자숙어를 비롯하여 교육현장 · 윤리 · 철학 · 경제용어 · 고전소설에 나타나는 말 25개와, 일간신문 기사 · 거리 간판 · 게시물 또는 신문광고 등에 나타난 말 25개를 골라 순 한글로 된 것은 한자 쓰기와 뜻풀이를, 국한문 혼용으로 된 것은 뜻풀이를 하도록 했다. 20여 명의 교수가 동원되어 1개월 남짓 출제와 분석을 맡았는데, 조사 결과 대학생의 국어 실력은 '저조'한 것으로 평가되었다. 이중 '엉터리'로 답한 문안을 몇 가지 보자.

- 사필귀정事必歸正 – 4필의 말을 타고 돌아옴. 즉, 성공하여 온다는 말
- 난형난제難兄難弟 – 어려운 형과 어려운 문제
- 일석이조 一石二鳥–밤은 하나로되 아침이 다르다
- '새마을' 서정 개혁령 – 경찰서의 행정. 책읽기 운동
- ○○여인숙旅人宿 – 여자들이 잠자는 곳. 여인들이 머물러 있는 곳
- 아전인수我田引水 – 밭과 논을 인계받는 것
- 명약관화明若觀火 – 쓴 약일수록 효과가 있다
- 고희기념古稀紀念 – 고대 희랍 축제일
- 삼강오륜三綱五倫 – 낙동강 · 두만강 · 한강, 청 · 홍 · 백 · 흑 · 남
- 종묘사種苗社 – 옛 역사를 연구 개발하는 업체
- 신주新株 – 새로운 전봇대

채점 결과, 한자 쓰기 성적은 평균 27.8, 순 한글 유형 성적은 24.8, 국한 혼용 유형은 45.1로 한자의 유무 여부에 따라 큰 차이를 보였다. 대상이 된 대학생들은 초 · 중등 과정에서 '괄호 안 한자'(병용), '한자 노출'(혼용), '순 한글' 등의 '절름발이식' 교육을 받은 세대였다.

이 조사 결과를 분석한 남광우는 〈대학생의 국어실력 조사 보고〉라는 보고서에서, 이처럼 저조한 성적이 나온 것은 한자어의 모태가 되는 한자 교육을 소외시킨 한글 전용 교육의 결과라고 보고, 국한 혼용으로 하면 어휘 이해도가 높아짐을 입증한다고 했다. 또한 결과적으로 대학생 국어 실력의 저하로 말미암아 국민 지성 저하, 교육 효과 감퇴, 학술 발전 저해, 문화 전통 말살이 초래되고 있다고 주장했다. 이 측정의 목적이 한자 혼용과 한자 교육 강화를 위한 '객관적' 근거 확보 및 여론 조성에 있었음은 두말할 나위 없다.

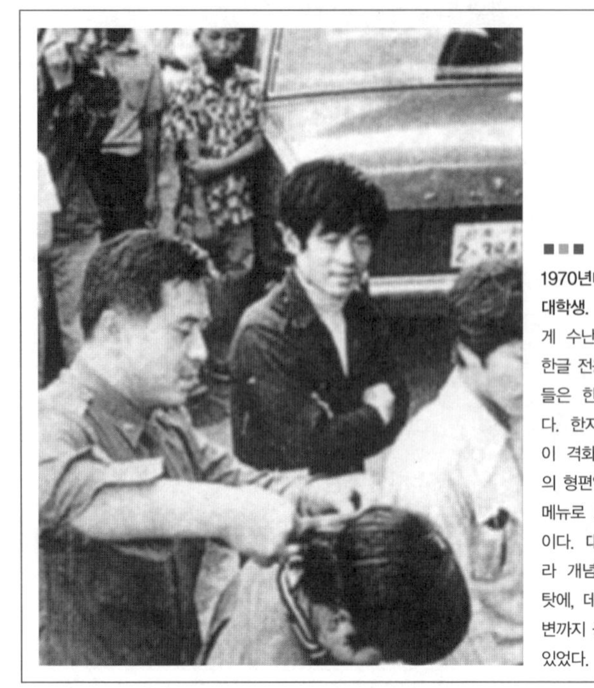

■■■

1970년대 장발 단속에 걸린 대학생. 70년대는 대학생들에게 수난의 시대였다. 심지어 한글 전용 문제에서도 대학생들은 한자파의 '밥'이 되었다. 한자파와 한글파의 대립이 격화될 때마다, 대학생들의 형편없는 한자실력이 단골 메뉴로 도마 위에 올랐던 것이다. 대학생들이 한자를 몰라 개념을 이해하지 못하는 탓에, 데모를 많이 한다는 궤변까지 공공연히 떠도는 이도 있었다.

그 효과는 즉각적으로 나타났다. 특히 '한자어 실력'이 아니라 '국어 실력'이라고 이름 붙인 것이 주효했다. '국어'라는 말이 갖는 정서적 효과가 극대화된 것이다. 1973년 4월 말경 보고서가 제출되자 중앙 일간지들은 물론이거니와 지방지, 주간지들까지 대대적으로 이 내용을 보도했다. 보도 형태도 기사, 사설, 만평, 단평, 독자투고 등 다양했는데, 대부분 보고서 내용에 '대분노'하는 것이었다. 기사 제목들만 보아도 당시 언론들이 얼마나 흥분했는지 알 수 있다.

"한심한 大學生 國語實力 一貫性 없는 漢字敎育의 餘波"(《중앙일보》)

"'漢字無知' 百점 만점에 쓰기는 27.8점"(《동아일보》)

"手術 시급한 '國籍 잃은 敎育' 文化傳統 계승에 赤信號"(《경기신문》)

"漢字敎育 强化하라"(《전북일보》)

"한심한 大學生 漢字실력 知性 낮아 學術발전 沮害 우려"(《전남일보》)

"漢字 까막눈 신문 · 잡지 · 간판도 못읽을 정도"(《주간조선》)

언론들은 당연히 '한자 혼용'과 '한문 교육 강화' 쪽으로 여론몰이를 했다. 그러자 한글학회는 한국어문교육연구회의 대학생 국어 실력 측정과 그 분석에 크게 반발했다. 언론들마저 한자파를 지원하고 나섰으니, 한글파가 흥분하지 않을 수 없었다.

한글학회는 '대학생 국어실력 조사의 맹점'이라는 제목의 성명서에서 조사의 방법과 태도가 잘못되었다고 반박했다. 출제된 어휘 가운데 1956년 문교부에서 발간한 『우리말 말수 사용의 잦기 조사』(어휘 사용 빈도 조사)의 5만 순위 안에 드는 것이 50퍼센트에도 미치지 못한다는 것이었다. 언어생활에서 그다지 중요하지 않은 단어들을 측정 기준으로 삼았다는 이야기였다.

더구나 이 조사는 "1972년에 학생들을 동원해서 이루어진 것인데, 학생들은 희롱하는 태도로 이에 응했다."며, 따라서 "이것은 학생들의 국어 실력과 전혀 관계없는 것"이라고 주장했다. 요컨대 정부의 한글전용 정책이 글자생활의 합리화를 위한 "역사적인 혁신정책"인데, 의미 없는 결과를 가지고 세상을 시끄럽게 하는 것은 "보수세력의 반발"이라는 것이었다.

대중은 '한자 까막눈'을 원하지 않는다

한글파와 한자파 간의 논쟁에서 쟁점이 된 내용들을 모아보면 다음과 같다.

시시비비 과정에서 한글파는 무리하게 한글 전용을 '애국행위'로, 한자 혼용을 '비애국행위'로 비약시켰다. 한글파는 '최만리'의 예를 들어 한자파를 공격했다. 한자파에게 '대학생'이라는 볼모가 있었다면, 한글파에게는 '최만리'가 있었다. 조선시대 문신 최만리는 세종대왕의 훈민정음 창제에 반대했다는 이유로 '역사의 죄인'이 되어 두고두고 한글전용론자들에게 씹히는 인물이다.■ 어쨌거나 한글전용주의자들은 한자혼용론자들을 "최만리 같은 비애국자"로 몰아붙였다.

그런데 실제 행동을 보면, 한글파에게 '애국'이란 말을 입에 올릴 자격이 있는지 의심스럽다. 4·19혁명 당시 대표적인 한자파 학자였던 이희승과 조윤제는 교수들의 시국 선언문 작성에 동참한 반면, 한글학회 사람들은 박정희가 혁명을 짓밟고 쿠데타를 일으키자 그 즉시 그를 '배알'하러 달려가지 않았던가.

한글파 사람들은 한글 간소화 파동으로 이승만과 사이가 벌어졌던 때를 제외하고는, 역대 집권자들과 대체로 좋은 관계를 유지했다. 이승만과도 한글전용 정책에서는 의견을 같이했다. 많은 이들의 반대에도 불구하고 한글파 사람들이 어문정책에서 비교적 우위를 점할 수 있었던 것은, 그들의 모태인 조선어학회(한글학회)가 이루어놓은 업적 때문이기도 하지만, 가시적으로는 그들이 정부와 '동행'했기 때

■ 최만리가 한글 창제에 반대했다는 속설은 잘못되었다는 주장도 있다. 당시 세종은 한자의 발음을 우리나라식이 아닌, 중국식으로 바꾸고자 했다. 이에 최만리를 비롯한 집현전 학자들이 반대 상소문을 올린 것이다.

한글파와 한자파 논쟁의 쟁점 사항

한글 전용	한자 혼용론
한글 전용은 민족적 자각이다.	한자는 우리 문화에 결정적인 영향을 미쳤으며 그것은 우리의 것이다.
한글을 소유하는 그 자체가 민족적 긍지다.	문화민족은 모두 문자를 사용한다. 그들은 그것을 자랑하지 않는다.
한글 전용은 민족문화운동이요 민주운동이다.	한글 전용은 저문화(低文化)에의 평준을 가져온다.
한글 전용은 새 문학을 일으킨다.	한자 폐지는 자연히 한자어를 등한히 하게 하며, 이는 문학적 표현에 이익이 되지 않는다.
(희소하여서 귀한 것이 되기는 하나, 그것이 국민 일반에게 쓰이는 데 적당하다는 이유가 되지 못한다.)	문화의 가치는 희소가치다. 평이한 데 가치가 있다는 것이 아니다.
(한글 전용은 일상생활의 문제요 학문적인 면까지 제약을 가하는 것은 아니다.)	일상생활의 영역과 학문의 영역은 구별되어야 한다.
한자는 배우기 어렵고 쓰기 어렵다.	어렵다고 안 배우나? 쉬운 것만 배우면 무엇이 되겠는가? 2천 자 정도의 학습이 큰 부담이 되지는 않는다.
한글을 전용하면 인쇄, 타이프라이터 등 기계화에 편리하여 스피디하게 된다.	(속도와 기계의 시대는 인정한다. 그러나 한자가 존재한다고 타이프라이터가 움직이지 않는가? 현재도 타이프라이터는 찍힌다.)
한글, 한자 혼용은 언어생활의 이중성을 초래한다.	(언어의 이중성은 오히려 표준어, 정서법의 모순에서 파생되고 있다.)
한자의 사용은 언문일치의 장애가 된다.	(언어의 이중성의 문제와 연관성이 있으며 현재 한글로 적은 경우에도 언문일치는 이루어지지 않고 있다.)
(시각적인 효과가 크다는 것은 인정하나 그것이 대단한 것이라고 생각하지 않는다. 한글이 정서법으로 보아 또는 영어의 단어도 하나하나 알파벳을 따져 읽히지 않는다.)	한자는 표음문자이므로 시각적 효과가 크다.
한글에 의한 조어도 무한히 된다. 학술용어도 순수한 우리말로 안 될 것은 없다.	한자어는 유의어를 풍부하게 한다.(표현의 자유 선택과 다양성)
(한자어는 그것을 대신하는 말을 만들면 된다고 응수한다.)	한자어는 유의어를 풍부하게 한다.(표현의 자유 선택과 다양성)
반포된 지 이미 5백여 년이다. 이제 단행할 시기다.	오랜 시간이 흘렀어도 전용되지 않는 것은 그만한 이유가 있기 때문이다. 점진적으로 전용하는 방법을 택하라.
한글전용은 국민의 여론이 뒷받침하는 민족적 숙원이다.	(여론의 결정적인 조사는 없다. 진리는 다수결로 결정되어서는 안 되며 비전문가의 다수보다는 소수 전문가의 연구가 중요하다. 민족의 숙원이란 말은 과장이 아닌가?)
한글은 민족적이요 한자는 특권층의 것이다.	한문이 아닌 한자의 경우, 이와 같은 말은 해방 후 한자교육을 하지 않는 데서 온 결과이며, 현재 한자교육을 하고 있는데 10년이나 20년 후의 결과를 보라.

*출처: 이용주, 〈한글전용 시시비비론〉, 《사상계》, 1969년 10월
** (　) 안은 논쟁의 맥락에서 이용주가 삽입한 것이다.

문이다.

만일 이승만이나 박정희 정부가 한글전용 정책을 추진하지 않았다면, 한글전용론은 그만큼의 지위를 확보하지 못했을 것이다. 특히 한글파의 핵심인물인 최현배가 미군정 때부터 문교부에 들어가 어문정책을 주도한 것이 큰 영향을 미쳤다. 그러나 국가권력에 의존한 정책 추진은 강제적인 성격을 띠고 있어서 반발을 사기 마련이다. 1968년 박정희가 대통령 권한으로 급작스럽게 완전한 한글전용화를 다그친 것이 대표적인 예이다. 아무리 좋은 정책이라 해도 민의를 무시한 강제적인 시행은 좋은 결과를 가져오기 어렵다. 한글파가 국가권력을 끼고 자신들의 주장을 강제로 관철시키려고 한 것은, '나' 아니면 아무도 할 수 없다는 독재자들의 착각과 유사하다. 오로지 한글만이 민족을 대표할 수 있다는 논리도 어떻게 보면 한쪽으로만 치우친 생각이다.

한글파가 모델로 삼았다는 터키의 '문자혁명'을 보아도, 그것이 진정한 혁명이었는지 다시 생각해볼 일이다. 1928년 터키 대통령 케말 파샤는 6개월 작전으로 아라비아 글자를 로마자로 바꾸어버렸다. 많은 반대를 무릅쓰고 인쇄소에 있는 아라비아 활자를 다 녹여버리고, 콘스탄티노플의 서점에서만 200만 질 이상의 책을 제지공장으로 보내버렸으며, 심지어 형무소에 6개월 이상 수감된 자가 로마자를 읽고 쓰지 못하면 출옥시키지 않았다. 반대자들은 사형 이하의 극형에 처해졌다. 이는 혁명이라기보다 반문화적 폭력이다.

한글파 사람들은 집권자나 국가권력에 대해서는 아무런 문제제기도 하지 않았다. 그들은 '민족정신'만 강조했지, 정작 한글에 '민족성'이 부여되는 과정에 대해선 무관심했다. 독재자의 무기로 사용되는 한글은 오히려 '반민족적'이라 할 수 있는데도, 한글파 사람들은 한자의 '반민족성'만 주장하고 그 현실적인 사용 맥락은 보지 않았다.

또한 어려운 한자를 버리고 쉬운 한글만 쓰자는 논리는 얼핏 보기에 민중적 · 대중적 · 민주적인 것 같지만, 앞에서도 지적했듯 대중의 문자적 욕망을 차단한다는 점에서 엘리트주의적이다. 참으로 친절하게도, 한글전용론자들은 고전은 한문 전문가들이 한글로 번역한 것을 읽으면 된다고 주장하지만, 이는 전문가들이 번역 과정에서 암암리에 개입시키는 이데올로기를 아무 생각 없이 수용하라는 말과 다르지 않다. 대중은 고전 원전을 직접 대면하거나, 전문가의 풀이를 비판해선 안 된단 말인가. 전문가와 비전문가의 경계 허물기는 대중들의 민주적 문자활동의 기초가 된다는 점에서, 한문을 이른바 전문가들의 특권적 영역으로 설정하려는 시도는 비민주적이다. 선택은 대중들 자신의 권리다.

그렇다면 한자파는 한글파와 달랐을까? 그렇지 않다. 한글파가 국가권력과 연결되어 있었다면, 한자파는 언론권력과 연결되어 있었다. 글과 말을 팔아먹고 사는 언론인들에게 오랫동안 사용해온 한자를 즉각 폐지한다는 것은 상당히 위험한 일이었다. 물론 그들 대다수도 한글 전용을 염두에 두기는 했지만, 현실적으로 급격한 변화는 받아들이기 어려웠다. 뿐만 아니라 한자는 이미 그들의 무의식화된 육체의 일부이자 국어의 부분으로 인식되고 있었다.

그래서 여론을 형성하는 신문들은 한자파의 첨병 노릇을 했다. 1974년 7월 11일 문교부가 교과서 한자병용 방침을 발표하자 신문들은 두 손 들어 환영했다. 《중앙일보》는 문교부 결정을 두고 "국내 식

■■■
1962년 남대문 거리 풍경. 한자로 씌어진 간판이 제법 눈에 띈다. 집권자와 연결된 한글파, 언론권력과 연결된 한자파가 대중들의 이름을 들먹이며 충돌하고 있을 때, 대중들이 정말 원했던 것은 무엇일까?

자층 일반 반응은 대체로 찬성하는 쪽으로 기울고 있다."고 전했으며, 《서울신문》은 "'한글' 전용의 잘못을 바로잡은, 정상으로 회복한 어문정책"이라고 논평했다.

신문들은 한결같이 기존의 한글전용 정책에 불만을 품고 있었던 것이다. 그리하여 한자병용 방침을 환영하는 데 그치지 않고, 기존의 어문정책('갈팡질팡')과 한글전용론자들('독선')을 신랄하게 비난했다. 당시 《중앙일보》 사설을 보자.

> 잘못된 한글전용 정책의 강요가 가져온 폐단은 고등학교나 대학을 나오고서도 고전 서적은커녕, 매일매일의 신문 잡지조차도 제대로 읽을 수 없

다는 반문맹자를 양산했다는 엄연한 사실이 이를 너무도 뼈아프게 웅변해주고 있다. 아니, 그들은 국내 도처에 산재한 역사적 기념물이나 유적에 걸린 편액扁額이나 현판懸板 앞에 서고서도 그 이름조차 식별치 못하는 웃지 못할 현상을 빚어냈고, 자기집 서재에 꽂힌 수많은 책들을 두고서도 그저 망연자실할 뿐이었던 것이다.

해방 이후 계속된 한글파와 한자파의 공방전은 '한자세대' 니 '한글세대' 니 하는 세대 구분의 지표까지 만들어냈다. 이 와중에 손해를 본 당사자는 한글세대를 중심으로 하는 일반대중이었다. 한글 전용 논쟁은 단순한 탁상공론에 머문 것이 아니라, 교육 과정을 둘러싼 문자정책에 그대로 반영되어 대중들의 일상적인 삶에 큰 영향을 미쳤다. 그 결과, 대중들은 또 하나의 문맹 위기에 처하게 되었으니, 한자파가 강조하듯 '한자문맹' 이 바로 그것이다.

한글파의 피나는 노력으로 우리나라의 문맹률이 급속히 낮아진 사실은 높이 평가받아 마땅하다. 그러나 우리나라의 문자생활이 한글만으로 이루어지지 않는다는 복잡한 사정을 감안할 때, 한자 교육과 그 필요성을 전면 부인해선 안 되었다. 1970년을 전후한 각종 여론조사들을 보면, 대중들은 지식인들과 달리 대체로 한글 전용을 선호했다. 하지만 그렇다고 그들이 한자문맹이 되는 것을 원했던 것은 아니다. 해방 직후 한글 관련 책들이 날개 돋친 듯 팔렸듯, 1970년대에는 『상용한자 1,800자』나 『천자문』 따위들이 많이 팔렸다는 사실은 무엇을 말해주는지 생각해봐야 한다.

우리말 역사연표

연도	정치 · 사회 주요 사건	우리말 관련 주요 사건
1894 (고종 3)	갑오경장	외국의 나라, 땅, 사람의 이름을 한글로 적도록 하는 법령 공포. 법률과 칙령에서 한글을 중심으로 하고 한자를 덧붙이거나 섞을 수 있도록 규정
1896		최초의 한글신문 《독립신문》 창간(독립협회)
1910	한일합방	주시경 『국어문법』 발간
1911		일제 '조선교육령' 포고, 일본어를 국어로 함.
1912		조선총독부 학무국 『보통학교 언문 철자법』 발간
1920		조선총독부 『조선어 사전』 발간
1921		조선어연구회 창립(12월 3일) 조선총독부 학무국 『보통학교용 언문 철자법 대요』 발간
1926	6 · 10만세운동	조선어연구회 가갸날(한글날) 제정(음력 9월 29일)
1927		조선어연구회 월간 동인지 《한글》 창간
1928		조선어사전편찬회 조직 '가갸날'을 '한글날'로 바꿈
1929	광주학생운동	조선어연구회에서 한글 가로 풀어쓰기 토론
1931		'조선어연구회'를 '조선어학회'로 개명 조선어학회 후원 '조선어강습회' 전국에서 열림
1932		한글날 양력으로 환산하여 10월 29일로 다시 정함
1933		『한글 맞춤법 통일안』 초판 발행(10월 29일)
1934		한글날 그레고리력으로 다시 환산하여 10월 28일로 다시 정함
1936		조선어학회 표준말 사정 발표
1937		조선어학회 '한글 가로 풀어쓰기안 채택' 최현배 『우리말본』 펴냄
1938		일제 '조선교육령' 개정, 조선어를 정규 교과목이 아닌 선택과목으로 격하
1940	창씨개명 실시 대한민국 임시정부 · 광복군 창설	조선어학회 '외래어 표기법 통일안' 발표 『훈민정음』 해례본 발견으로 한글날 10월 9일로 다시 정함
1942	조선어학회 사건	최현배 『한글갈』 펴냄
1945	해방	미군정청 학무국 '한자 폐지하고 모든 글을 가로쓰기'로 결정 조선어학회 국어 교과서를 지어서 학무국에 전달
1946		미군정 산하 문교부 '국어정화위원회' 설치
1947		조선어학회 『조선말 큰사전』 첫 권 발간
1948	대한민국 정부 수립 이승만 초대 대통령 취임	'한글 전용에 관한 법률' 공포 이승만 '한글 간소화 방안' 관련 담화발표: 한글파동의 시발점
1949		조선어학회 '한글학회'로 이름 바꿈 한글학회, 한글전용 촉진회 설립

연도	정치 · 사회 주요 사건	우리말 관련 주요 사건
1950	한국전쟁	
1951		
1952	부산 정치파동 이승만 2대 대통령 당선	
1953		국무총리 훈령 '한글 간소화안' 공포
1954		국무회의에서 한글 간소화안 통과
1955		이승만 한글 간소화 방안 철회 : 한글파동 일단락
1956	이승만, 3대 대통령 당선	
1957		『큰사전』 총 6권 완간 국무회의에서 '한글 전용 적극 추진에 관한 건' 의결
1960	이승만 4대 대통령 당선 4 · 19혁명. 이승만 실각	
1961	박정희 5 · 16 군사쿠데타	
1963	박정희, 5대 대통령 당선	학교문법통일전문위원회 구성하여 학교문법 통일안을 다수결로 정함 : 말본 파동 1차 교육과정 개편 : 교과서에 한자 수록 근거 마련
1965		문교부 교과서에 한자 1,300자 넣음.
1967	박정희, 6대 대통령 당선	
1968		한글전용 5개년 계획안 공포 박정희 10 · 7 선언 : 한글전용에 관한 세부 계획 수립
1970	박정희, 7대 대통령 당선	교과서에서 한자를 빼고 한문을 따로 가르치게 됨
1972	유신헌법 선포 박정희, 8대 대통령 당선	문교부 '한문 교육용 기초한자' 1,800자 제정
1974		문교부 중 · 고교 교과서 한자 병용 방침 발표.
1975	긴급조치 1, 2, 3호 발동 유신 찬반 국민투표	
1976		박정희, 국어순화운동 거국적 실시 지시 국어순화운동 협의회 신설
1978	박정희, 9대 대통령 당선	
1979	박정희 피살 전두환 12 · 12 군사쿠데타	한글학회 '한글 글자꼴 연구모임' 엶
1980		한글학회 한글맞춤법 통일안 수정하여 『한글 맞춤법』 펴냄

19 1949년 이승만이 일으킨 '한글 간소화 파동'

맞춤법 신화를 파괴하라!

1949년 10월, 이승만 대통령은 또 한 번 국민을 놀래키는 담화를 발표한다. "알어보기와 쓰기에 쉽고 편리하도록" 구한말 성경 철자법으로 돌아가자는 것이었다. 대한민국 정부가 '한글맞춤법 통일안'을 채택한 지 1년 만이었다. 이 논란은 국회의 정치 싸움으로까지 번졌다. 그런데 1954년 이 논쟁은 갑자기 '없던 일'이 되었다. 여기서 흥미로운 점은, 당시 이승만이 내놓은 간소화안이 오늘날 인터넷 상에서 벌어지는 '언어 파괴'와 유사하다는 점이다. 이승만과는 다른 차원이지만, 오늘날 '맞춤법 신화'는 다시 깨지고 있다.

1년 만에 뒤집힌 '한글맞춤법 통일안'

1948년 8월 15일 수립된 대한민국 정부는 국가 공문서나 교과서 등에 쓰는 한글에 조선어학회에서 제시한 '한글맞춤법 통일안(이하 '통일안')'을 적용하기로 했다. 이 통일안은 교육계 · 언론계 · 종교계 등의 지지를 받아 제정 이후 몇 차례 개정을 거치며, 지금까지 한글 맞춤법의 근간이 되어오고 있다. 이 통일안 이전에도 몇 가지 철자법이 사용되었고, 통일안에 반대하는 사람도 더러 있었지만 찬성 여론이 훨씬 더 높았다. 그런데 대한민국 정부가 통일안을 채택한 지 1년 뒤인 1949년 10월 9일, 대통령 이승만이 돌연 '반란'을 일으키는 담화를 발표했다.

우리나라에서 자초로 사대주의적 사상을 가지고 남을 모본하기에만 힘써서 우리의 고유한 기능과 물산을 장려하기에 심히 등한하였던 것이 큰 약점이엇다. 본래 우리의 국문을 찬성한 것이 우리의 창조적 특성을 표시한 것인데 한문학자들이 이것을 포기시켜서 자기들도 쓰지 아니하고 남에게도 쓰지 못하게 한 결과로 4백년 이래 별로 개량된 것은 없었고 도로혀 퇴보되어 우리의 문화 발전에 얼마나 지장이 되었는가를 생각하면 실로 가통한 일이다.

과거 40년 동안에 일어와 일문을 숭상하느라고 우리 국문을 버려두어서 쓰는 사람이 얼마 못 되는 중 민국성에 열렬한 학자들이 비밀리에 연구해서 국문을 처음으로 만든 역사를 상고하여 처음에 여러 가지로 취음取音해서 쓰던 법을 모본하여 그것이 국문을 쓰는 가장 정당한 법이라고 만들어낸 결과 근래에 이르러 신문 게재다. 다른 문학사회에서 정식 국문이라고 쓰는 것을 보면 이런 것을 개량하는 대신 도로혀 쓰기도 더디고 보기도 괴상하게 만들어놓아 퇴보된 한글을 통용하게 되었으니 이때에 이것을 교정하지 못하면 얼마 후에는 그 습관이 더욱 굳어져서 고치기 극란할 것이매 모든 언론기관과 문학계에서 특별히 주의하여 속히 개정되기를 바라는 바이다. …… 알어보기와 쓰기에 쉽고 편리하도록 개량하는 것이 문학가와 과학가들의 민족과 문화에 대한 사명일 것이다.

이승만의 '사명의식', 국민들의 무관심

요는 한글맞춤법 통일안이 복잡하고 어려우니 이를 버리고 한글을 간편하게 적자는 것이다. 이것이 '한글 간소화 파동'의 시발점이었다. 그러나 대통령의 '반란적' 담화에도 불구하고, 일반대중은 이에 무관심했다. 무시한 것이다. 이승만이 문교부 장관 안호상에게 한글맞춤법 개량을 지시하자, 안호상은 나중에 통일안이 가장 개량된 것이라고 보고했다. 이승만은 11월 26일 다시 이 문제를 언급했으나 역시 국민들의 반응이 없자, 1950년 2월 3일 기자단에게 강경하게 한글맞춤법을 고치겠다고 밝히고 "우선 정부만이라도 자기 뜻대로 시행하겠다."고 엄포했다.

그런 뒤 1953년 4월 국무회의에서 정부 의지를 결의하고, 국무총리 백두진이 국무총리 훈령 제8호로 "우리 한글은 철자법이 복잡 불편하니 교과서, 타이프라이터에 대하여는 준비상 관계로 다소 지연되더라도 정부용 문서에 관하여는 즉시 간이한 구철자법을 사용하도록 훈령함."이란 내용의 공문을 각 부처 장관과 도지사들에게 보냈다. 여기서 '구철자법'이란 구한말 성경에서 사용된 철자법을 말한다. 이를테면, "예쉬 뭇사ᄅᆞᆷ을 보시고 산에 올나가 안지시니 …… 텬국이 뎌희거심이오."(「마태복음」, 1898년) 같은 식이다.

그동안 별 반응을 보이지 않던 각계 인사들은 비로소 위협을 느끼고 반대 여론을 일으키기 시작했다. 교육계 · 문화계 · 언론계 · 지식층들이 반대하고 나서는 가운데, '전국문화단체총연합회'에서는 "'옛날대로 쓰기'의 설정은, 우리 민족의 문화뿐 아니라, 이성 전반을 교란시키는 위험천만한 정책으로 …… 천추에 남을 실책"이라고 경고하는 성명서를 냈다. 한글학회에서도 "과학적으로 법칙이 확립된 현행 맞춤법을 버리고, 구식 맞춤법을 쓰라 함은 학술진리의 존엄성을 모독하며, 전문학자들의 총의를 짓밟은 권력의 문화 교살"이라며 정부를 맹비난했다.

반대 목소리가 높아지자 문교부에서는 국어심의회를 구성하여 돌

獨立鬪爭史上에서 본 한글運動의 位置

■■■

이승만의 한글 간소화 방안을 비판한 《사상계》 1954년 4월호 목차. 한글의 철자법이 복잡 불편하니, 구한말 성경에서 사용된 철자법으로 정부 문서를 통일하겠다고 한 이승만의 반란적 담화는 강력한 반대 여론에 부딪혔다.

파구를 찾으려 했다. 그러나 여러 방면에서 제출된 모든 안들을 신중하게 검토해봐도 뾰족한 수를 찾지 못하자, 결국 '통일안'으로 되돌아가고 말았다. 이에 초조해진 정부에서 절충안을 만들었지만 그 역시 실패했다. 그러다가 국어심의회에서 박종화, 오종식이 제출한 '한글 풀어가로쓰기안'을 채택했다.

그러나 이승만은 안하무인이었다. 국어심의회 결의를 무시하고, 어떻게 해서라도 맞춤법을 바꾸려고 했다. 결국 문교부 편수국장 최현배와 문교부장관 김법린이 사임했다. 이에 대해 국무총리 백두진은 1954년 2월 기자회견 자리에서 "새 문교부장관은 간소화를 실천할 사람으로 임명할 것"이라고 밝혔다. 이어 3월에 이승만은 "3개월 이내에 현행 맞춤법을 버리고 구한국 말엽의 성경 맞춤법에 돌아가라."고 지시했다. 다시 반대 여론이 들끓었지만, 이승만은 자신의 의지를 관철시키기 위해 70일 동안 비워놓았던 문교부 장관 자리에 이선근을 임명했다.

1954년 6월 26일 이선근은 기자단 회견장에서 돌연 "1) 불필요한 쌍받침은 없앤다, 2) 용언의 어간과 어미는 밝히되 어원은 밝히지 않는다, 3) 현재 많이 변해 있는 표준말을 새로 제정하기로 한다."는 '한글 간소화 3원칙'을 발표했다.

이 3원칙은 국어심의회나 문교부 관계관과 전혀 협의하지 않은 채 극비밀리에 작성한 안이었다. 이후 7월 3일 문교부와 공보처 공동 명의로 '문교 · 공보의 맞춤법 간소화 공동안'을 발표했는데, 이 안은 국어학과 언어학적으로 간소화를 뒷받침하는 근거와 이유를 상세히 설명했다.

구한말 성경 맞춤법으로 돌아가라

'맞춤법 간소화 공동안'의 주요 내용은 다음과 같다.

1. 바침은 끝소리에서 발음되는 것에 한하여 사용한다.
   따라서 종래 사용하던 바침 가운데 ㄱ, ㄴ, ㄷ, ㄹ, ㅁ, ㅅ, ㅇ, ㄺ, ㄻ, ㄼ 등 10개만을 허용한다. 다만, 바침으로 사용된 때의 'ㅅ'의 음가는 'ㄷ'의 음가를 가지는 것으로 하고, 'ㄷ'은 바침으로 아니쓴다.
2. 명사나 어간이 다른 말과 어울려서 딴 독립된 말이 되거나 뜻이 변할 때에 그 원사原詞 또는 어원을 밝히어 적지 아니한다.
3. 종래 인정되어 쓰이던 표준말 가운데 이미 쓰이지 안커나 또는 말이 바뀌어진 것은 그 변화된 대로 적는다.

• **몇 가지 용례(현행 간소화안)**

믿다 → 밋다 밋고 미더 미드니

낮다 → 낫다 낫고 나자 나즈니

좇다 → 좃다 좃고 조차 조츠니

같다 → 갓다 갓고 가타 가트니

붙다 → 붓다 붓고 부터 부트니

있다 → 잇다 잇고 잇서 잇스니

부엌 → 부억

몫 → 목 목시 목슬

무릎 → 부릅 무르피 무르플

실없다 → 실업다 실업고 실업서 실업스니

앉다 → 안다 안고 안자 안즈니

끊다 → 끈타 끈코 끈허 끈흐니

돐 → 돌 돌시 돌세

옳다 → 올타 올코 올하(아) 올흐니(으니)

핥다 → 할다 할고 할타 할트니

낳다 → 나타 나코 나하(아) 나흐니(으니)

높이 → 노피

땀받이 → 땀바지

같이 → 가치

낱낱이 → 낫나치

벌어지다 → 버러지다

엎어지다 → 엎어지다

간소화안의 용례들을 보면, 28개 받침 중 10개만 취하고, 어간과 어미의 구별이 혼란스러워졌음을 알 수 있다. 어원은 철저히 무시하고, 발음하는 대로 표기하는 방식을 채택하고 있다. 즉, "어원을 어떠게 올바르게 발켜 적느냐 하는 것보다도 오히려 어원을 발키어 적은 원칙이 본래 올흔 것이냐 하는 문제가 중요하다."는 관점을 취한 것이다.

표기 원칙에는 표음주의와 표의주의 두 가지 방식이 있다. 표음주의는 낱말의 위치와 상관없이 낱말을 발음하는 대로 표기하는 것이다. 따라서 한 낱말이라도 위치에 따라 두어 가지 방식으로 표기한다. 이에 비해 표의주의는 항상 똑같은 형태로 낱말을 표기하며, 낱말의 발음은 전후관계에 따라 자동적으로 달라진다. 한글맞춤법 통일안이 표의주의 원칙에 따른 것이라면, 간소화안은 표음주의에 기대고 있었다.

간소화안이 구체화되어 적용안까지 발표되자 여론이 들끓었다. 한글학회, 전국문화단체총연합회, 국어국문학회, 대학국어국문학교수단 등에서 반대 성명을 내고, 심지어 한국어를 가르치는 외국인까지 나섰다. 미국의 예일대학에서 한국어 교수와 연구를 하고 있던 사무엘 마틴은 문교부 장관에게 공개 서신을 보내, 간소화안이 실행되면 "한국은 '말씨의 전진 대신에 후퇴를 불러오는 맞춤법 개혁' 을 단행한 유일한 나라로서, 세계 교육계의 웃음거리가 되지 않을까." 하는 우려를 나타냈다. 앞에서 보았듯, 이 파동 때문에 정부는 한글학회의 『큰사전』 간행을 지원하겠다는 미국 록펠러 재단의 원조를 거절하기도 했다.

이승만식 강행, "니 마음대로 하세요"

한글 맞춤법 논란은 국회의 정치 싸움으로까지 번졌다. 자유당과 민주당이 '맞춤법 간소화안'에 대해 각각 지지와 철폐 요구를 한 것이다. 민주당과 무소속 동지회는 문교부 장관을 추궁하는 한편, 성명서를 내고 공청회를 열었다.

1954년 7월 10일 국회 본회의에서 문교부 장관 이선근은 한글학자들과 심의하지 않은 것은 잘못이라고 시인하면서도, 간소화안을 비과학적이라고 할 수는 없다며 계속 추진할 뜻을 비쳤다. 이어서 자유당 의원이 질의 종결을 요구하자, 사회자인 국회 부의장이 동의를 유도하며 반론을 봉쇄하려 했다. 그러나 야당 측의 결사 반대와 방청자의 고함으로 의사당은 잠시 아수라장이 되었다가 다시 질의가 계속되었다.

이때 조병옥■은 "세계적으로 훌륭한 인정을 받고 있는 한글을 간소화 한다는 것은 독선적 처사이며, 우리나라에서는 지당장관至當長官, 낙루장관落淚長官, 여신장관如神長官이 있어서,■■ 대통령에게 올바로 진언하는 장관이 하나도 없고, 현 문교장관은 교육법을 위반한 것"이라고 추궁했다. 미군정 치하에서 '통역정부'의 1인자로 무소불위의 권력과 폭력을 행사했던 조병옥의 과거를 생각하면 어울리지

■ 조병옥은 1945년 광복이 되자 송진우 등과 한국민주당을 창당하고, 미군정청의 경무부장에 취임, 4·3제주항쟁을 진압하는 등 치안 유지와 공산당 색출에 진력했다. 한국전쟁 발발 당시 내무장관을 맡기도 했으나, 이승만과 의견충돌로 반독재투쟁으로 선회한다. 1954년 제3대 민의원에 당선되고, 이듬해 민주당 최고위원이 되었다가, 1956년 대표최고위원에 선출되어 야당을 지도했다. 1960년 민주당의 공천을 받아 대통령선거에 출마했으나, 선거를 1개월 앞두고 미국에서 병사했다.

■■ 이는 이승만 대통령이 발언할 때마다 "지당하십니다"라며, 눈물을 흘리고 감격해하고, 신처럼 떠받뜨는 이선근, 신성모, 백두진 등 당시 장관들의 행태를 비꼰 말이다.

■■■

박정희와 만나는 이선근. 이승만의 말이라면 무조건 "지당하십니다."를 연발하여, 지당장관이라는 말을 듣기도 했던 문교장관 이선근은, 한글 간소화안 또한 각계의 격렬한 반대에도 불구하고 끝까지 추진하고자 했다. 사학자였던 이선근은 박정희의 10월 유신과 화랑정신을 연결시킨 장본인으로 권력에 봉사하는 지식인의 전형이었다.

않는 발언이긴 하지만, 어쨌거나 7월 12일 본회의에서도 질의가 계속되었다.

여러 의원들이 철회를 요구하던 중 윤형남 · 김상돈 등이 민족문화를 말살하려는 것이 아니냐고 하자, 이선근은 "수일 전 북한 괴뢰들이 방송할 때 사용한 말과 같다."며 민주당 의원들을 용공으로 몰아붙이려는 태도를 취했다. 그러자 장내는 일시에 "취소하라."는 고함소리로 소란해졌다. 결국 이선근은 발언을 취소했고, "한글 간소화안은 정부와 국회와 문교위원회, 학술원으로써 특별대책위원회를 구성하여, 민중의 의사에 어긋나지 않도록 그 대책을 강구하여 국회에 보고하도록 정부에 건의하자."라는 9명의 긴급동의가 만장일치로 가결되었다. 그러나 이러한 결의에도 불구하고, 이선근은 같은 날 각 교육기관에 다음과 같은 '극비밀 통첩'을 내렸다.

1. 500년 전 한글이 창제된 이래 그 보급이 지연되고 있는데, 한글맞춤법 통일안의 역사는 일천할 뿐 아니라, 그 전통과 보급도 그리 깊지 아니하므로, 건국 초창기에 한글 간소화를 단행함은 시의에 적당하다는 것을 주지시킬 것.
2. 한글맞춤법 통일안은 번잡하고, 일반 사용에 불편하여 급속히 문화발전을 성취시키려 할 때, 어법의 복잡은 한글의 간편 보급을 저해할 뿐더러, 자모字母가 번다하여 인쇄문화의 발전에도 지장이 많다는 것을 주지시킬 것.
3. 이번 간소화안의 제諸 자료는 제공할 예정이나, 우선 발표된 것을 토대로 연구하여, 이것을 명확히 하고, 한글 간소화에 무조건 반대를 하는 일부 보수층 선전에 동요 없도록 할 것.
4. 교직원 학생으로 하여금 반대할 명확한 이론적 체계도 가짐이 없이 막연히 감정적으로 이에 대한 발표를 못 하도록 주지시킬 것.

이 통첩은 대외비로서 보안을 유지하기 위해 문교부 장관 및 간부 2~3명만 관여하고, 유인물도 10벌만 만들어 담당 직원들조차 모르게 비밀리에 봉함 발송됐다. 이어서 이승만은 7월 13일 "현 문교부의 한글 간소화안을 그대로 강행하라."는 특별담화를 발표했다. 7월 18일 자유당은 문교부안을 절대 지지하는 성명서를 발표했다.

본 자유당은 그 당책을 통하여 한글 간소화를 지지 결정하였음을 만천하에 공표하는 바이다. ……

우리가 사용을 강요받고 있는 한글 철자법(마춤법)은 불행히 일부 한글학자 및 극소수의 완전 습득자를 제외하고는 대부분의 국민이 공통으로 그것이 쓰기 어렵고 배우기 어려우며 해득키 곤란한 필요 이상의 고통과 불편을 주고 있음은 사실인 것이다. …… 뿐만 아니라 과거에 김두봉■ 일파가 급조한 지나치게 복잡화한 한글을 강요하는 북한 조선 공산도당은 이제 와서 이극로 일파를 동원하여 파괴적 문화공세를 전개하고, 그 계기를 이 한글 간소화 반대에 포착하고 있는 것이다. 철자법(마춤법) 한글에 고통하는 애국동포는 이 문제의 시비를 대국적 견지에서 냉철히 비판하는 동시에 우리 겨레의 최고의 영도자 이 대통령 각하께서 염급念及하시는 한글 간소화의 진의를 기피 양찰하여 민족문화의 획기적 발전이 '한글 간소화'를 전폭적으로 지지 찬성하고 즉시 실천에 옮기기를 촉구하는 바이다.

이에 대해 재경 대학 국어국문학 교수단은 다음과 같이 공박했다.

진가眞假와 정사正邪가 국민의 눈을 가리고, 혼미와 곡학에 싸인 정부안을 물리치는 동시에 모당의 성명서 중에 김두봉, 이극로 일파 운운은 이조의 사화와 같은 그 무엇을 암시하여 누구를 위협하는 것인가? 그리고 비과학

■ 김두봉은 한글 연구가로 광문회에서 조선어사전『말모이』편찬 사업에 참여했다. 3 · 1운동에 참여한 후 상하이로 망명하여 본격적으로 독립운동을 한 그는, 대한민국 임시정부 의정원과 조선민족혁명당 간부를 거쳐, 1942년 조선독립동맹 주석이 되었다. 광복 이후 북한에서 조선신민당을 조직하고, 북조선노동당이 창건되자 그 위원장이 되었다. 남북한 노동당이 합당하여 조선노동당으로 개편된 뒤 최고인민위원회 위원장이 되었으나, 이후 당에서 제명당했다. 이승만의 자유당은 한글맞춤법 논의에 이러한 김두봉을 끌어들여, 간소화안 반대자들을 '용공'으로 몰려고 한 것이다.

적이고 시대를 역행하는 소위 철자법 간소화안을 강요함으로써 민심의 동요를 가져오고, 문화의 진전을 막는 어리석을 짓을 말아주기를 바란다.

그러나 이승만은 이미 반대 여론에는 단련될 대로 단련돼 있었다. 그는 기자단 회견석상에서 "현행 맞춤법이 옳다고 하는 것은 학생들이나 또는 언론인들이 한글의 이치가 어떻게 된지도 모르면서 습관에 따라 사용하기 때문이니, 자기가 옳다고 생각하는 것을 자기 마음대로 사용하여도 좋다."고 발언했다. 급기야 '네 멋대로 쓰라'는 식의, 무정부주의적 한글 철자 표기 방식을 고안하기에 이른 셈이다.

그러나 "자기 마음대로 사용하여도 좋다."는 이승만의 발언은 결국 간소화안을 쓰라는 말이나 다름없었다. 왜냐하면 간소화안은 구한말의 성경 철자법에 뿌리를 두고 있는데, 당시의 철자법은 체계적

김두봉과 그가 저술한 『조선말본』. 한글 연구가로 독립운동에도 헌신했던 김두봉은 광복 이후 북한에서 조선노동당 최고인민위원회 위원장을 역임했다. 이런 경력 때문에, 한글파를 용공이라 음해하는 이들의 입에 이극로와 함께 자주 이름이 오르내렸다.

으로 정리되기 이전이라 어떠한 규범적 제한 없이 비교적 자유롭게(나쁘게는 '문란하게') 사용되었기 때문이다. 즉, 자유롭게 쓰다 보면 간소화안으로 귀결되는 셈이었다.

문교부는 학술적인 지지세력을 확보하기 위해 어용 어학단체까지 급조했다. 8월 1일 조직된 '대한어문연구회'가 바로 그것이다. 어문연구회는 문교부의 권유로 관련자 몇 명이 참여하여 발족됐는데, 내막을 모르고 참여한 두어 명이 나중에 탈퇴하면서 6일 만에 깨지고 말았다. 7월 12일 국회 본회의에서 결의한 대로 국회에 문교부, 국회, 학술원 측 대표로 구성된 '한글특별대책위원회'가 꾸려지기도 했으나 아무런 진전이 없었다. 그러나 이선근은 이승만의 한글 간소화 정책을 "세종의 뜻"이라며 끝까지 받들었다.

한비탕 놀아난 '세종의 뜻'

정부는 정부대로 강행하고, 국민은 국민대로 반대하니 해결의 실마리가 전혀 보이지 않았다. 공개적인 반대로는 이승만의 의지를 꺾을 수 없는 형세였다. 이러한 상황을 돌파하기 위해 한글학회의 유제한은 이승만의 절대적 신임을 받는 자유당의 표양문을 비밀리에 만나 상의했다. 표양문은 이 합의 내용을 이승만에게 간곡히 진언했다.

유제한과 표양문이 합의한 내용의 요지는 "1) 문교부의 한글 간소화안은 너무나 비과학적이어서 도저히 문화민족의 문자로 사용할 수 없으며, 2) 어학계 · 문학계 · 교육계 · 언론계 및 각 방면 곧 국민의 적극적인 반대 여론을 억누르고 강행한다는 것은 자유민주국가에서는 있을 수 없는 일"이라는 것이었다. 그런데 어떻게 된 일인지 이승만은 표양문의 진언에 즉각 승복했다. 그리고 이선근에게 한글 문제에 대해 일체 발언하지 말라고 지시함으로써 사실상 간소화안을 철회하였다. 그러고 나서 3일 후인 9월 19일 이승만은 공보실을 통해 중대 담화를 발표했다.

> 내가 해외에 있는 동안에 한 가지 문화상 중대한 변경이 된 것은 국문 쓰는 법을 모두 다 고쳐서 쉬운 것을 어렵게 만들며 간단한 것을 복잡하게 만들어놓은 것이니, …… 이것을 고치려고 내가 여러 번 담화를 발표하였으나 지금 와서 보니 국어를 어렵게 복잡하게 쓰는 것이 벌써 습관이 돼서 고치기가 대단히 어려운 모양이며 또한 여러 사람들이 이것을 그냥 쓰고 있는 것을 보면 무슨 좋은 점도 있기에 그럴 것이므로, 지금 여러 가지 바쁜 때에 이것을 가지고 이 이상 문제 삼지 않겠고, 민중들의 원하는 대로 하도록 자유에 부치고자 하는 바이다. …… 우리나라 사람들의 총명이 특수한 만큼, 폐단이 되거나 불편한 장애를 주게 될 때는 다 깨닫고 다시 교정할 줄 믿는 바이므로, 내 자신 여기 대해서는 다시 이론을 부치지 않을 것이다.

이승만은 왜 갑작스럽게 태도를 바꾸었을까? 여기서 눈여겨볼 점은 표양문이 간소화안 철폐를 건의하며 록펠러 재단 문제를 언급하고, 그 이후에도 한글학회의 『큰사전』 속간과 관련하여 미국 록펠러 재단과의 관계를 상세히 보고했다는 사실이다.

어쨌거나 1949년 이승만의 '도발적' 발언을 시작으로 지루하게 이어지던 '한글 파동'은 5년이란 시간을 끌다가 '없던 일'이 되었다. 이 한글 파동은 친일파와의 제휴, 국가보안법 공포, 국민방위군 사건,■ 사사오입 개헌 등과 함께 이승만 정권의 정치비리 중 하나로 꼽혀왔다. 전문가들과 온 국민의 분노에도 아랑곳하지 않고, 이승만 본인의 생각만이 절대진리인 양 착각한 결과였다. 요컨대 '쉽게 써야 한다'는 논리 아래, 한글 맞춤법이 독재자와 그 하수인들의 손아귀에서 한바탕 놀아난 셈이다. 그래도 제자리에 갖다 놓았으니 다행이라고 해야 할까.

다만 이승만이 한글학회와 미국 록펠러 재단 간의 원조관계를 보고받고 하루아침에 자기 '소신'을 포기한 점은 아무래도 찜찜하다. 국민들의 강력한 반대 여론에도 꿈쩍 않던 이승만은 왜 갑자기 마음을 바꿨던 걸까?

과학적 권위의 승리, 신화가 된 '맞춤법'

한글 파동은 '한글맞춤법 통일안'과 이에 도전한 '한글 간소화안'의 장기투쟁이었다. 오랜 항전 끝에 간소화안이 항복함으로써 통일안이 승리했다. 그러나 이 사건은 정치적 해프닝이나, 단지 한글 표기만을 문제 삼은 싸움이 아니었다.

통일안의 제정자는 한글 전문 연구기관인 한글학회였고, 간소화안

■ '국민방위군'은 한국전쟁 당시 신속한 병력 동원을 위해 17세 이상 40세 미만의 성인 남성으로 조직된 군대이다. 그러나 예산과 준비 부족으로 급조된 탓에, 1·4후퇴 때 부산까지 걸어서 후퇴하며 무려 1천여 명의 사망자가 발생했다. 1951년 부산에서 열린 국회에서 이 문제가 거론되자, 그해 2월 36세 이상의 장병들은 귀향 조치됐다. 그런데 이 과정에서 조작과 금품 착복 등 이른바 '국민방위군 사건'이 발생하여 부통령 이시영과 국방부 장관 신성모가 사임하고, 국민방위군은 국회 결의로 해체됐다.

의 제안자는 국가권력을 대표하는 대통령 이승만이었다. 한글 파동은 표면적으로 '통일안'과 '간소화안' 간의 싸움으로 나타났지만, 그 속에는 '전문적인 과학자'와 '국가권력자' 간의 힘겨루기가 자리잡고 있었다. 이렇게 볼 때 통일안의 승리는, 국가권력자의 횡포에 맞선 전문과학자 집단의 승리였다고 할 수 있다.

어쨌든 이렇게 해서 한글 파동은 일단락되었다. 한데 그 이면에 다른 문제가 자리잡고 있었으니, 통일안을 주장한 전문과학자들이 또 다른 '지배적 권위'를 만들어내고 있었던 것이다. 한글 전문 연구자들의 연구기관인 한글학회에서 낸 성명서를 다시 보면, "과학적으로 법칙이 확립된 현행 맞춤법을 버리고, 구식 맞춤법을 쓰라 함은 학술 진리의 존엄성을 모독하며, 전문학자들의 총의를 짓밟는 권력의 문화 교살이다."라고 밝히고 있다. 국가권력자에 대항하는 핵심 근거로 '과학적 법칙' '학술 진리의 존엄성' '전문학자들의 총의'를 들고 있는 것이다. 요컨대 정책의 정당성은 국가권력이 아닌 전문 지식으로 보증된다는 점을 이 성명서는 강조하고 있다. 이를 뒤집어 말하면, 국가권력이 아무리 막강해도 전문 지식으로 된 과학적 권위를 넘어설 수는 없다는 것이다. 왜냐하면 '과학성'으로 명명된 이 권위는 대중적 지지를 확보하고 있기 때문이다.

어찌 보면 한 편의 코미디와도 같은 한글 파동을 통해, 우리가 읽어야 할 역사적 현실은 바로 여기에 있다. 당시 언론인이나 교육자 등 여타의 지식인들이 간소화안에 반대한 이유는 통일안의 과학적 권위 때문이었다. 한글맞춤법 통일안은 전문학자들이 과학성의 이름으로 제정한 것으로, 그 정당성을 확보하기 위해 사용된 이데올로기는 바로 그 자체, 곧 '과학적'이라는 이데올로기다. 이 이데올로기는 언론인 · 문학자 · 교육가 등 지식인들이 적극 동의하고, "과학적인 것이 좋은 것"이라는 믿음을 현대적 삶의 방식으로 받아들인 대중들이 합세하여 만들어냈다. 통일안은 이러한 생산 과정을 거치며 지위를 확보했고, 그 제정자는 전문학자로서 지식(한글 또는 국어)권력자가 되었다.

지금은 과학적 권위가 국가권력을 승복시키는 게 당연한 듯 보이지만, 이런 생각 역시 과학이라는 이데올로기가 발휘하는 효과 중 하나이다. 국가권력이 무소불위가 될 수 없듯이, 과학의 이름으로 생산되는 지식권력도 마찬가지다. 이렇게 보면 이 점에 한해서만큼은 이승만은 국가권력자라는 지위를 이용해 과학적 권위에 도전한 '급진적 자유주의자' 였던 셈이다. 어쨌거나 통일안이 승리함으로써 그 속에 내장되어 있는 과학적 권위는 재권력화되었다. 대중들 역시 이 권위를 스스로 옹호하게 되어 이로부터 한 발짝이라도 벗어나면 큰 잘못이라도 한 양 얼굴이 빨개지게 되었다.

과학적 권위로 한글 표기의 진리성을 획득한 한글맞춤법 통일안은, 지식인이든 대중이든 모든 사람들을 자기검열하게 만들었다. 그것은 하나의 신화로 존재한다. 독재적인 국가권력자를 패퇴시킨 한글 전문 과학자들의 싸움은 물론 높이 평가해야 한다. 그러나 신화화되어버린 이 과학적 권위의 지배 또한 도전받아야 한다. 그 권위가 '맞춤법' 이라는 이름 아래 언어권력으로 작동하면서 표현의 자유를 감시하고 억압해왔기 때문이다. 지금도 많은 사람들이 '맞춤법 신경증' 에 걸려 고생하고 있지 않은가.

현대적 '발명품', 표준어와 맞춤법

그런데 이 맞춤법 신화가 다시 깨지고 있다. 1990년대부터 이승만의 '추종자'들이 컴퓨터 통신과 인터넷에서 다시 활개를 치고 있다. 문법을 파괴하고, 신화화된 맞춤법의 권위를 무시하며, 이승만이 주장했던 대로 "자기들 마음대로" 쓰고 있다. 이승만이 내놓은 한글 간소화안은 '믿다'는 '밋다/밋고/미더/미드니'로, '몫'은 '목/목시/목슬'로, '끊다'는 '끈타/끈코/끈허/끈흐니'로, '벌어지다'는 '버러지다'로 바뀌었다. 우연의 일치인지 인터넷 상에서 벌어지는 언어 파괴와 유사하다. 사정이야 어떻든지 간에, 이승만은 컴퓨터통신(인터넷) 언어 파괴자들의 '원조'(?)인 셈이다.

여기서 우리는 분명히 해야 할 것이 있다. 인터넷 언어 파괴는 우리말의 파괴가 아니라, 제도화되고 표준화된 국어의 파괴, 즉 현행 한글맞춤법의 파괴라는 것이다. 많은 이들이 이를 혼동하고 있다. 표준어와 함께 맞춤법이라는 것은 현대적 사고의 산물이자, 그 현대성을 실천하는 하나의 제도일 뿐이다. 대중을 단일한 언어체계로, 부르주아적 사회체제로 통합시킬 목적으로 만들어낸 민족국가 형성의 실행체계이자, 민족국가의 사회적 · 대중적 구조화 효과를 촉발시킨 지배이데올로기일 뿐이다.

사실 조선어학회가 정한 한글맞춤법 통일안은 하나의 패러다임일 뿐이다. 실제로 조선어학회가 통일안을 내기 전에도 몇 가지 철자 방식이 실험되고 있었고, 통일안이 제정 · 발표되자 다른 철자체계를 주장한 사람들이 반대 의견을 내기도 했다. 따라서 이승만의 반란이 완전한 생떼는 아니었던 것이다.

인터넷의 언어 파괴는 언어제도에 대한 강력한 반발 효과를 갖는

■■■
인터넷의 언어 파괴를 풍자한 그림. 1990년대 이후 컴퓨터 통신과 인터넷에 '이승만 추종자'들이 다시 등장했다. 그러나 엄밀히 말해서 인터넷상의 언어 파괴는 우리말의 파괴가 아닌, 현행 한글맞춤법의 파괴이다.

다. 우리는 학교 교육이나 사회적 통제를 통해 맞춤법을 단순한 표기법 이상의 규범, 즉 모든 대중이 반드시 알아야 할 자명한 규범체계로 인식해왔다. 그 결과, 조금 배웠다는 사람들은 표준어와 띄어쓰기를 포함한 맞춤법이라는 '독재자'에게 시달리고 있다. 다른 표현 가능성이나 이미 존재해온 언어적 차이는 제도적 혹은 이데올로기적으로 억제당한 채, 오로지 규범화된 단 하나의 언어체계가 지령하는 글쓰기와 말하기만이 사람들의 언어세계를 지배하고 있다.

문제는 어렵고 헷갈리는 맞춤법 자체가 아니라, 이 맞춤법 규범을 정확히 적용하지 못한다는 자괴감, 정상적 언어에서 일탈한 듯한 불안과 위기의 심리를 반복적으로 겪고 있는 우리의 '언어적 정신분열증' 상태이다. 인터넷에서 만연하고 있는 언어 파괴는, 그러므로 이전 세대 때부터 축적돼온 억압 구조 혹은 자기검열의 분열증이 새로운 글쓰기-말하기 매체를 만나 폭발한 자기해방의 현실화 욕망이다.

1963년 표결로 마무리된 '말본(문법) 파동'

20

통일 문법의 파시즘

갑오경장 이래 국어사의 최대 치욕!
1957년 서울대학교 국어과 입시 문제로 촉발된 '말본 파동'은 우리 역사에 이렇게 기록됐다. 당시 검인정 교과서 제도 아래 여러 문법 교과서가 경쟁을 벌이는 상황에서, 다수 학교에서 채택한 최현배 교과서와 다른 내용이 정답 처리됐기 때문이다. 이 일은 '학교 문법 통일' 논쟁에 불에 댕겼다. 결국 품사 이름을 '순 우리말'(말본)로 할 것이냐, '한자말'(문법)로 할 것이냐 등을 놓고 벌어진 싸움은, 1963년 한자파의 '완승'으로 끝났다. 우리 문법은 다수결로 결정됐다.

서울대 입시 문제 소동

1950년대 후반, 서울대학교의 국어과 입시 문제를 둘러싸고 한바탕 소동이 벌어졌다. "'이것은 좋은 새 책이다.'는 몇 낱말인가?"라는 문제가 출제되었는데, 학교에서 배운 대로 써낸 수험생들의 답이 오답으로 처리되었기 때문이다.

왜 그랬을까? 당시 학교에서 배우는 문법 교과서가 통일되어 있지 않았기 때문이다. 이 문제의 답은 문법 교과서에 따라 4개에서 8개까지 가능했는데, 서울대학교에서 원하는 정답은 오직 하나였다. 서울대 교수가 지은 책으로 공부한 수험생만이 학교에서 원하는 답을 써낼 수 있었던 것이다. 그러니 말썽이 일어나지 않을 수 없었다. 이 사건은 서울대 합격 여부를 떠나 문법(말본) 문제로 비화되었다.

이런 일이 다른 대학에서도 계속 일어나자 문교부에서는 1958년 2월 26일 각 고등교육 기관장들에게 '대학 입학고시 문제 작성에 관한 일'이란 공문을 보냈다. 공문 내용은 '특정한 교과서에만 있는 특수한 문제를 그대로 옮겨 놓는 것과 같은 출제는 이를 피할 것. 개인의 학설 또는 학자에 따라 견해를 달리하는 내용의 문제는 피할 것이나, 만부득이 출제한 경우에 있어서는, 각각 다른 체계에 의하여 된 답이라도 동등히 이를 평가할 것(특히 국문법에 주의)'이었다. 3~4년간은 이 공문이 효력을 발휘했다. 그러나 시간이 지나자 다시 위와 같은 유형의 문제들이 출제되었다. 이번에는 여러 대학들이 이런 문제를 출제해서 사태가 더 심각해졌다.

기계적 통일과 자율적 경쟁 사이에서

문법 문제로 혼란이 커지자, 국어국문학회에서는 1962년 1월 9일 임시총회를 열어 출석 회원 46명이 토의 · 결정하여 "학교 문법을 통일하라."는 내용의 건의서를 문교부에 제출했다. 이미 국어국문학회에서는 1958년 12월 2일 개최한 학술발표 대회에서 '학교 문법 통일체계 확립을 위한 토론회'를 가진 바 있었다. 이 자리에서 일선학교 교사들은 대학의 문법 출제의 모순점을 지적하고 시정을 촉구했다. 이강로, 송병수, 김계곤 등은 학교 문법을 통일해야 한다고 주장했고, 문법 교과서 집필자인 이숭녕, 이희승, 정인승, 최현배는 질의에 응답했다. 여기서 최현배와 이희승은 다음과 같이 답변했다.

최현배 : 말본 용어는 순수한 우리말 용어를 채택하고, 씨가름 문제 등 여러 가지 문제가 생길 것이므로, 통일을 기계적으로 권력이나 명령에 따라서 할 수 없으니, 상당한 시일을 두고 각자가 연구한 발표를 가지고, 부분적으로 학교마다 사람마다 모두 생각하고, 이렇게 하여야만 장차 통일이 되리라고 생각한다.

이희승 : 문법 용어는 한자어 용어를 채택하고, 중고등학교에서는 학교문법을 통일하고, 대학에 가서는 어느 체계를 하든지 전문교육이니까 상관없다.

요컨대, 문법 통일은 '선택'의 문제라는 것이다. 이러한 사태는 문법 교육사와 관련이 깊다.

우리나라에서 근대적인 문법이 체계화되어 나온 것은 1898년 주시경의 『국어 문법』과 1914년 『말의 소리』 때이다. 1908년 최광옥과 1909년 유길준이 각각 『대한문전』을, 1916년에는 김두봉이 『조선말본』을 지었고, 주시경의 제자 최현배가 1929년에 『우리말본』을 내놓았다. 특히 최현배의 『우리말본』은 방대하고 체계적인 저작으로, 이 책에 토대를 둔 『중등 말본』과 『고등 말본』은 일제시대 때 국내나 만주, 중국에서도 문법 교과서로 사용되었다.

해방 이후에는 이규방의 『한글 문법』(1946), 박창해의 『알기 쉬운 조선말본』(1946), 장하일의 『중등 새 말본』(1947), 홍기문의 『조선 문법 연구』(1947), 김윤경의 『중등 말본』(1948), 정인승의 『표준 중등 말본』(1949) 등 문법책이 많이 출간되었는데, 그럼에도 전국적으로 교과서로 채택되는 것은 최현배의 저작들이었다. 그리하여 『한글학회 50년사』에 따르면, "오직 이 교과서만으로 학교 말본을 교육시키는 데 문

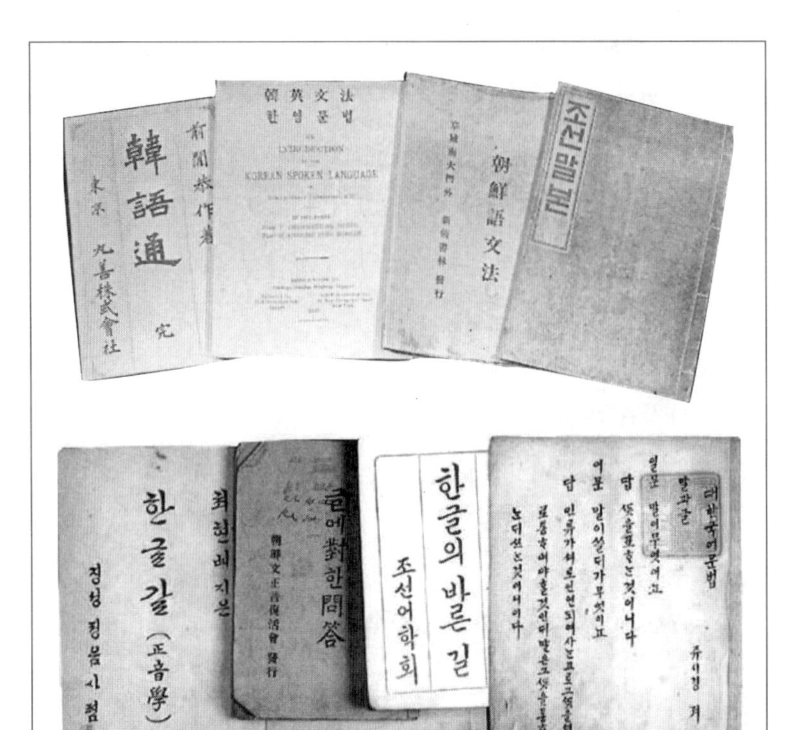

■■■
해방 이전의 문법서들. 1898년 주시경의 『국어 문법』으로 근대적인 문법이 체계화된 이후 일제시대에는 여러 종류의 문법서들이 출간되었다. 그중에서 최현배의 『우리말본』이 전국에 걸쳐 교과서로 채택되었는데, 강제력을 띠지는 않았다. 문법을 둘러싼 논쟁은 1949년 문교부에서 검인정 교과서 제도를 도입하며 시작되었다.

제가 없었다."고 한다.

그런데 1949년 문교부에서 검인정 교과서 제도를 도입하면서, 문법 경쟁이 시작되었다. 품사 분류를 달리한 8종의 문법 교과서들이 '통일 문법'을 흩뜨리며 경쟁을 벌이게 된 것이다. 문법 경쟁은 국어 학계의 과도한 헤게모니 쟁탈전으로 비화되어, 혹은 반대로 헤게모니 쟁탈전이 과도한 문법 경쟁으로 나타나, 대학입시 문제에까지 영향을 미쳤다. 최현배 학맥의 사람들은 이를 "고의적인 출제"라고 비난했다. 당시 보급된 교과서는 8종이었지만, 거의 최현배의 것을 사용했기 때문이다. 이에 대해 1967년 한글학회 회원 김계곤은 다음과 같이 말했다.

> 정작 말본의 불통일을 초래한 것은 문교부 인정의 말본 교과서 발행에서 비롯했다고 해도 과언이 아니다. 그 말본 교과서의 대부분이 최현배 님의 체계와 좀 달리 해야겠다는 의도에서 짜여졌으며, 단시일에 이루어진 것이라, 어떤 책은 앞뒤의 체계가 맞지도 않은 학습상 해결이 안 되는 것도 있었다. 툭하면, 학교 말본은 학문 말본이 아니라고들 한다. 그렇다고 해서 학교 말본이 학문의 바탕이 없이 짜여지는 것인지? 정말 위태로운 생각이며, 그러한 생각에서 학교 말본을 짰기 때문에 체계도 없는 미비한 그대로라도 만족하라는 격이 되고 만 것이 아닌가?

다수결로 문법 정하는 민주주의 나라

발등에 불이 떨어지자 문교부에서는 학교 문법 통일 문제를 적극 검토하기 시작했다. 1961년 12월 최현배, 김윤경, 이희승, 정인승, 이숭녕 등 학교 문법 논쟁의 핵심인물 5인의 모임을 문교부에서 마련했지만, 이들은 한담만 나누고 헤어졌다. 문교부가 정식으로 작업에 착수한 것은 1962년 3월 들어서이다. 이번에는 문법 교과서를 저술하지 않은 문법 연구가와 문인, 외국어 문법학자 13인을 위촉하여 '학교문법 통일 준비위원회'를 발족시켰다. 그러나 여전히 별다른 진전을 보지 못했고, 이후 다른 형식의 자리를 몇 차례 만들었지만 결과는 마찬가지였다.

그러다가 1963년 4월 국어과 교육과정 심의회에서 문법 교과서 저자 8명과 비저자 8명으로 '학교문법 통일 전문위원회'를 구성하여 본격적인 토의에 들어갔다. 이전 심의회의 작업 방식에 불만을 품은 최현배가 제안하여 전문위원회가 구성됐다. 전문위원회 의장은 이희승이 맡았고, 이희승의 발언으로 전형위원 3인(박창해, 이응백, 조문제)을 선정하고, 그들로 하여금 비저자 8명을 추천하게 했다. 이렇게 해서 구성된 전문위원회 위원은 이희승, 최현배, 김윤경, 이숭녕, 정인승, 장하일, 최태호, 김민수 등 저자 8명과 유제한, 이훈종, 박창해, 김형규, 이응백, 이희복, 윤대영, 강윤호 등 비저자 8명 해서 모두 16명이었다.

학교 문법 논쟁에서 쟁점이 된 사안 중 하나는 품사 이름을 '순 우리말'로 할 것이냐 '한자말'로 할 것이냐였다. 예컨대 '이름씨'냐 '명사'이냐, '말본'이냐 '문법'이냐의 명명 방식을 놓고 팽팽히 맞선 것이다. '이름씨'를 주장하는 사람들은 속칭 '씨파'(또는 '말본파')라 불리었고, '명사'를 주장하는 사람들은 '사파'(또는 '문법파')로 불렸다. 그 명칭만 바뀌었지 한글전용론(말본파)과 국한문혼용론(문법파) 두 진영의 싸움이었고, 따라서 선정위원이 어느 파에 속하는지에 따라 합의 내용이 좌우될 수밖에 없었다. 최현배가 분석한 결과, 교과서 저자는 8명 가운데 말본파가 4명, 문법파가 4명으로 동등했지만, 비저자에서는 말본파가 3명, 문법파가 5명으로 말본파가 불리했다. 그중 문법파인 이숭녕은 당시 미국에 체류 중이었다. 나중에 최현배가 〈학교말본 통일위원회의 경과〉(《현대문학》 108호)에서 분석한 내용을 보면, 자세한 경위를 알 수 있다.

> 의장 이희승 님의 자백으로 전형위원 3인을 선정하여, 교과서 안 지은 8인을 추천하게 되니, 이 회의 판가름은 벌써 여기서 결정된 셈이다. …… 한자말파 9인, 우리말파 7인에 차가 2인이다. 다만 지은이 이숭녕 님이 미국 가고 없기 때문에, 그 대리로 이기문 님이 출석하여 발언권을 얻었으나, 표결권이 허락하지 않았으므로, 푯수의 차는 항상 1표로 고정되어, 저네들이 통과시켜야 한다고 생각하는 문제에서는 언제나 한 표 차로 결정되게 마련이었다.

그러나 〈'학교문법' 20년 분쟁의 내력〉(《신동아》 1967년 1월)에서 이종석이 한 말은 이와 다르다.

> 이 전형위원 3명은 회의 결정에 따라 임시의장(이희승)이 지명했다. 하여, 박창해('이름씨' 측), 이응백('명사' 측), 조문제(중립) 씨가 지명되었고 전원이에 박수로서 찬동했다. 이들 전형위원 3명은 '명사' 계와 '이름씨' 계의 안배, 교육 연구 단체, 학교별의 안배라는 원칙에 입각하여 별실에서 구수鳩首하고 16명의 전문위원 명단을 발표하니, 또한 전 위원이 박수로써 이에 찬동했다 한다. …… 당시 '명사' 계의 이숭녕 씨가 체미 중이었는데, 그의 부인이 회의의 중대성에 비추어 이씨의 대리인을 참석시켜달라는 진정에 의하여, 위임장을 가지고 참석한 대리인 이기문 씨의 참석권에 대하여 논의, 그 결과 대리인에게 발언권은 주되, 표결권은 주지 않기로 결정되어, 이 한 표 차로 '명사' 계가 수적으로 불리한 입장이 되었다.

이희승은 이종석의 발언에서 한 발짝 더 나아가, 위원 16명 가운데 한글학회 회원이 13명이나 되어 실질적으로 "한글학회의 총의로 결정된 셈"이라고 주장했다. 당시 위원 구성 비율이 첨예한 사안이 될 수밖에 없었던 것은, 사안을 표결로 결정하는 절충식 타협 방식을 채택했기 때문이다. 1963년 4월 15일부터 5월 22일까지 12차례 진행된 학교문법 통일 전문위원회에서 쟁점별로 제출된 입장과 표결 사항을 보면 다음과 같다.

1. 조사(토)와 어미(씨끝) 문제

1) 조사는 독립된 품사(씨갈래)로 보고, 어미(씨끝)는 독립한 씨갈래로 보지 않는다.

2) 조사와 어미를 다 독립한 품사로 본다.

3) 조사와 어미를 다 독립한 품사로 보지 않는다.

*재석 10명에서 1안이 8표, 2안이 0표, 3안이 1표, 기권이 1표로 1안이 채택되었다.

2. '이다'가 낱말이냐 아니냐?

*이희승은 독립의 씨가 아님을, 최현배는 독립의 씨임을 주장했다.
표결에 붙인 결과 재석 11명에서 씨로 인정하는 수가 5표, 인정하지 않는 수가 6표였다. 그리하여 '이다'는 독립의 씨가 될 수 없다는 결정이 내려졌다.

3. 임자씨의 품사 분류 문제

1) 명사(이름씨)만 두고, 수사(셈씨), 대명사(대이름씨)는 하위품사(아랫길 갈래)로 한다.

2) 명사, 대명사만을 두고, 수사는 대명사의 하위품사로 한다.

3) 명사, 대명사, 수사를 각각 독립한 품사로 한다.

*재석 10명에서 3차 투표까지 간 결과 1안 4표, 3안 6표로 3안이 채택되었다.

4. 존재사 인정 여부

이희승이 주창했다.

1) 존재사를 인정한다.

2) 존재사를 인정하지 않는다.

*재석 9명에서 1안 2표, 2안 7표로 존재사는 인정하지 않게 되었다.

5. 접속사(이음씨) 설정 여부

1) 접속사를 따로 두지 않는다.

2) 접속사를 따로 둔다.

*재석 14명에서 1안이 8표, 2안이 6표로, 접속사는 따로 두지 않기로 결정했다.

*따라서 품사는 명사, 대명사, 수사, 동사(움직씨), 형용사(그림씨), 관형사(매김씨), 부사(어찌씨), 감탄사(느낌씨), 조사(토씨)의 9가지로 결정되었다.

6. 용어 명명 방식

'순 우리말 용어'와 '한자말 용어' 중에서

1) 양자 택일한다.

2) 양자 절충한다.

*1안이 6표, 2안이 7표로 양자 절충안이 결정되었다. 용어 절충 심의 방법에 대해서는 다음과 같이 결정했다.

가) 통일된 용어는 계통성을 유지한다.

나) 일반용어는 정하지 않는다.

다) 세부용어는 정하지 않는다.

라) 주로 외국문법에만 쓰이는 용어는 한자말을 원칙으로 한다.

마) 주로 국어문법에만 쓰이는 용어는 우리말 원칙으로 한다.

바) 공통용어는 다음에 토의한다.

*이에 대한 분류 체계화는 장하일, 김민수, 이응백이 담당하기로 했다.

7. 국어와 외국어 공통용어 절충 방법

*공통용어를 씨, 말소리, 씨가지(접사) 및 기타, 월, 월점의 5가지로 분류했는데, 15명 재석에서 8 : 7로 표결 택일한다는 원칙이 채택되어 각 항목별로 투표에 들어갔다.

1) 씨갈의 용어

8:7로 한자말 용어로 결정되자 최현배, 김윤경, 정인승, 유제한 등 말본파 위원 4명이 퇴장해버렸다. 그러나 나머지 11명으로도 성원 구성 요건이 되므로 계속 표결에 들어갔다.

2) 말소리의 용어

한자말 1표, 우리말 7표, 기권 3표

3) 씨가지 및 기타 용어

재투표로 한자말 3표, 우리말 6표, 기권 2표

4) 월, 월점의 용어

한자말 6표, 우리말 3표, 기권 2표

전문위원회는 1963년 5월 22일 제12차 회의를 끝으로 지금까지 결정된 사항을 국어과 교육과정 심의회에 회부하기로 했다.

한글파와 한자파가 합작한 '국어사의 치욕'

'학교 문법 통일'이란 바로 이런 것이었다. 이론적 일관성이나 체계는커녕, 다수결로 모든 것을 결정해버리는 무이론 · 무체계의 집합체.

1963년 5월 31일자 《한국일보》 역시 "18년을 두고 떠들썩하던 논쟁을 8 : 7의 투표로써 결판을 내려야 한다니 한심하다."고 지적했다. 이런 결정을 내리는 데 한몫한 말본파도 이 결정을 비난했다. 이를테면 조사는 독립의 씨라고 결정해놓고도 '이다'는 그렇지 않다고 정했으며, 더구나 '이다'를 낱말로 인정해놓고 씨로서는 인정하지 않으니 우스꽝스럽다는 것이다.

무엇보다 학문의 문제를 표결에 붙여 결정했다는 점에서 국어학사의 치욕으로 기억되고 있다. 국어학계가 벌인 헤게모니 싸움으로, 국어학의 학문적 과학성이 무참히 짓밟힌 것이다.

이 싸움에서 최현배의 말본파는 참패했다. 양 파가 서로 적당히 절충하여 타협을 본 듯하지만, 말본파들이 퇴장해버린 사실에서도 알 수 있듯, 말본파는 지고 문법파가 승리했다. 품사의 용어 등 중요한 사안을 문법파가 점령해버린 것이다. 나중에 제정된 공통용어를 보면, 우리말 용어로 결정된 음성론(말소리), 접사(씨가지)와 기타, 문장부호(월점)의 용어 수는 27개밖에 되지 않는데 비해, 품사(씨)와 문장성분(월)에서 한자어 용어는 225개나 되었다.

말본파는 상황이 불리하게 돌아가자 다수결에 따른 결정을 거부하고, '장외투쟁'을 선언하며 뛰쳐나갔다. 장외투쟁에서 말본파는 전문위원회의 결정에 결사 반대했지만, 문법파는 끄떡도 하지 않았다. 말본파가 계속 학교 문법에 관한 공개 학술토론회를 제안해도, 이미 헤게모니를 장악한 문법파로선 응할 이유가 없었다. 학교 문법은 학문적인 논쟁거리가 될 수 없다는 것이었다.

전문위원회에서 표결이 완료되기 전부터 한글학회를 중심으로 한 말본파는 위원회의 결정에 완강히 반대했다. 어느 신문 말마따나 한글학회는 "말본이냐, 문법이냐의 논쟁을 둘러싸고, 벌집을 쑤셔놓은 듯"했다. 한글학회는 '전문위원회 구성의 타당성 여부, 국어운동의 역사적 정신을 파괴해서는 안 됨, 두 갈래 용어의 보급 현황이 고려되어야 함, 전문위원회 회의 결과가 목적에 위배됨, 용어 문제는 국책으로 일임' 이라는 5개 조항의 성명서와 건의문을 제출했다.

여기에 박종화 등 재경 문인 79명, 부산대 교수 박지홍 등 지방대학 교수 48명, 전국 중 · 고등학교 국어교사 2,046명 등도 집단적으로 나서서 박정희 최고회의 의장■과 문교장관 등에게 반대 건의문을 제출했다. 진단학회는 반대로 찬성 성명을 냈다. 국어국문학회에서 찬성 성명서를 낸 다음 날, 같은 학회 부산지회에서 반대 성명서를 내는 일도 벌어졌다. 개인들도 신문 지상 등을 통해 계속 찬반논쟁을 벌였다.

말본파는 문법 용어를 순 우리말로 사용해야 한다며, 주로 민족적 정서에 호소했다. 최현배는 《한국일보》(1963년 5월 23일)에서 한자말 용어로 문법 교과서를 지음으로써 문법을 혼란하게 하고 학생들을 골탕먹였다면서 "만약 반세기 이상 써오던 우리말로 된 말본 용어를 왜식 한자음 용어로 바꾸고, 통일의 미명 아래에 우리말 용어를 학교 교육에서 금지한다면, 이는 학생의 우리말 애호 정신과 문화 창조 의

■ 1961년 5 · 16쿠데타를 주도하고 7월 '국가재건최고회의' 의장이 된 박정희가 육군대장으로 예편하고, 민주공화당 총재로 추대되어 제5대 대통령에 취임한 것은 1963년 12월이었다.

욕을 파괴하는 것이니, 폭악무도한 왜정보다도 더 심한 가혹비참한 행정이라 아니할 수 없겠다."고 주장했다.

이미 이틀 전, 이희승은 같은 신문에서 "'이름씨' '씨끝바꿈' 이라 하여야 민족정신이 고양되고 '명사' '어미활용' 이란 식의 말을 쓰면 민족이 멸망한다고 주장하나, 이 이론으로서 한다면 '李熙昇' (혹은 '이희승'), '崔鉉培' (혹은 '최현배') 등의 한자어식 성명을 붙이고 사는 동포가 삼천만이나 넘으니 우리 민족은 과연 이로써 멸망하고 말 것인가, 망언도 이에 기基한 것이 다시 없다."고 선수를 쳤고 국어학자 김민수 역시 "'명사, 동사' 라 해도 나라는 망하지 않는다."고 했다.

말본파와 문법파의 대립이 인신공격까지 동반하여 격화되는 가운데, 1963년 7월 25일 문교부는 '학교문법 통일안' 을 문교부령으로 공포하여, 중학교는 1965년부터, 고등학교는 1966년부터 시행하도록 했다. 이에 따라 한글학회에서는 즉각 최고회의 의장, 문사 위원장, 내각 수반, 문교부 장관에 반대 성명서를 내는 한편, 다음 해 3월 20일에는 문교부 교육과정 위원의 부당성, '이다' 를 낱말로 인정하지 않은 것의 부당성, 말본 용어를 거의 모두 한자말로 한 것의 부당성을 들어 국회에 청원서를 제출했다.

6월 16일 국회 본회의에서는 이에 대한 의견서를 채택하여 문교당국에 신중을 기하도록 요청했으나, 문교부는 국회 의견서를 처리하지 않았다. 그러다가 국정감사에서 이 사실이 드러나자 그제서야 황급히 여론을 조작해냈다. '국어교육 협의회' 라는 명칭으로 서울 시내 각 대학, 중·고등학교 교사 50명을 불러 참석 인원 27명에게 통일안 찬반 여부를 물은 결과 20 : 7로 통일안 지지자가 더 많았다는 것이다.

그러나 국회 문공위원회에서는 문교부의 태도가 선명하지 못하다고 판단하고, 11월 2일 문교장관에게 "만일 국회의 의견을 무시하고, 문교부가 문법통일안을 강행한다면 중대 결과가 초래할 것"이라는 경고를 보냈다. 이를 두고 《동아일보》는 사설을 통해 "우리 국회는 지금 국어 문제에까지 개입하여 자신 만능인 것으로 착각하고 있다. 국회는 본래의 과업에만 전념하라."고 훈수했다.

어쨌거나 국회의 경고를 받은 문교부는 국어과와 외국어과 교사 및 교수 · 언론인을 대상으로 다시 여론조사를 하고 68.27퍼센트가 통일안에 찬성한다는 결과를 1965년 1월 14일 국회의장에게 통보하면서 통일안을 문법 교과서 집필 지침서로 하겠다고 밝혔다. 그러자 《동아일보》와 《한국일보》 등은 "문법 논쟁은 종지부를 찍었다."고 보도했다.

이에 앞서 1964년 문교부는 "10월 20일부터 11월 5일까지 검인정 청원을 제출하되 어찌 될지 모르니, 자기 체계대로 내어도 좋다."고 공지했으나, 이후 학교문법 통일안을 그대로 강행하면서 1965년 중등 교과서 검인정 심사에서 말본파인 최현배, 김윤경, 정인승 3명의 제출본을 불합격시켰다. 해당 저자와 출판사들은 이에 불응하여 행정소송을 제기했다. 한글학회는 다시 국회에 청원서를 제출했다.

계속되는 논쟁에서 밀리는 듯하면서도 끝까지 버텼던 한글학회는, 1966년 11월 24일 반전의 계기를 맞게 된다. 이날 문홍주 신임 문교부 장관이 국회 문공위원회의 시정을 촉구하는 자리에서 "이미 학계에 널리 낱말로 인정된 '이다'의 처리는 각 저자의 자유에 맡기어 그것을 하나의 씨로 세우는 것을 허락하고, 용어는 한자용어와 한글용어의 병용을 허용한다."고 답변한 것이다. 정세는 순식간에 역전되었다. 문법파는 당연히 반대 목소리를 높였고, 말본파는 환영 성명서를 냈다. 비록 '명사(이름씨)' 처럼 한글 용어를 괄호에 넣어 부기하는 정

■■■
1967년 중학교 입시시험. 학교 문법은 반드시 통일되어야만 할까? 다수결로 문법을 정하는 어처구니없는 상황 속에서 어쨌든 학교 문법은 통일되었다.

도였지만, 어쨌든 학교문법 통일안을 개정함으로써 한글학회를 중심으로 한 말본파는 어느 정도 낯을 세운 것이다. 비록 전체적으로 보면 문법파의 승리가 분명하지만 말이다.

"이름씨를 명사라고 했다고 나라가 망하나"

이 '말본 파동'에서 가장 큰 문제는 학교 문법을 거수로 결정하려 했다는 점이다. 이는 문법 또는 말본을 욕보인 행위였다. 또한 문교부 장관의 발언으로 결정을 내린 것도 결코 바람직한 과정은 아니었다. 학문 내적 문제를 정치권력으로 해결했기 때문이다.

몇 해에 걸쳐 벌어진 문법 파동은 단순히 다수결로 문법을 결정하려 한 데에서 비롯된 문제는 아니었다. 앞에서도 언급했듯, 그것은 국어학계와 언어정책에서 주도권을 쥐려고 한 문법파와 말본파 간의 싸움이었다. 더 정확히 말하면, 지배력을 행사하고 있는 말본파에 대한 문법파의 도전이었고, 그 결과 문법파가 최소한 학교 문법의 장에서는 승리한 셈이다. 이들의 권력다툼으로 어쨌든 문법은 '통일' 되었다.

그래서 문제는 해결되었을까? 사실 더 큰 문제는 다른 데 있었다. 당시 여론은 두 진영의 싸움에 말려들어 어쨌든 학교 문법은 통일되어야 한다는 이데올로기를 생산했는데, 사실 문법이 통일되어야 할 이유는 없다. 문법을 어떻게 이해하느냐에 따라 인간의 실천양식을 다양하게 볼 수 있기 때문이다. 비록 대학 입시 문제가 발단이 되긴 했지만, 그 때문에 학교 문법을 통일시키려 한 것은 편의주의적 사고에 가깝다. 결과적으로, 학교 문법의 통일은 이를 배우는 학생들의 자유로운 사고체계와 언어행위를 규범화하는 데 일조했다. 학교 문법 문제에 국가권력이 깊숙이 개입한 것도 바로 이 때문이다.

이처럼 문법 혹은 말본 파동은 말본파와 문법파 간의 단순한 파당적 싸움 이상의 의미를 띠고 있다. 둘 중 어느 쪽도 옳지 않다. 문법을 통일하겠다는 발상을 했다는 점에서, '통일 문법' 이라는 이데올로기로 대중을 지배하려 했다는 점에서, 그들은 한 치도 다르지 않다. 문법을 통일함으로써, 문법에도 파시즘이 싹트기 시작했다.

1970년대 전개된 '국어순화운동'

21

바른말 고운말 이데올로기

공람, 위계, 감안, 불연, 급사, 잔여…….
이 말들의 공통점은 1970년대 국어순화운동으로 일상어에서 사라진 일본말투 혹은 한자말이라는 것이다. 순화운동이 본격 시행된 것은 1976년이었다. 이 운동의 대상은 영어 · 일본말 · 한자말에만 국한되지 않고, 사투리 · 잘못된 발음 · 틀린 맞춤법 · 비어 · 폭언 등 언어생활 전반으로 확산됐다. 그러나 국어순화론자들이 말하는 '언어 오염'은 기실 사람들이 권력, 추궁, 욕망 등을 표현할 때 쓰는 일종의 '전략'이다. 문제는 '순화'라는 말로 대중의 욕망을 방해하고, 억압하려 한 지배집단에 있었다.

영어의 침투, 일본말의 '애프터 써비스'

1970년대 들어 이른바 '국어순화운동'이 광범위하게 전개되었다. 학교에서는 '우리 말을 사랑하자' '고운 말을 쓰자' 따위의 구호들이 단골 주훈으로 등장했다. 오랫동안 입에 밴 '벤또'라는 일본말이 하루아침에 '도시락'으로 바뀐 것도 이때의 일이다. 국어순화운동이 없었다면 우리는 지금도 '벤또'라는 말을 쓸지도 모르겠다. 그런 점에서 국어순화운동은 긍정적인 영향을 미쳤다. 그러나 동시에 이 운동을 계기로, 우리말은 '국어'라는 새로운 지배이데올로기로 다시 태어났다.

해방 직후에는 일본말을 없애는 것이 가장 큰 일이었다. 당시에는

'국어 순화' 라 하지 않고 '국어 정화' 라고 하여, 일본말 찌꺼기를 말소하고 순 우리말을 되찾는 데 주력했다. 그리하여 '스시' 를 '초밥' 으로, '오뎅' 을 '꼬치안주' 로, '우동' 을 '가락국수' 등으로 고쳐 대중화하려는 시도가 있었다. 물론 당시에는 냉소하는 사람도 있었지만, 이 말들은 차츰 자연스런 우리말로 자리잡았다.

그러나 우리 삶에 너무나도 깊이 뿌리내린 일본말은 아무리 바꾸려 해도, 10년이 지나도 20년이 지나도 좀처럼 사라지지 않았다. 누군가 "그 말은 일본말"이라고 지적해야 '일본말' 이지, 사실은 '한국말' 이나 다름없었다. 반드시 일제 식민시대를 겪은 세대만 그런 것은 아니었다. 해방둥이와 당시 10대 20대의 '한글세대' 도 일상적으로 일본어를 사용했다. 한 마디로 말해서, 당시 우리 사회에서는 지역과 세대를 불문하고 다량의 일어가 광범위하게 '버젓이' 쓰이고 있었으며, 거기에는 아무런 간섭이나 제약, 민족감정의 개입이 없었다.

단순히 어휘뿐만 아니라, 이야기하는 도중 말끝이나 말머리마다 '마-' 나 '에-또' 가 연발되었다. 방송에서조차 시시때때로 일본말투가 튀어나왔다. 어느 날, 양주동은 라디오 방송에 출연하여 이 현상에 대해 다음과 같이 말했다.

> '마아' 는 우리말이 아닌 일어입니다. 이 일어 '마아' 가 현재 우리나라 중년층(대개 40대 이상) 남자 실업계, 지식인, 정치가, 내지 교육계, 무슨 계 인사들 간에 거의 모두 입버릇으로 사용되고 있으니 참 딱한 일입니다. 더구나 이 즈음은 젊은이들도 많이 쓴다구요? 그렇다면, 이것이 자못 우려할 일이군요. 중년 인사들은 일제 때 일어 교육, 소위 일제 잔재를 가시지 못해서, 전엔 참으로 한심했죠, '마아' '에또' '나루호도' '앗사리'

'꼬랴꼬랴' 등등 온갖 일어 감탄사, 접속사, 부사의 혼용, 근래엔 많이 줄어진 줄 알았더니, 요새 다시 젊은 층에까지 퍼져간다니 기막힌 일이군요. '말'이란 겨레의 주체성의 가장 징표적인 바로미터인데, 이것 자못 우려할 만한 경향, 상서롭지 못한 현상이군요.

한 민족은 통일된 표준어를 써야 하고 제 나라 말을 애용하고, 될수록 외래어를 피하고 삼가야 하는데, 이 '마아' '에또' 따위야 어디 부득이한 외래어입니까? 딱한, 수치스런 입버릇이죠. 글쎄, '저' '거' '글쎄' 하면 될 것 아네요? 구구한 민족감정은 지금 막설莫說(말하기를 그만둠)키로 하고, 이건 영어를 멋쩍게 쓰는 경우에도 마찬가지입니다. 가령, 영어 'well'을 입버릇으로 섞어 써서, '웰, 오늘은 날이 무덥군' '여보게, 웰 10만원 꿔주게' 한다면, 어떻게 들리겠습니까? 하물며 말 허두에, 중간에, 언필칭 일어 '마아'를 절대요소(문법술어, 보통어의 두 뜻)로 사용하다니!

그러나 1960년대와 1970년대 일본어가 다시 범람하게 된 것은 단순히 일제 때의 찌꺼기들이 되살아난 것이 아니었다. 기존의 일어 찌꺼기에다 새로운 일본어들이 수입되었는데, 여기에는 중대한 정치적 계기가 자리하고 있다. 1965년 6월 22일 조인된 '한일협정'이 바로 그것이다.

'우호와 협력의 새 시대'라는 명분을 내걸고, 해방 20년 만에 한일 국교가 정상화됐다. 한일 국교 정상화는 이승만 정권 때부터 수차례 시도되었으나, 별 진전이 없다가 5 · 16쿠데타 이후 전격 성사되었다. 이는 한국의 반공정권 안정화와 자국의 경제적 부담을 줄이려는 미국의 전략, 독점자본의 진출 및 한국민의 반일감정을 약화시키려는 일본의 계산, 그리고 불안정한 정권 기반을 '근대화'와 '경제 성

한일회담 조인. '우호와 협력의 새 시대'라는 명분 아래 한일 간 국교가 정상화되면서, 그 틈을 비집고 우리 땅에서 일본어가 부활하기 시작했다. 이때는 단순히 일제시대 때의 찌꺼기 말이 되살아난 것이 아니라 새로운 일본어들이 수입되었다. '올드 미스' '골인' '하이틴' '애프터 서비스' 등의 일본식 외래어와, '완전고용' '공해' '핵가족' 등의 일본식 한자어가 대표적 유형이다.

장'으로 메우려 한 5 · 16정권이 벌인 '정치 흥정'의 결실이었다.

어쨌든 한일 국교 정상화라는 틈새를 비집고 일본말들이 우리 땅에서 버젓이 부활하기 시작했다. 일어 찌꺼기들이 되살아나는 한편 일어식 말들이 새로 수입되면서, 일본말은 새로운 방식으로 국어를 '교란'시키기 시작했다. 일본식 외래어와 일본식 한자어가 그 대표적인 유형이다. 이때 등장한 '애프터 써비스' '올드 미스' '고 스톱' '골인' '하이틴' 따위들이 일본식 외래어의 전형이라면, '공해公害' '단지團地' '문화재文化財' '생산성生産性' '시대착오時代錯誤' '완전고용完全雇用' '유망주有望株' '핵가족核家族' '유행어流行語' 따위들은 일본식 한자어들이다.

일본어의 새로운 유입은 일본문화의 재침투와 맞물려 가속화됐다. 1971년 '일본문화 공보관' 개관도 중요한 계기가 되었다. 원래는 '일본문화원' 으로 개원할 예정이었으나, 일부 지식층과 청년학생들의 반발이 거세 우회적으로 설치된 것이었다. 그러나 사실 그 이전부터 일본 문화는 우리나라 구석구석에 잠입해 있었다. 대부분의 일본 문화는 특히 암시장을 통해 유입된 저질성 향락문화여서 '일본 문화 공해' 라는 말이 나돌 정도였다.

일본 서적은 국교 정상화 이전에도 서울 명동이나 충무로 뒷골목에서 버젓이 팔렸는데, 국교 정상화 이후에는 전문 서점들이 다투어 문을 열었다. 당시 정서상 주로 가정오락, 섹스, 패션지, 만화 등 소비적이고 향락적인 것들이 많았다. 1970년 문공부가 수입 허가한 외국 정기간행물 600여 종 234만 부 가운데 일서가 480종 118만 부에 달했다. 특히 1970년에는 일본의 대하 장편소설 『덕천가강德川家康』(도쿠가와 이에야스)의 한국판인 『대망大望』이 약 2만 질 40만 권 정도 팔려, 당시 국내 베스트셀러 최고 기록인 15만 권을 훌쩍 뛰어넘었다.

영화, 연예, 가요 등 대중문화에서도 일본색이 상당했다. 1965년부터 1971년 7월까지 '왜색가요' 로 판정받은 노래만 해도 157곡이나 되었다. 부산이나 마산 등지에서는 가정에서 일본 텔레비전 프로그램을 시청했고, 텔레비전 제작자들은 프로그램 개편 때만 되면 부산에 출장 가서 일본 프로그램을 베껴 왔다. 1970년대 초에는 일본어 학습 바람이 크게 일었다. 한일 국교 정상화 이후 일본의 자본과 기술, 문화, 사람들을 타고 온갖 종류의 일본적인 것들이 성행하며 이른바 '일본 러시' 를 이뤘다.

그러나 일본말만 문제가 아니었다. 이제는 영어라는 새로운 '이물질' 까지 우리말을 위협했다. 영어는 그것이 '남용' 이든 '환상' 이든 '오염' 이든지 간에, 해방 이후 우리의 일상생활에서 범람하게 됐다. 방송, 신문, 학술 서적, 일반 서적, 영화, 비디오, 음반, 학교, 기지촌, 외교 회담, 교회, 토론회, 길거리, 광고, 우리 머릿속 등에서 영어는 우리 삶과 국어 사이를 자유롭게 왕래하며, 자기 구조와 이데올로기로 우리의 육체를 끊임없이 통합하려 했다. 그 결과, 1970년대 국어순화운동에서 영어는 일본말보다도 더 큰 순화 대상이 될 수밖에 없었다.

정작 문제는 정부의 '포오맷'

영어와 일본어 외에 국어순화운동의 중요 대상은 한자말이었다. 우리 민족이 전통적으로 사용한 말이기는 하나, 특권적이고 어려운 한자말은 쉬운 순 우리말로 고쳐쓰자는 것이었다. 이는 해방공간에서 벌어진 '우리말 도로찾기' 를 그대로 계승한 것이었다. 국한문혼용론자들은 한자말을 국어순화운동의 대상에 적극적으로 포함시키지 않고, 오히려 국민학교 때부터 한자 교육을 시행하여 조어력을 풍부하게 하자고 했지만 국어순화운동을 주도한 쪽은 한글전용론자들이었으므로, 한자말은 당연히 순화 대상이 되었다. 또한 국어 순화 자체의 목적이, 일상생활에서 통용되는 말들을 쉽게 고쳐서 모두 알아듣고 사용할 수 있게 하자는 것이었기 때문에, 어려운 한자말을 쉬운 우리말로 고치자는 것은 설득력이 있었고 대중적 지지도 받았다. 물론 그 과정에서 일반적으로 통용되는 익숙한 말까지 지나치게 고쳐놓아 언론들의 냉소를 받기도 했다.

국어순화운동은 1976년 정부기관이 나서면서 범국민적으로 활발히 시행됐다. 민간이 주도해온 국어순화운동에 정부가 적극 개입하며 더 활성화된 것이다. 그해 1월 16일 연두순시 때 문교부가 국어순화운동의 거국적 실시를 발표하고, 같은 해 4월 16일 박정희가 국무회의에서 "거리의 광고 간판이나 방송 용어, 심지어 축구 중계 해설 등에도 외국어가 너무 많이 쓰이고, 또한 좌담하는 자리에서도 외국어를 너무 많이 쓰는 경향이 있으며, 심지어는 어린이들이 먹는 과자 이름이 그 90퍼센트가 영어라는 말도 들었다."며 "문교부 · 문화공보부 · 보건사회부가 협조하고, 전문가들이 연구해서, 시정해 나아가라."고 지시했다.

미군정 당시인 1946년 한글 반포 500돌을 맞이하여 문교부가 전국적으로 전개한 국어정화 촉진운동, 해방 직후부터 대한민국 정부 수립 초기까지 추진한 우리말 도로찾기 정책, 1962년 문교부의 한글전용특별심의회 설치 등 과거에도 우리말을 재정비하려는 노력이 있었지만, 관 주도의 본격적인 국어순화운동이 일어난 시점은 이때부터였다.

정부는 전국 학교에서 국어 순화 교육을 본격적으로 전개해나갔는데, 학계 · 종교계 · 언론계 등의 호응도 컸다. 한글운동 전문 조직인 한글학회, 한글문화협회, 한글전용국민실천회에서도 국어순화운동을 적극 추진하기 위해 '세종회'(나중에 '국어순화추진회'로 바뀜)를 새로 조직했다. 기존에 있던 고등학생이나 대학생 국어운동 단체들도 더욱 활발하게 움직였고, 새로 만들어지는 학생 모임도 많았다.

정부는 1976년 대통령령으로 문교부에 '국어순화운동협의회'를

■■■

넘치는 영어. 1976년 정부에서는 그 동안 민간이 주도해온 국어순화운동에 적극 개입하였다. 박정희는 "거리의 간판, 방송 용어 등에 외국어가 너무 많이 쓰인다"며 시정해나가라고 지시하였다.

신설했다. 국어순화운동협의회는 1977년 공문서나 방송 용어의 지침이 되는 『국어순화자료』를 마련했다. 1977년 제1집에 수록된 630개의 순화 자료 가운데 몇 개를 보면 다음과 같다.

가가리 → 담당, 계

감안 → 참작, 생각

공람 → 살피다, 살핌

해자該者 → 그(이) 사람

현금現今 → 지금, 오늘날

위계爲計 → 할 계획

스캔들 → 추문

메이커 → 제작자, 제조업체

오리지날 → 원본, 독창력

불연 → 그렇지 아니하면, 아니면

급사 → 사환

등청 → 출근

포오맷 → 양식, 체제

잔여 → 나머지, 남은

여행勵行 → 힘쓰다, 힘쓰게 하다, 힘씀, 힘쓰게 함

이외에도 『국어순화자료』에는 발음, 어법, 금기어(속어, 비어, 유행어), 방송 용어의 풀어쓰기가 포함돼 있었다.

값있는 → 가빗는

四捨五入 → 사:사오:입

장진裝塡 → 장전

보진補塡 → 보전

日本(美國)에 들어가다 → 일본(미국)에 가다

날씨가 맑겠으며 → 날씨가 맑아지겠으며

시청하고 계시는 → 시청하고 계신

예를 들 것 같으면 → 예를 들면

○○族 → ○○족은 방송프로에서 쓰지 않기로 함.

○順이 → ○童이, ○순이, ○동이 등은 쓰지 않기로 함.

假借없이 → 사정없이

前轍을 밟지 않도록 → 잘못을 되풀이 (하지) 않도록

세차장 → 차 닦는 곳

오늘의 난국을 국민총화로 타개해 나갑시다 → 오늘의 어려운 고비를 국민총화로 헤쳐나갑시다

일상 언어나 전문 용어를 순화하는 작업은 1976년 이전에도 간간이 있었지만, 정부가 나서서 체계적으로 정책화한 것은 이때부터였다. 특히 이때 가속화된 전문 용어 순화 작업은 1980년대에도 계속되어, 정리가 될 때마다 그 내용이 신문 지상에 발표되었다. 방송 용어, 운동경기 용어, 체신부 용어, 수산청 용어, 농촌진흥청 용어, 법률 용어, 인쇄 용어, 과학기술 용어, 건설현장 용어, 군대 용어, 행정 용어 등이 이에 해당되었다.

그러나 일상 언어나 전문 용어들을 '순화' 하여 발표한다고 해서, 실생활에서도 순조롭게 순화된 말로 바뀌는 것은 아니었다. 순화 용어의 제정과 그 사용에는 현실적인 거리가 상당히 존재했다. 정부기관들에서조차 발표할 때뿐 다시 옛날로 돌아가기 일쑤였다. 1983년 1월 서울시에서 광견병 예방을 위해 주인 없이 돌아다니는 개를 단속할 때 제작한 〈시민에게 알리는 글〉을 보자.

捕縛억류된 畜犬은 …… 畜主가 억류된 放犬을 返還받고자 할 때에는 …… 증명서를 持參引受하여야 한다. 返還要求가 없는 放犬에 대해서는 殺處分 또는 ……

마치 조선시대나 일제 치하 때의 포고령을 보는 듯하다. 같은 해 3월 어느 경찰서의 피의자 신문 조서도 "기히 소지한 쇠톱으로 시정한 자물쇠를 자르고 5백 원권 주화 2개 등을 절취……"라고 적고 있다.

또한 정부는 1970년대 후반과 1980년대에 걸쳐 대대적으로, 기회 있을 때마다 '국어 순화' 정책을 펼쳤지만, 정작 국회에서 문제가 된 것은 정부 문서였다. 1991년 12월 26일 국회의원 이철용은 국정감사 보고자료를 제출하며, 정부 문서에서 한자나 국적 불명의 한자어들이 남발되고 있다고 지적했다. '推進' '社會' 처럼 한글로 써도 전혀 이상이 없는 단어들까지 한자로 마구 써대는가 하면, '우리나라'를 '我國', '이미'를 '旣', '참가'를 '參入', '콩깻묵'을 '大豆粕'으로 쓴다는 것이었다.

한자를 잘못 표기하는 예도 있었다. 법무부에서는 '緩和'를 '緩化'로, 경제기획원에서는 '派生'을 '波生'으로 적었다. 국무총리실 국정감사 보고서를 보면 보고서 한 쪽을 메운 총 286자 가운데 한자가 무려 215자로 75.2퍼센트나 차지했으며, 숫자가 42자에 한글은 29자에 불과했다.

이철용 의원은 이러한 실태에 대해 "한심" "배반감" "웃지 못할 일"이라는 표현을 써가며, "너무나 기가 막히고 울분이 터졌다."고 말했다. 그의 다음 발언은 순화 용어 제정과 실제 사용이 이처럼 따로 노는 것이 단지 정책 입안자들 이하 중간관료들의 권위주의 때문만은 아님을 잘 지적하고 있다.

> 해마다 정부에서는 한글 기념행사를 한다, 언어순화운동을 한다 해서 우리 말과 글의 아름다움을 예찬하고 있지만, 막상 국민에게 국정을 설명하

는 보고서를 보면 행정부의 약속과 주장이 얼마나 기만적인지 쉽게 알 수 있습니다.

반말과 욕설 권하는 삶 국어순화운동 대상은 영어, 일본말, 한자·한자말에만 국한되지 않고 언어생활 전반으로 확산됐다. 최현배는 『우리말 존중의 근본뜻』(1953)에서 국어운동의 5대 목표를 "깨끗하게 하기, 쉽게 하기, 바르게 하기, 풍부하게 하기, 너르게 번지도록 하기"로 설정했다. 1979년 국어학자 김석득은 국어 순화를 정의하기를 "잡것으로 알려진 들어온 말(외래어)과 외국말을 가능한 한 우리 토박이 말로 재정리한다는 것이요, 비속한 말과 틀린 말을 고운말과 표준발음, 표준말, 표준말본으로 바르게 하자는 것이다. 또한 그것은 복잡한 것으로 알려진 어려운 말을 쉬운 말로 고치는 일도 된다."고 했다.

따라서 혼란스런 외래어, 어려운 한자말, 일본말, 외국어, 외국어식 한국어, 무분별한 사투리 사용, 잘못된 발음, 틀린 맞춤법, 잘못된 존칭어, 비어, 속어, 이상한 강세와 어조, 센소리, 은어, 욕설, 불건전한 유행어, 야유어, 저속한 별명, 칭호, 거짓말, 험담, 아첨말, 잔인한 말, 무례한 말, 난삽한 말, 폭언, 비유어 따위들이 모두 순화 대상이었다. 이러한 분위기를 거부할 수 있는 사람은 아무도 없었다. 일반적으로 국어 순화란 모든 사람의 공감을 얻는, 당연한 일이었다. 이를 거부하는 사람은 '비도덕적'인 사람으로 낙인 찍히게 된다.

그러나 실제 생활에서 '언어 순화' 규정에서 이탈하지 않는 사람은 아무도 없었다. 이탈하지 않고서는 언어생활이 사실상 불가능하다. 주변의 풍경을 돌아보자. 사람들은 불쾌한 일을 당하면 "좆 같은 세상"이라고 투덜거리고, 길거리에서 싸움이라도 붙을라치면 반말과 욕설을 예사로 한다. 뿐인가. 경찰들은 파출소로 연행된 사람들에게 반말과 욕지거리를 퍼붓고, '지성'과 '품위'와 '교양'을 덕목으로 삼는 교수들도 사투리나 험담, 욕설을 마다하지 않는다.

언어란 사회적 현실과 환경, 욕망과 이데올로기가 만들어내는 것이다. 해방 이후 정치적 부패, 사회적 냉소, 한국전쟁 등의 난리는 사람들의 입을 거칠게 만들었다. '공갈 치지 마' '생긴 대로 노네' '그 새끼가 쇼 하고 있어' '통반장 다 해 처먹어라' '여러가지 하고 자빠졌네' '병신도 갑을병' 따위의 표현들이 과연 이 말들을 하는 사람의 '인격'과 일치된다고 할 수 있을까?

1970년대 나온 황석영의『어둠의 자식들』에서 화숙이라는 '창녀'는 "야 씨팔놈들아, 천당 가려면 너희끼리나 갈 것이지 우리 몸두 못 팔게 지랄들이야. 우리들이 씹 파는 것 때문에 천당 못 가냐 새끼들아. 왜 영업방해야. 이건 먹고 사는 일이야."라고 거침없이 내뱉는다. 소설은 화숙이를 '인격 파탄자'라 하지 않고, 오히려 '예수쟁이'를 '위선자'로 고발한다.

신분이나 나이, 성별, 지위를 막론하고 누구에게나 언어를 더럽히는 '불순한' 피가 흐르고 있다. 돌발적인 상황에서는 누구나 거친 말을 사용하고, 하다 못해 '새끼'('년')라는 말은 남녀노소 가릴 것 없이 전국민의 비공식 공용어가 되어 있는 상태다. 진짜 화가 치밀어 오를 때 내뱉는 '개새끼' '개년' '쌍년', 친구와 악의 없이 주고받는 '저새끼' '씹새기' '저년' 따위들은 어떤가? 국어순화론자들은 이러한 사태를 '국어 오염'(또는 '언어 공해')이라 부르고, '품위' '교양' '격식'

'국민정서' '올바른 언어생활' 따위의 수식어를 붙여 언어 순화를 강력히 주장했다.

그러나 그들의 '설득력 있는' 호소와 계도에도 불구하고 사람들은 태연히 언어를 '오염' 시킨다. 그리고 항상 언어를 '오염' 시킬 준비를 하고 있다. 도덕적인 호소에 심정적으로는 동의할지 몰라도, 일상생활은 그것과 대단히 거리가 멀다. 일상은 뒤틀리고, 꼬이고, 억압하고, 억압받고, 스트레스 쌓이고, 고통스럽고, 원한으로 맺히고, 울분으로 뒤엉켜 있기 때문이다.

물론 말을 할 때 감정적인 요소만 작용하는 것은 아니다. '오염된' 언어 밑에는 다른 전략적 의도도 깔려 있다. 이런 경우, 언어 '오염'은 언어 '폭력' 이기도 하다. 이러한 전략은 다양한 유형으로 표출된다. 이를테면 경찰들이 혐의자 혹은 무고한 시민에게 반말과 욕설을 퍼붓는 것은 감정의 차원을 떠나 수사의 한 전략으로 볼 수 있는데, 이는 분명한 언어폭력이다. 이 외에도 비유, 혹은 조롱의 방식으로 언어폭력을 행사하기도 하는데, 이는 일종의 우회적인 욕설이라고 볼 수 있다. 직장에서 남자들이 여직원들에게 성희롱조의 언어를 사용하는 것도 남성의 여성 지배 전략과 맞물려 있다.

'언어 오염' 의 역설

이처럼 국어순화론자들이 말하는 언어의 '오염' 은 사실 '오염' 이라기보다는 위계, 권력, 지배, 위압, 실토, 추궁, 욕망, 배척, 감정 등과 관련된 전략적인 사용 방식이다. 사람들이 '오염' 된 언어를 사용하는 것은 그 사람의 인격이 '저질' 이기 때문이 아니라, 언어를 사용하는 환경과 그에 따른 전략이 각각 다르기 때문이다. 이를테면 '벼는 익을수록 고개를 숙이는 법'이라는 좋은 속담도 때에 따라서는 불쾌한 욕설이 될 수도 있다.

물론 곱고 바른 말을 쓰자는데, 어느 누가 반대할 것인가. 그러나 그렇게 주장하는 국어순화론자들의 문제의식이 지극히 추상적이었다는 데에 문제가 있다. 그들은 '품위' '인격' '교양' '정서' 따위들을 동원하여 국민들을 '순화'시키려 했으나, 말들이 현실적으로 사용될 때 형성되는 의미와 권력 생산, 현실 왜곡의 전략적인 수행 방식은 고려하지 않았다. 사회적 현실에 대해서는 눈을 감은 채 순수한 언어적 현실만을 고집하고, 더 나아가 그 언어적 현실마저 왜곡시켜온 국어순화론자들은, '올바른 언어생활'이라는 이데올로기로 대중을 순응하는 국민으로 길들이는 데 기여해왔다.

이렇게 보면 국어순화론자들 역시 지배질서의 옹호자였다고 할 수 있다. 그들은 자신들의 동기가 순수했다고 할 수도 있으나, 그들의 활동은 그 동기와는 무관하게 이미 지배질서를 구축하고 그 분위기를 조성하는 데 일조해왔다. 그들에게는 '누구를 위한 언어 순화인가'라는 질문이 애시당초 존재하지 않았다. 마찬가지로 언어 '오염'이 왜 일어나는지에 대해서도 피상적인 관찰 외에 관심을 갖지 않았다.

1973년 '한글전용국민실천회'의 사무차장은 「공문서의 한자 섞어 쓰기는 위법이다」라는 글에서 "박정희 대통령 각하께서는 5 · 16혁명 이후에 많은 일을 하셨다."고 했다. 이런 관점에서 보면 이 역시 지극한 언어 '오염'이다. 우선 '각하'라는 권위주의적 표현을 서슴없이 사용했다. 한글학회는 대통령 앞으로 건의서를 낼 때마다 '각하'라는 표현을 사용했다. 그들은 이 말이 권위와 아부로 점철된 '오염'된 말이라는 사실을 몰랐을까? 뿐만 아니라 불필요한 존칭어도 남발했다. '-께서는' 이나 '하셨다' 는 그들이 강조하듯 '올바른' 말법이 아니다. 또한 전체적으로 보면, 이 짤막한 문장 안에도 대통령 우상화의 봉건적 사고가 들어 있다. 순화시켜야 할 말들을 다른 데에서 찾을 일이 아니었다.

국어순화론자들이 행한 또 하나 중대한 오류는, 언어를 '품위 있는 말' 과 '비천한 말' 로 분리한 것이다. 이른바 품위 있는 말들은 표준어라는 선善의 지위를, 비천한 말은 금해야 하는 속된 말로서 악惡의 지위를 부여받았다. 그리하여 사투리 등 '비천한' 말을 사용하는 사람들은 저급하다는 이데올로기가 암암리에 유포되었다. '언어는 그 사람의 인격을 표시한다.' 는 말은 때로는 허구이다.

국어순화론자들은 '위화감' 운운하며 '바른말' 과 '고운말' (사실은 이른바 '표준말') 사용을 권장했다. 거기에는 '국민적 통일' 이라는 지배이데올로기가 담겨 있었으며, 그러한 말들을 사용해야만 '시민권' 을 행사할 수 있었다. 국어순화론자들의 이러한 요구에 대중들은 따를 수밖에 없었다. 좌담, 기고, 방송, 강연, 교육, 계몽 따위의 수단들을 통해 국어순화론자들(그리고 정부의 국어순화정책을 수행하는 관료들)은 끊임없이 대중들을 계도했다. 그리하여 특히 '무식대중' 들은 그러한 것들을 진리로 믿고, '천한' 말을 사용하는 자신들을 스스로 비하시킴으로써 언어생활에서 위계적인 갈등을 겪어왔다.

'무식대중' 은 삶에서 체화된 자신들의 고유한 언어 사용을 박탈당하는 과정에서 두 가지 경험을 해야 했다. 우선 '바른말 고운말' 이라는 이데올로기를 자신들의 언어적 욕망으로 반전시키려는 태도를 보이며, 끊임없이 '바른말 고운말의 언어권' 에 소속되려 했다. 그들은

■■■
사투리의 계층 구분 기능을 보여주는 영화 〈가문의 영광〉. 극 중 여주인공의 집안은 전라도 사투리를 쓰는 '근본 없는' 가문으로 묘사된다.

때로 '바른말 고운말' 이데올로기가 허구임을 느끼면서도, 자신들의 언어 습관을 쉽게 떨치지 못하여 심리적 불안과 위계적 갈등을 느꼈다. 말하자면 육체(실생활)와 정신(언어적 당위)이 분할된 것이다.

다른 하나는 바로 그러한 분할에서 기인하는 언어적 권력의 박탈과 배제이다. 그리하여 무식대중의 고유한 언어들은 지배적인 담화 공간에서 언어적인 힘을 해체당하는 위기에 처했다. 그 언어가 '천한' 말로 분류되는 한, 그 말이 힘을 갖기란 어렵다. 물론 그렇다고 그 힘이 아예 사라지는 것은 아니다. 장터에서 그들의 말은 여전히 건재했다. 무식대중의 말에 진솔한 힘을 불어넣고, 그 말을 하나의 권력으로 재생시켜준 이들은 각종 사투리와 욕설로 삶의 진실을 담아낸 문학가들이었다.

누구를 위한 국어 순화인가 결국 1970년대의 국어순화운동은 지배이데올로기 생산의 한 장치로 작용했다. 국어순화론자들은 언어학 또는 국어학 전문가라는 권위를 갖고, 언론인들은 사회 비판가라는 권위 아래 이 이데올로기 생산에 동참했다. 나라와 민족과 사회를 위하는 순수한 운동이라는 명분이 그들을 합리화해주었지만, '국어운동' 이 아닌 '국어순화운동' 이라는 말 자체가 민중과 대중을 지배하려는 그들의 의도를 이미 내포하고 있다.

'국어 순화' 는 우리말에 섞여 있는 영어나 일본말을 없애자거나, 바른말이나 고운말을 쓰자는 순수주의로 볼 수 있다. 이에 반해 1980년대 대학생들을 중심으로 일어난 '국어운동' 은 언어 현실에 대한 인식을 새로이 하면서, 언어 순화 이상의 사회적 실천을 요구한 것이다. 즉, 국어운동은 영어나 일본말이 왜 우리말을 위협하고 있는지, 욕설이나 은어 또는 거짓말이 왜 존재하는지를 사회적 · 정치적 · 문화적 배경들과 연결지어 질문했다.

바로 이 지점에서 우리말과 언어에 대한 인식은 전혀 달라진다. 국어 순화적 수준에서는 영어나 일본말 따위의 외국어를 남발하는 사람들의 '정신상태' (사대주의, 노예근성, 비주체성)만을 문제 삼는다. 그래서 국어순화운동은 국민의 '의식 계몽' 을 관건으로 삼는다. 이는 최현배에게서 유래한 것이다. 최현배는 『조선민족 갱생의 도』에서 물질에 대한 정신의 우위 · 지배를 강력히 지지하며, "의식적 존재인 사람으로서 할 일은 역사적 진전에 정신적 동력을 제공하는 밖에 다른 길이 없을 것"이라고 주장했다.

그러나 국어운동적 관점에서는 외국어 남발을 사람들의 '정신상태' 로 환원하지 않고, 그러한 상태를 만들어낸 사회적 · 정치적 · 문화적 정세를 중시한다. 즉, 사회적 모순과 결부시키지 않고서는 '국어 오염' 을 올바르게 인식할 수 없다는 것이다. 이것이 1970년대의 국어순화운동과 구별되는 1980년대 국어운동의 인식론이다.

국어순화운동은 언어 정책의 내적인 면을 강조하여, 언어가 사회와 연결되는 방식에 대해서는 무관심하거나 침묵한다. 이러한 방식의 지배이데올로기 생산은 언어학이니 국어학 또는 언어정책론 따위의 전문가적 권위와 결탁하여, 대중의 말과 표현 방식을 '순화' 라는 이름으로 배제 · 억압한다. 지식인들이 대중을 기만하는 방식 가운데 하나가 바로 이러한 전문주의적 권위를 내세우는 것이다.

국어순화론자들은 언어 내적인 문제에 집중하며 사회적 · 정치적 사실들과 본인들은 무관한 척했지만, 실제로는 정치와 긴밀하게 결합되어 있었다. 국가의 정치권력에 비판적 거리를 두지 못하고 오히려 그것을 추종 · 옹호했다. 1970년대 암흑시대에 유신정권이 얼마나 철저하게 언로를 봉쇄하고 있는지 눈앞에서 지켜보면서도, 박정희의 국어 순화 지시를 두 손 들어 환영했다. 그들은 '국어 순화' 와 '정치' 는 별개라고 말할지도 모르나, 그들 자신이 이미 이 둘을 별개의 문제로 보지 않았다. 그래서 한글학회를 중심으로 한 국어순화론자들은 국가권력의 강력한 개입을 주장해왔으며, 집권자가 '한글 전용' '국어 순화' 를 말할 때마다 망설임 없이 그 뜻을 좇았다.

특히 박정희와 국어순화론자들은 이해관계가 완전히 일치하는 한 가족이었다. 박정희는 한글 찬양을 통해 정권의 정통성을 정당화하려 했다. 이는 한글날에 박정희가 발언한 내용들을 보면 분명히 드러난다. 1972년 한글날에는 "한글 창제의 정신적 바탕은 …… 강렬한

■■■

5.16 후 사회정화 차원에서 진행된 조직폭력배들의 시가행렬(1961년 5월 21일). 근대화의 기치를 앞세운 박정희는 이를 위해 사회 문화 전반을 정화 혹은 순화시키고자 했다. 한글 또한 순화 · 정화의 대상이었다. 국어 순화를 내세운 이들이 의도했건 의도하지 않았건 간에, '한글전용'과 '국어순화'는 유신체제의 양자였다.

민족의 주체의식과 거룩한 민족자주 정신에 있었으며 민주이념에 입각한 것"이라고 했고, 1974년 한글날에는 "'자주'와 '민주' 이념은 곧 민주문화 발전의 밑거름이며, 민족 중흥을 위한 유신의 이념이기도 한 것"이라고 했다.

박정희가 내세운 '한국적 민주주의' '조국 근대화' '유신' 같은 슬로건들은 국어순화론자들의 국어순화 목적론이 되어버렸다. 1975년 5월 22일 한글학회가 박정희에게 '올린' 〈글자정책에 관한 진언서〉는 "대통령 각하. 각하의 문자정책은 유신 과업의 정신을 반영한 것으로 우리는 알고 있습니다. 이 유신 과업의 수행이 글자정책이란 중대한 일환에서 무너지는 일이 없도록 우리는 각하께 간절히 진언하는 바입니다."라고 밝히고 있다. 이로써 그들은 한글 전용과 국어 순화를 구실 삼아 스스로 '근대화'와 '유신체제', '새마을운동'의 양자가 되기를 희망한 것이다.

이 점은 대학생 국어순화운동 단체들도 마찬가지였다. 1980년대와 마찬가지로 1970년대에도 대학생들의 국어순화운동 모임이 성행했다. 고려대, 동국대, 서울대, 연세대 등에 우리말 운동 모임이 있어 연합활동을 펼치기도 했다. 그들은 순수한 민족적 정열을 갖고 있었지만, 감성적인 민족주의에서 벗어나지 못했으며, 그나마 유신정권이라는 지배권력에 대한 감각이 부족했다. 전국국어운동학생연합회가 1973년 한글날을 맞아 발표한 선언문은, "아직도 몇몇 몰지각한 사람들이 필요 이상의 한자와 일반화되지 못한 외래어의 남용으로 …… 낡고 퇴폐적인 습성을 버리지 못함은 국민총화로 조국 근대화를 꾀하는 정부의 시책에 장애가 되게" 한다는 것이었다.

이들 대학생 단체는 국어순화운동의 이론적 생산지인 한글학회와 이론적·조직적으로 직접 연결되어 있었다. 같은 맥락에서 고등학생 모임도 활발했는데, 1973년과 1975년에 각각 창립된 전주의 '가나다 모임'과 서울의 '전국국어운동고등학생연합회' 등이 그것이다. 이는 시대적 한계였다기보다, 지배이데올로기의 포섭 효과에서 자유롭지 못했기 때문이다.

국어는 항상 오염돼 있었다! 군부독재의 연장선상에 위치한 제5공화국의 전두환 정권도 국어 순화에 관심을 표했다는 점은 의미심장하다. '서울의 봄'이 광주학살로 무참히 짓밟힌 1980년 12월 9일, 정부는 1976년부터 실시해오던 국어순화운동이 형식적이었다고 분석하고, 문교부의 국어순화운동협의회 기능을 강화하여 본격적으로 국어 순화에 노력하겠다고 밝혔다. 특히 외래어나 저속한 낱말로 된 과자류 · 빙과류 · 기성복 등의 상표명과 상점 이름 등을 우리말로 바꾸도록 하겠다고 했다.

또한 국어순화운동을 대대적으로 전개한다는 방침 아래 각급 학교에서의 현장교육, 군부대에서의 정신훈화교육, 예비군-민방위대의 교양교육, 각 직장의 연수교육, 각 동네 반상회에서의 주민교육 등을 통해 국민들이 바르고 고운 표준어를 사용하도록 계몽하겠다고 했다.

이러한 일련의 과정은 '국어 순화'라는 명분 하에 국민들을 '순화'시켜 저항적이고 투쟁적인 정서를 눌러보려는, '삼청교육대'■만큼이나 기만적인 의도를 담고 있었다. 이른바 '오염된' 언어를 도덕적으로 금기시하여 사회와 역사를 망각하도록 유도하려 한 것이다. 1983년 2월 1일자 《서울신문》 사설은 전두환의 국어 순화 발언들을 종합평가하며, "누구나가 알아듣기 쉬우면서도, 결코 어떤 위화감을 준다든지 부자연스러워서 저항감을 주지 않는 언어생활을 일상 속에 뿌리내려가자고 하는 것"이라고 했다.

국어순화운동은 계급투쟁의 전략으로도 사용되었다. 흔히 계급투쟁은 노동자계급만 하는 것이라고 생각하는데, 언제나 자본가계급이 한 발 앞서 계급투쟁을 수행한다. 1990년 무렵 포항제철에서 전개한

■ 1980년 5월 17일 비상계엄이 발령된 직후, 국가보위비상대책위원회가 '사회정화' 차원에서 군부대 안에 설치한 기관. 죄질에 따른 '순화' 교육과 근로봉사, 군사재판 등을 구체적인 정화 방안으로 내세웠다. 1981년 1월까지 삼청교육대에 잡혀 들어간 사람은 무려 6만여 명이었다. 1988년 국정감사 때 공식적으로 보고된 삼청교육대 관련 사망자 수는 54명이었다.

'고운말 쓰기 운동' 이 그 예이다. 포항제철의 홍보이사는 이 운동에 대해 다음과 같이 말했다.

> 일하는 직장, 건전한 직장을 건설하고, 바람직한 사풍을 정착시키기 위해선 노사가 대립관계가 아닌 상호보완관계라는 생각을 가져야 합니다. 이를 위해선 서로의 인격을 존중하는 자세가 필요한데, 그러한 자세는 투쟁적인 말투가 아닌 부드럽고 고운말을 쓰는 데서부터 출발해야 한다는 생각에서 이런 운동을 전개하게 되었습니다. 예의 바른 언어생활이 무엇보다도 중요하기 때문이죠.

이 발언은 사내에서 전개한 고운말 쓰기 운동이 어떠한 의도를 갖고 있는지 공공연히 보여준다. 한 마디로 노동자들의 심성과 언어생활을 '순화' 시켜 노동자들의 투쟁을 막아보겠다는 것이다. 1990년대 들어 대기업들이 기업문화 활성화에 집중한 것도 이러한 맥락에서이다. 일상적인 삶에서 이데올로기적으로 노동자들을 개량하는 것은 이제 자본의 집중 전략이 되었다.

우리말 도로찾기가 한창이던 해방공간에서, 1950년대와 1960년대에도, 그리고 국어순화운동이 번졌던 1970년대와 1980년대에 이르기까지 우리말이 '오염' 되지 않은 날이 단 하루도 없었다. 지금도 마찬가지다. 따라서 국어의 위기도 그 성격과 형태를 달리 하면서 항상 존재해왔다. 어쩌면 '오염' 이라고 정의하는 것 자체가 문제인지도 모른다. 지식인, 대중, 지배계급, 민중, 개인이 각자의 정서나 입장, 지위, 환경에 따라 언어를 사용하는 방식과 강도를 다르게 설정하는 것은 일종의 삶의 전략이라고 할 수 있다.

이 전략에 따라 사용 논리와 의미체계를 각각 다르게 설정하면서, 언어적인 권력관계가 형성된다. 그러나 이는 언어만의 문제가 아니다. 언어 속에는 사회적 · 정치적 · 경제적 · 문화적 · 미학적 · 감성적 · 이데올로기적 층위들이 복합적으로 작용하고 있다. 대중은 그러한 흐름 속에서 언어의 사용을 욕망하고 전략화한다. 우리가 '진솔한 말' 이라고 할 때, 그것이 반드시 '우리말' 이어야 하는 것은 아니다. 특정한 정서와 감정 구조가 말 속에 개입했을 때, 우리는 비로소 진솔하다는 느낌을 받는다. 언어란 이미 '우리말' 이라는 경계를 넘어 언어 일반으로 존재하기 때문이다.

오히려 문제는 대중의 언어적 욕망과 전략을 방해하고, 배제하고, 억압하고, 멸시하고, 박탈하고, 관념화하는 지배집단의 지배 전략에 있었다. 국어순화론자들과 역대 집권자들이 수행한 국어순화운동이 바로 그것이었다. 언어의 위기는 대중이 아니라, 바로 그들이 만들어 왔다.

근대민족국가와 국어의 '나선' 관계

이 책은 1945년에서 1970년대 사이, 30여 년간 한국 사회에서 일어난 일들에 주목했습니다. 나는 이 시기의 한국 현대사 공간에 이중 나선으로 접근하고자 했습니다. 하나는 근대민족국가 형성의 나선이고, 다른 하나는 언어/국어의 나선입니다.

이 양자는 서로 환원될 수 없으면서도, 하나의 민족공동체 건설이라는 이데올로기 아래 불가분의 결속관계를 맺어왔습니다. 그럼에도 우리 사회는 이 양자를 서로 떼어놓고 관찰하거나 발언해왔습니다. 근대민족국가의 형성과 관련해서는 무수히 많은 연구와 비평들이 있어 왔지만, 그것이 언어/국어와 어떤 연관성을 갖는지는 탐구되지 않았고, 그 역으로 근대민족어로서의 국어의 형성은 근대민족국가 형성(의 본질)에 대해 고민하지 않았습니다.

근대민족국가의 형성에 대해서는 급진적이며 진보적인 시각의 개입이 있어왔지만, 근대 국어의 형성에서는 전혀 그러지 못하고 언어의 영역마저 삭제하며 '국어'라는 이데올로기에 익숙해진 맹목적이고 관념적인 편견만이 자리잡아왔습니다. 나는 권력을 매개로 이 양자의 접목을 시도했습니다. 즉, 권력의 생산과 행사를 둘러싼 근대민족국가의 형성과 근대 국어의 형성을 이중나선으로 읽어낸 것입니다.

이 책에서 접근하고자 하는 권력의 부류는 크게 국가권력과 언어권력입니다. 이 두 개의 권력은 근대민족국가 및 근대민족언어의 형성에 기여했습니다. 아니 정확히 말해, 이 두 권력은 이미 있었던 초월적 존재로서가 아니라, 근대민족국가 및 근대민족언어의 형성 과정에서 부단한 갈등과 헤게모니 투쟁을 통해 생성되고 행사됐습니다. 그러나 양자는 동시적이지는 않았습니다.

1945년에서 1948년 사이의 해방공간은 미군정이 지배했으되 국가권력의 정체성을 둘러싸고 치열한 좌우 대립이 있었으며, 결국 인민적 해방권력(인민위원회/인민공화국)을 제압한 이승만 체제의 국가권력으로 우향화된 근대민족국가의 지도가 그려지기 시작했습니다. 해방은 다시 멀어졌고, 인민의 언어는 '실어증'에 걸린 벙어리가 되었습니다. 그에 비해 근대민족언어의 형성은 1945년 이전부터 시작되었는 바, 1933년 조선어학회의 '한글맞춤법 통일안'은 과학주의로 입증된 언어권력으로 자리매김하기 시작했고, 1945년 이후에는 그 후예가 미군정이라는 국가장치의 한가운데에 진입하여 근대민족언어 형성의 헤게모니를 틀어쥡니다.

이 책은 국가권력을 직접 다루지는 않았습니다. 대신, 언어/국어의 근대적 체제화에 개입하는 국가권력의 얼굴을 들춰내고, 다시 근대민족국가의 지평 안에서 이데올로기화되고 언어권력화된 국어의 풍경들을 전경화했습니다. 우리는 '언어는 이데올로기' 라고 생각하면서도, '언어는 권력' 이라는 생각에는 주저합니다. 하지만 언어는 이데올로기인 이상 권력이기도 합니다. 다만 언어가 이데올로기인 것은 '그 무엇' 의 이데올로기이지만, 언어가 권력인 것은 '그 무엇' 의 권력이면서도 '그 자신' 의 권력이라는 이중성을 가집니다.

가령 한글맞춤법은 근대사회에서 요구되는 대의제권력의 하나이면서, 동시에 다른 표기법들을 배제하는 언어권력의 하나입니다. 언어권력은 근대민족국가 형성의 최전선에 위치하면서 국가권력과는 다른 독자적인 목소리를 냅니다. 나는 이 책을 통해 이 언어권력의 이중성을 파헤쳤고, 특히 언어가 '국어' 라는 편협한 범주로 몰수되는 과정, 그리고 권력과 무관해 보이게끔 위장하며 권력화되는 양태들을 탐구했습니다.

우리는 '국어' 에 어떤 순수성이 있다고 생각하지만, 국어의 탄생 뒤에는 권력적 문화정치의 첨단을 달리는 엄청난 갈등이 숨겨져 있습니다. 반세기 동안 진행되어온 한글전용론자(한글파)와 국한문혼용론자(한자파)의 대립이 그렇고, 해방공간에서 벌어진 문맹퇴치운동이 그러하며, 문법/말본 갈등이 그렇고, 국어순화운동 이데올로기와 국어사전이 그렇습니다.

이 멍에들 속에서 언어 선택의 자유와 취향이 억압되고, 마침내는 자기검열의 기제로 작동하며 이 억압은 내면화되었습니다. 한편으로 표준어/정서법과 '올바른 국어' 이데올로기에 시달리면서 다양한 표현의 차이들을 부조리하게 여기며 표준화 · 규범화 · 획일화된 언어감성에 속박되어야 했으며, 다른 한편으로는 '아이고' 소리도 못하면서 반공하는 삶으로 질주해야 했습니다. 그게 바로 '국어' 라는 깰 수 없는 신화였으며, 1945년에서 1970년대 사이에 형성된 근대민족언어의 역사이자 풍경입니다.

그 여파는 여전하지만, 1990년대 이후 그 주술에서 서서히 벗어나기 시작했고, 컴퓨터-인터넷 공간은 1945~1970년대의 공간을 파괴합니다. '아犄犄' 가 국어 이데올로기를 전복합니다. 그것은 언어적 본능이자 무의식입니다. 그만큼 무엇이 우리를 짓눌렀는지 알지 못한 채 짓눌림을 당했습니다.

물론 언어권력은 억압으로만 작동한 것은 아닙니다. 또한 언어제도가 부정적이었던 것만도 아니었습니다. 언어는 그덧이 현실에서 존재하는 과정이었고, 그러므로 언어권력은 고정된 형태가 아닌 늘 변화하는 것이었으며, 그 언어권력의 틈새 사이로 항상 자유와 해방의 욕망이 숨쉬었습니다.

실제 학교교육 같은 이데올로기 장소에서야 국어 이데올로기가 강고했지만, 동시대의 다른 장소들에서는 전혀 그러지 않았습니다. 5일장 같은 재래시장에서 형성되는 '언어시장' 은 국어 이데올로기와 무관했습니다. 또한 유행어의 풍경들은 언어권력을 비틀어버립니다. 대중들은 그렇게 해방언어들을 숨쉬며 살았습니다. 우리가 기억해야 할 미래로서 말입니다.

1부 해방공간에서 겨울공화국까지

01 삐라가 뿌려준 새로운 상상력

심지연 엮음, 『해방정국 논쟁사』1, 한울, 1986.

오일룡, 〈정치비라로 지샌 1945년의 해방정국〉, 《신동아》, 1984년 8월.

이경남, 〈8 · 15 정오의 환성〉, 《신동아》, 1972년 2월.

02 뒤바뀐 말, 뒤바뀐 역사

권태억 외 편, 『자료모음 근현대 한국탐사』, 역사비평사, 1994.

성한표, 「9월 총파업과 노동운동의 전화」, 『해방전후사의 인식』2.

송건호, 「미군정시대의 언론과 그 이데올로기」, 『한국사회연구』2, 한길사, 1984.

오연호, 『우리 현대사의 숨은그림찾기』, 말, 1994.

이수인 엮음, 『한국현대정치사』1, 실천문학사, 1989.

이재규, 『시와 소설로 읽는 한국현대사』, 심지, 1994.

정해구, 「미군정기 이데올로기 갈등과 반공주의」, 『한국정치의 지배이데올로기와 대항이데올로기』, 역사비평사, 1994.

차재영, 〈주한 미점령군의 선전활동 연구〉, 《언론과 사회》5, 언론과사회사, 1994.

한국정치연구회, 『한국현대사 이야기주머니』1, 녹두, 1993.

황한식, 「미군정하 농업과 토지개혁 정책」, 『해방전후사의 인식』2, 한길사, 1985.

03 실어증에 걸린 사람들

브루스 커밍스, 『한국전쟁의 기원』, 일월서각, 1986.

제민일보 4 · 3 취재반, 『4 · 3은 말한다』, 전예원, 1994.

제주 4 · 3 연구소, 『이제사 말햄수다』, 한울, 1989.
한국정치연구회 정치사분과, 『한국 현대사 이야기주머니』, 녹두, 1993.

04 반공하는 삶

정수복, 『의미세계와 사회운동』, 민영사, 1994.
정영태, 〈일제말 미군정기 반공이데올로기의 형성〉, 《역사비평》16, 1992년 봄.
역사문제연구소, 『한국정치의 지배이데올로기와 대항이데올로기』, 역사비평사, 1994.
유재일, 〈한국전쟁과 반공이데올로기의 정착〉, 『역사비평』16.
한준상 · 정미숙, 「1948-53년 문교정책의 이념과 특성」, 『해방전후사의 인식』4, 한길사, 1989.
한태연, 〈한국의 지식계급〉, 《사상계》, 1959년 5월.

05 막걸리 국가보안법

박원순, 『국가보안법 연구』2, 역사비평사, 1992.
박태순 · 김동춘, 『1960년대의 사회운동』, 까치, 1991.
임현진 · 송호근, 「박정희 체제의 지배이데올로기」, 『한국정치의 지배이데올로기와 대항이데올로기』, 역사비평사, 1994.
방담, 〈'불건전가요' 시시비비〉, 《신동아》, 1975년 3월.

06 전태일이 발견한 말과 세상

박태순, 〈이 땅의 어머니들은 궐기한다〉, 《사회와 사상》, 1989년 1월.
전태일, 『내 죽음을 헛되이 하지 말라』, 돌베개.
조영래, 『전태일 평전』, 돌베개, 1991(개정판).

07 '오적'이 만들어낸 '겨울 공화국'

이상우, 〈70년대의 반체제 세력〉, 《신동아》, 1984년 4월.
이재규, 『시와 소설로 읽는 한국현대사』, 심지, 1994.
대담(최일남/김지하), 〈민중은 생동하는 실체〉, 《신동아》, 1984년 5월.
자료, 〈각 대학 학생 선언문〉, 《사상계》, 1969년 9월.

2부 근대의 탄생 설화

08 '민족'을 찾아서

심지연 엮음, 『해방정국 논쟁사』 1, 한울, 1986.
이우용, 『해방직후 한국소설의 양상』, 고려원, 1993.
정해구, 「미군정기 이데올로기 갈등과 반공주의」, 『한국정치의 지배이데올로기와 대항이데올로기』, 역사비평사, 1994.
차재영, 〈주한 미점령군의 선전활동 연구〉, 《언론과 사회》5, 언론과사회사, 1994.

09 가난한 모국어의 탄생

김윤경, 〈국어학사상으로 본 큰사전〉, 《한글》 통권 122호.
김형규, 〈국어교육과 큰사전〉, 《한글》 통권 122호.
류창돈, 〈우리말 『큰사전』 해부〉, 《사상계》, 1958년 1월.
이강로, 〈『큰사전』에 얽힌 이야기〉, 《한글새소식》 168호, 1986년 8월.
이은상, 〈민족사상民族史上으로 본 큰사전〉, 《한글》 통권 122호.
이응호, 〈1942년 10월 1일에 일어난 조선어학회 사건〉, 《한글새소식》55-67(1977년 3월 -1978년 3월), 한글학회.
정세권, 〈큰사전 완성을 축하함〉, 《한글》 통권 122호.
정인승 외, 〈큰사전 편찬을 마치고〉, 《한글》 통권 122호.
최현배, 〈큰사전의 완성을 보고서〉, 《한글》 통권 122호, 4290. 10.
한글학회, 『큰사전』, 을유문화사.
한글학회, 『한글학회 50년사』.
편집자, 〈조선어학회 사건의 경위〉, 《어문연구》 39/40 합병호, 일조각, 1983.

10 근대 지식의 총체, 국어사전

김슬옹, 「이희승 국어사전의 역사적 의미」.
이윤재, 『표준조선말사전』, 1947.

11 '그녀' 로 태어난 근대의 여성

김동리, 〈'울녀' 는 곧 '그녀다〉, 《현대문학》, 1965년 3월.
김석호, 〈'그녀' 의 어불근리語不近理〉, 《현대문학》, 1965년 3월.
김형규, 〈'그녀' 의 높인말과 낮춘말이 문제〉, 《현대문학》, 1965년 3월.
류창돈, 〈'그녀' 와 '그네' 의 장단점〉, 《현대문학》, 1965년 3월.
여영택, 〈"그냐"를 여성 3인칭대명사로〉, 《한글새소식》, 1991년 3월.
이숭녕, 〈사용빈도 잦은 '그녀'〉, 《현대문학》, 1965년 3월.
조풍연, 〈그 ; 그 여자 ; 그녀〉, 《어문연구》, 1979년 겨울.
최현배, 〈영어의 she는 〈그미〉로〉, 《현대문학》 1965년 3월.
허 웅, 〈'이이, 그이, 저이' 는 여성전용으로〉, 《현대문학》, 1965년 3월.

12 한글에 불어닥친 '서구식 과학화' 바람

김정수, 『한글의 역사와 미래』, 열화당, 1990.
송현, 『한글을 기계로 옳게 쓰기』, 대원사, 1989.
장봉선, 『한글 풀어쓰기 교본』, 한풀문화사, 1989.
최현배, 『글자의 혁명』, 정음문화사, 1983.

13 정치와 일상을 가로질러 흐른 유행어

강신항, 〈사회혼란이 가져온 은어〉, 《사상계》, 1961년 10월.
강신항, 〈유행어에 반영된 세대〉, 《세대》, 1975년 8월.
김종심, 「해방 15년 연표」, 『1950년대의 인식』, 한길사, 1981.
이규백, 〈사건 속의 유행어〉, 《월간중앙》, 1979년 8월.
방담, 〈유행어의 사회학〉, 《신동아》, 1972년 6월.

3부 국어 만들기, 역사 만들기

14 '콩글리시' 의 탄생

권태억 외 편, 『자료모음 근현대 한국탐사』, 역사비평사, 1994.
김윤식, 『해방공간의 문학사론』, 서울대출판부, 1989.
오연호, 『우리 현대사의 숨은 그림찾기』, 말, 1994.

이응호, 『미군정기의 한글운동사』, 성청사, 1974.
이광호, 「미군정의 교육정책」, 『해방전후사의 인식』2, 한길사, 1985.
조항제, 「한국의 대중문화와 문화제국주의」, 『제국주의와 한국사회』, 한울, 1991.
한글학회, 『한글학회 50년사』, 한글학회, 1971.
허만길, 『한국 현대 국어정책 연구』, 국학자료원, 1994.

15 미군정의 조선 문맹 퇴치기

심지연, 「해방후 중요 정치집단의 교육–문화정책」, 『해방공간의 문학운동과 문학의 현실인식』, 한울, 1989.
이광호, 「미군정의 교육정책」, 『해방전후사의 인식』 2, 한길사, 1985.
이응호, 「미군정기의 한글운동사」, 성청사, 1974.
차재영, 「주한 미점령군의 선전활동 연구」, 《언론과 사회》5, 언론과 사회사, 1994년 가을.
한글학회, 『한글학회 50년사』, 한글학회, 1971.
허만길, 『한국 현대 국어정책 연구』, 국학자료원, 1994.

16 끝나지 않은 논쟁, 한자 폐지론

이응호, 『미군정기의 한글운동사』, 성청사, 1974.
정태진, 『한자 안 쓰기 문제』.
한글학회, 『한글학회 50년사』, 한글학회, 1971.
최현배, 『글자의 혁명』, 정음문화사, 1983.

17 독재자들의 한글 사랑

이광석, 「우리나라 어문정책에 관한 연구」, 서울대 행정대학원 석사학위논문, 1990.
한글학회, 『한글학회 50년사』, 한글학회, 1971.
허만길, 『한국 현대 국어정책 연구』, 국학자료원, 1994.

18 '한글세대' 만들기

김두찬, 〈한글전용의 문제점〉, 《어문연구》 12, 1976년 여름.

김문창, 『국어문자 표기론』, 문학세계사, 1984
남광우, 〈대학생의 국어실력 조사보고〉, 《어문연구》 1, 1973년 가을.
오아성, 〈한글전용 찬반론 비판〉 상 · 하, 《사상계》, 1970년 1-2.
유정기, 〈한글전용을 반대한다〉, 《사상계》, 1969년 5월.
유정기, 〈한글전용과 삼선개헌의 망상〉, 《사상계》, 1969년 10월.
이용주, 〈한글전용 시시비비론〉, 《사상계》, 1969년 10월.
이원섭, 〈한자폐지의 문제〉, 『창작과 비평』 3-4권, 1968년.
최현배, 『우리말 존중의 근본 뜻』, 정음문화사, 1984.
한글학회, 〈대학생 국어실력 조사의 맹점〉, 《한글새소식》 10, 1973년 6월.
한글학회, 『한글전용으로의 길』, 한글학회, 1971.
한글학회, 《한글새소식》 영인본1(1-67호), 1983년.
기사, 〈한글전용책 여파〉, 《신동아》, 1969년 2월.
자료, 〈1974년 7월 11일 문교부의 중고등 교과서 한자병기 방침 발표에 관한 각 신문 보도상황 일람〉, 《어문연구》 4, 1974년 여름.

19 맞춤법 신화를 파괴하라!

유제한, 〈6 · 25사변 이후 한글학회의 걸어온 길〉(5-8), 《한글》(113-117호).
한글학회, 『한글학회 50년사』, 한글학회, 1971.

20 통일 문법의 파시즘

김계곤, 〈학교말본 통일안에 대한 경과와 전모〉, 《한글》 140, 1967년 8월.
김계곤, 〈학교문법 통일시비(4)〉, 《한국일보》, 1963년 5월 30일.
김윤경, 〈말본시비는 어디로〉, 《한국일보》 1966년 1월 11일.
남광우, 〈학교문법 통일시비(3)〉 《한국일보》, 1963년 5월 28일.
이기문, 〈불순한 언어쿠데타의 획책〉, 《새교육》.
이숭녕, 〈허위조작의 일방적인 은폐〉, 《새교육》.
이희승, 〈학교문법 통일 시비(1)〉, 《한국일보》, 1963년 5월 21일.
최현배, 〈학교말본 통일 문제를 다룸〉, 《새교육》, 1965.
최현배, 〈학교문법 통일 시비(2)〉, 《한국일보》, 1963년 5월 23일.
허 웅, 〈학자적인 양심과 학문의 한계〉, 《새교육》.

21 바른말 고운말 이데올로기
강내희, 「영어교육과 언어철학」, 『올바른 자리매김을 위한 영어교육』, 푸른나무, 1991.
강신항, 〈국어순화의 길〉, 《어문연구》12, 1976년 여름.
고길섶, 〈이오덕 선생의 언어관 비판〉, 《사회평론》, 1991년 12월.
김문창, 『국어 문자표기론』, 문학세계사, 1984.
김민수, 〈국어문제의 현단계〉, 《신동아》, 1976년 9월.
김석득, 「국어의 순화」, 『국어와 민족문화』, 집문당, 1984.
양주동, 〈'마이' 란 말〉, 《사상계》, 1965년 8월.
임현진 · 송호근, 「박정희 체제의 지배이데올로기」, 『한국정치의 지배이데올로기와 대항이데올로기』, 역사비평사, 1994.
이태호, 『70년대 현장』, 한마당, 1982.
정영일, 〈한국 속의 일본〉, 《신동아》, 1972년 2월.
한국교열기자회, 〈포철의 고운말 쓰기 운동〉, 《말과 글》 45, 1990년 겨울.
한글학회, 《한글새소식》 영인본 1, 1983.
허만길, 『한국 현대 국어정책 연구』, 국학자료원, 1994.
대담(이희승/허웅), 〈말과 글〉, 《신동아》, 1976년 9월.
좌담, 〈바른말 고운말〉, 《신동아》 1976년 7월.

찾아보기

ㄹ

ㅁ

ㅂ

ㅈ

ㅊ

스물한 통의 역사 진정서

2005년 9월 20일 초판 1쇄 발행

지은이 고길섶
펴낸이 노경인

본문조판 성인기획
종이 화인페이퍼
인쇄·제본 신흥PNP(주)
펴낸곳 도서출판 앨피
주소 우)121-842 서울시 마포구 서교동 483-10 A하우스 304호
전화 335-0525, 팩스 335-0526
전자우편 nomio22@hanmail.net
등록 2004년 11월 23일 제313-2004-272

ISBN 89-956462-6-8

※ **일원화공급처 도솔출판사** 서울시 마포구 서교동 460-8
전화 335-5755, 팩스 335-6069
※ 도서출판 앨피에서 출간된 모든 책의 공급과 반품은 도솔출판사에서 맡고 있습니다.